"五位一体"总体布局研究丛书

"五位一体"
总体布局

社会建设卷

袁银传 郭 强 著

中国教育出版传媒集团

高等教育出版社·北京

图书在版编目（CIP）数据

"五位一体"总体布局. 社会建设卷 ／ 袁银传，郭
强著. --北京：高等教育出版社，2024.2
ISBN 978-7-04-061519-7

Ⅰ.①五… Ⅱ.①袁… ②郭… Ⅲ.①中国特色社会
主义-社会主义建设-研究 Ⅳ.①D616

中国国家版本馆 CIP 数据核字（2024）第 007621 号

"WUWEIYITI"ZONGTI BUJU：SHEHUI JIANSHE JUAN

策划编辑 张 召	责任编辑 张 召	封面设计 李卫青	版式设计 童 丹
责任绘图 邓 超	责任校对 张 薇	责任印制 耿 轩	

出版发行	高等教育出版社	网 址	http://www.hep.edu.cn
社 址	北京市西城区德外大街 4 号		http://www.hep.com.cn
邮政编码	100120	网上订购	http://www.hepmall.com.cn
印 刷	河北信瑞彩印刷有限公司		http://www.hepmall.com
开 本	787mm×960mm 1/16		http://www.hepmall.cn
印 张	20.25		
字 数	300 千字	版 次	2024 年 2 月第 1 版
购书热线	010-58581118	印 次	2024 年 2 月第 1 次印刷
咨询电话	400-810-0598	定 价	56.00 元

本书如有缺页、倒页、脱页等质量问题，请到所购图书销售部门联系调换

物 料 号 61519-00

目　　录

导　　论

　　中国特色社会主义是中国共产党团结带领全国人民经过百年来的艰辛探索、独立创造和丰富积累,进行实践创新、理论创新、制度创新、文化创新取得的重大理论和实践成果,是科学社会主义理论逻辑与中国社会发展历史逻辑的辩证统一,是植根于中国大地、反映人民意愿、适应时代发展潮流与进步要求的科学社会主义,是全面建成小康社会、加快推进社会主义现代化、实现中华民族伟大复兴中国梦的光辉旗帜和必由之路。中国特色社会主义是一个总体性概念,它是在中国特色社会主义旗帜统领下的中国特色社会主义道路、中国特色社会主义理论体系、中国特色社会主义制度、中国特色社会主义文化的有机统一整体。其中,中国特色社会主义旗帜是中国特色社会主义的总体概括,规定了道路、理论、制度、文化的根本性质和方向,中国特色社会主义道路是实现路径,中国特色社会主义理论体系是行动指南,中国特色社会主义制度是根本保障,中国特色社会主义文化是精神力量,五者统一于中国特色社会主义伟大实践之中。

一、社会是一个有机开放系统

　　社会是一个具有特定结构、功能、发展规律的有机开放系统,是活动和发展着的社会有机体。社会系统的基本结构包括经济结构、政治结构、文化结构、社会结构、生态结构。社会有机体具有适应、协调和自组织功能,它能够调节社会系统内部诸要素之间、系统与系统之间,以及社会系统与环境之间的关系。社会有机体的发展具有内在的规律性。社会结构与社会文明具有本质上的一致性,社会生产力的发展和社会结构的演进表现为人类社会文明的发展进步。

　　社会有机体,或称社会机体,即社会的有机构成、有机系统,是社会系统的总结,它表明人类社会是一个完整统一的整体。马克思恩格斯从创立唯物史观时起,就把人类社会作为一个有机系统来把握,反对脱离社会整体孤立地观察、理解和解释个别社会现象。在《哲学的贫困》一书中,马克思批判

1

了蒲鲁东的唯心史观和形而上学的研究方法,强调社会是"一切关系在其中同时存在而又互相依存的社会机体"①。在《〈政治经济学批判〉序言》中,马克思以经典的语言表述了历史唯物主义的基本原理,特别是他的社会结构理论以及社会有机体思想。在马克思看来,人类社会是一个由经济结构、政治结构、文化结构和社会结构组成的相互联系的有机系统;人类生活包括物质生活、政治生活、精神生活和社会生活;生产力与生产关系、经济基础与上层建筑的矛盾运动是人类社会的发展动力;经济因素是社会历史发展的基础,经济基础决定上层建筑,但是政治和思想的上层建筑对经济基础也具有能动的反作用。马克思的鸿篇巨制《资本论》的科学价值,就在于它深刻揭示了资本主义社会机体的基本结构和本质特征,深入探讨了资本主义社会系统内部自我调节和内在发展的过程与逻辑,以及资本主义必然被更高的社会形态,即社会主义和共产主义代替的客观规律。列宁也曾经指出:"马克思和恩格斯称之为辩证方法(它与形而上学方法相反)的,不是别的,正是社会学中的科学方法,这个方法把社会看作处在不断发展中的活的机体(而不是机械地结合起来因而可以把各种社会要素随便配搭起来的一种什么东西)。"②"辩证方法要我们把社会看作活动着和发展着的活的机体。"③

二、中国特色社会主义事业总体布局

"中国特色社会主义"这一命题简要地包含两层含义:其一是社会主义,其二是中国特色,即一方面强调必须坚持马克思主义基本原理和科学社会主义基本原则,另一方面强调必须突出中国国情、结合中国实际、富有中国特色,也就是马克思主义基本原理和科学社会主义基本原则与中国具体实际和时代特征的结合。正如习近平在新进中央委员会的委员、候补委员学习贯彻党的十八大精神研讨班上指出的:"中国特色社会主义是社会主义而不是其他什么主义,科学社会主义基本原则不能丢,丢了就不是社会主义。我们党始终强调,中国特色社会主义,既坚持了科学社会主义基本原则,又

① 《马克思恩格斯选集》第1卷,人民出版社2012年版,第255页。
② 《列宁选集》第1卷,人民出版社2012年版,第32页。
③ 《列宁选集》第1卷,人民出版社2012年版,第55页。

根据时代条件赋予其鲜明的中国特色。"①

从 1982 年 9 月 1 日邓小平在党的十二大开幕词中提出"走自己的道路,建设有中国特色的社会主义"以来,每次党的全国代表大会均以"中国特色社会主义"为鲜明主题,并且始终围绕中国特色社会主义建设进行理论创新、制度设计、社会规划和实践推进。如党的十三大报告题为《沿着有中国特色的社会主义道路前进》;党的十四大报告题为《加快改革开放和现代化建设步伐,夺取有中国特色社会主义事业的更大胜利》;党的十五大报告题为《高举邓小平理论伟大旗帜,把建设有中国特色社会主义事业全面推向二十一世纪》;党的十六大报告题为《全面建设小康社会,开创中国特色社会主义事业新局面》;党的十七大报告题为《高举中国特色社会主义伟大旗帜,为夺取全面建设小康社会新胜利而奋斗》;党的十八大报告题为《坚定不移沿着中国特色社会主义道路前进,为全面建成小康社会而奋斗》;党的十九大报告的主题是《决胜全面建成小康社会,夺取新时代中国特色社会主义伟大胜利》。

中国特色社会主义是一个总体性概念,它是在中国特色社会主义旗帜统领下的中国特色社会主义道路、中国特色社会主义理论体系、中国特色社会主义制度、中国特色社会主义文化的有机统一整体。其中,中国特色社会主义旗帜,是指"举什么旗"的问题,强调的是航标引领、前进方向;中国特色社会主义道路,是讲"走什么路"的问题,突出的是路径选择、发展模式与发展道路问题;中国特色社会主义理论体系,是讲"以什么理论为指导"的问题,是指理论指导、思想武器、行动指南问题;中国特色社会主义制度,是讲"确立什么样的社会制度"的问题,指的是一个社会的制度属性、规范化成果、稳固化载体和制度化保障问题;而中国特色社会主义文化,则是指精神家园、价值信仰和文化定力问题,它表达的是对中国特色社会主义旗帜、道路、理论体系、制度深沉的文化心理认同和价值信仰。正如习近平在哲学社会科学工作座谈会上指出的:"我们说要坚定中国特色社会主义道路自信、理论自信、制度自信,说到底是要坚定文化自信。文化自信是更基本、更深

---

① 《十八大以来重要文献选编》上,中央文献出版社 2014 年版,第 109 页。

沉、更持久的力量。"①在庆祝中国共产党成立95周年大会上,习近平强调:"文化自信,是更基础、更广泛、更深厚的自信。"②中国特色社会主义旗帜、道路、理论体系、制度、文化是从不同的指称维度、内涵彰显和价值功能方面对中国特色社会主义进行既各有侧重又彼此兼顾的系统诠释。③

从指称维度来看,"中国特色社会主义作为新时期以来我们党继续推进马克思主义中国化的伟大历史性创造,体现在实践上,就是开辟了中国特色社会主义道路;体现在理论上,就是形成了中国特色社会主义理论体系;体现在政治上,就是要高举中国特色社会主义伟大旗帜"④。而在制度规范上,则是要坚持与完善中国特色社会主义制度;在文化心理和价值认同上,就是要坚定中国特色社会主义文化自信。因此,中国特色社会主义旗帜、道路、理论体系、制度、文化是分别立足于政治、实践、理论、制度规范、文化心理等领域对中国特色社会主义所作的全方位的整体诠释。⑤

从内涵彰显来看,党的十八大报告对中国特色社会主义道路、理论体系、制度的科学内涵作了明确界定:"中国特色社会主义道路,就是在中国共产党领导下,立足基本国情,以经济建设为中心,坚持四项基本原则,坚持改革开放,解放和发展社会生产力,建设社会主义市场经济、社会主义民主政治、社会主义先进文化、社会主义和谐社会、社会主义生态文明,促进人的全面发展,逐步实现全体人民共同富裕,建设富强民主文明和谐的社会主义现代化国家。"⑥"中国特色社会主义理论体系,就是包括邓小平理论、'三个代表'重要思想、科学发展观在内的科学理论体系,是对马克思列宁主义、毛泽东思想的坚持和发展。"⑦"中国特色社会主义制度,就是人民代表大会制度的根本政治制度,中国共产党领导的多党合作和政治协商制度、民族区域自治制度以及基层群众自治制度等基本政治制度,中国特色社会主义法律体

① 习近平:《在哲学社会科学工作座谈会上的讲话》,人民出版社2016年版,第17页。
② 习近平:《在庆祝中国共产党成立95周年大会上的讲话》,人民出版社2016年版,第13页。
③ 参见袁银传、彭晓妍:《中国特色社会主义理论体系的整体性》,《理论视野》2017年第7期。
④ 习近平:《关于中国特色社会主义理论体系的几点学习体会和认识》,《求是》2008年第7期。
⑤ 参见袁银传、彭晓妍:《中国特色社会主义理论体系的整体性》,《理论视野》2017年第7期。
⑥ 《十八大以来重要文献选编》上,中央文献出版社2014年版,第9~10页。
⑦ 《十八大以来重要文献选编》上,中央文献出版社2014年版,第10页。

系,公有制为主体、多种所有制经济共同发展的基本经济制度,以及建立在这些制度基础上的经济体制、政治体制、文化体制、社会体制等各项具体制度。"①

中国特色社会主义理论体系是与时俱进的科学体系,党的十九大报告对中国特色社会主义理论体系的科学内涵进行了丰富和发展,将"习近平新时代中国特色社会主义思想"作为中国特色社会主义理论体系的"重大理论创新成果"②和"中国特色社会主义理论体系的重要组成部分"③写入党章。作为"全党全国人民为实现中华民族伟大复兴而奋斗的行动指南"④,党的十九大报告还对中国特色社会主义的内涵和外延进行了新的丰富和发展,将中国特色社会主义文化作为中国特色社会主义的重要组成部分,对中国特色社会主义文化的历史渊源、实践基础、指导思想、发展路径作了科学界定。党的十九大报告指出:"中国特色社会主义文化,源自于中华民族五千多年文明历史所孕育的中华优秀传统文化,熔铸于党领导人民在革命、建设、改革中创造的革命文化和社会主义先进文化,植根于中国特色社会主义伟大实践。"⑤党的十九大报告还强调:"发展中国特色社会主义文化,就是以马克思主义为指导,坚守中华文化立场,立足当代中国现实,结合当今时代条件,发展面向现代化、面向世界、面向未来的,民族的科学的大众的社会主义文化,推动社会主义精神文明和物质文明协调发展。要坚持为人民服务、为社会主义服务,坚持百花齐放、百家争鸣,坚持创造性转化、创新性发展,不断铸就中华文化新辉煌。"⑥

从价值功能来看,中国特色社会主义是实现社会主义现代化和中华民族伟大复兴的光辉旗帜,它为中国特色社会主义建设事业指明了前进的方向。正如毛泽东指出的:"主义譬如一面旗子,旗子立起了,大家才有所指

---

① 《十八大以来重要文献选编》上,中央文献出版社 2014 年版,第 10 页。
② 习近平:《决胜全面建成小康社会 夺取新时代中国特色社会主义伟大胜利——在中国共产党第十九次全国代表大会上的报告》,人民出版社 2017 年版,第 19 页。
③ 《中国共产党章程》,人民出版社 2017 年版,第 6 页。
④ 《中国共产党章程》,人民出版社 2017 年版,第 6 页。
⑤ 《十九大以来重要文献选编》上,中央文献出版社 2019 年版,第 29 页。
⑥ 《十九大以来重要文献选编》上,中央文献出版社 2019 年版,第 29 页。

望,才知所趋赴。"①中国特色社会主义旗帜引领中华民族和中国人民沿着社会主义现代化和中华民族伟大复兴的中国梦的价值目标前进,明确了中国特色社会主义共同理想,昭示着共产主义远大理想,是中国共产党指导思想、基本纲领、前进方向、奋斗目标最集中的体现。中国特色社会主义道路,是马克思主义中国化的当代实践彰显和实践经验总结,它立足于社会主义初级阶段基本国情,反映时代潮流和中国特色,是实现社会主义现代化、创造人民美好生活的必由之路。中国特色社会主义理论体系,是马克思主义中国化的最新理论成果,是发展着的当代中国的马克思主义,是武装全党、教育人民的思想理论武器,是指导党和人民实现中华民族伟大复兴的正确理论和行动指南。中国特色社会主义制度,是中国特色社会主义建设事业的根本保障,是具有鲜明中国特色、明显制度优势和强大自我完善能力的先进制度,从经济、政治、文化、社会、生态文明等方面为当代中国的前进发展提供制度保证。中国特色社会主义文化,是中国特色社会主义道路、理论体系、制度的深层积淀与价值彰显,为中国特色社会主义提供价值定力和精神动力,是激励全党全国各族人民奋勇前进的强大精神力量。

中国特色社会主义旗帜、道路、理论体系、制度、文化是立足于不同领域,以各自的指称维度、内涵彰显与价值功能对中国特色社会主义进行的各有侧重的诠释,但又是彼此兼顾、整体统一的。这种内在兼顾、整体统一集中体现在中国特色社会主义旗帜、道路、理论体系、制度、文化之间的内在联系上。一方面,就其共同特征而言,首先,中国特色社会主义旗帜、道路、理论体系、制度、文化五个方面要素的本质属性相同,即集中体现了马克思主义的基本立场、观点和方法;体现了科学社会主义基本原则与中国实际和时代特征的有机结合;体现了尊重人民群众的历史主体地位、坚持以人民为中心的根本政治立场、坚守人民至上的价值理念;体现了坚持辩证唯物主义和历史唯物主义的世界观与方法论,以及注重理论与实践的双向互动、双重创新的根本方法;体现了正确处理目标的长远性与发展的阶段性之间的关系,坚持党的最高纲领与最低纲领的辩证统一。其次,它们的现实定位与历史

---

① 《毛泽东早期文稿》,湖南出版社 1990 年版,第 554 页。

使命相同。当今中国正处于并将长期处于社会主义初级阶段,即不平衡不充分发展的矛盾突出,社会矛盾和问题交织叠加,这些都是五个方面要素共同的现实基础。在中国共产党的领导下,联系世情、立足国情、结合民情,面向新时代,统筹中华民族伟大复兴战略全局和世界百年未有之大变局,坚持和发展中国特色社会主义,建设富强、民主、文明、和谐、美丽的社会主义现代化强国,实现中华民族伟大复兴的中国梦,是五个方面要素共同的历史使命。最后,它们的生成路径和发展指向相同,都是马克思主义基本原理与中国具体实际和时代特征相结合的产物,都是把"以人为本""以人民为中心""全心全意为人民服务""实现人的自由全面发展和共产主义"作为其共同的价值旨归和奋斗目标。[1]

另一方面,就其相互作用而言,它们又是相互联系、相互支撑、相互作用的。其中,中国特色社会主义旗帜问题至为关键和重要,旗帜就是方向,旗帜就是形象。旗帜举旗定向,规定了道路、理论体系、制度、文化的社会性质和发展方向,发挥着规范、导向、引领、整合、凝聚力量和统一思想的重要作用,道路、理论体系、制度、文化是旗帜指引下在实践层面、理论层面、制度层面、文化心理层面的展开、支撑和具体体现。没有旗帜,道路、理论体系、制度、文化就没有方向,失去目标和前进动力;而离开了道路探索、理论指导、制度保障、文化认同,旗帜就成为没有具体内涵的抽象空洞的口号[2],也难以落地生根、坚定持久。道路探索是在旗帜指引下进行的,是形成科学理论、合理制度、先进文化的前提和基础,没有对中国特色社会主义道路的艰辛探索、实践经验的科学总结及其实践证明,就不可能形成中国特色社会主义理论体系、中国特色社会主义制度和中国特色社会主义文化,也不可能坚定中国特色社会主义道路自信、理论自信、制度自信和文化自信。历史经验证明,道路问题是事关党和国家前途命运的重大问题,道路走对了,中国革命、建设、改革开放事业就会顺利发展、取得成功;而道路走错了,中国革命、建

---

[1] 参见袁银传、彭晓妍:《中国特色社会主义理论体系的整体性》,《理论视野》2017 年第 7 期。
[2] 参见袁银传:《论中国特色社会主义旗帜、道路、理论体系、制度之间的逻辑关系》,《思想政治教育研究》2013 年第 5 期。

设和改革开放事业就会遭受挫折,甚至陷入失败。① 理论体系是旗帜、道路、制度、文化的提炼和升华,是中国特色社会主义的核心和灵魂。理论的源泉在于丰富的社会实践,理论的价值通过指导实践活动得到彰显。不进行理论总结的实践,是不重视经验价值的狭隘的实践;没有理论作指导的实践,是盲目的实践。理论体系对旗帜进行内涵诠释,对道路进行经验总结和价值指引,为制度提供内在依据,并且是文化的核心和灵魂。制度是道路探索、理论探索、文化创新取得的成果积淀,是道路、理论体系、文化的规范化成果和稳固化载体,它是旗帜的制度表征、道路的制度依据、理论内涵的制度表现、文化的制度属性,并为旗帜、道路、理论体系、文化提供根本保障。文化则是高举旗帜及坚持和发展道路、理论体系、制度规范的精神动力和价值定力,是对旗帜、道路、理论体系、制度的心理认同和价值信仰。②

总之,伟大旗帜、发展道路、理论体系、制度规范、文化自信是中国特色社会主义整体的本质要素,各自占有特殊的重要地位,缺一不可。中国特色社会主义旗帜是中国特色社会主义的总体概括,中国特色社会主义道路是实现途径,中国特色社会主义理论体系是行动指南,中国特色社会主义制度是根本保障,中国特色社会主义文化是精神力量③,五者统一于中国特色社会主义伟大实践,这是党领导人民在建设社会主义长期实践中形成的最鲜明特色。正如胡锦涛在庆祝中国共产党成立 90 周年大会上指出的:"面对风云变幻的国际形势,面对艰巨繁重的国内改革发展稳定任务,我们党要团结带领人民继续前进,开创工作新局面,赢得事业新胜利,最根本的就是要高举中国特色社会主义伟大旗帜,坚持和拓展中国特色社会主义道路,坚持和丰富中国特色社会主义理论体系,坚持和完善中国特色社会主义制度。"④在党的十八大报告中,胡锦涛强调:"在改革开放三十多年一以贯之的接力探索中,我们坚定不移高举中国特色社会主义伟大旗帜,既不走封闭僵化的

---

① 参见袁银传、李孟一:《论中国特色社会主义理论体系及其基本特征的逻辑结构》,《湘湘论坛》2009 年第 6 期。

② 参见袁银传、彭晓妍:《中国特色社会主义理论体系的整体性》,《理论视野》2017 年第 7 期。

③ 参见袁银传、彭晓妍:《增强中国特色社会主义文化自信的基本路径》,《东岳论丛》2019 年第 6 期。

④ 《十七大以来重要文献选编》下,中央文献出版社 2013 年版,第 437 页。

老路、也不走改旗易帜的邪路。中国特色社会主义道路,中国特色社会主义理论体系,中国特色社会主义制度,是党和人民九十多年奋斗、创造、积累的根本成就,必须倍加珍惜、始终坚持、不断发展。"①习近平在十八届中央政治局第一次集体学习时的讲话中指出:"中国特色社会主义是道路、理论体系、制度三位一体构成的。"②"中国特色社会主义是实践、理论、制度紧密结合的,既把成功的实践上升为理论,又以正确的理论指导新的实践,还把实践中已见成效的方针政策及时上升为党和国家的制度。所以,中国特色社会主义特就特在其道路、理论体系、制度上,特就特在其实现途径、行动指南、根本保障的内在联系上,特就特在这三者统一于中国特色社会主义伟大实践上。在当代中国,坚持和发展中国特色社会主义,就是真正坚持社会主义。"③在党的十九大报告中,习近平将中国特色社会主义的构成明确由"道路、理论体系、制度三位一体"进一步扩展为"中国特色社会主义道路、理论体系、制度、文化四位一体",并且特别强调文化自信的重要性。习近平指出:"中国特色社会主义是改革开放以来党的全部理论和实践的主题,是党和人民历尽千辛万苦、付出巨大代价取得的根本成就。中国特色社会主义道路是实现社会主义现代化、创造人民美好生活的必由之路,中国特色社会主义理论体系是指导党和人民实现中华民族伟大复兴的正确理论,中国特色社会主义制度是当代中国发展进步的根本制度保障,中国特色社会主义文化是激励全党全国各族人民奋勇前进的强大精神力量。全党要更加自觉地增强道路自信、理论自信、制度自信、文化自信,既不走封闭僵化的老路,也不走改旗易帜的邪路,保持政治定力,坚持实干兴邦,始终坚持和发展中国特色社会主义。"④他还指出:"文化自信是一个国家、一个民族发展中更基本、更深沉、更持久的力量。"⑤"文化是一个国家、一个民族的灵魂。文化兴国运兴,文化强民族强。没有高度的文化自信,没有文化的繁荣兴盛,就

① 《十八大以来重要文献选编》上,中央文献出版社 2014 年版,第 9 页。
② 《十八大以来重要文献选编》上,中央文献出版社 2014 年版,第 74 页。
③ 《十八大以来重要文献选编》上,中央文献出版社 2014 年版,第 74~75 页。
④ 《十九大以来重要文献选编》上,中央文献出版社 2019 年版,第 12 页。
⑤ 《十九大以来重要文献选编》上,中央文献出版社 2019 年版,第 16 页。

没有中华民族伟大复兴。"①

三、社会建设在"五位一体"总体布局中的地位

社会建设是中国特色社会主义"五位一体"总体布局的重要组成部分，与广大人民群众的切身利益紧密相连，其建设的好坏直接关系人民群众的获得感、幸福感和安全感，也是中国共产党立党为公、执政为民的具体体现。党的十八大以来，以习近平同志为核心的党中央把社会建设摆在重要位置，并强调"提高保障和改善民生水平，加强和创新社会治理"②，就是要让改革发展成果惠及全体人民，并朝着实现全体人民共同富裕的目标不断前进。

第一，加强社会建设是提高人民福祉的根本举措。中国共产党是一个立党为公、执政为民、全心全意为人民服务的马克思主义执政党，以人民为中心贯穿其理论和实践发展过程的始终。因而保障和改善民生、增进人民福祉，让全国人民过上幸福生活，既是我们党所有工作的出发点和落脚点，也是推动中国社会发展的根本目的和根本标志。正是在这个意义上，习近平指出"增进民生福祉是发展的根本目的"③，这已被我们党领导全国人民进行革命、建设、改革的历史充分证明。

党的十八大以来，以习近平同志为核心的党中央深入贯彻以人民为中心的发展理念，在继续推动发展的基础上，出台了许多富民惠民政策，广大人民群众的获得感及幸福感等不断增强，取得了诸如脱贫攻坚战等决定性胜利，教育事业全面发展，就业状况不断改善，人民群众的收入有了大幅度的提高，社会保障体系基本覆盖城乡，社会治理体系更加完善，治理能力进一步提高，团结安定稳定的社会局面基本形成等成就。

尽管在保障和改善民生方面，我们取得了显著的成绩，但在继续发展和前进的道路上仍然面临不少困难和挑战，全面建成小康社会以后进一步实现社会主义现代化强国的目标任重而道远。正如习近平在党的十九大报告

---

① 《十九大以来重要文献选编》上，中央文献出版社 2019 年版，第 29 页。
② 《十九大以来重要文献选编》上，中央文献出版社 2019 年版，第 31 页。
③ 《十九大以来重要文献选编》上，中央文献出版社 2019 年版，第 16 页。

中所指出的,我国社会的主要矛盾已经转化为人民日益增长的美好生活需要和不平衡不充分的发展之间的矛盾,并且这一矛盾对我国的发展全局产生了广泛而深刻的影响。其突出表现就是民生诸领域还存在不少短板需要补齐,实现乡村振兴、实现农业现代化和农村现代化任务还十分艰巨,城乡之间、地区之间发展和收入分配差距依然较大,就业、教育、医疗、住房、养老、社会保障等公共服务领域,仍然存在供给不足等问题,特别是广大人民对高质量发展及获得感、幸福感和安全感等方面提出了更高的要求。

我国所取得的历史性成就,没有改变我们党对我国社会主义所处历史阶段的判断。正如《中共中央关于党的百年奋斗重大成就和历史经验的决议》指出的:"我国仍处于并将长期处于社会主义初级阶段,我国仍然是世界最大的发展中国家。社会主要矛盾是人民日益增长的美好生活需要和不平衡不充分的发展之间的矛盾。"[1]有鉴于此,我们要紧紧抓住发展是党执政兴国的第一要务,始终秉持发展是硬道理的观念,坚持用高质量发展的办法解决前进中的矛盾和问题。

发展首先是经济的发展,如果经济得不到发展,其他发展都是空谈,而保障和改善民生就成了无源之水、无本之木。多年的发展实践证明,我们今天所需要的发展,是科学的发展、协调的发展和可持续的发展,是以创新、协调、绿色、开放、共享的新发展理念统领的发展,而不是走主要靠消耗能源资源等粗放式发展的老路。具体而言,就是推动经济从高速度增长向高质量发展转变,坚持质量第一、效率优先,坚持以供给侧结构性改革为主线,推动经济发展的质量变革、效率变革和动力变革,并且要围绕人们生活消费的新变化调整生产结构,努力满足人们对美好生活的新需求,为人民群众提供全方位、多层次、多样化的消费产品,特别是注意适应中等收入群体及其他群体和消费的快速增长。

我国在现阶段保障和改善民生主要是让群众的基本生活得到保障,并与补齐发展的短板结合起来,突出地解决一些焦点问题、热点问题和难点问题。其具体表现是:要推动实现城乡居民收入和消费的增长与经济发展同

---

① 《中共中央关于党的百年奋斗重大成就和历史经验的决议》,《人民日报》2021 年 11 月 17 日,第8 版。

步,劳动报酬增长与劳动生产率提高一致,努力实现收入分配方面的公平正义;必须始终把教育事业摆在优先发展的战略地位,深入推进教育体制改革和创新,加快教育现代化和信息化,提高专业教育和职业教育质量,不断提高人们的思想道德和科学文化水平;要坚持积极有效的就业政策,努力消除劳动力和人才有序流动的体制和机制障碍,着重解决好以大学毕业生为主体的青年就业、农村劳动力的转移就业和去产能企业职工的安置就业等问题,以实现更高质量和更加充分的就业;要加快建成覆盖全民的城乡多层次的社会保障体系,实施全民参保计划,建立更加便民的快捷服务体系;要坚持为人民健康服务的方向,完善国民健康政策,为人民群众提供安全有效、方便价廉的公共卫生和基本医疗服务;要打造共建共治共享的社会治理体系,不断提高社会治理社会化、法治化、智能化及专业化水平,加强预防和化解社会矛盾机制建设,实现政府治理和社会调节、居民自治良性互动,建设平安中国。所谓补齐短板就是需要着力解决需要攻坚的民生问题和群众反应比较强烈的民生问题,诸如补齐生态环境治理的短板、补齐中等收入群体比例较小的短板和补齐群众的住房问题的短板。

我们要根据党和政府的发展战略目标和新的要求,永远把人民利益放在至高无上的地位,并且让改革和发展的成果更均衡地惠及全体人民,"在发展中补齐民生短板、促进社会公平正义,在幼有所育、学有所教、劳有所得、病有所医、老有所养、住有所居、弱有所扶上不断取得新进展"[1],确保人民安居乐业和国家长治久安。

第二,加强社会建设是全面建设社会主义现代化国家的必然要求。习近平指出:"从全面建成小康社会到基本实现现代化,再到全面建成社会主义现代化强国,是新时代中国特色社会主义发展的战略安排。"[2]虽然五个方面要素的内容涉及不同问题,有各自特殊的侧重点和发展规律,但它们又是相辅相成和有机统一的辩证关系,协调好这五者之间的关系,是全面建成社会主义现代化强国的必然要求。而中国特色社会主义社会建设在统筹推进"五位一体"总体布局的战略安排中占有举足轻重的地位。

---

① 《十九大以来重要文献选编》上,人民出版社 2019 年版,第 16~17 页。
② 《十九大以来重要文献选编》上,中央文献出版社 2019 年版,第 21 页。

中国特色社会主义经济建设,就是始终把经济建设作为党和国家的中心工作,不断解放和发展生产力,坚持走中国特色社会主义新型工业化、农业现代化、城镇化和信息化的发展道路,不断完善社会主义市场经济体制,加快转变经济发展方式,大力提高经济的发展活力和竞争力,促进国民经济持续、快速、稳定、高质量发展,为建设社会主义现代化强国奠定坚实的物质基础。中国特色社会主义政治建设,就是坚持走中国特色社会主义民主政治发展道路,坚持党的领导、人民当家作主和依法治国的有机统一,建设高度的社会主义政治文明,推进国家治理体系和治理能力现代化,充分调动和发挥广大人民群众建设社会主义现代化国家的积极性、主动性和创造性,从而为有效促进社会主义经济、文化、社会和生态文明建设发展提供坚强的政治定力和制度保障。中国特色社会主义文化建设,就是要大力发展社会主义先进文化,建设高度的社会主义精神文明,努力加强社会主义核心价值体系建设,培育和践行社会主义核心价值观,全面提升公民的思想道德素质和科学文化水平,实现社会主义文化大发展大繁荣,不断满足人民日益增长的精神文化生活需要,提升国家文化软实力,建设社会主义文化强国,为经济、政治、社会、生态文明建设提供强有力的智力支持和精神动力。中国特色社会主义社会建设,就是围绕人民群众所关心的切身利益问题,不断发展和完善社会公共服务体系,充分保障群众的基本生活,不断满足人民群众日益增长的美好生活需要,大力促进社会公平正义,形成有效的社会治理、安定的社会秩序,使人民群众的获得感、幸福感和安全感更加充实、更有保障和更可持续,因而它是中国特色社会主义的经济建设、政治建设、文化建设和生态文明建设的落脚点。中国特色社会主义生态文明建设,就是紧紧围绕人口、资源和环境等影响经济社会发展的突出问题,走中国特色社会主义生态文明发展道路,努力构建资源节约型和环境友好型社会,不断优化国土空间开发格局,节约能源资源,提高自然环境和生态系统的保护力度,不断加强生态文明制度建设,为顺利进行经济、政治、文化和社会建设奠定坚实的基础,并为其他领域的发展提供幸福、健康和宜人的环境。

中国特色社会主义"五位一体"总体布局,是准确把握国际国内发展大势、继续赢得发展主动权和立足于中国国情的重大战略部署,是对人民群众美好生活新期待的明确回应。在中国特色社会主义"五位一体"总体布局中,经济建设是中心和基础,政治建设是方向引领和根本保证,文化建设是智力支持和精神动力,社会建设是社群环境和社会条件,生态文明建设是自然基础和环境保障,因而它们是一个相互联系的有机统一整体。"五位一体"的总体布局,突破了过去相对注重经济发展和增长,忽视人民生活水平的全面提高和社会生态环境的保护,从片面追求经济效益和规模逐步转变为包括经济、政治、文化、社会和生态文明建设在内的更为全面和更高水平的现代化建设,创造了经济发展强劲有力、政治环境民主畅通、文化发展繁荣多样、社会发展和谐稳定和生态发展健康持久的中国特色社会主义的发展的有利条件,必将全面促进社会主义现代化国家建设的顺利进行。

第三,加强社会建设是解决人民群众最迫切利益问题的有效途径。民生问题是距离人民群众最近、与人民群众日常生活关系最密切的问题,因而是我们党和国家一切工作中的重中之重。中国共产党人的初心使命就是为中国人民谋幸福、为中华民族谋复兴,人民群众在哪些方面不幸福、不快乐和不满意,各级党委和政府就应该在哪些方面下功夫,想尽一切办法为群众排忧解难。正如习近平所指出的:"人民对美好生活的向往,就是我们的奋斗目标"①,"保障和改善民生要抓住人民最关心最直接最现实的利益问题。"②诸如群众企盼公平而有质量的教育、收入较高而稳定的工作、社会保障体系更加可靠、医疗卫生服务水平更加完善、居住条件更加舒适、环境更加优美,热切希望孩子都能够健康地成长并在未来有更稳定的工作和生活得非常幸福等。

当前,实现由教育大国向教育强国的转变是我国加速建成社会主义现代化国家的基础性工程,因而党和政府应该毫不动摇地把教育事业摆在优先发展的战略地位,继续深化教育体制机制系统改革,尽快实现教育现代化和信息化,让人民在教育方面享受更多的获得感。各级党委和政府必须全面贯彻执行党的教育方针,坚持把立德树人根本任务落到实处,实行文化教育和素质教育并重,充分发展学生的个性,切实推进教育公平,真正做到培

---

① 《十八大以来重要文献选编》上,中央文献出版社 2014 年版,第 70 页。
② 《十九大以来重要文献选编》上,中央文献出版社 2019 年版,第 32 页。

养德智体美劳全面发展的中国特色社会主义的建设者和接班人。党和政府要推进城市和乡村义务教育一体化发展,特别是要高度重视农村和偏远地区的义务教育,切实办好学前基础教育、特殊群体教育和网络教育,加快普及高中阶段教育,真正做到使每个孩子都能够享受公平而有质量的教育。要加快一流大学和一流学科建设,实现高等教育内涵式发展。党和政府还应总结社会力量办学的经验,并借鉴国外社会力量办学好的做法,既要支持也要进一步规范社会力量兴办教育事业,注重加强师德师风建设,下大力气培养和优化高素质教师队伍,提倡整个社会尊师重教的良好风气。

民生问题涉及人民群众日常生活的方方面面,但最大的民生问题就是就业。就业问题关系社会的和谐稳定,因而各级党委和政府要把就业问题作为一项重要工作来抓,把就业优先战略贯彻到实处,制定符合实际的积极就业政策,以实现社会人员更高质量和更充分的就业,并开展各种形式的职业技能培训,加快社会公共就业服务体系建设,特别是促进高校毕业生、社会人员和进城务工人员等多渠道、多形式就业创业。鉴于目前社会妨碍劳动力和人才有序流动的某些体制机制障碍仍然存在的状况,各级党委和政府、劳动人事部门应积极革除妨碍就业政策的弊端,努力创造人们都能通过诚实和辛勤劳动实现自身发展的机会和环境,使人们能够安居乐业和社会劳动关系更加和谐,并且应继续坚持按劳分配为主体、多种分配方式并存的基本原则,规范和完善按生产要素分配的体制机制,使收入分配问题更趋合理和有序,使我国的收入政策更加完善。

随着经济社会的迅速发展,社会保障制度建设在党和国家事业发展总体布局中的地位越来越重要,逐步从国有企业改革的配套措施、社会主义市场经济的重要支柱,发展为国家的一项重要经济制度。特别是党的十八大以来,以习近平同志为核心的党中央坚持以人民为中心的发展思想,按照全覆盖、保基本、多层次和可持续的基本方针,全面推进社会保障体系建设,基本形成了符合我国国情的覆盖城乡居民的社会保障体系。诸如全面实施全民参保计划,完善城镇职工基本养老和城乡居民基本养老保险制度,完善失业和工伤保险制度,完善最低生活保障制度。保障妇女儿童合法权益,完善统一的城乡居民基本医疗保险制度和大病保险制度,逐步建立全国统一的社会保险公共服务平台,统筹城乡救助体系,完善社会救助、社会福利、慈善事业和优抚安置等制度。

解放生产力,发展生产力,消灭剥削,消除两极分化,最终达到共同富裕,是社会主义的本质要求。因而以习近平同志为核心的党中央把脱贫攻坚作为全面建成小康社会的一项重点工作,置于治国理政的重要地位,并以前所未有的力度加以推进。诸如进一步破解城乡二元结构,推进城乡要素平等交换和公共资源均衡配置,整合各方资源和加大政策倾斜力度,形成保障农村和改善农村民生的强大政策合力等,确保在巩固脱贫攻坚胜利的基础上进一步实现乡村振兴,让低收入群体和欠发达地区共享发展成果,特别是在国家现代化进程中不掉队、赶上来。全面实施乡村振兴战略的深度、广度、难度,是一项需要全党和全国人民长期艰苦奋斗的艰巨任务,因而要进一步完善政策体系、工作体系和制度体系等,以坚强有力的举措、汇聚更强大的社会力量,加快推进农业农村现代化步伐,充分实现农业高质高效、乡村宜居宜业和农民富裕富足等。

人民健康是民族繁荣昌盛和国家富强的重要标志,也是中国特色社会主义社会建设的重要内容。实施健康中国战略、增进人民健康福祉,不仅事关人的全面发展、社会全面进步,而且涉及全面建设社会主义现代化国家、实现中华民族伟大复兴中国梦的远大目标。党和政府要把人民的健康纳入重要议事日程,坚持新形势下党的卫生与健康工作新理念,完善国民健康政策,坚持医疗卫生事业的公益性,全方位和全周期地维护人民健康。党和政府要对医药卫生体制进行整体性、系统性和协调性改革,全面建立中国特色社会主义的基本医疗卫生制度、医疗保险制度以及医疗卫生服务体系,并加强和健全现代医院管理制度;以加强基层为重点,促进医疗卫生工作中心下移和资源下沉;坚持预防为主,全面提升公共卫生服务水平;坚持中西医并重,传承发展中医药事业;发展健康产业,满足人民群众多样化的健康需求;完善人口政策,促进人口均衡发展与家庭和谐幸福;实施健康老龄化工程,健全医疗卫生机构与养老机构合作机制,支持社会力量兴办医养结合事业,构建养老、孝老、敬老政策和社会环境一体化的健康养老服务体系。

第一章　中国特色社会主义社会建设的基本理念

坚持以人民为中心,扎实推动共同富裕,通过高质量发展实现好、维护好、发展好最广大人民根本利益,促进人的全面发展和社会全面进步,是新时代中国特色社会主义社会建设的基本理念和价值遵循。

一、坚持以人民为中心

坚持人民至上、以人民中心,是中国共产党百年奋斗取得重大成就的历史经验。作为中国特色社会主义社会建设的基本理念,以人民为中心是历史唯物主义关于人民群众创造历史基本原理在中国特色社会主义社会建设实践中的运用和发展。马克思主义视域中的以人为本是"以人民为本""人民至上""以人民为中心",它在中国特色社会主义中的话语表达是"为人民服务",遵循的基本价值原则是集体主义。"以人民为中心""为人民服务""集体主义"是对社会主义的价值主体、价值目标、价值原则在不同层面的表达,它们是"三位一体"的有机统一整体。①

以人民为中心的价值观是对中国传统民本价值观中合理思想的继承和弘扬,是对近代西方人本主义价值观的扬弃与超越,是人民群众创造历史的马克思主义基本原理在当代中国的运用和发展。

(一)以人民为中心是对中国传统民本价值观中合理思想的继承和发展②

在中国的传统文化中,人本、民本的思想资源非常丰富。中国传统文化价值系统的确立,中国传统文化主体内容的嬗变,中国古代各种哲学派别、文化思潮的关注焦点,以及整个中国传统文化的政治主题和价值主题,始终围绕着人生价值目标的揭示、人的自我价值的实现而展开。人为万物之灵,

---

① 袁银传:《马克思主义视域中的以人为本及其对民本主义和人本主义的超越》,《学校党建与思想教育》2016 年第 9 期。

② 袁银传:《马克思主义视域中的以人为本及其对民本主义和人本主义的超越》,《学校党建与思想教育》2016 年第 9 期。

天地之间人最为可贵，是中国传统文化的基调。①

中国的民本思想萌芽于周，形成于春秋战国，发展于汉唐，成熟于明清，传承几千年，可谓源远流长。《尚书·泰誓上》记载："惟天地万物父母，惟人万物之灵。"②这是最早文字记载的对人的价值的肯定。"民本"一词，语出《尚书·五子之歌》："民惟邦本，本固邦宁。"③《管子·霸言》则说："夫霸王之所始也，以人为本，本理则国固，本乱则国危。"④这是目前从中国古代文献中找到的唯一直接使用"以人为本"的语句。

春秋战国时期，儒、道、墨、法各家都有以"民为贵"的重民思想，对后世影响深远。其中尤以孔子提出的"仁者爱人"、孟子的"民贵君轻"的"变置论"和荀子的"舟水之喻"最为著名。孔子极其重视民众的力量。在他看来，治国安邦，头等重要的是得民心；而得民心，最要紧的又是不要失信于民，把民心的得失视为政治的根本。孔子强调"仁者人也"，仁者"爱人"，提倡"爱民""养民""惠民""裕民"等，提出"节用而爱人，使民以时"⑤，并有"修己以安人""修己以安百姓"的主张，在"民、食、表、祭"中，民列第一。

孟子在孔子人本思想的基础上，提出了"民为贵，社稷次之，君为轻"⑥的著名民贵思想，把民本思想发展到了一个新的阶段，并影响中国几千年，成为中国古代开明统治者维护统治的座右铭。孟子教导统治者说："桀纣之失天下也，失其民也。失其民者，失其心也。得天下有道：得其民，斯得天下矣。得其民有道：得其心，斯得民矣。"⑦他强调指出："得民心者得天下"，"失其民者失天下"，进而主张统治阶级要"制民之产"⑧"保民而王"。⑨荀子继承了孟子的民贵思想，认为"天之生民，非为君也；天之立君，以为民

① 袁银传等：《从十六大到十七大：马克思主义基本原理在当代中国的运用和发展》，中国社会科学出版社 2008 年版，第 37 页。

② 张绍德：《解读尚书》，齐鲁书社 2018 年版，第 129 页。

③ 谭国清主编：《中华藏典·传世之选：四书五经》，西苑出版社 2003 年版，第 119 页。

④ 周非：《诸子百家大解读》，吉林教育出版社 2010 年版，第 51 页。

⑤ 张燕婴译注：《论语》，中华书局 2006 年版，第 4 页。

⑥ 万丽华、蓝旭译注：《孟子》，中华书局 2006 年版，第 324 页。

⑦ 万丽华、蓝旭译注：《孟子》，中华书局 2006 年版，第 154 页。

⑧ 万丽华、蓝旭译注：《孟子》，中华书局 2006 年版，第 15 页。

⑨ 万丽华、蓝旭译注：《孟子》，中华书局 2006 年版，第 12 页。

也"①,彰显人民群众的主体价值。他把君民关系比喻成舟和水的关系,说:"君者,舟也;庶人者,水也。水则载舟,水则覆舟。"②上述思想提醒统治者不可忽视人民的力量和作用,要想维持统治阶级的稳固政权、长治久安,就必须重视人民群众的地位和作用。③

儒家的后继者继续发展这一理论,使民本思想的内涵更加丰富和完备。西汉贾谊提出:"夫民者,万世之本也。"④朱熹提出:"国以民为本,社稷亦为民而立。"⑤唐太宗李世民认定"君依于国,国依于民"⑥,进而强调"凡事皆须务本。国以人为本"⑦。白居易在总结历史经验的基础上,进一步阐述了荀子的"舟水"之论。他说:"得其人,失其人,非一朝一夕之故,其所由来者渐矣。天地不能顿为寒暑,必渐于春秋;人君不能顿为兴亡,必渐于善恶。善不积,不能勃焉而兴;恶不积,不能忽焉而亡。善与恶,始系于君也;兴与亡,始系于人也。何则?君苟有善,人必知之。知之又知之,其心归之。归之又归,则载舟之水,由是积焉。君苟有恶,人亦知之。知之又知之,其心去之。去之又去之,则覆舟之水,由是作焉。""邦之兴,由得人也;邦之亡,由失人也。"⑧苏轼也认识到人心的重要性:"人主之所恃者,人心而已。人心之于主也,如木之有根,如灯之有膏,如鱼之有水,如农夫之有田,如商贾之有财。木无根则槁,灯无膏则灭,鱼无水则死,农夫无田则饥,商贾无财则贫,人主失人心则亡,此必然之理,不可逭之灾也。其为可畏,从古以然。"⑨

北宋张载宣传"民胞物与"⑩;司马光认为民是"国之堂基"⑪;朱熹指出

① 方勇主编:《诸子学刊.第十六辑》,上海古籍出版社 2018 年版,第 329 页。
② 安小兰译注:《荀子》,中华书局 2007 年版,第 77 页。
③ 袁银传等:《从十六大到十七大:马克思主义基本原理在当代中国的运用和发展》,中国社会科学出版社 2008 年版,第 38 页。
④ 郑先兴:《汉代思想史专题论稿》,河南大学出版社 2009 年版,第 60 页。
⑤ 李修生、朱安群主编:《四书五经辞典》,中国文联出版公司 1998 年版,第 58 页。
⑥ (北宋)司马光:《资治通鉴》,吉林大学出版社 2014 年版,第 418 页。
⑦ (唐)吴兢:《贞观政要译注》,王娟译注,北京联合出版公司 2015 年版,第 477 页。
⑧ 丁如明、聂世美点校:《白居易全集》,上海古籍出版社 1999 年版,第 854 页。
⑨ 《苏东坡集》下,商务印书馆 1933 年版,第 39 页。
⑩ 宣朝庆:《张载》,陕西师范大学出版总社 2017 年版,第 120 页。
⑪ 李之亮笺注:《司马温公集编年笺注》,巴蜀书社 2008 年版,第 76 页。

"天下之务莫大于恤民。"①"闻之于政也,民无不为本也。国以为本,君以为本,吏以为本。故国以民为安危,君以民为威侮,吏以民为贵贱。此之谓民无不为本也。"②明末清初的王夫之说:"君以民为基……无民而君不立。"③唐甄更明确地指出:"自天子至于县丞史,皆食于农"④,"府库,民充之","官职,民养之。"⑤如果丧失民心,民众起来造反,是任何力量也阻挡不住的。"天下之大可恃乎?甲兵之多可恃乎?君惟不义无道于民,虽九州为宅,九川为防,九山为阻,破之如椎雀卵也;虽尽荆蛮之金以为兵,尽畿省之籍以为卒,推之如蹶弱童也。"⑥

中国近代的民本主义赓续了古代传统儒家的民本主义,并且是中西结合的产物。近代中国的民本主义最具代表性的思想理论,首推孙中山提出的三民主义——民族主义、民权主义、民生主义。特别是他所倡导的以民生问题为核心的民生主义思想,是三民主义思想宝库中的瑰宝之一。在他看来:"民生就是人民的生活、社会的生存、国民的生计、群众的生命。"⑦孙中山的民生主义思想,以中国几千年的传统思想文化为基础,参考并吸纳欧美资本主义国家发展的经验与教训,为中国规划了一条发展道路。通过这一思想,孙中山试图使中国既能走上民富国强的现代化道路,又能避免欧美资本主义国家发展中出现的动荡和危机。尽管三民主义终究没有引导中国走上现代化道路,却是孙中山终其一生为之奋斗的建设强盛中国的社会理想。⑧

由上可见,民本思想贯穿于中国整个传统思想,是中华民族传统文化所包含的一个基本理念。正如金耀基所指出的:"中国自孔孟以迄黄梨洲、谭嗣同,一直都有一极强的民本思想贯穿着。任何一位大儒,都几乎是民本思

---

① 张义忱、朱俊芳、王文达编著:《谏言》,春风文艺出版社 1993 年版,第 297 页。
② 陈功文:《汉初贤才贾谊》,大象出版社 2018 年版,第 134 页。
③ (明)王夫之撰:《周易外传导读》,华龄出版社 2019 年版,第 90 页。
④ (清)唐甄:《潜书》下,新疆青少年出版社 2004 年版,第 101 页。
⑤ (清)唐甄:《潜书》,古籍出版社 1955 年版,第 108 页。
⑥ (清)唐甄:《替书》下,新疆青少年出版社 2004 年,第 69 页。
⑦ 孙中山:《三民主义》,岳麓书社 2000 年版,第 167 页。
⑧ 袁银传等:《从十六大到十七大:马克思主义基本原理在当代中国的运用和发展》,中国社会科学出版社 2008 年版,第 40 页。

想的鼓吹者。"①民本思想在中国历史上曾经产生了重要的影响,发挥了巨大的作用,具有重要的历史价值。它重视民众的作用,维护民众的利益,具有深刻的人民性和进步性。在中国的阶级社会中,民本思想对于缓和阶级矛盾、维护社会稳定、恢复和发展生产,都有重要的作用。几千年来,民本主义思想像一根中轴线,中国近代以前的统治者的政策措施围绕这根轴线波动。因此,民本思想的提出和发展,对中国传统社会的进步和传统政治思想的形成有一定的积极意义,在今天仍然具有重要的现实价值。民本思想虽然强调了人民的重要作用,客观上也有利于维护人民的利益,但是从总体上看,它并没有把人民群众作为社会历史的主体和最终目的,而是以稳定现存社会秩序为前提,以维护剥削阶级的统治地位为归宿,倡导民本只是一种政治统治和社会治理的手段,并逐渐使之成为占统治地位的意识形态和禁锢人民思想的工具,致力于构建一个纲常有序、人有等差的人伦社会,民本思想中爱民、体民、恤民的目的是劳民、驭民以达到"君子安位",最终目的是实现"君本主义",因而具有无法克服的历史局限性和阶级局限性。中国阶级社会开明统治者推崇的治国理念,其中的民本思想同样打上了阶级和时代的烙印,这是民本思想的缺陷,它与以人为本所蕴含的现代民主理念、平等理念、自由理念、发展理念有本质的不同。②

"以人为本"与中国传统的民本思想有内在的一致性,是一个富有中国文化底蕴的理念,它充分继承和弘扬了民本思想中的合理内容。但是,传统的民本思想因其时代与阶级的局限,已经不足以满足今天的实际需要。因此,我们在继承和弘扬民本思想的合理内容的同时,必须清醒认识到其不足之处,并着眼于现实的需要,用时代发展的最新成果去加以改造和完善。"以人民为本"思想体现了新时代的特点和要求,是对传统民本思想的超越和升华。③

---

① 金耀基:《从传统到现代》,中国人民大学出版社 1999 年版,第 21 页。
② 袁银传等:《从十六大到十七大:马克思主义基本原理在当代中国的运用和发展》,中国社会科学出版社 2008 年版,第 37 页。
③ 袁银传等:《从十六大到十七大:马克思主义基本原理在当代中国的运用和发展》,中国社会科学出版社 2008 年版,第 40 页。

（二）以人民为中心是对近代西方人本主义价值观的扬弃与超越

在西方思想发展史中，人本主义历史观具有悠久的传统和深远的影响。早在古希腊时期，政治家伯里克利就主张："人是第一重要的，其他都是人的劳动成果。"①古希腊哲学家、智者派主要代表人物普罗泰戈拉更明确指出："人是万物的尺度。"②这一命题标志着智者派把哲学研究的对象由自然转向了人，标志着人作为主体的自我意识的觉醒，最终确立了人的主体性地位。此后，苏格拉底将哲学由自然哲学转向伦理学，更是全方位地体现了对人的主体性的重视。对此，美国著名学者安·邦纳曾作过这样的论述："全部希腊文明的出发点和对象是人，它从人的需要出发，它注意的是人的利益和进步，为了求得人的利益和进步，它同时既探索世界也探索人，通过一方探索另一方。"③

在中世纪，哲学成为"神学的婢女"，人的主体地位被神淹没。直到近代，以人文主义思潮兴起为标志的欧洲文艺复兴，把人对神的崇拜，转向对人自身的崇尚。文艺复兴，从根本上讲，是在资本主义兴起的条件下对古希腊罗马哲学中以人为中心的思想的复兴。文艺复兴时期的思想家通过复兴古希腊的文化教育艺术，歌颂人的伟大，赞扬人的价值，主张提高人的主体地位，维护人的尊严，追求人自身的解放。他们提出理性是人性的基础，人有意志自由，强调应满足人的欲望和需要，使人能自由发展自己的个性，造就多才多艺、全知全能的人，等等。文艺复兴运动使人本主义成为一种较系统的思想形态，人本主义这个词也是在这个时期出现的。人本主义作为反对中世纪神权统治的意识形态工具，使社会意识发生从"神本位"向"人本位"的转变，成为资产阶级革命的思想理论先导。到17、18世纪，反封建的启蒙运动思想家和政治家进一步发扬文艺复兴的人文主义传统，把它提升

① 转引自袁银传主编：《价值观 核心价值观 核心价值体系——中国特色社会主义核心价值观》，武汉大学出版社2014年版，第89页。

② 转引自袁银传等：《从十六大到十七大：马克思主义基本原理在当代中国的运用和发展》，中国社会科学出版社2008年版，第37页。

③ ［美］安·邦纳：《希腊文明》，转引自［苏］鲍·季·格里戈里扬：《关于人的本质的哲学》，汤侠声、李昭时等译，生活·读书·新知三联书店1984年版，第28页。

为以自由、平等、民主、人权为核心的资产阶级革命的政治纲领。①

到德国古典哲学,康德和费尔巴哈阐发了哲学形态的较为完整的人本主义。康德重视人的理性、生存和价值,强调人是目的而不是手段,人为自然立法。费尔巴哈虽然不理解人的社会本质关系,但他把人看成至高无上的存在和哲学的对象。他以抽象的自然的人为对象,并以此为基础建立起人本主义学说,并提出了合理的利己主义的道德学说、国家观和唯心主义的社会历史观,强调人在生物学意义上对自然界、他人和社会的依赖。费尔巴哈的人本主义吸取了人类历史上唯物主义尤其是 18 世纪法国唯物主义的传统,站在德国古典哲学的高度,恢复了人的自然形象,为马克思的人学理论及 20 世纪的人本学说提供了理论素材和思想资源。

现代人本主义哲学,是当代西方资产阶级哲学的主流。现代人本主义发展的逻辑是:费尔巴哈在批判宗教和思辨哲学的过程中回到了自然的人,而从叔本华的"生存意志",尼采的"权力意志",到海德格尔、萨特的存在主义,则是在批判这种自然人及其日常状态的前提下走向非理性的人与"超人"。柏格森把主体的能动性归结为生命的原始冲动,即"生命之流",把主体性看成一种发自生命本源的自我超越能力。弗洛伊德的精神分析论特别是其中的本能和潜意识学说、弗罗姆的爱欲说、马尔库塞的本能革命说,都属于非理性的人本主义,把人提到哲学的中心地位,强调人的非理性因素。马斯洛的科学人本主义提出了需求层次理论,并将人的需求作为主体的行为动力。他特别指出,社会发展不仅要有物质需求作为动力,还必须有精神动力。人的尊严、爱心、创造、自我实现等精神性需求,也是不可或缺的类似于本能需求的一种根本性需求。

从现代人本主义的发展逻辑脉络中可以看出,与传统人本主义的理性主义传统不同,现代西方人本主义极力宣扬非理性主义,并且把非理性作了无限的夸大,形成了一股非理性主义思潮。他们要求把人本主义建立在反唯物主义、反理性主义和反功利主义的基础上,主张建立一种以人为中心的

① 袁银传等:《从十六大到十七大:马克思主义基本原理在当代中国的运用和发展》,中国社会科学出版社 2008 年版,第 41 页。

本体论。他们认为人是孤立的人,其真实的存在和本质是超出物质和精神的存在之外的。要把握人的存在和世界的本质,主要不能依靠理性,而要依靠非理性的直觉,因而他们注重人的非理性的情感、意志和心理体验。现代人本主义对世界前途与现实生活,在一定程度上持悲观态度,在人生、伦理、价值问题上缺乏积极向上的精神。可见现代人本主义在人的问题上与传统人本主义的偏离,既表现出西方社会种种病态现象,又是西方当代资本主义经济、政治、社会矛盾危机在文化上的反映。资本主义社会不仅没有实现资产阶级在反封建时期提出的自由、民主、平等、博爱的理想,而且在发展过程中为这些理想的真正实现设置了更多的障碍,现代人本主义就是对这些障碍的病态反抗。①

纵观近代西方人本主义曲折发展的历史,应该说,这一思潮在一定程度上推动了社会历史的进步,有一定的历史合理性。一是在"人与神的关系上",用"以人为本"代替了"以神为本",把人从对神的依附中解放出来,恢复了人的主体地位。二是在人与人的关系上,提出自由、民主、平等、正义等基本理念,这些理念成为近代以来西方社会的基本精神旗帜,尽管在实践中存在不少病垢,但它们毕竟是西方社会普遍认同的、合理的人文价值尺度,对社会实践有一定的规制作用。三是在人与社会、人与自然的关系上,弘扬了以人的主体性为核心的人的能动性,相信人对外部世界——自然与社会的控制能力可以无限增强,这一信念推动人类社会与科学技术的发展与进步。总的来说,人本主义以人性反对神性、以人权反对神权、以民主反对专制、以自由反对禁锢,弘扬人的主体性和创造性,反对各种教条的束缚。正因为人本主义包含的合理思想,使它构成现代西方文化的一个核心要素。但是,尽管人本主义者都试图给出一个关于"人"的合理答案,但最终都无法摆脱唯心主义历史观的窠臼而具有极端的片面性和抽象性。人本主义设想的人是抽象的人、技术化的人、孤独的人、非历史的人、单向度的人,这些人

① 袁银传等:《从十六大到十七大:马克思主义基本原理在当代中国的运用和发展》,中国社会科学出版社 2008 年版,第 42 页。

只是人的一个侧面,因而都没有达到对人的科学认识。① 正因为人本主义的哲学基础是历史唯心主义的抽象人性论,因此,人本主义虽然有时代进步性和革命性,但它所谓的"人本"最终实际上是走向"资本",不可能超越历史的局限,难免陷入无法解脱的困境。②

总之,现今被称为西方"人本主义"和中国"民本主义"的两种思潮,都是曲折流传、派别多样、观点复杂的。但必须肯定的是,它们都不同程度上包含现在我们所说的"以人为本"思想的因素,同时都有各自所处时代和阶级的以及历史观的局限性,都没有超越封建主义或资本主义思想的局限。③作为社会主义核心价值观的"以人为本",要吸收中国古代"民本主义"和西方"人本主义"价值观的精华和合理因素,创造性地发展以人为本的思想,赋予"以人民为本"的科学而丰富的内涵。④

(三)马克思主义视域中的以人为本实质是以人民为中心

真正超越"民本"思想和人本主义,对"以人为本"作出科学说明的是马克思。马克思主义的唯物史观本质上就是以人为本、以人民为中心的科学历史观,马克思从物质资料生产出发,在科学揭示人类社会发展规律的同时,指明了物质资料生产的主体——人民群众——创造历史的活动规律。历史唯物主义强调人民群众是历史的创造者,是推动社会发展的决定力量;人民群众是生产力中最活跃、最能动、最革命的因素,是先进生产力的代表,是社会物质财富和精神财富的创造者,是社会变革的决定性力量。这就第一次将"以人为本"的思想奠定在历史唯物主义的科学基础之上,赋予"以人为本"丰富而实际的科学内涵,使之成为无产阶级及其政党认识世界和改造

---

① 袁银传等:《从十六大到十七大:马克思主义基本原理在当代中国的运用和发展》,中国社会科学出版社 2008 年版,第 43 页。

② 袁银传等:《从十六大到十七大:马克思主义基本原理在当代中国的运用和发展》,中国社会科学出版社 2008 年版,第 43 页。

③ 袁银传等:《从十六大到十七大:马克思主义基本原理在当代中国的运用和发展》,中国社会科学出版社 2008 年版,第 43 页。

④ 袁银传:《马克思主义视域中的以人为本及其对民本主义和人本主义的超越》,《学校党建与思想教育》2016 年第 9 期。

世界的重要指导原则①,成为社会主义的核心价值理念和价值追求。

唯物史观是关于现实的人及其发展规律的科学,人的发展是唯物史观的理论基础、核心和最终归宿。在马克思看来,历史进步是社会发展和人的发展相统一的过程,人的需要及其引发的社会基本矛盾是社会发展的源泉和动力,社会发展的目的是实现人的自由而全面的发展。马克思主义认为"以人为本"就是以人的本质为本,就是要根据人的本质来引导和规范社会和人自身的发展。什么是人的本质? 在《关于费尔巴哈的提纲》中,马克思写道:"人的本质不是单个人所固有的抽象物。在其现实性上,它是一切社会关系的总和。"②马克思还强调指出:"人的类特性恰恰就是自由的有意识的活动。"③"各个人的世界历史性的存在,也就是与世界历史直接相联系的各个人的存在。"④从这些论述中我们可以看出,马克思认为人的本质是个人、群体和类相统一的现实的人的实践活动,是自然因素、社会因素和精神因素统一的世界历史性存在。马克思主义所说的"本",乃"根本""本体""本位"。以人为本,指人是价值主体和价值本位,是社会发展的目的和归宿所在,社会历史的全部成果是为了人。马克思在《1844 年经济学哲学手稿》中指出,共产主义是私有财产,即人的自我异化的积极扬弃,因而通过人并且为了人而对人的本质的真正占有,因此它是人向自身向社会的人的复归。马克思恩格斯在《共产党宣言》中指出:"代替那存在着阶级和阶级对立的资产阶级旧社会的,将是这样一个联合体,在那里,每个人的自由发展是一切人的自由发展的条件。"⑤由此可见,马克思主义认为,实现"人的全面而自由的发展",达到人的全面发展和人与自然、人与社会、人与人之间的真正和谐,才是社会发展和人类实践的目的和价值所在。马克思主义视域中的"以人为本",既肯定人在社会历史发展中的主体实践作用,即以人为主体、以人为动力,依靠人、塑造人、发展人;又肯定了人在社会历史发展中的客体地

---

① 袁银传:《马克思主义视域中的以人为本及其对民本主义和人本主义的超越》,《学校党建与思想教育》2016 年第 9 期。

② 《马克思恩格斯选集》第 1 卷,人民出版社 2012 年版,第 139 页。

③ 《马克思恩格斯选集》第 1 卷,人民出版社 2012 年版,第 56 页。

④ 《马克思恩格斯选集》第 1 卷,人民出版社 2012 年版,第 87 页。

⑤ 《马克思恩格斯选集》第 1 卷,人民出版社 2012 年版,第 422 页。

位,即人类的一切活动都为了人,以人的利益、发展、幸福和自由为出发点和归宿,以人为本是人的主体与客体、手段与目的的统一。

人是未完成的,人的存在、本质及其内涵是不断发展变化的。马克思主义视域中的"人"和"以人为本"是一个历史范畴,在不同国家及其发展的不同历史时期有不同的内容和形式。中国共产党人继承和发展了马克思主义经典作家的人学思想,赋予其"以人民为本""全心全意为人民服务""以人民为中心"的时代内涵和中国话语表达。

以毛泽东同志为主要代表的中国共产党人在领导中国人民取得新民主主义革命和社会主义革命胜利之后,在探索社会主义建设道路过程中,逐渐认识到人在社会主义建设中的重要作用,对人的地位、人的作用、人的价值、人的自由和平等、人的教育目的和方针等问题,作了全面、科学而深入的阐述。毛泽东认为,人是最重要的因素,明确提出"世间一切事物中,人是第一个可宝贵的"[1],并深刻指出"人民,并且只有人民,才是历史发展的动力"[2],人民群众是历史的主人。毛泽东把马克思主义基本原理与中国革命和建设的具体实际紧密结合,提出了"全心全意为人民服务"的科学论断,认为共产党人除人民的利益之外没有自己特殊的利益。毛泽东提出"为人民服务",通俗而深刻地表达了中国共产党人的根本宗旨。在《论联合政府》的政治报告中,毛泽东指出:"我们共产党人区别于其他任何政党的又一个显著的标志,就是和最广大的人民群众取得最密切的联系。全心全意地为人民服务,一刻也不脱离群众;一切从人民的利益出发,而不是从个人或小集团的利益出发;向人民负责和向党的领导机关负责的一致性;这些就是我们的出发点。共产党人必须随时准备坚持真理,因为任何真理都是符合于人民利益的;共产党人必须随时准备修正错误,因为任何错误都是不符合于人民利益的。"[3]

以邓小平同志为主要代表的中国共产党人,坚持把社会发展与人的发展有机统一起来。邓小平理论将"什么是社会主义,怎样建设社会主义"作

---

[1] 《毛泽东选集》第4卷,人民出版社1991年版,第1512页。
[2] 《毛泽东选集》第3卷,人民出版社1991年版,第1032页。
[3] 《毛泽东选集》第3卷,人民出版社1991年版,第1094~1095页。

为两个首要的基本问题明确提出来,对社会主义本质作了创造性的科学回答,把"解放生产力、发展生产力"作为人的全面发展的首要前提,把"消灭剥削、消除两极分化、最终达到共同富裕"作为社会主义追求的价值目标,把人民"拥护不拥护""赞成不赞成""高兴不高兴""答应不答应"作为判断改革开放得失成败及党和政府制定各项路线、方针、政策的出发点和归宿。邓小平旗帜鲜明地反对从抽象的人道主义出发,来看待社会主义建设过程中的失误,把促进人的发展作为我们建设中国特色社会主义的重要任务;将听取群众呼声、了解群众情绪、代表群众利益,作为我们一切工作的出发点;把"是否有利于提高人民的生活水平"作为判断改革开放过程中是非得失的"三个有利于"根本标准之一;进一步丰富了"为人民服务"的内涵,倡导要尊重群众的首创精神,要尊重知识、尊重人才、尊重知识分子,充分发挥广大工农群众在社会主义建设中的积极性、主动性、创造性。

以江泽民同志为主要代表的中国共产党人,牢牢把握发展这个时代主题,借鉴西方资本主义国家的发展经验,根据中国经济社会发展取得巨大成就的情况,适时提出了"促进人的全面发展"思想,并明确提出"两个历史过程"相统一,亦即社会的全面发展与人的全面发展过程相统一的重要思想。江泽民指出:"社会生产力和经济文化的发展水平是逐步提高、永无止境的历史过程,人的全面发展程度也是逐步提高、永无止境的历史过程。这两个历史过程应相互结合、相互促进地向前发展。"[①]可以说,明确提出这一思想,并用来指导党的实践,这在马克思主义的发展史上还是第一次。江泽民集中全国全党的集体智慧,创造性地提出"三个代表"重要思想并将其作为党的执政理念,要求"中国共产党要始终代表最广大人民的根本利益",同时将人的自由全面发展和经济社会发展紧密联系起来,强调我们建设中国特色社会主义的各项事业,我们进行的一切工作,既要着眼于人民现实的物质文化生活需要,又要着眼于人民素质的提高,也要努力促进人的全面发展。"发展是执政兴国的第一要务"、人的自由全面的发展与经济社会发展互动的理论、"三个代表"重要思想,都从更高的层次体现了对人民主体地位的尊

---

① 《江泽民文选》第3卷,人民出版社2006年版,第295页。

重与弘扬。江泽民强调："全心全意为人民服务，立党为公，执政为民，是我们党同一切剥削阶级政党的根本区别。任何时候我们都必须坚持尊重社会发展规律与尊重人民历史主体地位的一致性，坚持为崇高理想奋斗与为最广大人民谋利益的一致性，坚持完成党的各项工作与实现人民利益的一致性。"①

从党的十六大到党的十八大，以胡锦涛同志为主要代表的中国共产党人提出并且贯彻落实科学发展观，强调科学发展观的核心是以人为本，进一步明确提出：全心全意为人民服务是党的根本宗旨，党的一切奋斗和工作都是为了造福人民。党的十八大报告强调："要始终把实现好、维护好、发展好最广大人民的根本利益作为党和国家一切工作的出发点和落脚点，尊重人民首创精神，保障人民各项权益，不断在实现发展成果由人民共享、促进人的全面发展上取得新成效。"②

党的十八大以来，中国特色社会主义进入新时代，人民日益增长的美好生活需要和不平衡不充分的发展之间的矛盾凸显，社会建设的任务更加繁重。以习近平同志为主要代表的中国共产党人，始终坚持以人民为中心的价值观，自觉践行全心全意为人民服务的宗旨。在论述党和政府责任时，习近平强调：必须始终"坚持中国特色社会主义理论体系中贯穿的马克思主义立场，始终站在人民大众立场上，立党为公、执政为民，把服务群众、造福百姓作为最大责任"③。在论述中国梦时，习近平指出："中国梦归根到底是人民的梦，必须紧紧依靠人民来实现，必须不断为人民造福。"④在谈到改革开放问题时，习近平再次重申，改革开放是亿万人民自己的事业，必须坚持尊重人民首创精神，善于从人民的实践创造和发展要求中完善政策主张。"只要与人民同甘共苦，与人民团结奋斗，就没有克服不了的困难，就没有完

① 《江泽民文选》第 3 卷，人民出版社 2006 年版，第 279 页。
② 《十八大以来重要文献选编》上，人民出版社 2014 年版，第 7 页。
③ 习近平：《深入学习中国特色社会主义理论体系努力掌握马克思主义立场观点方法》，《求是》2010 年第 7 期。
④ 习近平：《在第十二届全国人民代表大会第一次会议上的讲话》，《人民日报》2013 年 3 月 18 日，第 1 版。

成不了的任务。"①在论述党和政府工作的目标和评价标准时，习近平指出："我们的人民热爱生活，期盼有更好的教育、更稳定的工作、更满意的收入、更可靠的社会保障、更高水平的医疗卫生服务、更舒适的居住条件、更优美的环境，期盼孩子们能成长得更好、工作得更好、生活得更好。人民对美好生活的向往，就是我们的奋斗目标。"②"检验我们一切工作的成效，最终都要看人民是否真正得到了实惠，人民生活是否真正得到了改善，这是坚持立党为公、执政为民的本质要求，是党和人民事业不断发展的重要保证。"③在庆祝中国共产党成立95周年大会上，习近平指出："全党同志要把人民放在心中最高位置，坚持全心全意为人民服务的根本宗旨，实现好、维护好、发展好最广大人民根本利益，把人民拥护不拥护、赞成不赞成、高兴不高兴、答应不答应作为衡量一切工作得失的根本标准，使我们党始终拥有不竭的力量源泉。"④在庆祝中国共产党成立100周年大会上，习近平强调指出："江山就是人民、人民就是江山，打江山、守江山，守的是人民的心。中国共产党根基在人民、血脉在人民、力量在人民。中国共产党始终代表最广大人民根本利益，与人民休戚与共、生死相依，没有任何自己特殊的利益，从来不代表任何利益集团、任何权势团体、任何特权阶层的利益。"⑤党的十九届六中全会通过的《中共中央关于党的百年奋斗重大成就和历史经验的决议》，将"坚持人民至上"作为中国共产党百年来领导人民进行伟大奋斗积累的宝贵历史经验。

总之，中国共产党人始终坚持人民主体地位，它反映和代表最广大人民的根本利益，以"全心全意为人民服务""立党为公执政为民""以中国最广大人民的根本利益为本""实现最广大人民的根本利益""以人民为中心""坚持人民至上"等，作为自己的道路选择、理论追求、制度安排、工作检验的根本价值导向和价值标准，因此能够获得人民群众的拥护和支持。人民群

① 《习近平接受金砖国家媒体联合采访》，《光明日报》2013年3月20日，第1版。
② 《人民对美好生活的向往　就是我们的奋斗目标》，《人民日报》2012年11月16日，第4版。
③ 习近平：《全面贯彻落实党的十八大精神要突出抓好六个方面工作》，《求是》2013年第1期。
④ 习近平：《在庆祝中国共产党成立95周年大会上的讲话》，人民出版社2016年版，第18页。
⑤ 习近平：《在庆祝中国共产党成立100周年大会上的讲话》，人民出版社2021年版，第11~12页。

众作为中国特色社会主义的社会建设主体和建设成效的最终裁判者,对中国特色社会主义建设道路广泛而深切的认同,是中国特色社会主义道路自信的主体根据、道义力量和合法性基础。

二、扎实推动共同富裕

为中国人民谋幸福,为中华民族谋复兴,实现国家富强和全体人民共同富裕,是中国共产党人的初心使命,也是中国特色社会主义社会建设的根本价值目标。中国共产党人百年来赓续奋斗,团结带领全国各族人民开展艰苦卓绝的反贫困工作,取得全面消除绝对贫困的重大历史性成就,实现了从贫困到温饱到总体小康直到全面小康的历史跨越。这一跨越具有里程碑意义,它标志着中国已经到了扎实推动共同富裕的历史阶段。党的十八大以来,以习近平同志为核心的党中央统筹中华民族伟大复兴战略全局和世界百年未有之大变局,把握我国社会新发展阶段,贯彻新发展理念,构建新发展格局,把逐步实现全体人民共同富裕摆在更加重要的位置,提出了扎实推动共同富裕的一系列新理念、新思想、新战略。这些重要论述是对马克思主义关于共同富裕思想的继承和创新,是新时代以习近平同志为主要代表的中国共产党人治国理政的基本方略和行动指南,是人类命运共同体理念的中国表达,对当代中国与世界的共同繁荣发展具有重要的时代价值[①],是新时代中国特色社会主义社会建设的价值指引和基本遵循。

(一)扎实推动共同富裕的历史背景

当今世界正经历百年未有之大变局,中国特色社会主义进入新时代,中华民族伟大复兴战略全局与世界百年未有之大变局同步交织、相互激荡。放眼当今世界和当代中国,一方面全球发展赤字,收入不平等问题更加突出,一些国家贫富分化严重,全球贫困状况恶化。另一方面是中国全面建成小康社会,消除了绝对贫困,正在开启全面建设社会主义现代化国家新征程,向第二个百年奋斗目标迈进;然而我国人民日益增长的美好生活需要和不平衡不充分的发展之间的矛盾日益凸显,成为新时代我国社会的主要矛

---

① 袁银传、高君:《习近平关于共同富裕重要论述的历史背景、科学内涵和时代价值》,《思想理论教育》2021 年第 11 期。

盾。国内外发展新格局、新变化，构成了习近平关于共同富裕重要论述的时代背景，也彰显了新时代扎实推动共同富裕的重要意义。

1. "两个大局"背景下全球贫富差距问题突出

当今世界正经历大变革、大调整时期，国际环境复杂多变，进入了动荡变革期。第四次工业革命方兴未艾，世界多极化、社会信息化加速演进，各种社会矛盾交织叠加，经济全球化遭遇逆流，民族主义、孤立主义、霸权主义、贸易保护主义重新抬头，世界不平衡、不稳定、不确定的趋势愈发明显。日益加重的全球治理赤字、日益扩大的数字鸿沟、日益凸显的贫富差距，已经成为致命且无声的危机，严重阻碍人类社会的发展和进步。就世界格局而言，国与国之间的贫富差距造成国际格局动荡变化，国家之间发展失衡、纷争不断。就国家内部而言，贫困问题往往伴随着经济、政治、文化、社会、生态等问题，严重影响国家安全和社会政治稳定。而对个体而言，贫富差距过大则严重影响大多数人的健康、教育、就业、医疗等，制约大多数人的生存权和发展权。在当今世界百年未有之大变局背景下，从发达国家到发展中国家，从经济贫困、政治贫困、文化贫困到社会贫困、生态贫困，从绝对贫困、相对贫困到隐形贫困，从贫困的恶性循环、代际传递到全球化扩散，贫困问题以各种形态方式存在，并且严重影响世界的繁荣稳定发展。

2020年新冠肺炎疫情开始在全球流行，全球卫生系统遭遇前所未有的挑战。新冠疫情流行加剧了世界范围的贫富分化，资本逻辑主导下西方世界愈发凸显垄断、寄生和贪婪，疫情失控、政府失信、经济萧条，阶级矛盾和种族矛盾愈演愈烈，人民抗议浪潮迭起。在西方资本主义世界经济危机与疫情危机交织影响下，全球贫困人口明显增加，不同国家、地区之间的贫富鸿沟再次加深，全球贫困治理赤字，严重影响了世界和平与发展进程。各国人民对脱贫致富、公平正义、和平发展、合作共赢的期盼与追求愈发殷切坚定。

复杂多变的国际环境和突发其来的新冠疫情没有打垮中国人民，在中国共产党的坚强领导下，依靠中国特色社会主义制度的显著优势，中国的经济社会发展，特别是在脱贫攻坚方面取得了彪炳史册的成就，顺利实现了第一个百年目标。在不平衡、不稳定、不确定的世界中，中国"风景这边独好"，取得了经济社会发展和抗击新冠疫情的"双胜利",中国成为推动世界经济繁荣、政治发展、社会稳定的发动机和稳定器。①

2. 全面建成小康社会为中国推动共同富裕创造良好条件

中国推动共同富裕不是"画饼充饥"与"标语口号",而是以彪炳史册的发展成就为坚实基础的具体目标,是中国特色社会主义发展进步的必然选择。马克思主义认为,实现共同富裕需要以生产资料公有制为基础的先进社会制度及其产生的巨大生产力发展。社会主义中国的贫困问题主要是由于帝国主义、封建主义、官僚资本主义"三座大山"的剥削和压迫等历史原因造成的,而不是社会主义制度本身造成的。道路决定命运,从选择"以俄为师"、走社会主义道路之日起,中国共产党始终坚定对马克思主义的信仰、对共产主义的信念、对中国特色社会主义的信心,坚持从中国国情和实际出发,科学对待、不断丰富和创新发展马克思主义关于共同富裕的思想,取得了一个又一个减贫脱贫的历史性成就。

以毛泽东同志为主要代表的中国共产党人,浴血奋战、百折不挠,团结带领中国人民取得了新民主主义革命胜利、确立社会主义基本制度,在社会制度层面为中国扫清了实现共同富裕的障碍,为实现全体人民共同富裕奠定了根本政治前提和制度基础,并且积累了实现全体人民共同富裕的宝贵历史经验。以邓小平、江泽民、胡锦涛为主要代表的中国共产党人,开创、坚持、捍卫、发展中国特色社会主义,依靠人民、为了人民,在改革开放历史实践中坚持不懈地推动中国贫困问题的解决,从20世纪末解决温饱至21世纪初巩固温饱并逐步达到小康,为全面建成小康社会、消除绝对贫困奠定了充满新的生机活力的体制保证和坚实的物质基础。党的十八大以来,以习近平同志为核心的党中央坚持和完善中国特色社会主义制度,推进国家治理体系和治理能力现代化,团结带领中国人民赢得了一场人类历史上规模最大、力度最强的脱贫攻坚战,为全体人民共同富裕提供了更为完善的制度保证、奠定了更为坚实的物质基础、注入了更为主动的精神力量,历史性地解决了困扰中华民族几千年的绝对贫困问题,深刻地改变了中国反贫困的历

---

① 袁银传、高君:《习近平关于共同富裕重要论述的历史背景、科学内涵和时代价值》,《思想理论教育》2021年第11期。

史进程。

改革开放 40 多年来,中国社会生产力快速发展,经济总量跃居世界第二位,国内生产总值年均实际增长约 9.5%,成功推进了农村贫困人口与城市困难职工的脱贫,实现了城乡居民从温饱不足向全面小康的共同跨越。到 2020 年,全国 832 个贫困县全部摘帽,128 000 个贫困村全部出列,近 1 亿农村贫困人口实现脱贫,提前十年实现联合国 2030 年可持续发展议程减贫目标,中国如期全面建成小康社会,人民生活水平与质量大幅度提高,历史性地解决了绝对贫困问题,创造了人类减贫史上的奇迹,为进一步推动共同富裕创造了快速发展、体量丰厚的物质条件和更完善的制度保证。从筑梦、追梦到走向圆梦,中国共产党领导下的中国人民在追求共同富裕的道路上步履坚定、砥砺前行。

党的十九大报告指出,新时代是"不断创造美好生活、逐步实现全体人民共同富裕的时代"[1]。中国特色社会主义进入新时代,从高速增长到高质量发展,满足人民日益增长的美好生活需要,实现社会主义现代化和中华民族伟大复兴,是中国共产党第二个百年奋斗目标。在中国特色社会主义现代化的征程中,中国创造了人类文明新形态,形成了以人民为中心、推动构建人类命运共同体等治国理政的新理念、新思想、新战略,赢得了国际社会和世界人民的广泛认同和交口称赞。站在全面建成小康社会的历史新起点,在迈向建设社会主义现代化国家第二个百年目标的历史征程中,中国共产党人适应我国社会主要矛盾的新变化,更加满足人民日益增长的美好生活需要,使改革发展成果更多惠及全体人民、促进全体人民共同富裕,这是实现社会主义现代化的力量源泉和动力基础,是新时代中国共产党人的神圣职责和历史使命。[2]

(二)扎实推动共同富裕的基本遵循

关于共同富裕,马克思主义经典作家都有较为详细的论述,这些科学论述为人类摆脱贫困、实现共同富裕和美好生活指明了前进方向。全心全意

---

[1] 《习近平谈治国理政》第 3 卷,外文出版社 2020 年版,第 9 页。
[2] 袁银传、高君:《习近平关于共同富裕重要论述的历史背景、科学内涵和时代价值》,《思想理论教育》2021 年第 11 期。

为人民服务是中国共产党人的宗旨,解放和发展生产力、实现全体人民共同富裕是中国共产党人革命、建设、改革各个历史阶段的奋斗目标。中国特色社会主义进入新时代,特别是全面建成小康社会之后,习近平敏锐洞察到国际国内形势的阶段性变化,适时提出推动共同富裕取得更为明显的实质性进展,对共同富裕问题进行了系统而科学的论述。

习近平关于"共同富裕"重要论述的科学内涵,主要包括以下五个方面。

1. 以科学理论为引领,从社会主义本质阐释共同富裕

实现共同富裕,是马克思主义者对未来社会的美好期待和科学构想。中国共产党坚持以马克思主义理论为指导,在持续推进马克思主义中国化的进程中,不断推进对共同富裕的理论创新和实践探索。马克思恩格斯摆脱了空想社会主义者对共同富裕的抽象空洞议论和乌托邦式幻想,将共同富裕问题的实现置于唯物史观的科学基础之上。唯物史观科学揭示了共同富裕的历史必然性、发展规律、实现过程和现实道路,指出无产阶级通过推翻资产阶级和一切剥削阶级统治而夺取政权、消灭生产资料私有制以实现政治解放,为共同富裕奠定政治前提和制度基础;再通过国家政权力量组织发展社会生产力,增加生产力的总量以实现经济的社会解放,为共同富裕提供经济基础和物质保证;最后实现全体人民共同富裕和人类的彻底解放。这既是一个自然历史过程,是人类历史发展的总趋势,也是无产阶级及其政党带领广大人民群众艰苦奋斗的结果。①

毛泽东以"共同的富""共同的强""大家都有份"②来诠释社会主义的共同富裕。他深刻认识到在半殖民地半封建国家"一穷二白"基础上摆脱贫困、实现共同富裕的长期性、艰巨性、复杂性,积极探索了在经济文化相对落后国家建设巩固和发展社会主义、实现共同富裕的问题。毛泽东在《论十大关系》中精辟论述了中国社会主义建设的"十大关系",提倡大力发展社会主义商品生产,研究并重视价值规律在社会主义建设中的作用,对迅速改变中国贫困落后面貌、建设社会主义新中国、实现全体人民共同富裕进行了艰辛

---

① 袁银传、高君:《习近平关于共同富裕重要论述的历史背景、科学内涵和时代价值》,《思想理论教育》2021 年第 11 期。

② 《毛泽东文集》第 6 卷,人民出版社 1999 年版,第 495 页。

探索,留下了丰富而宝贵的历史经验和实践功绩。邓小平强调解放和发展生产力、消灭剥削消除两极分化是最终实现共同富裕的前提和基础,将实现共同富裕与社会主义本质紧密结合在一起,强调贫穷不是社会主义、发展才是硬道理、不改革开放只有死路一条。江泽民把共同富裕看作社会主义发展的核心问题,强调在社会主义市场经济条件下兼顾效率和公平,实现发展成果由人民共享,并且进行了"三条保障线""西部大开发"等促进共同富裕的战略规划和实践探索。胡锦涛坚持"以人为本""全面协调可持续"的科学发展观,强调通过贯彻落实科学发展观、构建社会主义和谐社会、保障和改善民生,推动全体人民共同富裕。

党的十八大以来,习近平将共同富裕问题与新时代中国发展实际紧密结合起来,对共同富裕进行了全面、系统、深刻的论述。习近平指出:"共同富裕是社会主义的本质要求,是中国式现代化的重要特征。"[1]共同富裕是社会主义最大的优越性,是体现社会主义本质属性、根本原则、价值目标的重大理论和现实问题。习近平对共同富裕的科学阐释包含以下六个方面的含义:其一,就实现主体和覆盖面来说,共同富裕是一个对全社会而言的总体概念,意味着全体人民的整体富裕,也指城市和农村、全国各地区全局上的总体富裕,而不是少数人、少数地区的富裕。其二,就实现内容来说,共同富裕与人的全面发展密切相关、高度统一,是物质生活与精神生活的共同富裕,也是促进人的全面发展的共同富裕。其三,就实现过程来说,共同富裕不是整体划一的平均主义,不可能齐头并进,而是要在动态发展过程中持续推进,不断取得成效,最终实现全体人民共同富裕。其四,就实现时间来说,共同富裕不是"迅速"富裕,要细化阶段性共同富裕目标,制定阶段性行动纲要,循序渐进地实现共同富裕。其五,就实现途径来说,共同富裕不是"坐等"富裕,不是"等靠要",而是要创造致富机会与良好的致富环境,鼓励全体人民增强内生动力,通过勤劳创新致富。其六,就实现载体来说,在实现共同富裕的基本制度与体制机制下,要建立科学完善的教科文卫体、住房、社

---

① 习近平:《扎实推动共同富裕》,《求是》2021年第20期。

保、公共服务等社会保障体系,现阶段要将促进农民农村共同富裕作为重点。①

2. 以人民福祉为中心,在人的全面发展中促进共同富裕

习近平强调:"要坚守人民情怀,紧紧依靠人民,不断造福人民,扎实推动共同富裕。"②推动共同富裕的内在要求和最终体现是人的发展,人的全面发展水平是衡量共同富裕成败的核心指标和根本标志。中国共产党成立百余年来,在中国革命、建设、改革的历史过程中,虽然不同历史时期人的发展体现的侧重点与发展水平有所不同,但是在中国共产党领导下,中国人民的基本生活权、经济社会文化权利、公民政治权利及特定群体权益等,逐步得到全面有效的保障,在人类发展史上书写了解放人、保障人、发展人的辉煌篇章。③

人是现实的、具体的、实践的人,也是能动的、发展的、全面的人。中国特色社会主义进入新时代,中国社会生产力和人民物质生活水平显著提高,人民群众的愿望与要求也随之出现变化,在物质丰裕的基础上,人民群众对民主法治、政治参与、精神丰富、生态优雅、生活美好等的需求愈发凸显。当前发展不平衡不充分的问题依然突出,成为制约共同富裕和人的全面发展的主要因素,也是新时代中国共产党需要重点解决的难题和主要矛盾。习近平指出,促进共同富裕总的思路就是要"坚持以人民为中心的发展思想","促进人的全面发展,使全体人民朝着共同富裕目标扎实迈进"。④ 他强调,物质生活与精神生活都富裕才是共同富裕,要满足人民群众的精神文化需求,并在舆论上为人民群众营造良好的共同富裕环境;强调从物质财富如何公平有效分配出发到促进社会公平正义,重点关注致富过程中人本身的发展,真正在推进共同富裕中实现人的自由全面发展。这是对以人民为中心

---

① 袁银传、高君:《习近平关于共同富裕重要论述的历史背景、科学内涵和时代价值》,《思想理论教育》2021 年第 11 期。

② 《习近平在青海考察时强调:坚持以人民为中心深化改革开放 深入推进青藏高原生态保护和高质量发展》,《人民日报》2021 年 6 月 10 日,第 1 版。

③ 袁银传、高君:《习近平关于共同富裕重要论述的历史背景、科学内涵和时代价值》,《思想理论教育》2021 年第 11 期。

④ 习近平:《扎实推动共同富裕》,《求是》2021 年第 20 期。

的深刻阐释，更体现了人在推动实现共同富裕过程中的主体性、创造性和重要性。①

3. 以高质量发展为驱动，分阶段促进共同富裕

发展是解决中国一切问题的基础和关键，是党执政兴国的第一要务。习近平指出，"在高质量发展中促进共同富裕"，"提高发展的平衡性、协调性、包容性"②，为新的历史阶段推动共同富裕指明了方向。党的十九大报告明确指出，中国经济已经转向高质量发展阶段。无论领域、地域、时域，高质量发展都具备超强的"大时空"特性，涉及较长时期经济社会发展的各方面、各地区、各领域。高质量发展具有重要战略意义，不仅指经济的发展，还要求在各方面破解民生难题、增进民生福祉，实现社会的全面进步。以高质量发展为驱动，将为共同富裕提供新的经济增长方式、新的发展格局及新的发展动力。习近平特别强调，只有促进共同富裕，"才能提高全要素生产率，夯实高质量发展的动力基础"③，这充分体现了共同富裕与高质量发展二者之间相互促进、共同进步的密切关系。

实现共同富裕是一个长期的历史过程，是中国共产党始终关注并长期规划实施的重大战略目标，要充分估计其实现过程的长期性、艰巨性、复杂性。中国共产党成立百余年来，对消除贫困、促进共同富裕始终有科学把握和战略谋划，在革命、建设、改革的每一个历史时期，都有与之相适应的阶段性目标，务求"积小胜为大胜"④。2020 年，中国如期全面建成小康社会，这意味着中国进入了一个促进共同富裕的历史新阶段。习近平强调，不能做超越阶段的事情，要"深入研究不同阶段的目标，分阶段促进共同富裕"⑤。他指出，要分三个阶段（即到"十四五"规划末期、到 2035 年、到 21 世纪中叶）逐步推进相关工作，并抓紧制定配套的行动纲要、指标体系及考核评估办法。

---

① 袁银传、高君：《习近平关于共同富裕重要论述的历史背景、科学内涵和时代价值》，《思想理论教育》2021 年第 11 期。

② 习近平：《扎实推动共同富裕》，《求是》2021 年第 20 期。

③ 习近平：《扎实推动共同富裕》，《求是》2021 年第 20 期。

④ 《习近平谈治国理政》第 2 卷，外文出版社 2017 年版，第 215 页。

⑤ 习近平：《扎实推动共同富裕》，《求是》2021 年第 20 期。

4. 以世情国情党情为依据，把握致富原则促进共同富裕

"谋划和推进党和国家各项工作，必须深入分析和准确判断当前世情国情党情。"①习近平这一治国理政思想及工作方法的突出特点，充分体现在他关于共同富裕的重要论述中。综合考察和科学把握世情、国情、党情，是坚持一切从实际出发、运筹和驾驭复杂致富局面、谋划推动共同富裕的必然要求。"把握新变化""适应变化""符合国情""尽力而为量力而行""循序渐进""探索积累经验""脚踏实地"②等颇具方法论意义的表述多次在习近平关于共同富裕的重要论述中出现，为在新的历史阶段扎实推动共同富裕提供了根本指导和基本遵循。

立足世情、国情、党情促进共同富裕，习近平指出要把握四条原则：一是"鼓励勤劳创新致富"③，二是"坚持基本经济制度"④，三是"尽力而为量力而行"⑤，四是"坚持循序渐进"⑥。这四条原则着重指出提高内生动力、增强致富本领、创造良好的发展环境，从"授人以渔"的角度为人民提供了公平正义的致富条件。坚持"两个毫不动摇"、强调先富带后富帮后富，在制度与体制机制层面为全体人民共同富裕提供了根本保障。习近平强调，既要从人民群众的需求期待出发建立科学的公共政策体系，又要警惕福利陷阱，从获得感与可持续性的角度为促进共同富裕划定公共政策标准线。在推动共同富裕长期、艰巨、复杂的工作中，习近平强调耐心与实效的统一、过程与结果的统一，为宏大的共同富裕事业提供了精神指引和实践指南。

立足世情、国情、党情促进共同富裕，不仅要解决老百姓急难愁盼的事情，更要重视重点人群、重点地区和重点行业。习近平始终高度关注效率与公平之间的辩证关系，强调构建初次分配、再分配、第三次分配协调配套的基础性制度安排，形成科学合理的三次分配制度体系，形成橄榄型的分配结构；关注发达地区与欠发达地区的带动与支援，强调区域发展的平衡性；关

① 《习近平谈治国理政》第 2 卷，外文出版社 2017 年版，第 60 页。
② 习近平：《扎实推动共同富裕》，《求是》2021 年第 20 期。
③ 习近平：《扎实推动共同富裕》，《求是》2021 年第 20 期。
④ 习近平：《扎实推动共同富裕》，《求是》2021 年第 20 期。
⑤ 习近平：《扎实推动共同富裕》，《求是》2021 年第 20 期。
⑥ 习近平：《扎实推动共同富裕》，《求是》2021 年第 20 期。

注不同行业及大中小企业,强调发展的协调性及良好的发展生态;关注不同人群特别是中低收入群体的生产生活及社会保障问题,强调对高收入的规范和调节;重点关注农村共同富裕工作,强调全面推进乡村振兴,实现城市与农村的共同富裕。①

5. 以世界发展大势为视野,主张各国共同富裕才是真富裕

远离贫困、走向富裕、共同繁荣是人类的共同使命。中国共产党带领中国人民消除贫困、实现共同富裕的伟大实践历来拥有国际视野和全球胸襟,不仅有人民情怀,更有人类情怀。1956年11月,在《纪念孙中山先生》一文中,毛泽东就以发展的眼光描述了自辛亥革命以来"中国的面目"的变化,也对21世纪的中国发展状况进行了展望:届时,中国将变为一个强大的社会主义工业国,"中国应当对于人类有较大的贡献"②。习近平继承并发展了马克思主义关于共同富裕、解放全人类思想的核心要义与宽广胸襟,充分认识到中国发展与全球发展的紧密关系,把减贫致富问题置于全人类的视野进行考察,倡议全人类携起手来、共建人类命运共同体,为全球发展贡献了中国智慧和中国力量。③

中国的发展离不开世界,世界的发展也离不开中国。在复杂多变的国际形势下,中国促进共同富裕的进程能够发生深刻的变化、取得显著的成就,得益于经济全球化深入发展提供的机会、睦邻友好的周边关系、总体和平稳定的国际环境等。交流互鉴,分享发展机遇,共享发展成果,让中国的发展成果惠及世界,不仅是国之大者的担当与责任,更是实现中华民族伟大复兴的有益途径。习近平以世界发展大势为视野,对中国和世界的关系作出了新论述。他指出,一方面,中国把自己的事情做好就是对世界的贡献,中国的发展繁荣及共同富裕事业的推进,将极大推动世界范围内对共同富裕理论与方案的研究,为贫困的全球治理提供中国智慧和中国方案。另一

---

① 袁银传、高君:《习近平关于共同富裕重要论述的历史背景、科学内涵和时代价值》,《思想理论教育》2021年第11期。
② 毛泽东:《纪念孙中山先生》,《人民日报》1956年11月12日,第1版。
③ 袁银传、高君:《习近平关于共同富裕重要论述的历史背景、科学内涵和时代价值》,《思想理论教育》2021年第11期。

方面,"各国一起发展才是真发展,大家共同富裕才是真富裕"。① 中国不仅有贡献于推动世界减贫事业,而且善于从宏阔的时空维度思考人类发展繁荣的深刻命题,致力于建设互利共赢、共同繁荣的世界;不仅积极开展对外援助、承担相应国际义务,打造共同繁荣发展的强劲引擎,而且为世界的发展提供机会。②

(三) 扎实推动共同富裕的时代价值

习近平关于共同富裕的重要论述,系统阐释和科学回答了"什么是共同富裕、为什么要实现共同富裕、怎样实现共同富裕"等重大理论和实践问题,是对马克思主义关于共同富裕思想的继承和创新,是新时代中国共产党人治国理政的基本方略和行动指南,是人类命运共同体理念的中国表达,对于当今中国与世界的繁荣稳定发展具有重要的时代价值。③

1. 对马克思主义关于共同富裕思想的继承和创新

马克思恩格斯科学地揭示了人类历史发展规律,并以此透视出全体人民共同富裕、实现人类彻底解放的历史必然性。他们关注无产阶级和劳动人民饥寒交迫的命运,用阶级分析的方法解剖资本主义社会,主张无产阶级组织起来消灭资本主义私有制,建立社会主义和共产主义公有制,建设一个生产力高度发达、社会产品极大丰富、实现全体人民共同富裕、人自由全面发展的美好社会。列宁将消除贫困、实现共同富裕,看作事关苏维埃政权生死存亡的根本问题。列宁继承和发展了马克思恩格斯关于共同富裕的思想,对在经济文化相对落后的社会主义国家如何建设社会主义、实现共同富裕进行了艰辛的探索,留下了珍贵的理论成果和实践贡献。马克思主义经典作家关于共同富裕的思想充满着对全人类的关怀,在人类历史发展中闪耀着真理和道义的光辉,为中国实现共同富裕提供了科学的立场、观点和

---

① 习近平:《与世界相交 与时代相通 在可持续发展道路上阔步前行——在第二届联合国全球可持续交通大会开幕式上的主旨讲话》,《人民日报》2021 年 10 月 15 日,第 1 版。

② 袁银传、高君:《习近平关于共同富裕重要论述的历史背景、科学内涵和时代价值》,《思想理论教育》2021 年第 11 期。

③ 袁银传、高君:《习近平关于共同富裕重要论述的历史背景、科学内涵和时代价值》,《思想理论教育》2021 年第 11 期。

方法。①

中国共产党在实践基础上不断赋予马克思主义以新的时代内涵，持续推动了马克思主义关于共同富裕思想的中国化、时代化、大众化，形成了具有鲜明中国特色、中国风格、中国智慧的共同富裕的思想理论体系和实践道路。党的十八大以来，习近平统筹把握两个大局，在实践的基础上阐发了一系列关于共同富裕的重要论述。这些论述与马克思主义关于共同富裕的思想既一脉相承又与时俱进，是马克思主义关于共同富裕思想在新时代的继承和创新。习近平关于共同富裕的重要论述，紧扣历史大势、时代脉搏和社会主义本质要求，对共同富裕的基本原则、本质规定、目标定位、战略步骤、实现路径等问题，进行了系统阐释和科学回答，对于指导新的历史阶段推动实现共同富裕，具有重要的理论意义和现实意义。②

2. 新时代中国共产党人治国理政的基本方略和行动指南

"中国执政者的首要使命就是集中力量提高人民生活水平，逐步实现共同富裕。"③增进人民福祉、实现人民幸福、顺应人民群众对美好生活的期待，是党的初心使命的集中体现和现实反映。中国共产党成立百年来，把马克思主义基本原理与中国具体实际和时代特征紧密结合起来，团结带领中国人民从"大水漫灌"到"精准滴灌"，用愚公移山之志逐步移掉绝对贫困的"大山"，始终朝着实现共同富裕的方向不断努力，取得了辉煌成就。中国特色社会主义制度和国家治理体系之所以能够根植中华大地、深得人民拥护，重要原因之一就是它始终"着眼于实现好、维护好、发展好最广大人民根本利益"④，中国人民能够在中国共产党的治国理政中畅通地表达利益诉求，共享改革发展成果。

中国特色社会主义进入新时代，人民"不仅对物质文化生活提出了更高

---

① 袁银传、高君：《习近平关于共同富裕重要论述的历史背景、科学内涵和时代价值》，《思想理论教育》2021 年第 11 期。

② 袁银传、高君：《习近平关于共同富裕重要论述的历史背景、科学内涵和时代价值》，《思想理论教育》2021 年第 11 期。

③ 《习近平谈治国理政》第 2 卷，外文出版社 2017 年版，第 30 页。

④ 《习近平谈治国理政》第 3 卷，外文出版社 2020 年版，第 123 页。

要求,而且在民主、法治、公平、正义、安全、环境等方面的要求日益增长"①,对共同富裕的期盼也更加迫切。习近平关于共同富裕的重要论述突出了以人民为中心的发展思想,在国家、社会和个人三个层面同时发力,着力在高质量发展中解决老百姓急难愁盼的问题,致力于增强人民创造财富的能力,畅通人民获得财富的通道,形成人人参与的发展环境,营造全社会谋求共同富裕的社会氛围,对解决高质量发展中的各种问题及社会主要矛盾将起到重大的作用。同时,习近平关于共同富裕的重要论述,是内容科学、逻辑严密的思想体系,与他的治国理政思想具有高度的一致性,深刻地回答了新时代中国人民实现共同富裕的重大理论和现实问题,是新时代中国共产党人治国理政实践的基本方略和行动指南。②

3. 人类命运共同体理念的中国表达

马克思主义是关于无产阶级和人类解放的学说。共产党人运用这个科学思想武器批判资本主义,建设社会主义,实现共产主义,为实现无产阶级和全人类解放而不懈奋斗。2017 年 10 月,党的十九大召开,习近平在大会上庄严宣布,中国共产党是为人类进步事业而奋斗的政党。随后,构建人类命运共同体被写入党章;2018 年 3 月,构建人类命运共同体又被写入宪法。构建人类命运共同体体现了中国共产党的国际观和人类社会整体观,为人类社会发展进步开辟了新的道路,也为中国和世界的共同富裕提供了科学的理论基础和实践指导。中国的共同富裕既强调走好中国自己的致富道路,又拥有广阔的国际视野。在共同富裕之路上,中国的每一个巨大进步,都是世界减贫史上的重要里程碑,为世界繁荣发展作出重大贡献;中国向世界各国贡献中国智慧、中国方案和中国力量,为人类共同富裕事业的深化、拓展与创新提供依据。中国关于共同富裕及保障发展人权的理论成果和实践成就,深刻影响了全球减贫的价值观念和思维方式。促进共同富裕是中国共产党带领中国人民践行共享发展理念的伟大实践,是人类命运共同体

---

① 《习近平谈治国理政》第 3 卷,外文出版社 2020 年版,第 9 页。

② 袁银传、高君:《习近平关于共同富裕重要论述的历史背景、科学内涵和时代价值》,《思想理论教育》2021 年第 11 期。

理念的中国表达,为中国经济社会发展与世界和平繁荣指明了正确航向。①

实现各国人民共同富裕是推动构建人类命运共同体的重要内容与核心目标。习近平将实现共同富裕与人类命运共同体有机结合起来,对全球减贫事业给予极大关注。习近平指出,人类命运共同体是"一个没有贫困、共同发展的"②共同体,每个国家和民族的命运都紧密相连,各国共同富裕才是真富裕、真繁荣。实现各国人民共同富裕,是推动构建人类命运共同体的内驱动力。贫困是世界性、历史性难题,在人类历史发展的长河中,贫困始终如影随形且不断地扩散、深化与演变,它存在于迄今为止的各个社会形态中,严重困扰和阻碍着人类的生存和发展。消除贫困、实现共同富裕是全人类共同的理想,这种共识具有强大的凝聚力与驱动力,鼓舞并推动着世界各国风雨同舟、荣辱与共,以开放包容、互利共赢的态度迎接风险挑战。③

在世界百年未有之大变局和中华民族伟大复兴的战略全局同步交织、相互激荡的时空条件下,追求共同富裕是中国人民的美好愿望,是社会主义的本质要求,是中国特色社会主义现代化道路的重要内容,也是世界人民的普遍期待。习近平关于共同富裕的重要论述科学回答了当今中国和当代世界向何处去的问题,明确了当代中国共产党人在新时代的奋斗目标和历史使命,为中国和世界的繁荣、稳定、发展提供了价值指引和精神动力,具有深远的时代价值。④

三、促进人的全面发展和社会全面进步

为中国人民谋幸福,为中华民族谋复兴,团结带领人民创造美好生活,是中国共产党人矢志不渝的奋斗目标。新时代中国特色社会主义社会建设

---

① 袁银传、高君:《习近平关于共同富裕重要论述的历史背景、科学内涵和时代价值》,《思想理论教育》2021 年第 11 期。

② 《十八大以来重要文献选编》中,中央文献出版社 2016 年版,第 723 页。

③ 袁银传、高君:《习近平关于共同富裕重要论述的历史背景、科学内涵和时代价值》,《思想理论教育》2021 年第 11 期。

④ 袁银传、高君:《习近平关于共同富裕重要论述的历史背景、科学内涵和时代价值》,《思想理论教育》2021 年第 11 期。

的基本理念和奋斗目标,就是坚持以人民为中心,通过高质量发展实现全体社会成员共同富裕,"不断增强人民群众获得感、幸福感、安全感,促进人的全面发展和社会全面进步"。①

(一) 人的全面发展和社会全面进步是美好社会的最终目标

人的全面发展是马克思恩格斯针对资本主义社会由于生产资料的资本主义私有制和雇佣劳动造成人的片面、畸形发展而提出的人类社会发展的理想状态,是人类社会美好生活的价值追求,也是中国特色社会主义社会建设的根本价值目标。人的发展既指个人的全面发展,也指社会的全面发展即社会全面进步。

1. 个人的全面发展

就个人而言,人的全面发展主要包括以下四个方面的基本内容。

首先是人的类特性在个人身上的充分发展。一方面,个人通过在家庭、学校、社会中接受教育继承人的类特性和社会本质;另一方面,个人通过自己的实践活动、通过自己丰富的个性将人的类特性彰显出来,并且在一定的社会条件下丰富和发展。

其次是人的素质全面提高、能力充分发展。人的全面发展包括在社会实践基础上个人素质的全面发展和由素质转化而来的个人能力的全面提高。人的素质包括思想政治素质、文化知识素质、道德素质、心理素质和身体素质五个基本方面。人的能力包括多个方面,既包括智力,又包括体力;既包括物质生产和精神生产能力,又包括社会管理和社会协调能力;既包括现实能力,又包括潜在能力等。

再次是个人价值的全面实现。第一,是指个人在一定的社会条件下不断形成、发展和发挥自己的各种能力,个人的需要能够得到充分的满足,个人的利益能够得到社会的尊重。第二,是指个人的劳动不仅能够满足自己的需要,而且能够满足他人和社会的需要,得到社会的承认,从而使个人的自我价值转化为社会价值。第三,人的价值不再被物的价值遮蔽,而是通过个人的劳动和劳动产品以满足他人和社会需要的程度来实现。人的劳动不仅是谋生的手

---

① 《中共中央关于制定国民经济和社会发展第十四个五年规划和二○三五年远景目标的建议》,人民出版社 2020 年版,第 32 页。

段,而且是生活的第一需要,是其本质力量和自身价值的体现。

最后是自由个性的充分发展。自由个性的发展是马克思关于人的全面发展的本质内涵。马克思曾经在《1857—1858 年经济学手稿》中,把人的自由个性作为人的发展的第三个社会经济形态即最高形态,并且把它作为人的自由全面发展的同义语来使用。因为,在以"人的依赖关系"为基础的最初的社会经济形态即前资本主义的自然经济中,人的个性被淹没了,人成为自然界的奴隶,成为神权、皇权、封建特权的奴隶。而在"以物的依赖关系为基础的人的独立性"的社会经济发展阶段即资本主义发展阶段,虽然个人有了一定程度的独立性和人身自由,但是人又被"物化""单面化",人成为商品、货币、资本的奴隶,出现物的价值升值而人的价值贬值,出现"异化"。只有到了"建立在个人全面发展和他们共同的社会生产能力成为他们的社会财富这一基础上的自由个性"①,即产品经济发展阶段,也就是共产主义发展阶段,人的自由个性才能得到充分发展。因此,在马克思看来,自由个性的财富发展,既是人的全面发展的综合体现和最高目标,也是人的全面发展最本质的内涵。

2. 社会的全面进步

就整个人类社会而言,人的全面发展表现为社会的全面进步。

第一,人的类特性的全面发展。与动物自发的本能活动不同,人的类特性是有意识、有目的的自由、自觉活动。人们在社会交往过程中结成一定的社会关系,与自然界进行物质、能量和信息的交换活动,在理性和需要支配下进行具有能动性、创造性的活动。人只有通过劳动在改造客观世界的同时改造自己的主体自身,才能在劳动发展过程中获得自身的全面发展。人类的实践活动不仅改变作为客体对象的自然界和人类社会,而且改变人自身,使得人的类特性全面展开、丰富和发展。而人的类特性的丰富和发展,实质上是人的实践活动在经济、政治、文化、社会、生态等领域的全面展开、不断丰富和深入发展,表现为社会的全面发展和进步。

第二,人的类能力的全面发展。人的类能力的全面发展也就是马克思

---

① 《马克思恩格斯全集》第 46 卷上,人民出版社 1976 年版,第 104 页。

所说的"人类全部力量的全面发展"①。类能力主要是指人类在生存和发展过程中表现出来的协调人与自然界之间、人与社会之间、人与人之间及人的身心之间关系的能力,具体表现为物质生产能力、政治管理能力、精神生产能力、社会协调能力等。人的类能力决定和制约人的类特性和社会关系的丰富和发展,决定社会进步和人类解放的实现。因此,人的类能力的发展是人的全面发展最本质的内涵。

第三,社会关系的丰富和发展。与人的类特性和类能力发展互为前提的是社会关系的丰富和发展,主要是指人类摆脱由于生产资料私有制和自发社会分工导致的人的片面、畸形发展。人是社会的主体,社会是人的实践活动在一定时间和空间序列的展开,是人们在建设活动过程中结成的以生产关系为基础的各种社会关系的产物。人总是在一定的社会关系中生存和发展,"社会关系实际上决定着一个人能够发展到什么程度"②。从这个意义上说,人的存在和发展就是人的社会关系的存在和发展,是人的丰富性和人对社会关系控制能力的发展。

第四,人的类解放和自由的实现。人的类解放和自由的实现是人的全面发展和社会全面进步的综合表现和最高目标,也是个人全面发展和社会全面进步的现实条件。它是指人的类特性尤其是类能力的充分发展及社会关系的极大丰富和发展,使得人类从自然界的束缚中解放出来,从自己创造的社会关系的束缚中解放出来,从陈旧的思想观念的束缚中解放出来,从而成为自己社会关系的主人、自然界的主人、自己的主人,即自由的人,这是人类社会历史进步的最高阶段和理想状态。

(二)通过中国特色社会主义建设推进人的全面发展和社会全面进步

人类社会的发展是合规律性与合目的性的辩证统一,它既遵循不以人的主观意志为转移的客观规律,又是人类自由活动的结果。推进人的全面发展和社会全面进步是一个具体的历史过程,需要我们接力奋斗。

1. 坚持远大理想与共同理想的有机统一

习近平在《在党史学习教育动员大会上的讲话》中指出:"历史发展有其

---

① 《马克思恩格斯全集》第 46 卷上,人民出版社 1976 年版,第 486 页。
② 《马克思恩格斯全集》第 3 卷,人民出版社 1960 年版,第 295 页。

规律,但人在其中不是完全消极被动的。只要把握住历史发展规律和大势,抓住历史变革时机,顺势而为,奋发有为,我们就能够更好前进。马克思、恩格斯早在170多年前就科学揭示了社会主义必然代替资本主义的历史规律。这是人类社会发展不可逆转的总趋势,但需要经历一个很长的历史过程。在这个过程中,我们要立足现实,把握好每个阶段的历史大势,做好当下的事情。"①中国特色社会主义社会建设是一个长期的历史过程,推进人的全面发展和社会全面进步不是靠"救世主"或者"神仙皇帝",而是靠人民群众自己的实践创造。人的全面发展和社会全面进步的实现绝不是"土豆烧牛肉""楼上楼下电灯电话"那么简单,建设社会主义现代化国家、实现中华民族伟大复兴也绝不是轻轻松松、敲锣打鼓就能实现的,而是一个长期的历史过程,是一项长期而艰巨的历史任务,需要一代又一代人接力奋斗、不懈努力。邓小平指出:"我们搞社会主义才几十年,还处在初级阶段。巩固和发展社会主义制度,还需要一个很长的历史阶段,需要我们几代人、十几代人,甚至几十代人坚持不懈努力奋斗,决不能掉以轻心。"②习近平强调:"实现共产主义是我们共产党人的最高理想,而这个最高理想是需要一代又一代人接力奋斗的。如果大家都觉得这是看不见摸不着的东西,没有必要为之奋斗和牺牲,那共产主义就真的永远实现不了了。我们现在坚持和发展中国特色社会主义,就是向着最高理想所进行的实实在在的努力。"③

要推进人的全面发展和社会全面进步,必须把共产主义远大理想与中国特色社会主义共同理想有机统一起来。中国共产党是《共产党宣言》精神的忠实传人,党的最高理想和最终奋斗目标是实现共产主义。我们现在的接力探索及将来的赓续奋斗,都是朝着实现人的自由全面发展和共产主义社会这个远大目标而前进的。中国特色社会主义共同理想是共产主义远大理想在我国社会主义初级阶段的现实存在和具体体现,是现阶段代表最广大人民根本利益的奋斗纲领,是实现共产主义最高理想的必经阶段。没有

① 习近平:《在党史学习教育动员大会上的讲话》,人民出版社2021年版,第13页。
② 《邓小平文选》第3卷,人民出版社1993年版,第379~380页。
③ 《十八大以来重要文献选编》中,中央文献出版社2016年版,第321页。

最高理想的指引,就不会有共同理想的确立和坚持,就缺乏前进方向、政治定力和精神动力。没有共同理想的实现,最高理想就是空中楼阁,缺乏现实基础。在实现中华民族伟大复兴中国梦的新征程中,我们必须始终坚持远大理想与现实目标的有机统一,既要树立共产主义的远大理想,坚定共产主义必然实现的理想信念,以崇高的理想追求和高尚的道德情操来要求和鞭策自己,又要从社会主义初级阶段的现实出发,脚踏实地为实现新时代中国特色社会主义的目标任务而努力奋斗。①

中国共产党人的理想信念建立在对马克思主义的深刻理解之上,建立在对历史规律的深刻把握之上。习近平指出:"《共产党宣言》揭示的人类社会最终走向共产主义的必然趋势,奠定了共产党人坚定理想信念、坚守精神家园的理论基础。"②中国特色社会主义进入新时代,为把我国建成富强民主文明和谐美丽的社会主义现代化国家、实现中华民族伟大复兴的中国梦提供了广阔的舞台。共产主义和中国特色社会主义不是从天上掉下来的,人的全面发展和社会的全面进步要靠我们现在一步又一步的伟大斗争、接力奋斗。中国特色社会主义既是我们必须不断推进的社会主义伟大事业,又是我们开辟人类美好未来、实现共产主义理想的基础和根本保证。③ 我们必须把共产主义远大理想与中国特色社会主义共同理想相互连接、有机统一起来,坚定中国特色社会主义道路自信和战略定力,积极投身新时代中国特色社会主义社会建设的伟大实践,勠力同心取得中国特色社会主义建设在我们这一棒的优异成绩,促进人的全面发展和社会全面进步。

2. 防止"渺茫论"和"激进论"的错误倾向

新时代促进人的全面发展和社会的全面进步,坚定共产主义远大理想和中国特色社会主义共同理想,必须防止和克服共产主义"渺茫论"和"激进论"("速胜论")两种错误倾向。"渺茫论"表现为忘记中国共产党人的初心

---

① 袁银传、潘冬晓:《共产主义是历史必然性、理想崇高性与现实操作性的有机统一》,《红旗文稿》2018年第9期。

② 《习近平在中共中央政治局第五次集体学习时强调 深刻感悟和把握马克思主义真理力量 谱写新时代中国特色社会主义新篇章》,《人民日报》2018年4月25日,第1版。

③ 袁银传、潘冬晓:《共产主义是历史必然性、理想崇高性与现实操作性的有机统一》,《红旗文稿》2018年第9期。

使命,忘记共产党人的最高纲领和最终奋斗目标,认为人的自由全面发展是看不见摸不着、虚无缥缈的海市蜃楼,而我们现在还处在社会主义初级阶段,不想向着最高理想进行实实在在的努力,只想贪图眼前的享受和安乐,"躺平"过自己的小日子。"激进论"("速胜论")认为西方(特别是美国)经过金融危机和疫情危机,以美国为代表的资本主义已经全面崩溃,中国社会建设取得了举世瞩目的成就,综合实力已经全面赶超西方,忘记了我国仍处于并将长期处于社会主义初级阶段,忘记了我国仍然是世界上最大的发展中国家,忘记了我们才刚刚解决绝对贫困问题,我们在社会建设方面还有许多"短板"。我们要防止和克服"渺茫论"和"激进论"("速胜论")两种错误倾向,志存高远、脚踏实地,把握历史发展大势,把握好新时代、新阶段、新格局的特点,坚定理想信念,牢记初心使命,始终谦虚谨慎、不骄不躁、艰苦奋斗,把共产主义远大理想与中国特色社会主义共同理想有机统一起来,做好新时代中国特色社会主义社会建设各个方面的工作,为促进人的全面发展和社会的全面进步作出我们实实在在的努力。

第二章 优先发展教育事业

党的二十大报告指出："教育是国之大计、党之大计。培养什么人、怎样培养人、为谁培养人是教育的根本问题。育人的根本在于立德。全面贯彻党的教育方针，落实立德树人根本任务，培养德智体美劳全面发展的社会主义建设者和接班人。"①党和政府先后出台了一系列法律、法规、政策对发展教育事业进行系统谋划。改革开放 40 多年来，中国教育事业取得了巨大的成绩，走出了一条中国特色的教育发展道路。这些成绩的取得有多种原因，将教育事业置于优先发展地位是重要原因之一。

一、教育事业取得的主要成就

中国教育事业取得的成就是多方面的。这些成就可以从教育水平、教育体系、教育均衡、教育质量、教育国家化、教育保障体系等方面进行衡量。

（一）实现了高水平的教育现代化

经过 70 多年的发展，中国已经形成了涵盖从学前教育到高等教育各个阶段及职业教育、特殊教育在内的完整的教育体系。据《2020 年全国教育事业发展统计公报》的数据，全国各级各类在校学生达到 2.89 亿人。专任教师数为 1 792.97 万人。全国各级各类学校拥有校舍建筑面积总量达 308 504.1 万平方米。有近 15 639.44 万学生正在接受九年义务教育，小学学龄儿童净入学率达 99.96%。全国初中阶段毛入学率 102.5%。中等职业教育在校生占高中阶段教育在校生总数的 39.96%，总数为 1 663.37 万人。全国各类高等教育在学总规模 4 183 万人，高等教育毛入学率达到 54.4%。在学研究生 313.96 万人，其中，在学博士生 46.65 万人，在学硕士生 267.30 万人。除正规学校教育之外，非在校教育形式如继续教育和成人教育也迅速发展，基本满足了人民群众多样化的学习需求。

具体来说，中国在教育方面取得的成就可以细分为以下几个方面。

---

① 习近平：《高举中国特色社会主义伟大旗帜 为全面建设社会主义现代化国家而团结奋斗——在中国共产党第二十次全国代表大会上的报告》，人民出版社 2022 年版，第 34 页。

1. 在短时间内全面高质量完成了普及九年制义务教育和扫除青壮年文盲的战略任务

1950 年全国文盲人口占总人口的 80%，1998 年全国成人文盲率为 15%，比 1949 年下降了 65%。其中，青壮年文盲率不足 5%。2010 年，全国全面普及高质量九年义务教育，普及率达到 98% 以上，青壮年文盲率低于 2%，其中 15 岁至 20 岁文盲率为 0。[①]

从世界范围看，2010 年中国人均 GDP 为 4 283 美元，与 9 个发展中人口大国相比，中国人均 GDP 排名第 3 位，但 15 岁以上成人识字率排名第 1 位，接近发达国家平均水平，小学净入学率和初中阶段毛入学率均达到发达国家水平。除上述成就之外，中国还最先完成了全民义务教育目标。[②]

2011 年 11 月，中国全面完成普及九年义务教育和扫除青壮年文盲的教育发展目标。从 1986 年《中华人民共和国义务教育法》颁布到 2011 年全面完成普及义务教育和扫除青壮年文盲的目标，中国政府和人民仅用了 25 年。对比发达国家的教育发展历程，英国普及义务教育用了 48 年，美国普及义务教育用了 68 年，德国实现小学免费义务教育用了一个世纪之久。[③] 这充分了反映了中国政府和人民在发展教育事业上的决心和效率。

2. 实现了办学主体的多样化，民办教育成为中国教育体系的重要组成部分

除政府举办的各级学校之外，民办教育已经形成了涵盖从学前教育到研究生教育的完整教育体系。根据《2020 年全国教育事业发展统计公报》相关数据，全国共有各级各类民办学校 18.67 万所，在校生 5 564.45 万人。其中，民办幼儿园在园幼儿2 378.55 万人。民办普通小学在校生 966.03 万人，占全国总数的 7.6%。民办普通初中在校生 532.82 万人。民办普通高中在校生 401.29 万人。民办中等职业学校在校生 249.40 万人。民办高校在校生 791.34 万人。民办教育的发展既增加了教育的供给，也满足了多样化

[①] 翟博、刘华蓉、李曜明、张滢：《人类教育史上的奇迹——来自中国普及九年义务教育和扫除青壮年文盲的报告》，《中国教育报》2012 年 9 月 9 日，第 1 版。

[②] 翟博、刘华蓉、李曜明、张滢：《人类教育史上的奇迹——来自中国普及九年义务教育和扫除青壮年文盲的报告》，《中国教育报》2012 年 9 月 9 日，第 1 版。

[③] 成有信：《九国普及义务教育》，人民教育出版社 1985 年版，第 79 页。

的教育需要,与公立教育形成了良性竞争格局,促进了教育体系的完善和发展。

3. 教育均衡程度不断提高

首先,城乡义务教育经费支出差距不断缩小。2010 年到 2013 年,农村小学生均预算内事业性经费增幅均高于城市。2010 年城乡义务教育经费支出差距为 504.80 元,2013 年这一差距为 153.64 元。农村初中生均预算内事业性经费增幅高于城市。2010 年城乡初中生均预算内事业性经费支出差距为 492.21 元,2013 年这一差距为 140.17 元。从农村、城市小学生均预算内公用教育经费支出看,2010 年至 2013 年,农村小学生均预算内公用教育经费增幅超过城市小学,城乡差距进一步缩小。2013 年,农村、城市初中生均预算内公用教育经费支出基本相同,农村为 2 968.37 元,城市为 2 996.03元。但从 2010 年至 2013 年的增幅看,农村初中高于城市初中。农村、城市初中生均预算内公用教育经费支出进一步缩小,2010 年城乡差距为 101.49元,2013 年这一差距为 27.66 元。[①]

其次,农村生均校舍面积超过城市。2014 年,农村小学生均建筑面积为 8.71m^2,城市小学生均建筑面积为 5.96m^2。农村初中生均建筑面积为 15.23m^2,城市初中生均建筑面积为 11.32m^2。农村小学生均教学及辅助用房面积为 4.88m^2,城市小学生均建筑面积为 3.28m^2。农村初中生均建筑面积为 6.01m^2,城市初中为 4.79m^2。农村小学生均生活用房面积为 2.45m^2,城市小学为 1.38m^2。农村初中生均建筑面积为 7.18m^2,城市初中为 4.53m^2。[②]从上面的所有指标看,农村学校均大于城市学校。

再次,师资均衡配置逐步实现。随着《中央编办 教育部 财政部关于统一城乡中小学教职工编制标准的通知》、"特岗教师计划""国培计划"、《教育部 财政部 人力资源和社会保障部关于推进县(区)域内义务教育学校校长教师交流轮岗的意见》等文件和计划的实施,落后地区教师在编制、数

---

① 朱德全、李鹏、宋乃庆:《中国义务教育均衡发展报告——基于〈教育规划纲要〉第三方评估的证据》,《华东师范大学学报(教育科学版)》2017 年第 1 期。

② 朱德全、李鹏、宋乃庆:《中国义务教育均衡发展报告——基于〈教育规划纲要〉第三方评估的证据》,《华东师范大学学报(教育科学版)》2017 年第 1 期。

量结构、质量和待遇等方面得到了大幅提高。

最后,中国 56 个民族间和民族内部的教育公平明显提高。根据 1990 年、2000 年和 2010 年三次人口普查数据,按照平均受教育年限和教育基尼系数两个指标,可以发现:各民族人口的教育成就逐年上升,1990 年平均受教育年限的均值为 4.26 年,2000 年为 6.52 年,2010 年为 7.95 年,平均增幅为 3.68 年。各民族全体人口的教育基尼系数从 1990 年的 0.406 降低到 2000 年的 0.238,2010 年为 0.211,教育基尼系数平均降低了 0.195。各民族内部的教育不平等程度也大幅度降低,1990 年各民族教育基尼系数的平均数为 0.52,2010 年这一数据为 0.25。各民族间的教育不平等程度也呈逐年降低趋势。1990 年平均受教育年限的全距为 6.50 年,2010 年为 6.01 年。1990 年标准差为 1.67 年,2010 年为 1.52 年。1990 年教育基尼系数的全距为 0.55,2010 年为 0.33,标准差从 0.14 降低到 0.06。①

4. 教育质量迅速提高

这一问题可以从以下几个方面进行说明。

首先,中国的初等教育质量和教育方式获得国际认可。在国际学生评估项目(PISA)2015 年科学、数学和阅读领域的测试中,中国四地(北京、上海、江苏、广东)学生的科学成绩排名第 10 位。关于这一成绩的内涵,可以从以下几个方面进行解读:第一,中国学生的成绩虽然总体不是很高,但高水平学生比例较高。科学成绩优异的学生中中国学生占 13%,整体优势明显。第二,在科学、数学、阅读三个领域,至少有一个领域达到高水平的中国大陆(内地)学生占 27.7%,这一比例仅次于新加坡、中国台北和中国香港。第三,与人口过亿的大国相比,只有日本在迄今为止的 6 轮 PISA 测试中进入过前 10 位。第四,从处于同等经济社会文化地位的人口比较来看,中国四地(北京、上海、江苏、广东)学生表现最好。第五,从测试的分量表的成绩看,中国学生的科学知识和科学能力比较均衡。②

① 孙百才、张洋、刘云鹏:《中国各民族人口的教育成就与教育公平——基于最近三次人口普查资料的比较》,《民族研究》2014 年第 3 期。

② 陆璟:《全面、客观地认识中国教育的成就与不足——PISA 2015 结果深度解读》,《人民教育》2017 年第 2 期。

2014 年,英国政府与上海市签署了中英数学教师交流项目。2016 年 7 月,英国政府续签了这一协议,并让英格兰 8 000 所中小学学习上海数学教育经验。2017 年 3 月,英国哈珀·柯林斯出版集团准备翻译出版上海一年级至六年级数学教材,为英国学校提供一套完整的基础数学课程。这表明中国部分地区的基础教育质量已超过部分发达国家。

其次,中国高等教育的质量大幅提高,获得了世界的认可。中国现有的教育成就是在较短时间内取得的。1949 年,中国在学高等学校学生为 11.7 万人;1978 年,在学高等学校学生为 86.7 万人;2015 年在学高等学校学生 3 700 万人,占世界在校大学生的 1/5;2020 年各类高等教育在学总规模 4 183 万人。与 1949 年相比,2015 年学生规模增长了约 358 倍,位居世界第一。

在规模高速增长的背后,高等教育质量也得到了不断提高。2016 年,中国成功加入了华盛顿协议,这标志着中国的工程教育质量得到发达国家认可。在代表中国科技水平的国家科技三大奖中,高校获奖占比稳定在 2/3 以上。中国高校在世界高校中的排名日益提高,进入前列的高校数量显著增加,近 100 个学科进入世界前千分之一。[1]

有学者统计,在美国、英国、日本、德国等国的世界著名研究院中的“中国院士”(含华裔)有 46 名,在中国获得本科学位、硕士学位和博士学位的分别占 91.03%(42 人)、69.57%(32 人)、19.57%(9 人)。[2] 这充分说明了中国高等教育的质量较高。

5. 教育国际化的程度空前提高

《2019 年度出国留学人员情况统计》数据显示,1978 年到 2019 年,共有 656.06 万人出国留学,归国发展的有 423.17 万人。留学生总数相当于 1872 年中国官费赴美留学生至 1978 年百余年间出国留学生总数(近 14 万人)的 46.9 倍。

根据《2018 年来华留学统计》数据,2018 年,共有来自 196 个国家和地

---

① 陈宝生:《在全国教育工作会议上的讲话》,《中国高等教育》2018 年第 Z1 期。

② 王传毅、曹仪:《何以教育自信:盘点中国教育发展成就的“关键词”》,《教育科学研究》2017 年第 12 期。

区的 49.22 万名留学生来华留学,中国已成为亚洲最大的留学目的国。其中,来华留学的学历生迅速增长,远高于留学生总人数的增长速度,留学生质量稳步提高,留学专业遍布除军事学之外的所有学科。中国已形成完备的留学管理制度和服务体系。

截止到 2017 年,中外合作办学机构和项目近 2 600 个,中国在境外举办 100 多个本科办学机构和项目。与 188 个国家和地区建立了教育合作交流关系,与 46 个重要国际组织开展教育交流,与 47 个国家和地区签署了学历学位互认协议。中国成功加入《亚太地区承认高等教育资历公约》,积极参与全球教育治理,教育的话语权不断扩大。①

(二)建成了完整的教育保障体系

教育的发展离不开物质技术的支持,更离不开法律制度的支撑。历经半个多世纪,特别是改革开放以来,中国在保障教育发展方面取得了巨大的成就,基本形成了完整的教育保障体系。

教育保障体系至少包括以下几个方面:一是法律法规的保障,包括基础性的法律和针对特定问题的法规。法律法规是保障教育按照既定理想和方向发展的基本条件,是教育发展的基础。二是特定体制,是落实法律法规的具体制度,是保障教育体系运行的关键之一,如教育拨款机制、质量评估体制等。三是技术支持。

目前,全国人大及其常委会制定的专门教育法律有 8 部:《中华人民共和国义务教育法》(1986 年,2018 年修正)、《中华人民共和国教师法》(1993 年,2009 年修订)、《中华人民共和国教育法》(1995 年,2021 年修订)、《中华人民共和国职业教育法》(1996 年,2022 年修订)、《中华人民共和国民办教育促进法》(2002 年,2018 年修正)、《中华人民共和国高等教育法》(1998 年,2015 年修订)、《中华人民共和国学位条例》(1981 年,2004 年修正)。国务院制定的教育行政法规有十多项,如《中华人民共和国中外合作办学条例》(2003 年,2013 修订)、《中华人民共和国残疾人教育条例》(1994 年,2017 年修订)等。

---

① 陈宝生:《在全国教育工作会议上的讲话》,《中国高等教育》2018 年第 5 期。

教育部依照立法权制定了一些部门规章。各省(自治区、直辖市)和计划单列市也根据地方实际与需要制定了地方性法规与地方政府规章。这类法规和规章大致有 200 部。目前,一些教育法律的修改,如《中华人民共和国教师法》已列入了规划,一些重要的法律如终身学习法、学校法、学前教育法已列入相关部门的工作计划。

这些法律法规基本上覆盖了义务教育到高等教育阶段,涵盖了包括残疾人在内的各类特殊群体。确定了以县级政府为主的义务教育管理体制、中央人民政府和地方各级政府共同负担义务教育经费的投入体制。明确了国家、社会、学校和家庭依法保障适龄儿童、少年接受义务教育的权利。明确了教育的地位、基本制度、教育投入及有关各方的权利与义务等基本问题。这些法律法规为保障加大教育投入力度、保证教育决策合法有效、加强教育行政执法、依法处理教育争议案件提供了法律基础。

为了保障这些法律法规的落实,我国政府还建立了相应的法律监督机制。如全国人大常委会执法检查组专门针对教育法律执行情况的报告就有九次(1996—2015 年),其中关于义务教育法执行情况的报告有七次,另外两次分别是针对职业教育法和教育法的执行情况。

除执法监督之外,我国还建立了教育评估和督导制度。

我国教育质量保障体系的建立经历了这样一个过程:首先,《中共中央关于教育体制改革的决定》(1985 年)、《普通高等学校教育评估暂行规定》(1990 年)的出台为建立系统的教育质量保障制度奠定了基础。其次,《中国教育改革和发展纲要》(1993 年)提出建立教育质量标准和评价指标体系,并要求各地教育部门要经常性地检查评价学校教育质量。这一规定使中国教育质量保障理论研究和实践活动迈向了一个新的阶段。最后,《中华人民共和国教育法》(1995 年,2021 年修订)颁布。《中华人民共和国教育法》第二十五条规定:"国家实行教育督导制度和学校及其他教育机构教育评估制度。"这一规定以法律的形式确立了教育评估在各级各类教育教学中的地位和作用。

我国现有的教育质量保障组织有以下形式:(1)督导式评价组织。这类组织有两种类型,一种由县级以上政府设立,另一种由学校设立。(2)行政式评价组织。这类组织没有固定的机构,在开展教育评价时临时组建。其主要任务是,对下级政府、下级教育行政部门和学校内部的工作进行定期或不定期的考核评价。(3)选择式评价组织。这类组织包括各级政府下设的大中专招生委员会、教育行政部门内设立的招生办公室,以及所有学校设立的招生办公室,属于常设组织机构。(4)科研式评价组织。这类组织由各种教育评价的学术团体和研究机构构成。目前既有官方设立的研究机构,如教育科学研究院,也有民间创办的机构,如 21 世纪教育研究院等。目前,国内此类比较著名的机构有 20 家左右,创办了 20 多个网站、期刊等学术交流平台。

目前,我国的教育评估和督导工作正在不断完善。除上述制度和组织形式的完善之外,评估指标体系也逐渐完善。这表现在以下几方面。

首先,中小学教育评价指标逐步完善。中小学教育评价指标的完善以2013 年教育部颁布《关于推进中小学教育质量综合评价改革的意见》为标志(以下简称《意见》)。《意见》系统规划了推进中小学教育质量综合评价改革的方案和具体实施思路。《意见》的最大影响在于提出了中小学教育质量综合评价指标体系,具体包括学生的品德发展水平、学业发展水平、身心发展水平、兴趣特长养成、学业负担状况五个方面、二十个关键指标。同时,对改进评价方式方法和如何运用评价结果提出了具体设想。关于评价方式,《意见》提出:要通过直接考查学生群体的发展情况来评价学校的教育质量,综合运用定量评价与定性评价、形成性评价与终结性评价、内部评价与外部评价相结合的方式。评价主体要由政府、社会组织和专业机构等共同构成。评价方法主要运用测试和问卷调查等方法,同时辅之以必要的现场观察、个别访谈、资料查阅等方法。评价结果主要用于完善教育政策措施、加强教育宏观管理和评价考核学校教育工作。

《意见》同时提出了推进中小学教育评价改革的保障机制。教育质量评估是一项系统工程,需要从多个方面协同推进教学质量改革。协同改革主要有四个方面的内容:一是深化课程改革。主要内容是促使中小学全面落实国家课程方案和课程标准。二是强化实践育人功能。主要内容是加强综合实践活动课程,开展丰富多样的校园文化活动。三是完善教学方法。主要内容是提高教学效率、减轻学生课业负担。四是改革考试招生制度。主要内容是建立分类考试、综合评价、多元录取的考试招生制度。

《意见》提出后,各个地方和学校根据各自实际情况对指标体系进行了完善,并制定了适合自身实际情况的评价方式方法和工作机制,从而形成了形式多样的评价模式。

其次,高等教育建立了系统的教育评估机制。我国开展高等教育质量保障活动可以追溯到 1985 年。国家教育委员会发出《关于开展高等工程教育评估研究和试点工作的通知》,提出开展高校办学水平、专业、课程评估试点工作,这是中国高等教育评估工作的开端。1990 年,国家教育委员会颁布《普通高等学校教育评估暂行规定》,就高等教育评估的性质、目的、任务、指导思想、基本形式、组织领导作了明确规定,这是中国第一部关于高等教育评估的专门法规。1994 年初,国家教育委员会开展普通高等学校本科教学工作水平评估。从 1994 年至 2000 年,本科教学评估先后产生了三种形式:合格评估、优秀评估和随机性水平评估。2002 年,教育部将上述三种方案合并为一个方案。这一方案的明显特点是将评估结论分为优秀、良好、合格和不合格四种。截至 2004 年底,教育部共使用该方案评估了 116 所普通高等学校。

2003 年,教育部在《2003—2007 年教育振兴行动计划》中明确提出完善高等学校教学质量评估与保障机制。这一计划对评估机构建设、评估周期、评估质量、评估信息系统建设等方面进行了部署。2004 年 8 月,教育部高等教育教学评估中心成立。成立高等教育教学评估中心和实施"五年一轮"的评估制度,标志着高等教育的教学评估工作实现了规范化、科学化、制度化和专业化。

在针对普通高等院校进行教育评估的同时,教育部开展了对高职高专院校培养水平的评估工作。2003 年,教育部制订了针对高职高专院校人才培养工作水平的评估方案,并开始对 26 所高职高专院校进行试点评估。自2004 年开始,教育部改革了评估方法,具体方式是:教育部制订评估方案,各省(自治区、直辖市)教育部门按照评估方案对本地区高职高专院校进行评估,教育部对评估结论进行定期抽查。

最后,学位与研究生教育的质量保障体系逐步完善。我国的学位与研究生教育虽然肇始于20世纪30年代,但大规模地招收研究生是从1977年开始的。虽然研究生教育起步较晚,但我国对研究生教育质量一直非常重视。1985年2月,国务院学位委员会决定建立学位授权质量的检查和评估制度。1985年5月27日,《中共中央关于教育体制改革的决定》提出,教育部门要定期对高等学校的办学水平进行评估,并按照评估结果对高校进行奖惩。从1985年开始,国务院学位委员会同国家教育委员会研究生司组织专家分别对部分二级学科、专业和一级学科的教育质量进行了评估。同时,国家教育委员会委托部分省份的教育委员会对属地的部分一级学科硕士学位授权专业进行检查和评估。另外,国务院学位委员会、国家教育委员会还会同一些部委对其所属高校的研究生教育质量进行了检查和评估。

从研究生教育评估的时间看,1985年至1993年可被视作第一阶段,这一阶段的特点是评估活动是由国务院学位委员会直接主导和执行的,没有社会中间机构或第三方机构的参与。1993年之后,学位与研究生教育评估活动有了实质性的变化。1993年,国务院学位委员会与国家教育委员会联合发布了《关于学位与研究生教育改革与发展的若干意见》,提出了重点加强国家教育委员会、国务院学位委员会宏观管理和政策指导职能,扩大学位审核授权范围,建立宏观调控与自我约束相结合的学位授权管理体制的发展思路。

以这一文件的发布为契机,学位与研究生教育评估活动的变化体现在以下三个方面。

其一是学位授权审核办法有质的变化。改革措施主要是允许部分条件较好、管理制度比较健全的学位授予单位开展自行审批硕士学位授权点和自行审批增列博士生指导教师试点。这实际上是自我评估形式的进一步扩展。

其二是建立社会评估中间机构。1994年7月29日,中国第一家专门从事学位与研究生教育评估的事业性机构高等学校与科研院所学位与研究生教育评估所在北京理工大学成立。该机构主要承担学位与研究生教育评估及相关咨询服务工作。

1995 年 9 月,中国学位与研究生教育学会评估工作委员会成立,该委员会隶属于中国学位与研究生教育学会,负责开展学位与研究生教育的评估工作。1998 年,国务院学位委员会与教育部建立学位与研究生教育发展中心,高等学校与科研院所学位与研究生教育评估所并入学位与研究生教育发展中心。

此外,一些机构、团体和个人也开始开展研究生教育评估活动。如武汉大学、广东管理科学研究院、上海交通大学都开展了高等教育评价活动。这些机构的建立实现了"建立社会中间机构来承担具体评估任务"的构想,大大推动了中国研究生教育评估的理论研究和实践工作,开创了中国研究生教育评估实践的新局面。

其三是用人单位开始对毕业研究生进行"择优录用"。为顺应市场经济的发展,毕业研究生不再实行统一的国家分配制度,由毕业生和用人单位进行双向选择。这一制度不仅扩大了毕业生和用人单位的选择权,对研究生教育来说,事实上是引入了社会和市场评价。这其实是社会评价制度的一种实现形式。

从评估主体看,我国的研究生教育质量评估主要有三种形式:一是政府主管部门进行的评估,如各级学位委员会和教育部门;二是社会中间机构开展的评估,如学位与研究生教育发展中心;三是自评机构,主要是各个研究生培养单位设置的管理机构。从研究生教育评估的发展趋势看,我国研究生教育质量评估主体方面的目标在于形成多主体相互结合互动的评价结构。其中,教育主管部门负责宏观管理和政策指导,研究生培养单位在自我监督的同时接受社会中间机构的评价监督,社会中间机构独立运行,以第三方身份独立开展评估活动。

从评估内容看,我国目前的研究生教育评估主要有以下两种形式。

一是合格评估。由各级学位委员会对某一单位和学科、专业是否具有学位授予权的资格进行鉴定和认可。目前,硕士学位授予权下放到了省级学位委员会和高校;博士学位授予权,除少数高校具有自主设立一级学科博士学位授权点之外,大部分还需要国务院学位委员会的审核。但发展趋势是逐渐减少这类评估。

二是水平评估。对已经取得学位授予权的学科、专业和单位的研究生教育质量进行检查和评价。到目前为止，由教育部学位与研究生教育发展中心组织的全国性评估已经进行了四次（2002 年、2008 年、2012 年、2016年、2020 年）。除这种全国范围的大规模评估之外，我国还设立了一些培养质量专项评估。如全国优秀博士学位论文评选。我国从 1999 年开始在全国范围内开展全国优秀博士学位论文的评选工作，2003 年又增设了"全国优秀博士学位论文提名论文"奖。再如全国博士学位论文抽查，这项工作自2000 年开始。另外，省级主管部门与学位授予单位进行了学位论文抽查。从 20 世纪 80 年代开始的重点学科评估也属于水平评估。

（三）国民教育体系实现了整体科学发展

目前，我国已经建立起完整的教育体系。特别是改革开放以来，我国的整个教育体系取得巨大的进步，确立了适合本国国情的发展道路。

1. 学前教育确立了科学的发展道路

学前教育的发展成就表现在以下几个方面。

首先，办好学前教育已经成为国家教育发展战略的一部分。党的十九大报告专门提出要办好学前教育。① 为了办好学前教育，中共中央、国务院联合颁布了《关于学前教育深化改革规范发展的若干意见》（2018 年 11 月 7日），该意见从学前教育在国民教育体系中的重要地位、在党和政府工作中的地位、儿童健康成长、社会和谐稳定及党和国家事业的未来的高度看待办好学前教育的意义，这充分表明办好学前教育已经成为国家教育发展战略的重要组成部分。

其次，经过 40 多年的发展，有关学前教育的法律法规和指导性文件已经相当完备，学前教育工作已经有法可依、有章可循。1989 年，国家教育委员会发布了两个关于幼儿园的法规，即《幼儿园工作规程（试行）》和《幼儿园管理条例》。《幼儿园管理条例》明确了创立幼儿园的审批程序、幼儿园的教育职能、行政事务、奖惩规定等内容。这两部法规的颁布实施，标志着学前教育走上了依法治教的轨道，对推动学前教育的健康发展和科学化管理

---

① 习近平：《决胜全面建成小康社会 夺取新时代中国特色社会主义伟大胜利——在中国共产党第十九次全国代表大会上的报告》，人民出版社 2017 年版，第 46 页。

发挥了重要作用。随着社会形势的发展变化,教育部对《幼儿园工作规程》又进行了三次修改完善,最近一次修改是在 2016 年完成的。这次修订充分考虑了学前教育的新情况和新问题,还专门增加了有关幼儿园安全的内容。

除上述两部行政法规之外,教育部还制定了关于如何进行学前教育的指导性文件。1981 年 10 月,教育部颁发了《幼儿园教育纲要(试行草案)》。为贯彻教育改革发展的新要求,2001 年 9 月,教育部印发《幼儿园教育指导纲要(试行)》。《幼儿园教育指导纲要(试行)》对学前教育的基本原则、主要内容、实施方式、评价方法进行了系统的规定,这一文件为学前教育提供了科学依据。2012 年 10 月 9 日,教育部颁布新的《3—6 岁儿童学习与发展指南》,这一指南对不同年龄段末期幼儿的学习和发展目标进行了详细描述,并提出了具体的教育建议。这一指南的发布为幼儿园和家庭教育提供了科学依据,同时有助于纠正广泛存在的幼儿园"小学化"等错误的教育倾向。

最后,确立了科学的学前教育发展规划。近年来,学前教育获得了快速发展,特别是 2011 年《国务院关于当前发展学前教育的若干意见》发布以后,学前教育普及水平大幅提升。《2020 年全国教育事业发展统计公报》数据显示,全国共有幼儿园 29.17 万所,在园幼儿4 818.26万人,学前三年毛入学率达到85.2%。随着学前教育的快速发展,学前教育中的一些体制性矛盾开始集中显现,教育资源供给、政策保障、教师队伍、监管体制、保教质量及安全问题等方面存在不足之处。①

为切实办好学前教育,更好地实现幼有所育的发展目标,2018 年 11 月 7 日,中共中央、国务院发布了《关于学前教育深化改革规范发展的若干意见》。该意见既回应了当前学前教育发展过程中的突出问题,又为学前教育的长远健康发展指明了方向。该意见明确了学前教育发展的方向和定位,指出学前教育应该坚持"普惠安全优质发展"的目标。这一定位为解决目前学前教育中存在的学前教育资源供给不足问题和纠正幼儿园过度"逐利化"倾向指明了方向。为解决资源供给不足问题,该意见从幼儿园布局与数量、

---

① 《中共中央 国务院关于学前教育深化改革规范发展的若干意见》,《人民日报》2018 年 11 月 16 日,第 1 版。

经费保障等方面提出了具体意见。为解决学前教育师资不足问题，该意见也提出了明确的发展目标和措施。关于"入园贵"问题，该意见一方面提出加大普惠制建设力度，另一方面明确提出遏制幼儿园过度"逐利化"倾向。同时，该意见还明确了普惠制幼儿园发展的近期和长期发展目标。①

可以预见，随着《中共中央 国务院关于学前教育深化改革规范发展的若干意见》的出台和全面实施，我国办好学前教育和实现幼有所育的目标一定能够顺利实现。

2. 建成了完善的义务教育体系

截至 2011 年 11 月，我国已经在全国范围内普及了九年制义务教育，并扫除了青壮年文盲，这标志着我国在全国范围内建成了完整的义务教育体系。构成这一体系的前提是关于教育的价值理念。

首先，我国政府非常重视基础教育，将义务教育置于重要地位。2001 年《国务院关于基础教育改革与发展的决定》指出，基础教育在社会主义现代化建设中具有全局性、基础性和先导性作用。② 从 1986 年《中华人民共和国义务教育法》颁布起，我国政府一直在大力推动义务教育的发展。就义务教育财政投入而言，从 2000 年起，生均预算内事业费和预算内公用经费均以两位数的速度增长，从 2006 年起，全国范围内义务教育不再收取学费、杂费。③

其次，建立起完整的义务教育法律法规体系。1986 年《中华人民共和国义务教育法》颁发实施，此后随着形势的发展变化，《中华人民共和国义务教育法》历经 2006 年、2015 年和 2018 年三次修改完善。《中华人民共和国义务教育法》的颁布和实施，为我国义务教育的发展提供了法律基础，这是保证义务教育发展的最有力方式之一。为保障义务教育的发展，我国又先后颁布了一系列促进教师发展的法律法规。如 1993 年 10 月颁布了《中华人民共和国教师法》，1999 年，教育部发布了《中小学教师继续教育规定》。这

---

① 《中共中央 国务院关于学前教育深化改革规范发展的若干意见》，《人民日报》2018 年 11 月 16 日，第 1 版。
② 《十五大以来重要文献选编》下，人民出版社 2003 年版，第 1836 页。
③ 柳海民、王澍：《中国义务教育实施 30 年：成就、价值与展望》，《北京大学教育评论》2016 年第 4 期。

些法律法规的实施,对促进教师专业发展、提高教师教学水平、促进义务教育发展提供了重要保证。针对农村教师的特殊情况,我国先后出台了《关于实施农村义务教育阶段学校教师特设岗位计划的通知》《乡村教师支持计划(2015—2020年)》,并建立了免费师范生制度。这些措施的出台对保障义务教育的发展发挥了重要作用。

再次,颁布了义务教育的多种标准。其中最重要的标准是《义务教育学校管理标准》(2014年版、2017年版)、《义务教育课程标准》(2011年版、2017年版)。《义务教育学校管理标准》共有三部分内容,即基本理念、主要内容和实施要求。以2017年版的《义务教育学校管理标准》为例,其基本理念有四点:突出立德树人与全面发展的统一、保障公平与提高质量的统一、和谐与活力的统一、依法办学与科学管理的统一。该标准的主要内容包括学生权益、教师专业发展、学校环境、学校管理制度等6个方面,共22项任务、88条具体规定。这一学校管理标准的发布为义务教育学校管理的科学化、标准化和制度化提供了依据和指南。

2017年版的《义务教育课程标准》涵盖整个义务教育阶段的各个学科,其内容主要包括前言、课程目标与内容(分为总体目标与阶段性目标两个方面)和实施建议(包括教学建议、教学评价建议、教材编写建议及教学资源开发和利用四个方面)。课程标准的发布为各学科的教学、评价、教材编写和改革提供了指南,对推动义务教育科学发展有重要作用。

最后,义务教育从普及走向优质均衡发展新阶段。早在义务教育尚未普及的时期,2006年修订的《中华人民共和国义务教育法》就提出各级政府要促进义务教育均衡发展。[1] 在2012年实现全国义务教育普及的目标之后,义务教育的发展目标转向了实现优质均衡发展。从党的十七大开始,党的历次大会报告都强调实现义务教育均衡发展的目标。党的十七大报告提出"优化教育结构,促进义务教育均衡发展"[2],党的十八大报告强调"均衡

---

① 全国人民代表大会常务委员会法制工作委员会编:《中华人民共和国法律汇编(2015)》上册,人民出版社2016年版,第378页。

② 《十七大以来重要文献选编》中,中央文献出版社2011年版,第465页。

发展九年义务教育"①,党的十九大报告提出通过城乡义务教育一体化发展实现教育公平的措施。② 从上述报告的表述看,义务教育的均衡发展被提高到了教育公平和个人基本权利的高度,这反映了全社会对教育均衡发展重要性认识的升华。

根据西南大学发布的《中国义务教育均衡发展报告》,目前我国义务教育均衡发展已经取得明显效果,成绩主要有以下几个方面:建立健全了义务教育均衡发展保障机制,在增加教育投入、改善学校办学条件、均衡配置师资等方面均得到了明显改善和提高。③

3. 建立了适合我国国情的职业教育体制

改革开放以来,我国的职业教育体制已经逐步完善。这一完善表现在以下几个方面。

首先,明确了职业教育的定位。自从 2002 年国务院作出大力推进职业教育改革与发展的决定后,推进职业教育已经成为我国教育发展战略的一个重要组成部分。关于发展职业教育的重要意义,2005 年时任国务院总理温家宝在《大力发展中国特色的职业教育——在全国职业教育工作会议上的讲话》中指出:"大力发展职业教育对于推进我国工业化和现代化、促进社会就业和解决'三农'问题、完善现代国民教育体系具有重要意义。"④2014年颁布的《国务院关于加快发展现代职业教育的决定》主要强调发展职业教育对深入实施创新驱动发展战略、人才资源开发、加快经济转型升级的意义。2014 年发布的《现代职业教育体系建设规划(2014—2020 年)》除强调对经济转型升级、就业和工农业现代化的意义之外,还强调发展职业教育对加强社会建设和文化建设、满足人民生产生活多样化需求的意义。2019 年,《国家职业教育改革实施方案》印发,集中体现了中央关于新时代职业教育

---

① 《十八大以来重要文献选编》上,中央文献出版社 2014 年版,第 27 页。
② 习近平:《决胜全面建成小康社会 夺取新时代中国特色社会主义伟大胜利——在中国共产党第十九次全国代表大会上的报告》,人民出版社 2017 年版,第 46 页。
③ 朱德全、李鹏、宋乃庆:《中国义务教育均衡发展报告——基于〈教育规划纲要〉第三方评估的证据》,《华东师范大学学报(教育科学版)》2017 年第 1 期。
④ 温家宝:《大力发展中国特色的职业教育——在全国职业教育工作会议上的讲话》,《中国职业技术教育》2005 年第 34 期。

的功能定位、形势新判断、工作新部署。上述文件表明：随着现代化建设的深入发展，党和政府对职业教育的重要作用的理解越来越深入和全面。

其次，找到了适合我国国情的职业教育发展道路。2012年5月，时任教育部部长袁贵仁在《中国职业教育发展的道路》中阐述了职业教育的发展思路。① 2013年，《中共中央关于全面深化改革若干重大问题的决定》对发展职业教育的途径进行进一步的阐述，提出了"深化产教融合、校企合作"的职业教育发展路径。2014年，《国务院关于加快发展现代职业教育的决定》对如何发挥好政府的作用提出了新思想，该决定提出要统筹发挥好政府和市场的作用促进职业教育发展的思路。②

随着"一带一路"倡议的提出，中共中央办公厅、国务院办公厅颁布了《关于做好新时期教育对外开放工作的若干意见》，作为对这一文件的落实，教育部发布了《推动共建"一带一路"教育行动》。在上述文件精神的指导下，教育部及时提出了职业教育"走出去"策略，推动职业教育与企业加强与"一带一路"沿线国家学校和企业的合作。这其实是在推动我国职业教育走面向国际化的发展道路。可以看出，我国特色职业教育发展道路已经形成。

再次，建立起完整的职业教育制度体系。这一体系由多个层次的内容构成，包括法律、法规、规划、标准等内容。其中与职业教育相关的法律主要有《中华人民共和国职业教育法》《中华人民共和国教育法》《中华人民共和国劳动法》《中华人民共和国就业促进法》等。

除上述法律之外，教育主管部门还就学校设置、专业教学、教师队伍、学生实习、经费投入、信息化建设等方面发布了一系列规章制度，具体包括学校设置标准、专业设置标准、教师资格制度、督导制度和评估制度等。

与职业教育发展直接相关的一个重要制度是招生制度改革。国务院和教育部分别发布了《关于深化考试招生制度改革的实施意见》《关于积极推进高等职业教育考试招生制度改革的指导意见》《高等职业教育创新发展行动计划》等文件。目前，贯通中本、专本、中高职、普职之间的政策已经陆续出台，这些政策为职业教育的发展打开了上升空间。

---

① 袁贵仁：《中国职业教育发展的道路》，《中国职业技术教育》2012年第16期。
② 本社编写组：《国务院关于加快发展现代职业教育的决定》，人民出版社2014年版，第2页。

为了落实校企合作、产教融合的发展原则,有关部门制定了一些具体政策推动校企合作、产教融合的深入实施。如教育部分别与国家旅游局、交通运输部、人力资源和社会保障部、工业和信息化部联合印发了《加快发展现代旅游职业教育的指导意见》《关于加快发展现代交通运输职业教育的若干意见》《制造业人才发展规划指南》等指导性文件。另外,教育部发布了《关于深入推进职业教育集团化办学的意见》《关于开展现代学徒制试点工作的意见》《职业学校教师企业实践规定(试行)》《职业学校学生实习管理规定》等文件。这些文件的实施为提高职业教育质量和推动职业教育可持续发展提供了保障。

最后,职业教育取得了丰硕的成果。目前我国建成了世界规模最大职业教育体系,全国共有 1.12 万所职业学校,在校生 2 915 万人,中高职学校每年培养 1 000 万左右的高素质技术技能人才,高职院校 3 年累计扩招413.3万人,一万余所职业学校每年开展各类培训上亿人次。[①]"走出去"战略也取得了显著成绩。2017 年,全国高职院校共招收全日制国(境)外留学生11 500人。高职院校境外办学更加多样化,全年共有 876 名专任教师在国(境)外组织担任职务,为境外组织开发并获认可的专业教学标准和课程标准 1 806 个。[②]

4. 建立了相对完善的高等教育体制

经过改革开放 40 多年的发展,中国高等教育取得了巨大的成就。《2020 年全国教育事业发展统计公报》数据显示,2020 年全国各类高等教育在学总规模 4 183 万人,毛入学率为 54.4%。这意味着在 40 多年间,中国高等教育经历了精英化、大众化阶段,即将进入普及化阶段。中国的高等教育不仅规模达到了世界最大,质量也明显提高。从本科生教育质量、大学和学科国际排名、科研水平、国际化程度等几个指标来看,中国高等教育都取得

① 丁雅诵:《我国建成世界规模最大职业教育体系(新数据 新看点)》,《人民日报》2022 年 5 月 29 日,第 1 版。

② 翟帆:《〈2018 中国高等职业教育质量年度报告〉发布——三个榜单注重引导 五个维度持续向好》,《中国教育报》2018 年 7 月 17 日,第 7 版。

了长足的进步。①

在办学规模快速扩大和教育质量快速提高的同时,中国高等教育体制改革也取得了显著的成就。在办学体制上,目前已经实现了政府、社会团体、个人多元化办学的体制。同时出现了校校联合、校企联合、银行学校联合办学的新形式。随着《中华人民共和国民办教育促进法》的颁布,民办教育快速发展。根据《2020年全国教育事业发展统计公报》数据,就高等教育而言,2020年,民办高校共有771所,约占全国高校总数的28.16%;在校生791.34万人,占全国高校总在校生人数的18.92%。目前已形成了公办高校为主、民办高校为辅的局面。

在办学主体多元化的同时,高校办学自主权也在稳步扩大。根据《中华人民共和国高等教育法》《关于进一步落实和扩大高校办学自主权完善高校内部治理结构的意见》《关于深化高等教育领域简政放权放管结合优化服务改革的若干意见》等法律和文件规定,高等学校具有选拔学生、调整优化学科专业、开展教育教学活动、选聘人才、开展科研活动、管理使用财产经费、扩大国际交流合作、职称评审、资产处置等方面的自主权。目前,随着以章程制为核心的现代大学制度的建设,高校内部治理体系也日益完善。

在管理体制上,中国已经形成科学合理的高校管理体制。中国高等教育管理体制改革的基本逻辑是处理好政府与学校、中央与地方、教育部门与其他部门之间关系。经过40多年的改革探索,中国高等教育管理体制日益科学合理。在政府与学校之间的关系上,政府的定位是放权给高校,同时进行监管、搞好服务。在中央与地方关系上,对高校进行两级管理,以省级统筹管理为主。在教育部门与其他部门之间的关系上,除个别学校外,大多数高等学校划归教育部门管理,改变"条块分割"的管理模式,形成"条块有机结合"的管理模式。推行管办评分离,发挥社会专业组织和行业协会对学校的监督评价作用。

中国高等教育的另一个重要成就就是建立起了系统的教育法规体系。

---

① 参见刘宝存、肖军:《改革开放40年高等教育的成就与展望》,《河北师范大学学报(教育科学版)》2018年第5期。

从立法层次看,中国目前关于高等教育的法规有三个层次:第一层次是法律,如《中华人民共和国教育法》《中华人民共和国教师法》《中华人民共和国高等教育法》《中华人民共和国民办教育促进法》等;第二层次是教育部颁布的部门规章,如《普通高等学校设置暂行条例》《教师资格条例》《中华人民共和国中外合作办学条例》等;第三层次是地方人大和地方人民政府发布的教育地方性法规和地方政府规章,如《北京市实施〈中华人民共和国教师法〉办法》《上海市科学技术奖励规定》《广东省教育督导规定》等。另外,中央和地方颁布的教育规范性文件和政策也具有一定的效力,实际上起着补充法律的作用。

从内容上,中国目前关于高等教育的法律法规基本上覆盖了高等教育的所有方面。如关于党对高等教育的绝对领导、依法治教、高校内部管理规章和程序、保障教育竞争和教育公平、保障公民和有关组织的合法权益、扩大高等学校自治权力、保障师生员工民主参与学校管理、促进教育机构与其他部门的合作、推进高等学校信息公开等都有详细的法律法规依据。这些法律法规的颁布实施为中国推动高等教育的现代化、实现文化传承、服务经济社会建设提供了坚强支持和基础。

二、发展教育事业的基本策略

发展教育事业的基本策略可以从以下方面进行总结:第一,教育的目的是培养什么样的人。这是区分不同的社会教育制度的重要方面。第二,如何发展不同阶段的教育。从结构来说,教育可以分为基础教育、中等教育、高等教育三大类。不同的教育阶段应有不同的发展思路。因此,建立结构合理的教育结构是教育发展的重点内容。第三,家庭经济困难学生救助问题。学生资助制度是解决学生失学的重要措施,也是维护教育公平的重要措施。因此,完善学生资助制度是教育发展的重要方面。第四,允许社会力量办学问题。允许社会力量办学是扩大教育资源供给的重要措施,但由于教育本身的特殊性,必须规范社会力量办学,确保国家教育方针政策的贯彻落实。因此,规范社会力量办学也是发展教育的重要内容。第五,完善教育评价体系。教育发展状况与教育评价体系有直接关系,因此,建立科学的教育评价体系对教育发展意义重大。第六,教育活动的组织领导。建立一个坚强有力的领导体系对教育发展也有重要作用。

(一)培养社会主义建设者和接班人

教育的目的是培养人,因此,培养什么样的人是教育必须明确的问题。中国是中国共产党领导下的社会主义国家,教育的根本任务是培养拥护中国共产党的领导和社会主义制度的建设者和接班人,培养为社会主义奋斗的有用人才。[①] 因此,中国教育的根本任务可以分为两个相互关联的方面:一是道德理想的要求,即培养拥护中国共产党的领导和社会主义、为社会主义奋斗终生的人才;二是技能的要求,即培养具备一定技能、适应经济社会发展需要的、全面发展的人才。简单地说,中国教育的根本任务可以概括为"立德树人"。

根据《国家教育事业发展"十三五"规划》和习近平在 2018 年全国教育大会上的讲话,"立德树人"中"立德"的内容主要包括:一是践行社会主义核心价值观;二是加强爱国主义教育和民族团结进步教育;三是增强学生社会责任感;四是积极开展法治教育。[②]

践行社会主义核心价值观的措施主要有:一是以核心价值观为引导,将思想政治工作贯彻教育教学全过程;二是推动习近平新时代中国特色社会主义思想进教材、进课堂和进头脑;三是通过组织多种社会活动引导学生践行社会主义核心价值观;四是强化网络阵地建设,增强学生明辨是非的能力;五是充分发挥教师、党政领导干部、各行业模范的示范引领作用。[③]

加强爱国主义教育的基本原则是将爱国主义教育融入教学教育各环节和贯彻国民教育全过程。具体措施主要有:利用爱国主义教育基地,开展爱国主义教育校外课堂;鼓励开设以爱国主义为主题的选修课和专题讲座;利用重要纪念日和节日开展爱国主义教育;加强以爱国主义为核心的历史教

---

① 吴晶、胡浩:《习近平在全国教育大会上强调 坚持中国特色社会主义教育发展道路 培养德智体美劳全面发展的社会主义建设者和接班人》,《人民教育》2018 年第 18 期。

② 国家发展和改革委员会编:《"十三五"国家级专项规划汇编》下,人民出版社 2017 年版,第424~425 页。

③ 国家发展和改革委员会编:《"十三五"国家级专项规划汇编》下,人民出版社 2017 年版,第424 页。

育;推进关于国旗国徽国歌的礼仪教育。民族团结教育的核心是使学生接受"五个认同"和"三个离不开"观念,树立中华民族共同体意识。①

社会责任感教育主要是通过社会公德、职业道德、家庭美德教育,培养学生的高尚品格和为国家、人民、社会主义奋斗的担当精神。

开展法治教育的目标是培养学生的法治意识和素养。其主要措施是:将法治教育纳入国民教育体系,各级学校都要开设法治知识课程;加强宪法教育,通过多种形式开展普法和法治实践教育。②

上述是"立德树人"中对"立德"的要求。严格来说,"立德"也是"树人",除"立德"的内容之外,"树人"的主要内容包括:一是创业精神与能力;二是实践动手能力;三是强健的体魄;四是文化修养;五是生态文明修养;六是综合国防素质。③

关于培养学生创新精神与能力的主要措施有:针对中小学生,主要是通过校内外的科技教育活动,激发学生的学习兴趣、科学兴趣与创新意识,同时,加强科学方法训练,提高学生的思维能力和解决问题的能力。针对高校院校和职业院校学生,学校、企业和政府等有关方,主要是通过设立鼓励学生创新创业的服务平台,从课程体系、管理制度、毕业设计、实践活动、专利授权、基金资助等方面鼓励支持学生创新创业。④

关于实践动手能力的培养,关键环节是加强实践教学。具体措施有:加强劳动教育、构建学生志愿服务体系,针对中小学生支持开展研学旅游、冬令营、夏令营等活动形式,针对大学生鼓励支持开展大学生实践活动。⑤

关于塑造学生强健体魄的主要措施有:将体质改善状况作为教育质量监测和教育评价的重要内容;降低学生近视率;完善学生心理健康服务体

① 国家发展和改革委员会编:《"十三五"国家级专项规划汇编》下,人民出版社2017年版,第424页。
② 国家发展和改革委员会编:《"十三五"国家级专项规划汇编》下,人民出版社2017年版,第424~425页。
③ 国家发展和改革委员会编:《"十三五"国家级专项规划汇编》下,人民出版社2017年版,第425~426页。
④ 国家发展和改革委员会编:《"十三五"国家级专项规划汇编》下,人民出版社2017年版,第425页。
⑤ 国家发展和改革委员会编:《"十三五"国家级专项规划汇编》下,人民出版社2017年版,第425页。

系;在中小学,强化体育课和课外锻炼,普及健康卫生知识;在高校,强化课外体育锻炼,大力培养学生的体育锻炼意识、习惯和技能。①

文化修养的内容比较丰富,从《国家"十三五"时期文化发展改革规划纲要》中所列举的内容看,文化修养的内容包括文学艺术、非物质文化和民族民间文化等,从时间和地域来说,包括古今中外的文化。提高学生文化修养的主要措施有:通过改革完善美育课程体系、教学体系,使每个学生都掌握一两项艺术特长;通过开展阅读欣赏文学艺术经典活动和各种文化进校园活动,提高学生文学艺术素养;通过开展中华优秀传统文化、革命文化和社会主义文化教育活动,增强学生对中华文化的文化认同和文化自信;通过加强多元文化和国际理解教育,培养学生的跨文化交流能力。②

提高生态文明素养的主要措施有:将生态文明理念纳入教育全过程,使学生树立生态文明和可持续发展理念;通过普及有关生态文明的法律、知识和开展水、电、粮节约活动,培养学生形成厉行节约、绿色低碳、文明健康的生活方式。③

提高学生综合国防素质的主要措施有:将国家安全和国防教育纳入国民教育体系,丰富内容,创新形式,通过创建综合国防教育社会实践点和示范校、特色学校及利用军营开放日、军事夏令营等形式,提高中小学生国防教育效果;对高中学生,主要加强其军事技能训练,对大学生,除军事技能训练之外,还要加强军事理论学习。④

(二)重视基础教育的发展

基础教育包括义务教育、学前教育和高中教育等,中国政府基于现实国情确定了重点发展义务教育的策略。1985年发布的《中共中央关于教育体制改革的决定》首次提出要重点发展义务教育的主张。该决定指出,义务教

---

① 国家发展和改革委员会编:《"十三五"国家级专项规划汇编》下,人民出版社 2017 年版,第425 页。

② 国家发展和改革委员会编:《"十三五"国家级专项规划汇编》下,人民出版社 2017 年版,第426 页。

③ 国家发展和改革委员会编:《"十三五"国家级专项规划汇编》下,人民出版社 2017 年版,第425 页。

④ 国家发展和改革委员会编:《"十三五"国家级专项规划汇编》下,人民出版社 2017 年版,第425 页。

育为现代生产发展和现代社会生活所必需,是现代文明的一个标志。① 随后颁布的《中华人民共和国义务教育法》(1986 年)从法律上确定了实行九年制义务教育制度。2010 年发布的《国家中长期教育改革和发展规划纲要(2010—2020 年)》进一步强调义务教育是教育工作的重中之重。②

　　除了重视基础教育的发展,我国还制定了实事求是的实施策略,即对不同地方制定不同的目标和步骤。具体来说,就是根据经济发展水平将全国划分为三个地区,根据实际情况按照不同的时间表和标准进行推进。在经济发达地区,在 1990 年左右高质量地普及初级中学;在中等发展程度的镇和农村,首先普及高质量的小学教育,在 1995 年左右普及初中阶段的普通教育或职业和技术教育;在经济落后地区,采取多种形式积极推进基础教育的普及。③ 为了促进落后地方的基础教育发展,教育部等部门发布了《国家西部地区"两基"攻坚计划(2004—2007 年)》,这一计划将"两基"合格率提高到 98%。为了解决由于贫困问题导致的失学问题,我国政府宣布从 2008 年起,义务教育阶段免除学杂费。上述措施为 30 多年间在我国全国范围内普及义务教育发挥了重要作用。

　　中国发展基础教育还有两个重要的措施:一是城乡一体化发展,二是重视农村义务教育的发展。在 2012 年全国实现义务教育普及之后,义务教育又出现了需要解决的新情况,即教育发展不均衡,城乡之间、区域之间教育发展不均衡,落后地区尤其是农村教育与城市教育的差距有扩大的趋势。基于上述情况,中国政府及时提出了城乡一体化发展、重视农村义务教育的发展策略。

　　实现城乡一体化发展主要有以下措施:城乡一体化也是分步实现的,首先是在县域实现一体化,其次逐步扩大到区域,最后实现全国范围内的一体化。目前,县域内的城乡一体化正在积极推进之中。《国务院关于统筹推进县域内城乡义务教育一体化改革发展的若干意见》从城镇学校建设数量和布局、师资配置、教育治理、控辍保学等方面提出了发展方案,并特别制定了

　　① 《改革开放三十年重要文献选编》上,人民出版社 2008 年版,第 383 页。
　　② 《国家中长期教育改革和发展规划纲要(2010—2020 年)》,人民出版社 2010 年版,第 21 页。
　　③ 《改革开放三十年重要文献选编》上,人民出版社 2008 年版,第 383 页。

针对农村义务教育发展的措施。①

关于发展学前教育，我国政府的主要原则是坚持普惠制的发展方向，提高入园率和保教质量。保障学前教育普惠性的发展方向主要通过以下措施实现：一是优化幼儿园的布局与结构，建立以公办幼儿园为主体和普惠性资源为主体的办园体系。二是扩大普惠性幼儿园的资源供应。除通过学前教育专项行动计划新建幼儿园之外，还通过利用各种空闲空间资源增加新的幼儿园数量，新建小区要配套建设公办幼儿园或普惠性幼儿园。同时，鼓励社会力量举办更多普惠性幼儿园。三是通过增加财政投入、统筹制定财政补助和收费政策、完善学前教育资助政策等措施保证经费投入。四是加强学前教育教师队伍建设。通过编制、待遇等措施保证学前教育的师资数量，通过完善教师培养体系和培训制度不断提高教师的专业水平。通过转入制度和定期注册制度保证教师能胜任工作。五是通过源头监管、过程监管、安全监管，建立完善的监管体系。六是通过建立质量监管体系、改善办园条件、完善教研体系、注重保教结合提高幼儿园保教质量。②

关于高中教育的发展策略，我国目前提出了普及高中教育的发展目标。普及高中教育是我国继普及义务教育之后提出的又一重大教育发展目标。我国将普及高中教育视为提升国民素质、提高劳动力竞争力和建设人力资源强国的重大举措。对我国来说，普及高中教育主要面临以下问题：一是高中教育普及不均衡，经济发达地区高中教育已经普及，经济落后地区普及程度较低。二是普通高中和职业高中发展不均衡，职业高中占比偏低。三是内涵式发展不够。

针对经济落后地区高中教育普及程度较低问题，我国政府提出了以下解决方法：一是通过实施重大项目，扩大教育资源、改善办学条件；二是完善特殊学生保障政策。完善贫困生资助政策，提高资助标准和比例，确保学生不因贫困失学。增加高中特殊学校建设，保障残疾学生接受高中教育的权

---

① 《国务院关于统筹推进县域内城乡义务教育一体化改革发展的若干意见》，《中华人民共和国教育部公报》2016 年第 10 期。

② 《中共中央 国务院关于学前教育深化改革规范发展的若干意见》，《人民日报》2018 年 11 月 16 日，第 1 版。

利。完善和落实进城务工人员随迁子女在当地接受高中教育的制度,保障他们接受高中教育的权利。

针对普通高中和职业高中发展不平衡问题,我国政府提出了以下解决措施:一是推动在全社会树立崇尚技能、淡化学历的社会风气,使全社会充分认识职业教育的重要作用。二是统筹职业高中和普通高中发展,提高职业高中录取比例,达到职业高中和普通高中录取规模大体相当的程度。三是提高职业高中相关专业的吸引力,增加学生就业能力和升学能力。

内涵式发展针对的是高中教育的质量问题。对普通高中,提高教育质量的主要措施有:深化课程改革,加强选修课建设,满足学生个性发展的需要;引入学生发展指导制度,对学生在课程选择、升学、就业等问题上进行指导;引入学校教育质量综合评价制度,改变单纯以升学率评价学校教育质量的倾向;加强师资队伍建设,增加体育、美术、音乐等学科教师的配备。

关于提高职业高中教育质量的措施主要有:推动产教融合、校企合作,提高专业设置、课程内容、教学方式与实践需要相符合的水平;集中力量建设一批高水平职业高中和适应本地经济社会需要的特色专业,增加职业教育的示范效应;增加"双师型"教师培养力度,提高学生的实践能力。

(三)通过产教融合、校企合作发展完善职业教育

中国发展职业教育的基本策略是产教融合、校企合作。《中共中央关于全面深化改革若干重大问题的决定》首次提出这一策略。其后在《关于加快发展现代职业教育的决定》《统筹推进世界一流大学和一流学科建设总体方案》《关于深化人才发展体制机制改革的意见》《关于深化产教融合的若干意见》等文件中这一策略得到进一步细化,在党的十九大报告中得到进一步确认。因此,产教融合、校企合作成为中国发展职业教育的基本策略。

发展产教融合、校企合作的具体措施在 2017 年国务院办公厅印发的《关于深化产教融合的若干意见》、2018 年人力资源和社会保障部、国务院国有资产管理委员会联合印发的《关于深入推进技工院校与国有企业开展校企合作的若干意见》中进行了具体的部署,下文对其中的主要措施和方法进行总结。

首先是构建产融合作的发展格局。这一类措施的目的在于:一是从统筹国家经济社会发展的宏观层面为产业和教育的融合发展提供基础;二是统筹职业教育发展规划与区域发展规划,引导职业教育资源向产业和人口聚集区集中,根据不同地区的发展定位和特点确定本地区职业教育的发展定位;三是建立与产业发展相联系的学科专业体系,推动学科专业建设与产业转型升级相适应;四是强化市场对人才供给的调节作用,建立需要导向的人才结构调整机制。

其次是强化企业在产融合作中的主体地位。一是鼓励企业以多种方式举办职业教育;二是支持企业参与职业学校的教学改革,促进学校的人才培养与企业需求相一致;三是完善学生实训制度,鼓励企业直接接受学生实习实训;四是引导学校将企业生产一线的问题作为科研选题,鼓励企业、学校和科研院所围绕产业发展的关键技术、核心工艺和共性问题开展协同创新。在人力资源和社会保障部、国务院国有资产管理委员会《关于深入推进技工院校与国有企业开展校企合作的若干意见》中,两部委专门就如何发挥国有企业在产教融合、校企合作的作用提出专门的措施。

再次是推进产教融合人才培养改革。这类措施包括:一是通过将动手实践融入中小学课程和素质评价之中,促进社会重视工匠精神;二是通过推行现代学徒制和新型企业学徒制,推进企业和学校的有机合作;三是通过支持企业管理和专业人员到学校任教,鼓励职业学校教师到企业实践,推动产融合作教师队伍建设;四是通过推行"文化素质+职业技能"的评价方式,提高高校招收职业教育毕业生的比例,培养创新型、复合型技术技能人才。

最后是通过强化行业指导、规范发展市场服务组织、建立信息服务平台和健全第三方评价体系促进产业供需对接,同时从金融、财税政策方面对发展产教融合、校企合作进行支持。

(四) 实现高等教育内涵式发展

关于高等教育的发展,我国的基本策略是走以提高质量为核心的内涵式发展道路。之所以要坚持这一策略,是基于以下判断。

首先,转变传统的经济发展方式需要走创新驱动的可持续发展道路。高等教育是科学技术和人才资源的重要集合点,因此,转变经济发展方式需要重视高等教育的质量。其次,进入 21 世纪,各国之间的竞争已经转向综合国力的竞争,而提高高等教育质量被认为是提高核心竞争力的重要措施,并已经成为发达国家的普遍做法。再次,知识的生产、传播方式和科学革命带来的研究方式变革对传统教育理念和方式提出了挑战,为了及时应对科技革命和知识经济的挑战,需要提高高等教育质量。最后,我国高等教育发展自身存在的问题也需要提高高等教育的质量。我国目前虽然已经是高等教育大国,但是存在大而不强的问题。因此,迫切需要提高高等教育质量。

我国提高高等教育质量,实现内涵式发展的主要策略有以下两个方面:一是以人才培养为中心,全面提高教育质量;二是改革创新,加强领导,为提高高等教育质量提供有力保障。

关于全面提高教育质量的措施主要包含以下内容。首先是建设高水平师资队伍。建设高水平师资队伍的措施有:改革教师评价办法,为教师安心教学提供制度保证;深化教师聘任制度改革,形成有利于优化教师学源结构、知识结构和优胜劣汰的机制;通过重点培养中青年教师和引进高层次领军人才提高教师水平。其次是通过教学改革提高人才培养水平。通过加强专业教育和品格教育,使学生更好地适应未来职业和社会发展需要;通过改善高校、科研院所和企业联合育人方式,提高学生的科学基础、实践能力、思想品德和人文素养;通过改进教学方式、增加师生交流、增强网络学习能力和加大精品课程建设提高教学质量;通过改进学生学习方式,树立学生在学习中的主导地位,培养学生批判思维、创新能力,促进学生个性化发展。最后是在提高人才培养质量的同时,提高高校的科研能力、社会服务能力和文化传承创新能力。

提高保障高等教育能力的措施主要包括以下内容:完善质量评价体系,引导高校根据自己的特色和定位,发展自己的特色实力;以建立现代大学制度为核心,改革高等教育管理体制。主要措施是在加强高校党组织领导的前提下,扩大高校自主权,进行以章程制为主要内容的内部治理改革;扩大社会组织参与度,建立社会组织支持和监督的长效机制;通过提高合作办学水平、引进优质教学资源、加强留学生工作和做好国际化人才培养,提高国际化水平;省级部门、教育部门和各高校认真落实各自责任,形成保障高等教育提高质量的合力。

为提高高等教育质量,实现内涵式发展,2015 年国务院发布了《统筹推进世界一流大学和一流学科建设总体方案》,2017 年教育部、财政部、国家发展和改革委员会制定了《统筹推进世界一流大学和一流学科建设实施办法(暂行)》,2022 年《教育部财政部 国家发展改革委关于深入推进世界一流大学和一流学科建设的若干意见》印发。"双一流"建设的目的就是通过重点支持一些发展较好的学科和学校,迅速提高中国高等教育的质量,从而促进中国高等教育质量的整体提高。这些文件就主要原则、主要改革任务、建设任务和支持措施做了详细的规划,并有明确的期限和实施办法,这些文件对促进中国高等教育形成内涵式发展的新体制具有强大的推动作用。

(五)健全学生资助制度

健全对家庭经济困难学生资助政策体系是一项重要的措施,关于其重要意义,《国务院关于建立健全普通本科高校高等职业学校和中等职业学校家庭经济困难学生资助政策体系的意见》指出,这一举措是实施科教兴国和人才强国战略、优化教育结构、促进教育公平和社会公正的有效手段。[①] 简言之,学生资助制度是促进教育公平的重要措施。

家庭经济困难学生资助制度的目标是从制度上解决家庭经济困难学生的就学问题。目前,我国已经实现了"三个全覆盖",即各个学段、公办民办学校、家庭经济困难学生全覆盖,资助效果上实现了"三不愁",即入学前、入学时、入学后不用愁,从制度上保障了不让学生因经济困难而失学。

我国政府实现上述目标主要做了以下几方面的工作。

一是严格责任制。财政部、教育部制定了相关管理办法,负责指导、检查和督促地方开展工作。地方政府建立了学生资助管理机构。学校建立专门助学管理机构,实行校长负责制。

二是广泛宣传,力求全面覆盖所有贫困学生和地区。政策宣传直接深入贫困地方和家庭,运用多种传统和现代宣传方式,力求家喻户晓。同时,全面排查贫困学生,通过查阅档案、实地走访、与脱贫攻坚信息实现共享等方式主动发现经济困难学生,实现应助尽助。

---

① 《国务院关于建立健全普通本科高校高等职业学校和中等职业学校家庭经济困难学生资助政策体系的意见》,《中华人民共和国国务院公报》2007 年第 18 期。

三是实现精准资助。为实现准确及时资助家庭经济困难学生,2016 年教育部和有关部门专门制定了《普通高中建档立卡家庭经济困难学生免除学杂费政策对象的认定及学杂费减免工作暂行办法》,教育部办公厅印发了《关于进一步加强和规范高校家庭经济困难学生认定工作的通知》,部署家庭经济困难学生精确认定工作。在实践过程中,各地探索出很多有效的措施,如与脱贫、民政、残联等部门协作,运用大数据进行跟踪分析等。

四是保证资助资金充足并不断增长。除中央和地方政府的财政投入外,还通过商业银行提供助学贷款、学校提供资助资金、企事业单位、社会团体和个人捐助等方式提供资助资金。

五是实现由保障型资助转变为发展性资助。资助的最终目的是培养困难学生的自立能力和精神,因此,资助不能仅限于物质方面,重点是培养受助学生的创新精神和实践能力。为此,在资助实践中,我国重视利用多种形式和通过多种途径加强对受助学生的励志教育、诚信教育和社会责任感教育。

六是资助项目和种类丰富全面。针对不同阶段的学生,我国设置了形式多样的资助方式。

(六) 支持和规范社会力量兴办教育

社会力量兴办教育是我国的重要教育发展战略之一。《中华人民共和国民办教育促进法》第三条规定:"民办教育事业属于公益性事业,是社会主义教育事业的组成部分。"2016 年发布的《国务院关于鼓励社会力量兴办教育促进民办教育健康发展的若干意见》指出,民办教育有效增加了教育服务供给,为推动教育现代化、促进经济社会发展作出了积极贡献,已经成为社会主义教育事业的重要组成部分。

对社会力量兴办教育的支持和规范措施主要有以下方面。

一是加强党对民办学校的领导。加强党对民办学校的领导的目的是坚持民办学校办学的社会主义方向,掌握民办学校意识形态工作的领导权和话语权。其主要工作内容是加强民办学校党组织建设、共青团组织建设和思想政治教育工作。

二是民办教育与公办教育拥有同样的权利。主要措施有:对民办教育进行分类管理,积极鼓励和支持公益性的民办教育,在政府补贴、政府购买服务、基金奖励、捐资激励、土地划拨、税费减免等方面给予支持。民办学校教师、学生享有与公办学校教师、学生同等权利。民办学校可以自主确定收费标准,民办高等学校和中等职业教育学校可以自主设置和调整学科专业。鼓励社会资金进入民办教育领域,鼓励金融机构支持民办教育发展。

三是提高民办教育的质量。提高民办教育质量的措施主要有三个方面:首先是促使民办学校科学定位,依据不同教育阶段的特点,确定自身发展特色。其次是加强民办学校教师队伍建设,提高教育教学质量。最后是通过培育和引进相结合,提高教育质量、打造民办教育品牌和培养大批民办教育家,整体提高民办教育质量。

四是规范对民办教育的管理方式。在政府管理层面,主要是建立部级联席会议制度,解决民办学校发展中的重点难点问题,创造有利于民办教育发展的环境。在管理方式方面侧重事中事后监管,建立权力、责任清单,依法行政。督促民办学校建立和完善现代学校制度建设。支持建立民办教育行业组织,支持民办教育行业组织在行业自律、协同创新、坚持公益性办学方向、创新人才培养模式、提高教育质量等方面发挥作用。

(七)建立科学的教育评价体系

教育评价事关教育的发展导向,只有坚持科学的教育评价体系,才能遵循教育发展规律,培养出全面发展的社会主义建设者和接班人。随着我国教育事业的快速发展,教育评价问题越来越受到各界重视。从 2018 年全国教育大会开始,建立科学的评价体系问题被提上日程。2020 年,一系列关于教育评价的文件接续出台。2020 年 10 月,中共中央、国务院印发《深化新时代教育评价改革总体方案》,这一方案系统全面地部署了建立科学教育评价体系的方针政策,是新时代关于建立科学的教育评价体系的工作指南。

教育发展不仅要遵循教育本身的规律,还要体现不同社会制度的要求。因此,在建立教育评价的指导思想和基本原则中,《深化新时代教育评价改革总体方案》强调:建立教育评价体系要坚持以习近平新时代中国特色社会主义思想为指导,要坚持社会主义办学方向,落实立德树人的根本任务,培养德智体美劳全面发展的社会主义建设者和接班人。这是习近平新时代中国特色社会主义思想对教育评价体系的政治要求。

教育问题涉及多种因素，事关不同主体，因此，教育评价体系必须与教育本身的系统性和复杂性相一致。基于教育发展规律、人才成长规律，《深化新时代教育评价改革总体方案》提出建立科学的教育评价体系要坚持统筹兼顾、坚持中国特色、坚持多种评价方式相结合等原则。

《深化新时代教育评价改革总体方案》具体部署了建立评价体系五个方面的任务。

第一，党委和政府教育工作评价。这方面的评价包括三项内容：一是对落实党对教育工作全面领导体制机制情况的评价。其评价标准主要是，落实关于教育的领导责任，抓好学校思想政治工作，树立科学的教育发展理念。二是对政府履行教育职责情况的评价。对省级政府的评价标准主要是考核其全面贯彻党的教育方针和党中央关于教育工作的决策部署、落实教育优先发展战略、解决人民群众普遍关心的教育突出问题等情况。三是对纠正片面追求升学率倾向状况的评价。①

第二，学校评价。学校评价的根本标准是学校落实立德树人的情况。评价学校、学校领导及管理人员的主要标准是：落实党的全面领导、坚持正确办学方向、加强和改进学校党的建设及党建带团建队建、做好思想政治工作和意识形态工作、依法治校办学、维护安全稳定、克服片面办学情况。对不同阶段的学校设置不同的评价标准和内容，其指导思想是分类评价，引导不同类型的学校办出特色。②

对幼儿园主要评价其科学保教、规范办园、安全卫生、队伍建设、克服小学化倾向等情况。对中小学义务教育阶段，主要评价其促进学生全面发展、保障学生平等权益、引领教师专业发展、提升教育教学水平、营造和谐育人环境、建设现代学校制度及学业负担、社会满意度等情况。对普通高中，主要评价其学生全面发展的培养情况。对职业学校，主要评价其德技并修、产教融合、校企合作、育训结合、学生获取职业资格或职业技能等级证书、毕业生就业质量、"双师型"教师队伍建设等情况。对高校，本科评估主要评价其

---

① 《深化新时代教育评价改革总体方案》，人民出版社 2020 年版，第 3~5 页。
② 《深化新时代教育评价改革总体方案》，人民出版社 2020 年版，第 5~8 页。

思想政治教育、教授为本科生上课、生师比、生均课程门数、优势特色专业、学位论文(毕业设计)指导、学生管理与服务、学生参加社会实践、毕业生发展、用人单位满意度等情况;学科评估主要评价人才培养中心地位,淡化论文收录数、引用率、奖项数等指标,突出学科特色、质量和贡献情况;对"双一流"建设成效,主要评价其培养一流人才、产出一流成果、主动服务国家需求情况;对师范学校,主要评价培养合格教师情况;对高校经费使用绩效,主要评价其对教育教学、基础研究的支持情况;对国际交流合作,主要评价其提升校际交流、来华留学、合作办学、海外人才引进的工作质量情况。

第三,教师评价。关于教师的评价标准主要涉及以下几个方面:其一,将师德师风作为教师第一评价标准;其二,突出教学实践评价,把教师教学履职情况作为考核、绩效分配、聘用和职称评聘等的重要条件;其三,强化一线学生工作,将一线学生工作情况作为教师考核、领导干部述职、学校党政干部选拔和青年教师晋升职称的基本条件;其四,对高校教师的科研,基本思路是坚持分类评价、注重质量,推行代表作评价;其五,规范人才称号运用,使其回归学术性和荣誉性。①

第四,学生评价。对学生的评价主要有以下方面:其一,树立科学的成才观,即将以德为先、能力为重、全面发展作为成才标准;其二,关于学生的德育评价,根据不同阶段学生特点设置德育目标,将日常活动中践行社会主义核心价值观的情况作为重要评价内容;其三,关于学生的体育状况评价,主要以是否达到国家学生体质健康标准作为考核内容;其四,关于学生的美育评价,主要方式是通过将美育内容纳入学业、考试课程和培养方案进行评价。对学生的劳动教育,主要通过设立劳动内容清单、加强过程性考核进行评价;其五,严格按照学业要求,确保学生毕业时达到学业要求;其六,在招生考试方面,针对不同阶段特点设置综合性考试方案。②

第五,用人评价。用人评价是影响学校教育评价的重要因素,因此,《深化新时代教育评价改革总体方案》提出,用人单位要树立正确的人才观,在

---

① 《深化新时代教育评价改革总体方案》,人民出版社 2020 年版,第 8~11 页。
② 《深化新时代教育评价改革总体方案》,人民出版社 2020 年版,第 11~14 页。

招聘、薪酬等方面要带头破除"唯名校""唯学历"倾向。①

关于如何组织实施这一总体方案,《深化新时代教育评价改革总体方案》从落实改革责任、加强专业化建设和营造良好氛围三个方面进行了部署。

(八) 加强改进教育系统党的建设

加强党的领导是保障教育走社会主义方向、教育立德树人的关键因素,是培养德智体美劳全面发展的社会主义建设者和接班人的决定性力量。因此,中共中央及有关部门出台多个专门文件对教育系统党的建设进行安排部署。党的十八大之后出台的关于学校党的建设主要文件有:2016年中共中央办公厅印发的《关于加强民办学校党的建设工作的意见(试行)》,2016年中共中央组织部、中共教育部党组印发的《关于加强中小学党的建设工作的意见》,2018年2月中共中央组织部、中共教育部党组印发的《高校党建工作重点任务》。《国家教育事业发展"十三五"规划》专门规划了"加强和改进教育系统党的建设"。上述文件的出台标志着党的十八大之后,教育系统党的建设方面有了系统谋划。综合上述几个文件,新时代加强教育系统党的建设主要有以下方面的措施。

第一,加强党的组织建设,实现党组织全覆盖。加强党的组织建设,实现党组织和党的工作全覆盖是发挥党对教育工作领导的组织基础。实现这一目标的关键是在学校建立党支部,选配合格的党员担任党组织书记。对党员较少的学校,《关于加强中小学党的建设工作的意见》《关于加强民办学校党的建设工作的意见(试行)》提出通过联合、挂靠其他党组织,调剂、聘任、选派党员的方式建立党支部。为了发挥党组织的领导作用,上述文件提出党组织书记应该兼任校长、副校长等重要职务。

第二,发挥党组织的政治核心作用。按照上述文件的意见,党组织的政治核心作用表现在多个方面,既有管党治党方面的责任,也有参与学校讨论决策重大发展事项,以及管理人才、干部、统一战线、意识形态和思想政治工作等方面的责任。只有参与所有重要领域的工作,才能充分发挥党组织的

---

① 《深化新时代教育评价改革总体方案》,人民出版社2020年版,第14~15页。

政治核心作用。为实现这一目标，上述文件规定了一系列党组织参与决策、监督的制度机制，如党组织和行政领导班子相互进入、交叉任职、健全议事决策制度、沟通协调机制及定期组织党员、教职工代表等听取校长工作报告和重大事项情况通报制度等。

第三，加强党对德育工作的领导。对德育工作的领导是保证社会主义办学方向的重要着力点。对德育工作的领导体现在三个方面：一是通过课堂、教材、日常活动、网络等途径和方式对学生进行思想政治理论教育；二是通过学习、培训等方式抓好教职工的思想政治工作和师德师风建设；三是思想政治工作队伍建设，主要是保证配齐党务工作队伍、加强业务培训和经费保障等。

第四，加强党对学校党建工作的领导。主要是做好以下几项工作：一是明确管理主体，确定其党建工作的上一级领导和指导部门。二是规范隶属关系，确定具体的主管部门。三是健全工作制度。通过纳入教育督导内容、党建工作联席会、例会等方式对学校党建工作进行指导、督促和检查。

三、发展教育事业的基本经验

教育发展涉及多种因素，但就基本因素来说，教育在国家发展战略的地位、师资质量、教育公平和对外教育交流等方面是提高教育水平必不可少的内容。

（一）优先发展教育事业

我国教育事业的快速高质量发展，首要得益于党和国家重视教育事业，将教育置于重要战略地位，予以优先发展。党的十二大报告提出在今后 20 年内，要将教育、科学作为经济发展的战略重点之一。[1] 党的十三大报告提出要把发展科学技术和教育事业放在首要位置。[2] 党的十四大报告进一步提出，必须把教育摆在优先发展的战略地位。[3] 这是中国共产党首次正式提出优先发展教育事业的文件。1995 年颁布的《中华人民共和国教育法》规

---

① 《改革开放三十年重要文献选编》上，人民出版社 2008 年版，第 267 页。
② 《改革开放三十年重要文献选编》上，人民出版社 2008 年版，第 479 页。
③ 《改革开放三十年重要文献选编》上，人民出版社 2008 年版，第 663 页。

定："国家保障教育事业优先发展。"①这从法律上确定了教育优先发展的战略地位。在此之后,党的历次全国代表大会报告都明确重申教育优先发展的战略。党的十八大、十九大报告都强调要继续坚持教育优先发展战略。

中国之所以强调优先发展教育,是基于对教育重要性的深刻认识。关于教育的重要性,习近平在2018年全国教育大会上的讲话中做了深刻的阐述,他指出:"教育是民族振兴、社会进步的重要基石,是功在当代、利在千秋的德政工程,对提高人民综合素质、促进人的全面发展、增强中华民族创新创造活力、实现中华民族伟大复兴具有决定性意义。"②习近平这一论述集中反映了我国对教育在经济社会发展中的重要性的深刻认识。

具体来说,首先,教育关系到社会主义建设者和接班人的培养。教育的首要问题就是培养什么样的人,这是教育的根本任务。我国是中国共产党领导的社会主义国家,中国特色社会主义事业的不断前进,显然需要一代又一代拥护中国共产党的领导和社会主义制度、立志为社会主义事业奋斗终身的有用人才,这样的人才显然需要长期系统的教育才能培养出来。

其次,教育本身的发展规律决定了必须优先发展教育。教育本身具有周期长、效益延迟的特点。在当今时代,培养一个合格的劳动者至少需要十几年,而高层次的科研人员的培养则需要更长时间。因此,必须优先发展教育,才能培养出满足社会发展需要的劳动者。关于这一问题,邓小平提出了教育要从中小学抓起的观点:"现在小学一年级的娃娃,经过十几年的学校教育,将成为开创世纪大业的主力军。中央提出要以极大的努力抓教育并且从中小学抓起,这是有战略眼光的一着。"③之所以说这是有战略眼光的一招,就是因为人才成长过程需要很长时间。

最后,经济社会发展的作用越来越依靠劳动者素质的提高。在当代社会,随着产业更替和技术进步,科学技术成为第一生产力,经济社会发展越来越依靠科学技术的推动。而科学技术进步的一个表现就是劳动者素质的

---

① 《十四大以来重要文献选编》中,人民出版社1997年版,第1293页。

② 《习近平在全国教育大会上强调 坚持中国特色社会主义教育发展道路 培养德智体美劳全面发展的社会主义建设者和接班人》,《人民教育》2018年第18期。

③ 《邓小平文选》第3卷,人民出版社1993年版,第120页。

提高。正因为如此,在 21 世纪初,发达国家和发展中国家纷纷制定教育规划和教育政策,试图通过教育促进经济社会发展、提高综合国力和国际竞争力。早在 20 世纪 80 年代,邓小平就敏锐地洞察到教育对经济社会发展的重要作用,他指出:"我们国家,国力的强弱,经济发展后劲的大小,越来越取决于劳动者的素质,取决于知识分子的数量和质量。一个十亿人口的大国,教育搞上去了,人才资源的巨大优势是任何国家比不了的。"①

贯彻优先发展教育的战略,我国政府主要采取了以下几方面措施。

其一是保证教育的财政投入。首先,为了保证教育经费的投入,《中华人民共和国教育法》规定,国家建立以财政拨款为主、其他多种渠道筹措教育经费为辅的体制,逐步增加对教育的投入,保证国家举办的学校教育经费的稳定来源。其次,《中华人民共和国教育法》提出了教育经费"三增长"原则,即"国家财政性教育经费支出占国民生产总值的比例应当随着国民经济的发展和财政收入的增长逐步提高。全国各级财政支出总额中教育经费所占比例应当随着国民经济的发展逐步提高。各级人民政府教育财政拨款的增长应当高于财政经常性收入的增长,并使按在校学生人数平均的教育费用逐步增长,保证教师工资和学生人均公用经费逐步增长"②。最后,《中华人民共和国教育法》还规定对落后地区进行专项支持,并从税收等方面鼓励社会各界对教育进行投入。

为了保证教育经费的投入,《国家教育事业发展"十二五"规划》提出了通过提高财政教育支出占财政支出的占比、开征教育附加费、鼓励社会力量投资、调整非义务教育收费、提高教育投资效益等措施落实教育经费投入政策。③《国家教育事业发展"十三五"规划》提出,通过加强政策设计、制度设计、标准设计,确保优先保证教育投入;完善各类教育预算拨款制度和投入机制,完善教育经费投入机制;通过完善非义务教育阶段成本分担机制解决非义务教育的经费投入问题;通过加强经费使用管理和国有资产管理提高

---

① 《邓小平文选》第 3 卷,人民出版社 1993 年版,第 120 页。
② 《十四大以来重要文献选编》中,人民出版社 1997 年版,第 1303~1304 页。
③ 《教育部关于印发〈国家教育事业发展第十二个五年规划〉的通知》,《中华人民共和国国务院公报》2012 年第 28 期。

教育经费的使用效益。①

《国家教育事业发展"十三五"规划》进一步提出："优先保障教育投入。坚持把教育作为各级人民政府财政支出重点领域给予优先保障,保证国家财政性教育经费支出占国内生产总值的比例一般不低于4%……确保财政一般公共预算教育支出逐年只增不减,确保按在校学生人数平均的一般公共预算教育支出逐年只增不减。"②

2012年,全国财政性教育经费支出占国内生产总值的比例首次超过4%,2019年国家财政性教育经费支出占国内生产总值的比例为4.04%,年均增长8.2%,连续八年增长。全国财政一般公共预算教育支出、全国生均一般公共预算教育支出均实现了逐年增长的目标。③

鉴于各地经济发展状况不同,为了保证教育经费的投入,我国对教育经费投入机制进行了深入的探索。《国家教育事业发展"十三五"规划》进一步提出了完善教育经费投入机制的任务,其目标就是针对不同教育阶段和类型制定不同的投入机制。

2006年,我国政府建立了新的义务教育经费保障机制,即中央与地方共同负担、省级统筹义务教育经费的新机制。对农村地区,从2005年起,免除学生学杂费,中央和地方按比例分担农村义务教育阶段学生的全部学杂费,农村中小学预算内生均公用经费拨款也按比例由中央和地方承担。④

除了财政资金投入,我国筹措教育经费的主要途径还有非义务教育收费制度、民办学校举办者投入、社会捐赠和金融信贷等方式。从实际效果看,上述机制和途径保障了教育经费逐年增长。据统计,1980—2016年,全国教育经费总量由145.5亿元增至38 888.39亿元,增长约267倍,年均增长16.79%。其中,财政性教育经费由124.3亿元增长至31 396.25亿元,增长近

①　国家发展和改革委员会编:《"十三五"国家级专项规划汇编》下,人民出版社2017年版,第448页。

②　国家发展和改革委员会编:《"十三五"国家级专项规划汇编》下,人民出版社2017年版,第448页。

③　《2019年国家财政性教育经费首超4万亿元　全国一般公共预算教育支出保持7.6%年均增幅》,《经济日报》2020年12月2日,第6版。

④　曲铁华:《中国农村义务教育投入体制变迁及改革路径》,《社会科学战线》2017年第2期。

253 倍,年均增速 16.61%。①

其二是推行严格的教育问责制。为配合优先发展教育的战略,我国政府建立了系统的教育问责制度。从全国层面的法律法规来说,明确规定教育问责的有《中华人民共和国教育法》《中华人民共和国民办教育法》《中华人民共和国义务教育法》《教育督导条例》等。根据上述法律法规,全国各地出台了相应的针对具体事项的问责制度。

从具体实践来看,我国的教育问责制度涵盖以下几个方面:一是政策执行与教育决策问责,包括办学思想、学校布局等;二是教育质量问题问责;三是教育公平情况问责;四是教育秩序问责,包括学校安全、师德师风、作息时间等方面;五是教育经费管理与廉政问责;六是工作效能与作风问责。② 就教育问责对象而言,涉及学校校长、教育部门领导和政府领导。

为了增强政府对教育问题的重视,许多地方将教育发展状况纳入当地政府主要领导的年度考核之中,作为党政干部政绩的重要内容之一,考核不合格的不能评优或提拔。如在实现普及"两基"(指基本普及九年义务教育和基本扫除青壮年文盲)目标过程中,各地都推行了省、县、乡三级任期目标管理责任制,层层签订"两基"目标责任书,党政一把手是第一责任人,分管领导是第二责任人。各地把完成"两基"情况纳入政府任期目标,作为评价政府工作、考核领导干部政绩的重要指标,实行"一票否决"。③ 教育问责制的切实实施使得优先发展教育的国家战略得到了各级政府的重视,从而促进了优先发展教育战略的落实。

其三是加强对教育的顶层设计。党的十八大之后,关于教育改革发展的文件密集出台,学前教育、义务教育、职业教育、高等教育等都有专门文件。例如,针对学前教育出台的是《关于学前教育深化改革规范发展的若干意见》;针对义务教育出台的是《关于统筹推进城乡义务教育一体化改革发

---

① 王善迈、赵婧:《教育经费投入体制的改革与展望——纪念改革开放 40 周年》,《教育研究》2018 年第 8 期。

② 赵银生:《我国教育行政部门问责制度研究》,《高等教育研究》2009 年第 8 期。

③ 温红彦:《"两基":从蓝图到现实——实现"基本普及九年义务教育、基本扫除青壮年文盲"纪实》,《人民日报》2001 年 4 月 7 日,第 2 版。

展的若干意见》;针对职业教育出台的是《国家职业教育改革实施方案》;针对高等教育出台的是《统筹推进世界一流大学和一流学科建设总体方案》等。还针对教育中突出问题,如乡村教师不足(《乡村教师支持计划(2015—2020年)》)、教育评价(《深化新时代教育评价改革总体方案》等)、思想政治课(《关于深化新时代学校思想政治理论课改革创新的若干意见》)、校外培训(《关于规范校外培训机构发展的意见》)、教育开放(《关于做好新时期教育对外开放工作的若干意见》)等重点难点问题出台了专门的文件和政策。这些全局性、专门性的文件为新时代教育事业发展指明了方向和路径。

(二)建设高素质教师队伍

我国一直有尊师重教的传统,在当代中国,教师的地位和作用日益凸显。中共中央、国务院《关于全面深化新时代教师队伍建设改革的意见》指出:"百年大计,教育为本;教育大计,教师为本……教师承担着传播知识、传播思想、传播真理的历史使命,肩负着塑造灵魂、塑造生命、塑造人的时代重任,是教育发展的第一资源,是国家富强、民族振兴、人民幸福的重要基石。"①这实际上是将教师作为教育发展的最重要因素和基础。

基于对教师作用的深刻认识,我国对如何建设高素质教师队伍做了深入的探索和全面的规划,其主要措施包括以下方面。

一是重视教师思想政治素质和师德师风建设。提高思想政治素质和师德师风是教师队伍建设的首要任务,其主要措施包括通过加强教师党支部和党员队伍建设,加强理想信念教育;通过加强中华优秀传统文化和革命文化、社会主义先进文化教育来提高教师的思想政治素质;通过实施师德师风建设工程弘扬高尚师德。

二是加强教师教育,提高教师的专业能力。提高教师教育的质量有多个途径:通过师范院校和综合性学校培养教师;通过加强教师培训和继续教育提高教师专业能力;通过优化教师教育课程体系提高教师技能;通过提高教师入职学历门槛提高教师专业能力。除上述普适性措施之外,我国还针对不同阶段教育特点提出了针对性的教师培养措施。如对学前教育教师强

---

① 《中共中央 国务院关于全面深化新时代教师队伍建设改革的意见》,人民出版社2018年版,第2页。

调保教融合,强化实践课程;对中小学教师强化全员培训;对职业院校,主要加强双师型教师培养;对高等院校,主要是培养高素质创新型教师。

三是不断提高教师待遇,真正让教师成为令人羡慕的职业。国家在这方面主要采取了以下措施:通过确立中小学教师国家公职人员的法律地位、健全教师待遇保障机制提高教师的待遇;通过加大教师表彰力度,开展尊师活动,提高教师的社会地位;通过提高教师的待遇和社会地位提高教师职业的吸引力,在全社会形成尊师重教的社会风尚。

四是完善教师管理机制。教师管理机制主要涉及编制管理、教师资源配置、准入和招聘制度、职称和考核评价制度等。编制管理制度通过统筹编制,确保中小学教师编制满足教学需要;教师资源配置主要是实现县域内教师流动,解决乡村教师不足问题;准入和招聘制度主要是提高教师准入门槛,提高教师的政治素质和业务能力,将优秀人才选进教师队伍;职称考核评价制度主要是通过科学设置考核评价制度,引导教师专注教书育人,激发教师工作积极性。

五是加强组织领导,落实责任。加强组织领导,建立领导责任制是落实制度的关键。为此,《中共中央　国务院关于全面深化新时代教师队伍建设改革的意见》要求:在教师队伍建设问题上,实行各级一把手负责制,各省(自治区、直辖市)党委常委会每年至少研究一次教师队伍建设工作,建立教师工作联席会议制度解决教师队伍建设过程中的突出问题,建立教师队伍建设专门机构,为教师队伍建设提供决策支持。[1]

(三) 坚持教育公益性,促进教育公平

中国一直非常重视教育公平问题。进入新时代以后,教育公平成为共享发展理念的一部分,更加受到重视。习近平指出:“教育公平是社会公平的重要基础,要不断促进教育发展成果更多更公平惠及全体人民,以教育公平促进社会公平正义。”[2]《国家教育事业发展“十三五”规划》单列了“全面提升教育发展共享水平”部分,提出了从七个方面提升教育公平的措施,即

---

① 《中共中央 国务院关于全面深化新时代教师队伍建设改革的意见》,人民出版社 2018 年版,第26、27 页。

② 《习近平关于社会主义社会建设论述摘编》,中央文献出版社 2017 年版,第 58 页。

打赢教育脱贫攻坚战、促进义务教育均衡优质发展、加快发展学前教育、普及高中阶段教育、加快发展民族教育、保障困难群体受教育权利、大力促进高校毕业生就业创业。① 这意味着在 2012 年国务院提出深入推进义务教育均衡发展之后，全面提升教育公平成为实现教育发展的目标。由于促进高校毕业生创业就业的具体政策措施在本章关于就业问题部分已有阐述，下面我们从六个方面分析新时代提升教育公平的措施。

1. 打赢教育脱贫攻坚战

教育脱贫的理念在于："治贫先治愚，扶贫先扶志。教育是阻断贫困代际传递的治本之策。"②因此，《国家教育事业发展"十三五"规划》提出了打赢教育脱贫攻坚战的计划。其主要政策措施有以下方面：一是教育经费继续优先重点支持贫困地区。具体措施包括：教育项目优先支持贫困县；营养改善计划实现集中连片特困地区县、国家脱贫开发工作重点县全覆盖；免除公办普通高中建档立卡等家庭经济困难学生和中等职业教育学杂费；教师培训项目向贫困地区基层倾斜。③ 二是加大职业教育脱贫力度。主要措施有：实施职教圆梦行动计划，在重点职业学校就业好的专业中，单列针对建档立卡贫困家庭学生的招生计划，确保其掌握一项实用技能；实施中等职业教育协作计划，支持建档立卡贫困家庭初中毕业生到发达地区接受中等职业教育。三是强化教育对口支援。对口支援包括所有教育阶段。贫困地区中小学、幼儿园依靠省内城镇中小学和优质幼儿园进行帮扶；大学之间的帮扶由高水平大学尤其是东部高水平大学向中西部大学提供；集中连片特困地区的职业学校由东部职教集团和国家职业教育改革示范校进行对口支援。④ 四是招生政策支持。从 2012 年起，在全国普通高等学校招生计划中

① 国家发展和改革委员会编：《"十三五"国家级专项规划汇编》下，人民出版社 2017 年版，第440~443 页。

② 《习近平关于社会主义社会建设论述摘编》，中央文献出版社 2017 年版，第54 页。

③ 国家发展和改革委员会编：《"十三五"国家级专项规划汇编》下，人民出版社 2017 年版，第440 页。

④ 国家发展和改革委员会编：《"十三五"国家级专项规划汇编》下，人民出版社 2017 年版，第440 页。

单列一定名额专门招收集中连片贫困地区考生。① 五是建立贫困地区学前教育公共服务体系,重点支持农村贫困地区幼儿特别是留守幼儿。②

2. 促进义务教育均衡优质发展

在实现义务教育普及之前,我国就开始关注义务教育均衡发展问题。《中华人民共和国教育法》第十一规定:"国家采取措施促进教育公平,推动教育均衡发展。"2006 年修订的《中华人民共和国义务教育法》第六条规定:"国务院和县级以上地方人民政府应当合理配置教育资源,促进义务教育均衡发展。"党的十七大报告重申了"促进义务教育均衡发展"的目标。中共中央、国务院印发的《中国农村扶贫开发纲要(2011—2020 年)》提出了实现教育均衡发展的具体措施。

在全国范围内实现普及义务教育的任务之后,2012 年,国务院颁布《关于深入推进义务教育均衡发展的意见》,就如何实现教育公平提出了系统规划。《国家教育事业发展"十二五"规划》《国家教育事业发展"十三五"规划》均单列了实现教育公平的规划。《国家教育事业发展"十二五"规划》提出通过建立保障教育公平的制度体系、健全保障教育公平的规则程序实现教育公平的规划。③《国家教育事业发展"十三五"规划》提出通过推动县域内均衡发展、缩小区域差距、巩固提高普及水平三类措施实现义务教育均衡优质发展。④

综合《关于深入推进义务教育均衡发展的意见》和《国家教育事业发展"十三五"规划》,新时代实现义务教育均衡优质发展的重要政策措施有以下方面。

第一,从县域均衡开始,逐步实现省域和中西部地区义务教育均衡发展。教育差距表现在校际之间、城乡之间、区域之间,形成原因是多方面的。

---

① 人力资源和社会保障部编:《中国人力资源和社会保障年鉴 2013》,中国劳动社会保障出版社、中国人事出版社 2013 年版,第 488~489 页。

② 《习近平关于社会主义社会建设论述摘编》,中央文献出版社 2017 年版,第 54~55 页。

③ 国家发展和改革委员会编:《"十二五"国家级专项规划汇编》第 2 辑,人民出版社 2012 年版,第627 页。

④ 国家发展和改革委员会编:《"十三五"国家级专项规划汇编》下,人民出版社 2017 年版,第440~441 页。

就差距的表现而言,有硬件方面的,如各种教学设施方面的差距;也有软件方面的,如教师素质能力、教学管理方式等。就其根本原因来说,影响教育均衡发展水平的因素主要是社会经济发展水平。这就决定了实现教育均衡发展只能是逐步的,必须先从县域均衡开始。正因为如此,国务院《关于深入推进义务教育均衡发展的意见》提出了八年在全国县域内实现均衡的发展规划,即2015年实现基本均衡的县(市、区)比例达到65%,2020年基本实现均衡的县(市、区)比例达到95%。①《国家教育事业发展"十三五"规划》提出了推动县域均衡发展、缩小省内差距和区域差距的目标。

第二,实现教育硬件方面的均衡主要有三个解决途径:一是建立学校建设标准。目前国家和各省(自治区、直辖市)都建立了学校建设标准,建设标准的建立为实现教育均衡提供了依据。二是建立经费保障机制。目前的义务教育经费是实行省级统筹、以县为主,中央政府依据不同区域的经济发展状况确定中央政府与省级政府的分担比例,目前中央政府分担中西部地区义务教育支出的比例较高。这一经费保障机制保障了经济落后地区教育硬件设施的建设需要,为实现教育均衡奠定了物质基础。三是通过实行资源共享补充硬件资源。目前的做法是公共事业管理部门和行业组织如博物馆、科技馆、文化馆、图书馆、展览馆、青少年校外活动场所、综合实践基地等通过开展公益性教育活动为学校提供实践教育场所和条件,由此丰富学校进行实践教育的教育资源。

第三,关于教育软件方面的均衡发展主要通过以下方式解决:首先是解决教师供给问题。教师方面的问题有数量、质量和结构等几个维度。数量问题是总量不足,特别是农村和边远地区教师数量不能满足教学的需要;质量问题是学历、业务能力都有待提高;结构问题主要是既有数量不足也有年龄、学科结构不合理的问题。上述问题在农村和边远地区都比较明显。因此,在解决教师供给问题时需要同时考虑这几个方面。目前主要通过特岗教师、全科教师、免费师范生、定向培养、在学免费、学费补偿和国家贷款代偿等方式吸引高校毕业生到农村中小学任教;通过加强培训、改进内容和创

---

① 《十七大以来重要文献选编》下,中央文献出版社2013年版,第1112页。

新方式做好教师培训,有针对性地提高农村中小学教师的业务能力;通过建立县域内校长、教师交流机制,实现域内教师均衡配置;通过提供差别化的待遇,提高农村教师的待遇、工作环境和支撑评聘倾斜政策稳定农村教师队伍。① 其次是提高落后地区和学校的教学质量。教学质量的差异不仅表现在城乡之间,还表现在校与校之间。对城市区域内的校际差距,目前各地的主要措施是实施集团化办学、委托管理、学区制管理、名校办分校、结对帮扶等多样化办学体制,实现资源共享和整体化提高教学水平和管理水平,实现共同发展。对偏远地区,各地在探索通过"互联网+教育"方式实现优质资源开放和共享。② 最后是通过特色建设,实现内涵式发展。内涵式发展主要是通过激发学校自身的积极性,提高教学质量和管理水平。目前的主要措施是通过创新德育模式,开展各种主题教育活动和主题教育实践活动做好立德树人工作,促进学生身心健康发展;通过以深化课堂教学为重点进行课程改革,提高教学质量;通过立足本地特色开展传统文化、民族文化和地方文化进校园活动,通过开发具有特色的校本课程,促进学生全面发展,提高学校内涵式发展水平。③

第四,关爱特殊群体实现教育公平。市场经济的发展带来了人口大量迁徙,户籍制度的限制导致大量留守儿童和进城务工随迁儿童出现。此外,还有大量残疾儿童、贫困生、孤儿、流浪儿童。如果这部分群体不能得到高质量的教育,教育均衡发展的目标就不能实现。针对这部分群体,国务院《关于深入推进义务教育均衡发展的意见》提出了针对性的解决方案。对进城务工人员随迁子女的义务教育通过执行"两为主"政策(以迁入地为主、以公办学校为主)加以解决;对留守儿童的义务教育,主要是纳入社会管理创新体系,实行留守学生的普查登记制度和社会结对帮扶制度;对残疾儿童的教育主要是提高教育投入、落实教师待遇,办好特殊教育学校;对贫困生,主要是落实城市低保政策和农村家庭经济困难的寄宿学生生活费补助政策;对孤儿的教育工作,主要是保证城乡适龄孤儿进入寄宿生活设施完善的学

---

① 彭森主编:《中国改革年鉴 2013》,中国经济体制改革杂志社 2013 年版,第 671 页。
② 彭森主编:《中国改革年鉴 2013》,中国经济体制改革杂志社 2013 年版,第 671 页。
③ 彭森主编:《中国改革年鉴 2013》,中国经济体制改革杂志社 2013 年版,第 672 页。

校就读;对流浪儿童的教育,主要是加强救助保护,使他们重返学校;对不良行为少年,主要是办好专门学校进行教育和矫治。①

第五,巩固提高义务教育普及水平。其主要任务是防止义务教育阶段的学生因各种原因失学和辍学。由于辍学原因多种多样,因此,防止辍学的措施也是多样的。首先是通过建立义务教育巩固率监测系统、行政督促复学机制和落实控辍保学责任制,发现辍学现象及早进行干预。其次是建立学习困难学生帮扶机制,针对就业、交通、住宿等具体原因采取针对措施。最后是对贫困生加强资助帮扶,防止因贫失学。②

第六,加强组织领导,落实各方面责任。教育事业是长期性的社会民生工程,其社会效益在短期内就局部地区而言并不明显,因此,个别地方政府领导主观上缺乏大力发展教育的动力。实现教育均衡发展的任务必须在全国范围内统筹规划,中央政府和发达地区对落后地区进行支持。同时必须加强组织领导,建立领导责任制并加以严格落实,只有这样才能将全国性的宏观规划具体落实。因此,实现教育均衡发展的目标必须加强组织领导和督导评估。国务院《关于深入推进义务教育均衡发展的意见》提出,省级政府要建立义务教育均衡发展问责制,将县域义务教育均衡发展状况作为考核地方各级政府和主要负责人的主要内容。同时,省级政府要建立县域义务教育均衡发展督导评估办法,并制定具体的实施办法和评估标准。从实践情况看,各地都建立了县域义务教育均衡发展的责任制和具体的督导评估办法。③

上述措施在实践中取得了良好的效果,据《2019 年全国义务教育均衡发展督导评估工作报告》:"截至 2019 年 12 月底,全国累计 2767 个县通过国家认定,占比 95.32%;其中东部地区 890 个(全部实现),中部地区 872 个,西部地区 1005 个,中西部地区县数占比 93.24%。"④

---

① 彭森主编:《中国改革年鉴 2013》,中国经济体制改革杂志社 2013 年版,第 671~672 页。
② 彭森主编:《中国改革年鉴 2013》,中国经济体制改革杂志社 2013 年版,第 670~673 页。
③ 彭森主编:《中国改革年鉴 2013》,中国经济体制改革杂志社 2013 年版,第 670 页。
④ 《2019 年全国义务教育均衡发展督导评估工作报告》,《云南教育(视野综合版)》2020 年第 6 期。

3. 加快发展学前教育

2018 年,中共中央、国务院出台《关于学前教育深化改革规范发展的若干意见》,全面阐述了加快发展学前教育的方针政策。其核心原则是坚持普惠制的发展方向,提高入园率和保教质量。

按照《关于学前教育深化改革规范发展的若干意见》,保障学前教育普惠性的发展方向主要是通过以下措施来实现:一是优化幼儿园的布局与结构,以县为单位制定幼儿园布局规划,把普惠性幼儿园建设纳入城乡公共管理和公共服务设施统一规划中,建立以公办幼儿园为主体的普惠性资源为主体的办园体系;二是扩大普惠性幼儿园的资源供应。除通过学前教育专项行动计划新建幼儿园之外,还通过利用空置厂房、乡村公共服务设施、农村中小学闲置校舍等资源增加新的幼儿园数量,新建小区要配套建设公办幼儿园或普惠性幼儿园。同时,鼓励社会力量办普惠性幼儿园;三是通过增加财政投入、统筹制定财政补助和收费政策、完善学前教育资助政策等措施保证经费投入;四是加强学前教育教师队伍建设。通过编制、待遇等措施保证学前教育的师资数量,通过完善教师培养体系和培训制度不断提高教师的专业水平。通过转入制度和定期注册制度保证教师能胜任工作;五是通过源头监管、过程监管、安全监管,建立完善的监管体系;六是通过建立质量监管体系、改善办园条件、完善教研体系、注重保教结合提高幼儿园保教质量。

4. 普及高中阶段教育

在普及了九年制义务教育之后,普及高中阶段教育具有重要意义,这是提升国民素质、提高劳动力竞争力和建设人力资源强国的重大举措。按照《国家教育事业发展"十三五"规划》提出的措施,普及高中阶段教育的任务主要有以下两点。

其一是巩固提高中等职业教育发展水平。其措施主要有:在招生规模上保持职业高中与普通高中比例相当,扩大优质中等职业学校的招生区域和规模;在中西部地区将高中教育重点放在发展职业高中教育上;改善中等职业学校尤其是贫困地区和基础薄弱中等职业学校的办学条件;集中力量办好一批优质职业学校,增强职业教育的吸引力和发展动力。①

其二是促进普通高中多样化发展。其主要措施有:按照高考改革和教学改革需要,加强办学条件和师资配置;通过制定地方普通高中生均拨款标准,确保公办高中办学经费;妥善解决普通高中债务;在高中推广设立学生发展指导制度。②

5. 加快发展民族教育

由于各种原因,民族地区的教育水平比较落后,因此,加快民族地区教育发展是提升教育共享水平的重要措施。按照《国家教育事业发展"十三五"规划》,加快发展民族教育的措施有三类:第一是提高民族地区教育水平。提高民族地区教育水平的具体措施覆盖从学前教育到高等教育的所有阶段。对学前教育,主要是加快民族地区普惠性幼儿园建设,提高幼儿入园率;对义务教育,重点是提高教育均衡发展水平和防止辍学;对中等教育,重点是加强中等职业教育,提高中等教育普及率,改善办学条件,办好特色专业;对高等教育,主要是优化民族地区高校布局、提高高校办学水平和扩大招生规模。③ 第二是科学稳妥推行双语教学。双语教育对传承民族文化、增强个人发展能力、形成中华民族共同体意识有重要意义。因此,要在提高民族语言教学水平的同时,加强民族地区国家通用语言文字教育。双语教育有自身的特点和需要,因此,要加强双语师资的培养培训、教学研究和教材编写出版。为确保教育质量,应建立完善的双语教育督导评估和监测机制。④ 第三是办好内地民族班。其主要措施有:通过混合编班、混合居住及走班制等方式使民族学生尽快融入当地的学习、生活;通过改善办学条件,完善考核和淘汰机制,提高办学水平。⑤

---

① 国家发展和改革委员会编:《"十三五"国家级专项规划汇编》下,人民出版社 2017 年版,第440~441 页。

② 国家发展和改革委员会编:《"十三五"国家级专项规划汇编》下,人民出版社 2017 年版,第440~441 页。

③ 国家发展和改革委员会编:《"十三五"国家级专项规划汇编》下,人民出版社 2017 年版,第441~442 页。

④ 国家发展和改革委员会编:《"十三五"国家级专项规划汇编》下,人民出版社 2017 年版,第442 页。

⑤ 国家发展和改革委员会编:《"十三五"国家级专项规划汇编》下,人民出版社 2017 年版,第442 页。

6. 保障困难群体的受教育权利

提升教育共享水平首先要保障所有群体的受教育权利,这是实现教育共享的基本要求和重要方式。由于多种原因,困难群体的受教育权利必须予以特殊支持才能得到保障。《国家教育事业发展"十三五"规划》提出了三类措施保障困难群体的受教育权利。第一,办好特殊教育保障残疾人的受教育权利。其主要措施是:改善布局,完善条件,办好针对残疾人的学前教育、义务教育和以职业教育为主的高中教育;健全课程体系和办学基本标准,针对不同残疾程度提供不同的教育方式;完善中小学随班就读支持保障政策,支持中小学生随班就读;对家庭苦难残疾学生实行包括义务教育和高中教育的 12 年免费教育;完善高等学校和职业学校招生政策,保障残疾人受高等教育的权利;针对残疾学生的特点重点进行职业教育,对其专业学习和就业进行保障支持。[①] 第二,实现家庭经济困难学生资助全覆盖。主要措施是建立完善的全国学生资助信息管理系统,实时掌握家庭经济困难学生的信息;通过免除学费、提供助学金和助学贷款等方式资助家庭经济困难学生;根据经济发展水平,适时调整对家庭经济困难学生的资助标准。[②] 第三,通过改革城镇规划、教育经费、户口管理政策,保障进城务工人员随迁子女在公办学校或政府购买服务的民办学校就学;完善招生政策,保障随迁子女在完成义务教育后在流入地接受高中和高等教育的权利。[③]

(四)坚持对外开放

坚持对外开放是 40 多年来我国教育发展的一贯方针。1978 年,我国一次性购买了外国教材 2 200 多册,向发达国家大批派遣公费留学生,并开始招收留学生;1979 年,成立中国联合国教科文组织全国委员会以加强同国外教育组织的交流;1981 年,我国利用世界银行贷款发展教育,第一个世界银行贷款项目就是教育类的,20 世纪 80 年代共利用世界银行教育贷款约 10

---

① 国家发展和改革委员会编:《"十三五"国家级专项规划汇编》下,人民出版社 2017 年版,第442 页。

② 国家发展和改革委员会编:《"十三五"国家级专项规划汇编》下,人民出版社 2017 年版,第442 页。

③ 国家发展和改革委员会编:《"十三五"国家级专项规划汇编》下,人民出版社 2017 年版,第442~443 页。

亿美元发展高等教育;1982年开始引入托福考试项目。这些举措标志着我国教育改革在改革开放之初就开始启动。1983年,邓小平在给北京景山学校题词中提出教育要"要面向现代化,面向世界,面向未来"①,这一题词标志着我国教育对外开放战略的正式确立。

20世纪90年代以后,随着社会主义市场经济的确立,我国教育对外开放的力度进一步加大。《中国教育改革和发展纲要》(1993年)提出"进一步扩大教育对外开放,加强国家教育交流与合作"的方针,并提出了几项具体实施措施。②《中华人民共和国教育法》(1995年)第八章专设了"教育对外交流与合作"条款;《中外合作办学暂行规定》(1995年)对中外合作办学的教育开放形式作了具体的规范。这些文件的出台为教育开放提供了法律基础。

2001年我国加入世界贸易组织,并作出了开放教育市场的承诺,从此,中国教育进入了全面开放的时期。《国家中长期教育改革和发展规划纲要(2010—2020年)》专门对如何进一步扩大教育开放作了规划。中共中央办公厅、国务院办公厅《关于做好新时期教育对外开放工作的若干意见》(2016年)、《推进共建"一带一路"教育行动》(2016年)、《高校科技创新服务"一带一路"倡议行动计划》(2018)为新时代如何做好教育开放工作作了系统规划,为新时代教育开放指明了方向。

我国教育对外开放的措施主要包括以下方面。

第一,提高留学教育质量。这一方面的工作分为三部分:一是通过完善选派机制、规范留学服务市场,提高出国留学质量。二是通过建立专业化、社会化的来华留学服务体系,打造留学中国品牌。三是通过专门行动计划,重点培养拔尖创新人才、非通用语种人才、国际组织人才、国别和区域研究人才、来华杰出人才五类人才。

第二,提高涉外办学水平。涉外办学涉及国内办学和国外办学两类。国内办学主要采取合作办学的方式,合作办学主要抓好准入和认证评估,引进优质资源,提高合作办学质量,开办专业主要围绕国家急需的方面。国外

---

① 《邓小平文选》第3卷,人民出版社1993年版,第35页。
② 《十四大以来重要文献选编》上,人民出版社1996年版,第69页。

办学主要是鼓励高校、职业院校和社会力量参与,稳步推进。

第三,通过高端引领,提高中国教育的实力和创新能力。一是通过与世界一流大学和特色学科进行联合培养和联合攻关,学习先进的学校治理经验,加快中国一流大学和一流学科建设。二是通过参与国际重大科技攻关和科学工程,提升协同创新能力。三是通过选派优秀教师到国外高水平研究机构学习,并引进世界名校师资,提高中国高校的师资水平。

第四,丰富人文交流活动,增进国家间民心相通。主要包括以下三类措施:一是通过政府、教育人士或学校平台,打造中外人文交流项目品牌,促进国家间理解;二是通过加强同各国的语言交流项目,推进语言互通;三是在对外交流中积极利用多种途径和方式传播中国理念。

第五,促进教育领域合作共赢。一是通过加强与国家组织的合作和建立双边多边教育部长会议机制,深化同各国的教育合作;二是积极参与全球教育治理;三是通过加大对不发达国家教育培训中心和教育援外基地建设,积极开展教育国家援助。

通过上述几方面的措施,我国的教育开放工作取得极大的进步。目前,出国留学形成以公费为主导、自费为主体的格局,出国留学和归国人员基本相当,逆差趋势缩小。出国留学目的地主要集中在教育发达国家,以攻读本科以上学历为主,为国家发展培养了大量急需人才。来华留学人员持续增加,生源质量持续提高,攻读学历课程的留学生持续增加,目前我国已成为亚洲最大留学目的地国,对外国学生的吸引力不断增加,培养了一大批知华友华的国际人才。

第三章　提高就业质量和深化收入分配改革

党的二十大报告指出："强化就业优先政策，健全就业促进机制，促进高质量充分就业。"①"分配制度是促进共同富裕的基础性制度。坚持按劳分配为主体、多种分配方式并存，构建初次分配、再分配、第三次分配协调配套的制度体系。努力提高居民收入在国民收入分配中的比重，提高劳动报酬在初次分配中的比重。坚持多劳多得，鼓励勤劳致富，促进机会公平，增加低收入者收入，扩大中等收入群体。"②中国特色社会主义一直将就业视为民生的根本，而提高就业质量是解决就业问题的关键。中国解决就业问题的总体思路是，总体上采取就业优先的政策，就不同群体采取针对性的就业援助措施，同时根据就业形势的变化，采取综合性的促进就业措施。收入问题关系到社会和谐稳定，中国特色社会主义围绕共同富裕目标深化收入分配改革，形成了有利于共同富裕的收入分配政策体系。

一、提高就业质量和深化收入分配改革的主要成就

改革开放之后，特别是实行社会主义市场经济体制之后，我国在提高就业质量和深化收入改革方面取得了巨大成就。为准确总结这两个方面的成就，下文分别从提高就业质量和深化收入分配改革两方面进行总结。

（一）在提高就业质量方面取得的成就

关于提高就业质量的成就，可以从多个方面进行综合评价。这里从规模、结构、市场化建设、公共就业服务、就业理念等维度加以总结。

1. 就业规模持续扩大和就业结构不断优化

据国家统计局统计数据，截止到 2018 年底，全国就业总人数 77 586 万，其中城镇就业人员 43 419 万，新增就业 1 361 万人，连续 6 年保持在 1 300 万

---

① 习近平：《高举中国特色社会主义伟大旗帜　为全面建设社会主义现代化国家而团结奋斗——在中国共产党第二十次全国代表大会上的报告》，人民出版社 2022 年版，第 47 页。

② 习近平：《高举中国特色社会主义伟大旗帜　为全面建设社会主义现代化国家而团结奋斗——在中国共产党第二十次全国代表大会上的报告》，人民出版社 2022 年版，第 46~47 页。

人以上。全年城镇失业人员再就业人数 551 万。全年城镇登记失业率 3.8%。农民工总数 28 836 万。城镇失业人口比例为：全国城镇调查失业率保持在 4.8% 至 5.1% 之间，低于欧洲国家平均水平。①

就业结构也在不断优化。《2017 年度人力资源和社会保障事业发展统计公报》显示：2017 年，第一、第二、第三产业就业人数比例为 27.0∶28.1∶44.9，第二、第三产业就业人数比例合计超过 70%。从历年统计数据看，第二、第三产业就业比例从 2013 年起就开始超过 70%（2013 年是 70.5%）。城乡就业人口占比为 54.7∶35.3。② 私有企业成为就业的主要渠道。2017 年城镇就业人口中，31.4% 在私营企业就业，22.0% 在个体企业就业，在公有单位就业的人数占 17.4%。③

就业人员素质不断提高。2017 年，中国就业人员平均受教育年限为 10.2 年，比 1982 年提高了 4.4 年。大专及以上文化程度者占 19.5%，比 1982 年提高了 18.6%；小学及以下文化程度者占 19.2%，比 1978 年下降了 43.4%。④

2. 就业质量不断提高

就业质量不断提高表现在几个方面：一是工资收入持续增长。2017 年，全国城镇非私营单位就业人员年平均工资为 74 318 元，比上年增长 10%；城镇私营单位就业人员年平均工资为 45 761 元，比上年增长 6.8%；农民工人均月收入水平为 3 485 元，比上年增长 6.4%。⑤ 从 1978 年起，全国各种类型的单位就业人员年平均工资一直呈增长趋势。以全国城镇非私营单位就业人员为例，年均工资增长 13.1%，扣除物价因素，年均实际增长 7.6%。⑥

二是就业稳定性增加。政府管理部门通过不断完善与劳动问题相关的法律法规，加强劳动执法，规范劳动合同签订，使得职业稳定性不断提高。

---

① 王永：《人社部举行 2018 年第四季度新闻发布会》，《中国劳动保障报》2019 年 1 月 25 日，第 001 版。

② 时光慧主编：《中华人民共和国年鉴 2018》，中华人民共和国年鉴社 2018 年版，第 358 页。

③ 国家统计局人口就业司：《就业总量持续增长 就业结构调整优化——改革开放 40 年经济社会发展成就系列报告之十四》，《中国信息报》2018 年 9 月 13 日，第 1 版。

④ 国家统计局：《就业总量持续增长 就业结构调整优化——改革开放 40 年经济社会发展成就系列报告之十四》，《中国信息报》2018 年 9 月 13 日，第 1 版。

⑤ 时光慧主编：《中华人民共和国年鉴 2018》，中华人民共和国年鉴社 2018 年版，第 360 页。

⑥ 《改革开放以来我国就业规模不断扩大》，《人民日报》2018 年 9 月 13 日，第 2 版。

具体表现在劳动合同签订率和长期劳动合同比例不断提高。2017年,全国企业劳动合同签订率达90%以上,其中,城镇企业就业人员签订的长期劳动合同达到40.5%。①

三是劳动保障不断加强。目前,我国已经建立起比较健全的以"养老、医疗、失业、工伤、生育"五种保险为主要内容的劳动保障体系,覆盖范围不断扩大,保障能力不断增强。截止到2017年底,全国参加基本养老保险人数为91 548万,参加基本医疗保险人数为117 681万,参加失业保险人数为18 784万,参加工伤保险人数为22 724万,参加生育保险人数为19 300万。②

3. 人力资源市场日益完善

改革开放40多年来,我国人力资源市场伴随着市场经济体制的完善,经历了从无到有再到逐步完善的发展过程,建成了相对完善的人力资源市场,实现了从统包统配向依靠市场进行配置的根本转变。

目前,人力资源市场建设取得了以下成就。

一是基本建成了统一规范的人力资源市场。首先是实现了人力资源市场的统筹管理。随着人力资源和社会保障部的成立,经过近十年的建设,形成了省市县三级统一规范、上下贯通的公共就业和人才服务体系,实现了人才市场与劳动力市场的统一管理。其次,实现了公共服务与经营性服务分离,在人力资源问题上厘清了政府与市场的关系。最后是人力资源服务行业结构合理,实现了多种所有制并存、有序竞争的局面。

二是人力资源服务业行业地位完全确立并实现了跨越式发展。首先,人力资源服务作为服务业被相继写入一系列重大规划之中,并被写入产业结构调整目录之中(2011年版)。这标志着其作为服务行业地位的确立。其次,人力资源服务业发展迅速。全行业营业收入持续增长,年均增长约20%。至2017年底,全国共有人力资源服务机构3.02万家,从业人员58.4万人,营业收入1.44万亿元,帮助2.03亿人次实现了就业,服务企业3 190

---

① 国家统计局:《就业总量持续增长 就业结构调整优化——改革开放40年经济社会发展成就系列报告之十四》,《中国信息报》2018年9月13日,第1版。
② 时光慧主编:《中华人民共和国年鉴2018》,中华人民共和国年鉴社2018年版,第359页。

万家次。①　最后,形成了产业园区的发展形式。根据《2019年度人力资源服务业发展统计报告》的数据,从2010年起,我国已经在全国中心城市建成了19个国家级人力资源服务业产业园区。

三是人力资源市场环境不断优化。这首先是得益于相关法律的不断完善,特别是《人力资源市场暂行条例》(2018年)的颁布。其次是"放管服"改革的推进,既促进了人力资源服务业的快速发展,又有利于增进企业的规范化运作。最后是随着一系列对外开放政策的落实,人力资源服务业对外开放水平不断扩大。

四是促进就业和人才流动作用日益明显。这首先得益于人力资源服务业走上了内涵式发展道路。服务产品更加"专、精、深",内容涵盖招聘、培训、测评、高级人才寻访等多层次多样化服务。其次,人力资源服务企业的精确化服务和充分利用市场机制,在促进人才流动方面发挥了重要作用。

(二)收入分配改革取得的主要成就

我国在收入分配改革方面取得的成就是多方面的,不仅收入增长速度较快、收入差距逐渐缩小,收入结构和收入秩序也逐步改善。下文从这四个方面对我国在收入分配改革方面取得的成就进行总结。

1. 城乡居民收入实现较快增长

按世界银行的统计,1962年中国人均国民收入70美元,2018年中国人均国民收入达到9470美元,比1962年增长了134.3倍。②

据国家统计局统计,1952年全国人均国民总收入是119元。2018年全国人均国民收入64 400元,与1952年相比,人均国民总收入增长了541.2倍。③

1949年,全国居民人均可支配收入为49.7元,其中城镇居民人均可支配收入为99.5元,农村居民人均可支配收入为43.8元。2018年,全国人均可支配收入为28 228元,其中城镇居民人均可支配收入为39 250.8元,农村

①　时光慧主编:《中华人民共和国年鉴2018》,中华人民共和国年鉴社2018年版,第358页。
②　《辉煌70年》编写组:《辉煌70年:新中国经济社会发展成就(1949—2019)》,中国统计出版社2019年版,第46~47页。
③　《辉煌70年》编写组:《辉煌70年:新中国经济社会发展成就(1949—2019)》,中国统计出版社2019年版,第361~362页。

居民人均可支配收入为 14 617 元。与 1949 年相比,2018 年全国居民人均可支配收入、城镇居民人均可支配收入、农村居民人均可支配收入分别增长了 576.08 倍、394.48 倍、333.72 倍。[①]

1956 年,全国居民人均消费支出为 88.2 元,其中城镇居民人均消费支出为 214.4 元,农村居民人均消费支出为 66.6 元。2018 年,全国居民人均消费支出为 19 853.1 元,其中,城镇居民人均消费支出为 26 112.3 元,农村居民人均消费支出为 12 124.3 元。2018 年与 1956 年相比,全国居民人均消费支出、城镇居民人均消费支出、农村居民人均消费支出分别增长了 225.09 倍、121.79 倍、182.05 倍。1956 年,城镇居民恩格尔系数为 56.9%,农村居民恩格尔系数为 68.1%。与 1956 年相比,2018 年城镇居民恩格尔系数和农村居民恩格尔系数分别下降了 29.2% 和 38%。[②]

1952 年,全国居民消费水平平均为 80 元,其中城镇消费水平为 154 元,农村消费水平为 65 元。2018 年,全国居民消费水平平均为 25 002 元,其中城镇消费水平为 33 282 元,农村消费水平为 13 062 元。两个年度相比,平均消费水平增长了 312.5 倍,城镇消费水平增长了 216.1 倍,农村消费水平增长了 200.95 倍。[③]

农村贫困人口大幅减少。按 2010 年的贫困标准,1978 年全国农村贫困人口为 77 039 万,贫困发生率为 97.5%;按 2010 年贫困标准,当年贫困人口总数 16 567 万,贫困发生率为 17.2%;按照 2010 年贫困标准,2018 年全国贫困人口总数为 1 660 万,贫困发生率为 1.7%。与 1978 年相比,贫困发生率下降了 95.8%,贫困人口减少了 7.5 亿,平均每年下降 2.4%。[④]

2. 收入分配差距逐步缩小

2005—2008 年,全国居民人均可支配收入基尼系数从 0.485 上升到

① 《辉煌 70 年》编写组:《辉煌 70 年:新中国经济社会发展成就(1949—2019)》,中国统计出版社 2019 年版,第 381~382 页。
② 《辉煌 70 年》编写组:《辉煌 70 年:新中国经济社会发展成就(1949—2019)》,中国统计出版社 2019 年版,第 381~382 页。
③ 《辉煌 70 年》编写组:《辉煌 70 年:新中国经济社会发展成就(1949—2019)》,中国统计出版社 2019 年版,第 377~378 页。
④ 《辉煌 70 年》编写组:《辉煌 70 年:新中国经济社会发展成就(1949—2019)》,中国统计出版社 2019 年版,第 383 页。

0.491。2008 年后,全国居民人均可支配收入基尼系数呈现出下降趋势。
2008—2019 年,全国居民人均可支配收入基尼系数最低点为 2015 年的
0.462,2015—2018 年呈现小幅上升,但仍低于 2014 年的 0.469,2019 年为
0.465(见图 3-1)。①

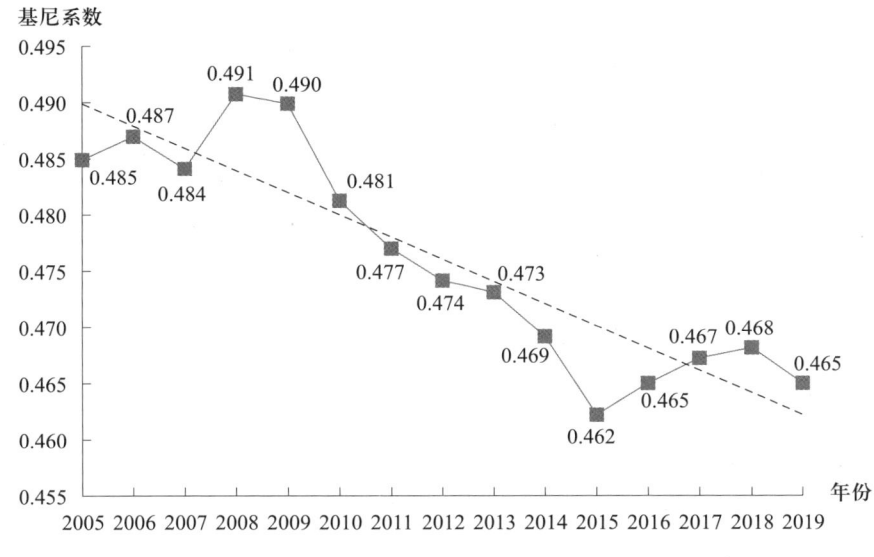

图 3-1　2005—2019 年全国人均可支配收入基尼系数②

城乡居民人均可支配收入差距总体呈现出下降趋势。1956 年城镇居民
人均可支配收入为 242.9 元,农村居民人均可支配收入为 72.9 元,城乡可支
配收入比为 3.33。2018 年,城镇居民人均可支配收入为 39 250.8 元,农村居
民人均可支配收入为 14 617.0 元,城乡可支配收入比为 2.69。与 1956 年相
比,2018 年城乡收入比下降了 0.64。③

2018 年城镇居民人均可支配收入最高省份与最低省份收入倍差为
2.33,比 2000 年下降了 0.17。2018 年农村居民人均可支配收入最高省份与

①　国家统计局住户调查办公室:《中国居民收支与生活状况报告 2020》,中国统计出版社 2020 年
版,第 12 页。

②　转引自国家统计局住户调查办公室:《中国居民收支与生活状况报告 2020》,中国统计出版社
2020 年版,第 12 页。

③　《辉煌 70 年》编写组:《辉煌 70 年:新中国经济社会发展成就(1949—2019)》,中国统计出版社
2019 年版,第 382 页。

最低省份收入倍差为3.45,比2000年下降了0.74。①

区域内差距也呈现出缩小的趋势。从东、中、西区内各省(自治区、直辖市)人均收入最高值和人均收入最低值之比看,1978年,东部地区省际人均收入极值比为9.18,中部省际人均收入极值比为2.92,西部省际人均收入极值比为2.45。2016年,东部地区省际人均收入极值比为3.97,中部省际人均收入极值比为2.40,西部省际人均收入极值比为2.08。②

3. 收入分配格局趋于合理

一是收入来源多样化,工资不再是唯一收入来源。2018年,全国居民人均可支配收入为28 228元,其中,工资性收入、经营净收入、财产净收入、转移净收入分别为15 829元、4 582元、2 379元、5 168元;工资性收入、经营净收入、财产净收入、转移净收入分别占比为56.1%、17.2%、8.4%、18.3%。③

2018年城镇居民人均可支配收入为39 251元,其中,工资性收入、经营净收入、财产净收入、转移净收入分别为23 792元、4 443元、4 028元和6 988元;工资性收入、经营净收入、财产净收入、转移净收入分别占比为60.6%、11.3%、10.3%、17.8%。④ 其中,人均工资性收入占比比1964年下降30.3%,人均财产净收入占比比1985年上升了9.8%,人均转移净收入占比比1964年提高了13.3%。⑤

农民收入来源由以集体工分收入和家庭经营收入为主转变为家庭经营、工资和转移收入并驾齐驱的三元结构。1956年,农民工分收入和家庭经营收入分别占可支配收入的62.4%和23.3%。2018年农村居民人均可支配收入为14 617元,其中,工资性收入、经营净收入、财产净收入、转移净收入

① 《辉煌70年》编写组:《辉煌70年:新中国经济社会发展成就(1949—2019)》,中国统计出版社2019年版,第57页。

② 权衡等:《中国收入分配改革40年:经验、理论与展望》,上海交通大学出版社2018年版,第110页。

③ 国家统计局住户调查办公室:《中国居民收支与生活状况报告2020》,中国统计出版社2020年版,第9页。

④ 国家统计局住户调查办公室:《中国居民收支与生活状况报告2020》,中国统计出版社2020年版,第9页。

⑤ 《辉煌70年》编写组:《辉煌70年:新中国经济社会发展成就(1949—2019)》,中国统计出版社2019年版,第56页。

分别为 5 596 元、5 358 元、342 元、2 920 元;工资性收入、经营净收入、财产净收入、转移净收入分别占比为 41%、36.7%、2.3%、20.1%。① 从三部门国民收入的分配和再分配看,1992 年至 2015 年,居民部门收入再分配后占比从最高点的 68.7%(1992 年)下降到最低点 57.2%(2008 年),然后逐渐上升到 61.6%(2015 年)。②

4. 收入分配秩序明显改善

收入分配秩序的改善表现在以下几个方面。

一是以农民为代表的低收入群体实现了收入较快增长。以 2019 年为例,全国人均居民可支配收入增速为 8.9%。其中,全国城镇居民人均可支配收入增速为 7.9%,高于 9.0% 的有三个省(自治区),即西藏、安徽、湖北;增速低于 7.0% 的有四个省(自治区),即辽宁、内蒙古、黑龙江、新疆;其余各省份增速均在 7.0% 至 9.0% 之间。2019 年全国农村居民人均可支配收入增速为 9.6%,农村居民人均可支配收入增速高于 10% 的省(自治区)有 6 个,即西藏、内蒙古、贵州、青海、云南、安徽;增速低于 9.0% 的省(直辖市)有 5 个,即江苏、吉林、黑龙江、海南、天津;其余省份增速均在 9.0% 至 10% 之间。③

二是城乡、区域、行业收入差距缩小。2019 年城乡居民人均可支配收入比为 2.64,比 2013 年下降了 0.17,城乡收入相对差距继续缩小。农村贫困地区居民收入增长快于农村普通居民。2019 年贫困地区农村居民人均可支配收入实际增长 8.0%,比全国农村平均水平高 1.8 个百分点。2019 年,全国地区间全体居民人均可支配收入增速为 8.9%,中部地区增速最快,增速为 9.4%,西部地区增速为 9.3%,东部地区增速为 8.7%,西部地区高于东部地区 0.6%,东、西部地区人均可支配收入比继续缩小。④ 2008 年以后,行业间工资差距逐渐缩小。2003—2016 年,行业平均收入增长率为 12.9%,典型的垄

① 《辉煌 70 年》编写组:《辉煌 70 年:新中国经济社会发展成就(1949—2019)》,中国统计出版社 2019 年版,第 56~57 页。

② 权衡等:《中国收入分配改革 40 年:经验、理论与展望》,上海交通大学出版社 2018 年版,第 121~122 页。

③ 国家统计局住户调查办公室:《中国居民收支与生活状况报告 2020》,中国统计出版社 2020 年版,第 10~11 页。

④ 国家统计局住户调查办公室:《中国居民收支与生活状况报告 2020》,中国统计出版社 2020 年版,第 14~15 页。

断行业如金融业、信息软件服务业、科研和地质勘查业、电力燃气及水供应业等,除金融业外,工资增速均低于平均增速。传统的低收入行业如农林牧渔业、批发零售业增速均高于平均增速。①

三是调节过高收入和取缔非法收入。对国有垄断行业和央企负责人工资过高问题,2014 年,中共中央政治局通过了《中央管理企业负责人薪酬制度改革方案》《关于合理确定并严格规范中央企业负责人履职待遇、业务支出的意见》,限定了中央企业负责人工资增速和与普通职工的收入差距。对国有垄断行业,建立激励与约束相结合的收入分配体制,控制国有垄断企业工资过高和过快增长。

对非法收入问题,2013 年国务院批转的《关于深化收入分配制度改革的若干意见》提出了严厉打击经济犯罪,加强对重点领域的监管,严厉查处权钱交易、行贿受贿行为,深入治理商业贿赂,加强反洗钱工作和资本外逃监控等措施。这些措施的实施对取缔非法收入产生了显著成效。

二、提高就业质量和深化收入分配改革的主要措施

提高就业质量的基本思路有两个方面:一是增加就业机会。具体是通过产业政策和鼓励创业增加就业机会;二是加强供需对接。具体是通过提供制定就业服务和就业援助实现就业。深化收入分配改革的基本思路有三个方面:一是通过初次分配和再分配实现居民收入增长;二是针对收入水平较低的农村居民提供增收的特殊支持;三是规范收入分配秩序,形成合理的收入分配格局。

(一)提高就业质量的主要措施

我国提高就业质量的主要措施有四个方面:在产业、模式的选择上要求有利于促进就业,鼓励通过创新创业带动就业,针对就业困难的特殊群体提供针对性的帮助,建立完善的就业服务体系促进供需对接。

1. 实施积极的就业政策

由于人口众多,就业问题是我国实现现代化必须妥善处理的重要问题,这是我国采取促进就业政策的根本原因。我国正式确立实施积极的就业政策是

---

① 参见权衡等:《中国收入分配改革 40 年:经验、理论与展望》,上海交通大学出版社 2018 年版,第 115~118 页。

从 2007 年颁布的《中华人民共和国就业促进法》开始的,《中华人民共和国就业促进法》规定了实施积极就业政策的要求,并从产业结构、人力资源市场、就业服务、职业教育和培训、就业援助等方面进行规定。此后,党的十七大报告、《国家教育事业发展"十二五"规划》相继对积极就业政策进行了规划。在这些文件精神的基础上,国务院和各部门相继出台了一系列促进就业的法规和政策,促进就业的法律法规体系基本形成,并取得了明显成效。

从政策框架看,我国促进就业的政策可以划分为五大类:产业结构政策、人力资源市场建设政策、就业服务政策、职业教育和培训政策、提供就业援助政策。这些政策之间的逻辑关系是:通过发展有利于扩大就业的产业促进就业扩大,这是促进就业的根本路径;人力资源市场重在提供就业供求信息,方便供需对接,当然,人力资源市场建设本身就能提供大量就业机会;就业服务政策主要是提供公共就业服务内容和项目的管理,包括就业政策咨询、职业供求、培训、援助、登记、指导等,其作用是补充人力资源市场;职业教育和培训是为了求职者能够具备市场所需要的技能、顺利适应工作岗位要求,因而客观上具有促进就业的作用;就业援助是针对就业困难的特定群体,如残疾人士、家庭零就业人士,通过提供工作机会使他们获得较为稳定的经济收入。

通过产业结构政策促进就业是我国改革开放以来的一贯方针。在改革开放之初,中共中央、国务院《关于广开门路,搞活经济,解决城镇就业问题的若干决定》指出,我国当时的产业结构不合理,过分偏重发展工业特别是重工业,服务性行业和一部分消费品生产行业发展不足;所有制结构不合理,全民所有制过高、集体所有制发展不足、个体所有制被禁止,这些情况是造成就业困难的重要原因。基于此,《关于广开门路,搞活经济,解决城镇就业问题的若干决定》提出,发展与人民生活关系密切的商业、服务性行业和消费品生产行业;调整产业结构,着重开辟在集体经济和个体经济中的就业渠道。① 从上述内容可以看出,早在改革开放初期,我国就提出了通过产业结构调整和发展私营经济促进就业的措施。

1998 年,面对亚洲金融危机和国企改革带来的大量职工下岗失业的问题,

---

① 《三中全会以来重要文献选编》下,人民出版社 1982 年版,第 981~983 页。

中共中央、国务院《关于切实做好国有企业下岗职工基本生活保障和再就业工作的通知》指出，保持国民经济持续快速发展、不断开拓新的就业领域是解决就业问题的根本途径。在产业上，该通知提出要因地制宜地发展劳动密集型产业，并提出通过参加市政与道路建设、环境保护、植树种草等公共工程的方式解决部分人员就业问题。这实际上就是通过政府购买公益性岗位来提供就业机会。在所有制结构上，该通知提出了大力发展集体、个体和私营经济。①

2002 年，面对国企改革带来的下岗和农村劳动力向城镇转移带来的就业问题，中共中央、国务院《关于进一步做好下岗失业人员再就业工作的通知》首先强调了通过保持经济持续增长、积极调整结构促进就业增长的基本思路。关于产业的选择，该通知提出要通过发展具有比较优势的劳动密集型产业和企业拉动经济增长，强调通过大力发展第三产业尤其是发展旅游业，以及社区服务业、清洁、绿化、社区保安、公共设施养护等公益性岗位来拉动就业。除了产业选择方式，该通知还提出了鼓励发展非公有制经济尤其是劳动密集型中小企业来吸收消减失业人员。该通知还提出了通过跨地区劳务协作、对外劳务输出和灵活就业方式解决就业的方法。

具体来说，通过产业结构调整促进就业主要通过以下方式实施：一是要求县级以上政府在制定产业政策时，应统筹考虑产业政策和就业政策；二是鼓励各类企业通过兴办产业或拓展经营范围扩大就业岗位；三是鼓励发展劳动密集型产业和服务业；四是各级政府在安排政府投资和重大项目时应考虑投资和项目对就业的带动作用。就其支持的具体内容来说，常用的方式主要是在财政、金融、税收、使用场地、各种管理费等方面予以优惠或支持。

积极建设规范的人力资源市场是我国实施积极就业政策的第二项主要措施。由于我国开始实行的是计划经济，其人力资源配置模式是统分统配，因此，并不存在真正意义上的人力资源市场。1993 年，我国决定建立社会主义市场经济体制，人力资源市场建设才正式被纳入建设规划，这意味着我国的人力资源市场建设经历了逐步完善的过程并主要完成了以下几个方面的工作。

一是建立了统一规范的人力资源市场。在 2007 年前，我国的人力资源

---

① 《十五大以来重要文献选编》上，人民出版社 2000 年版，第 304~399 页。

市场是由劳动部门和人事部门分别管理的。同时,由于以往的就业工作重点集中在城镇,城乡在就业工作中的地位并不平等,这表现在就业市场和服务上城乡存在很大差距。同时,由于各地方经济社会发展不均衡,就业市场和服务发展也不均衡。2007年,随着人力资源和社会保障部的建立,劳动部门与人事部门合并,人力资源市场建设的管理在机构上获得了统一。针对城乡、地区间就业工作的差距,人力资源和社会保障部推行公共服务均等化、规范化建设,建成了覆盖城乡的五级公共服务网络,公共服务机构在服务内容上推行统一化和标准化。这就从人力资源公共服务方面打破了城乡、区域间的差距。

在施行公共服务规范化、标准化的同时,在人力资源和社会保障部推行经营性服务机构的标准化建设,2017年《人力资源服务机构能力指数》颁布,为全面客观评价经营性人力资源服务机构提供了国家标准。

在进行标准化建设的同时,关于人力资源市场建设的法律法规也不断完善。2018年颁布的《人力资源市场暂行条例》标志着人力资源市场建设实现了法治化和统一市场的建成。

人力资源服务产业化是市场建设的标志之一。为支持人力资源服务业的产业化,我国政府作出了一系列顶层设计。首先是将人力资源服务业写入国家“十二五”“十三五”规划纲要和产业结构调整指导目录;其次,中共中央、国务院和各级政府部门都出台了促进人力资源服务业发展的意见。为落实这些意见,人力资源和社会保障部发布的《人力资源服务业发展行动计划》提出了“三计划”“三行动”,即骨干企业培育计划、领军人才培养计划、产业园区建设计划,以及“互联网+”人力资源服务行动、诚信主题创建行动、“一带一路”人力资源服务行动。① 这些规划和行动为推动人力资源服务业产业化发展发挥了重要的推动作用。

二是推进“放管服”改革,做好政府监管。“放管服”的核心在于改变监管模式,由事前监管改为事中和事后监管,在监管方式上更多是制订和维护规则,促进市场主体规范运行。目前,其主要措施第一是通过实行“先照后

---

① 《人力资源服务业发展行动计划》,《中国组织人事报》2017年10月13日,第1版。

证"、取消最低资本金限额、注册资本实缴改为认缴降低市场准入门槛。第二是减少人力资源服务许可数量,将涉及职业中介机构审批的三种行政许可整合为一项。第三是加强事中和事后监管。其主要方式是通过"双随机、一公开"(检查对象和执法检查人员随机挑选、检查结果向社会公开)的方式对市场主体进行监督检查;通过经营性人力资源服务机构提供年度经营报告并向社会公开的方式进行社会监督;通过信用分类监管方式促进人力资源服务企业诚实守信。第四是通过法律法规、标准规范建立统一的市场规范和标准。涉及人力资源服务的法律法规有《中华人民共和国就业促进法》《中华人民共和国劳动法》《中华人民共和国劳动合同法》《人力资源市场暂行条例》,其中《人力资源市场暂行条例》是关于人力资源市场的专门法规。这些法律法规、标准的实施,对于人力资源服务机构的服务、主体行为和行业发展有强大的促进作用。

三是建立以公有制为主体、多种所有制并存的人力资源服务体系。我国的人力资源服务机构分为两大类,即公共性服务机构和经营性服务机构。公共性人力资源服务机构是由县级以上人民政府设立的公共就业和人才服务机构。公共性人力资源服务机构提供的免费服务业务基本覆盖了就业服务的大部分内容,同时承担了大部分经营性服务机构无法完成的服务,如就业援助、档案管理等。[1] 按照《就业服务与就业管理规定》,除了县级以上人民政府要建立人力资源服务机构,街道、乡镇、社区也要设立公共就业服务机构并建立基层服务窗口。目前,公共人力资源服务机构建成了覆盖城乡且实现了以"五统一"(统一领导、统一制度、统一管理、统一服务、统一系统)为内容的规范化服务体系。这意味着公共人力资源服务机构实际上占据了整个人力资源服务机构的主体地位。

在发展公共人力资源服务业的同时,我国政府鼓励大力发展经营性人力资源服务业。

首先,在各种与人力资源相关的法规、规划中,我国政府都鼓励社会力量、外资创办各种形式的人力资源服务机构,并规定了财政、金融、税收等方

---

[1] 《人力资源市场暂行条例》,《人民日报》2019 年 3 月 23 日,第 7 版。

面的激励政策。如《中华人民共和国就业促进法》规定,对提供公益性就业服务的职业中介机构,按照规定给予补贴。《服务业发展"十二五"规划》也提出了鼓励社会资本投资人力资源服务领域的部署。① 近年来,政府对外资创办人力资源服务业准入有所放宽,原来的股份比例、年限和审批限制均有所放宽。

其次,将公共性人力资源服务与经营性人力资源服务分离,公共性服务定位于创造良好发展环境和提供优质公共服务,分离出的政府服务事项转移到政府购买服务领域。这一措施为经营性人力资源服务机构提供了进一步发展的空间。

公有制为主体、多种所有制并存的人力资源服务体系既有利于保障人力资源服务的社会公平,也有利于增加人力资源服务供给、繁荣市场、提高服务质量。

2. 以创新创业促进就业

我国解决就业问题的另一个重要措施是通过大力促进创新创业来促进就业。我国政府高度重视通过创新创业解决就业问题,关于采用创新创业的方式解决就业问题的重要性和意义主要有以下几方面。

一是创新创业培育和催生经济社会发展新动力的重要手段。由于资源环境约束,旧的经济发展方式已经达到了极限,我国经济迫切需要调整经济结构、转变发展方式,代替以要素规模驱动、投资驱动的经济发展方式,这必须依靠创新驱动。我国政府深切认识到创新的重要性,如"创新是社会进步的灵魂"[2]"创新是引领发展的第一动力,是建设现代化经济体系的战略支撑"[3]等论断就是对这一问题的证明。正因为如此,我国政府提出了创新驱动发展战略。而促进创新创业是实施创新驱动发展战略的重要载体,这就是我国政府提出大力推动创新创业的原因之一。

二是创新创业是推动经济发展和改善民生的重要途径。我国人口总量

---

① 国家发展和改革委员会编:《"十二五"国家级专项规划汇编(第三辑)》,人民出版社 2014 年版,第 92 页。

② 《习近平关于青少年和共青团工作论述摘编》,中央文献出版社 2017 年版,第 4 页。

③ 《习近平谈治国理政》第 3 卷,人民出版社 2020 年版,第 24 页。

大,劳动力数量庞大,总体就业压力和结构性矛盾并存,这一国情决定了我国只能采取有利于促进就业的发展方式。通过创新和创业不仅能够改善经济发展方式和经济结构,还由于增加了新的产业和市场主体,最终有助于增加就业岗位,只有增加就业、提供更多的就业机会,广大劳动者收入才能不断增加,不断提高生活水平。因此,推动大众创新、万众创业是实现富民的根本举措。

三是推动创新创业有利于实现社会流动。由于创新创业能带动新的产业、新经营模式和就业机会,有利于创造更多财富、增加劳动者收入,使更多的人富裕起来,从而改变社会收入分配结构,最终实现社会纵向流动,实现社会公平。

基于对创新创业重要性的深刻认识,我国政府对促进创新创业作出了系统的规划并随着形势的发展不断出台新的促进措施,使创新创业促进就业的效果不断提高。

我国促进创新创业工作有以下特点。

一是注重顶层设计。在确定通过创新创业促进经济结构转型、增加新动能和促进就业的战略之后,我国政府作了一系列顶层规划。中央政府从全国层面推动这一决策的开展,其标志是:2015 年,国务院发布《关于大力推进大众创业万众创新若干政策措施的意见》,2017 年国务院发布《关于强化实施创新驱动发展战略进一步推进大众创业万众创新深入发展的意见》,2018 年国务院发布《关于推动创新创业高质量发展打造"双创"升级版的意见》,2020 年国务院发布《关于提升大众创业万众创新示范基地带动作用进一步促改革稳就业强动能的实施意见》。针对上述文件,国务院又对其中的一些关键内容提出了具体规划。从 2015 年到 2021 年,国务院连续发布多个文件对创新创业中的重点难点问题进行规划部署,内容包括六类,即体制机制类,如《国务院办公厅关于加快推进"三证合一"登记制度改革的意见》;财政金融类,如《国务院关于促进融资担保行业加快发展的意见》《国务院关于印发推进普惠金融发展规划(2016—2020 年)的通知》;创业服务类,如《国务院关于积极推进"互联网+"行动的指导意见》;创新创业平台类,如《国务院办公厅关于建设大众创业万众创新示范基地的实施意见》;创新创业渠道类,如《国务院办公厅关于支持农民工等人员返乡创业的意见》;组织管理类,如《国务院办公厅关于同意建立推进大众创业万众创新部际联席会议制度的函》等。上述顶层规划为创新创业工作的顺利开展奠定了重要制度基础。

二是重视实体经济的创新创业。我国一贯重视实体经济的发展,目前我国是世界上制造体系最完整的国家。"制造业是国民经济的主体,是立国之本、兴国之器、强国之基。"①基于这一认识,我国政府在制定创新创业规划时,非常重视实体经济的创新创业。《中国制造 2025》等多个重要文件都对实体经济创新创业进行了专题规划。

《中国制造 2025》关于实体经济创新创业的规划蕴含在提高国家制造业创新能力和基础工业能力两部分内容中。对制造业创新能力的规划是从加强关键核心技术研发、提高创新设计能力、推进科技成果产业化和完善国家制造业创新体系四个方面安排的。在强化工业基础能力部分,提出了"四基"(核心基础零部件、先进基础工艺、关键基础材料和产业技术基础)创新能力建设问题。上述规划中贯穿了一个基本思想,即以企业为主体、围绕产业链进行创新和安排资源。因此,《中国制造 2025》中关于创新的规划实际上是关于以制造业为主体的实体经济创新规划。

2017 年,《国务院关于强化实施创新驱动发展战略进一步推进大众创业万众创新深入发展的意见》第四部分是"促进实体经济转型升级"。这一部分内容丰富,包括该意见的第十四到第二十四部分。关于如何促进实体经济转型升级,该意见提出了加强基础研究、建设产业创新中心、实施企业协同行动、鼓励大型企业积极参与、促进分享经济健康发展、发展数字经济、做好新产业新业态监控系统、发展工业互联网、给予创新创业企业用地便利、促进首套(台)重大技术装备应用、发展促进先进制造业的产业投资基金共十一条措施。②《国务院关于推动创新创业高质量发展打造"双创"升级版的意见》提出了"科技创新支撑能力升级"的规划,其中第十六部分提出增强创新型企业引领带动作用,并专门强调了要加大对"专精特新"中小企业的支持

---

① 余南平主编:《中国制造 2025》,人民出版社 2015 年版,第 2 页。
② 彭森主编:《中国改革年鉴 2018——深改五周年 2013—2017 专卷》下,中国改革年鉴编辑委员会 2018 年版,第 794～798 页。

力度、培育一批具有创新能力的制造业单项冠军,壮大制造业创新集群。[1]

《国务院关于印发降低实体经济企业成本工作方案的通知》《国务院办公厅关于加快众创空间发展服务实体经济转型升级的指导意见》两个文件针对的是具体问题,即如何减少企业成本和利用众创空间来发展实体经济。《国务院关于印发降低实体经济企业成本工作方案的通知》提出降低企业的六种成本促进企业发展的方案。

关于如何利用众创空间促进实体经济发展,《国务院办公厅关于加快众创空间发展服务实体经济转型升级的指导意见》提出了三个基本原则,其中第三个原则即服务和支持实体经济发展。该意见提出的重点任务的前两项是在重点产业领域和龙头骨干企业的主营业务发展众创空间。这都显示出我国政府对发展实体经济的重视。

综合上述文件可以看出,我国不仅重视实体经济的创新创业,还非常重视实体经济特别是制造业的科技先进水平,注重发展高端制造业。

三是注重发挥人才的作用。我国政府非常重视在创新创业中发挥人才的作用。人才是社会进步的第一资源,因此,《关于深化人才发展体制机制改革的意见》提出实施人才优先发展战略、建设人才强国的发展目标。[2] 基于这一认识,我国政府连续出台文件,为创新创业中充分发挥人才作用提供支持。其中,与创新创业直接相关的文件有《关于分类推进人才评价机制改革的指导意见》《关于深化项目评审、人才评价、机构评估改革的意见》《关于强化实施创新驱动发展战略进一步推进大众创业万众创新深入发展的意见》《教育部关于大力推进高等学校创新创业教育和大学生自主创业工作的意见》《人力资源和社会保障部关于支持和鼓励事业单位专业技术人员创新创业的指导意见》等。在这几个文件中,前三个文件虽然不是直接针对创新创业的,但是,如果不能激发各类人才的积极性,那么,创新创业活动就难以取得好的成效。因此,鼓励和促进人才培养和发展是做好一切工作的基础与保障。因此,这三个文件事实上与创新创业密切相关。关于大众创业万

---

① 朱宏任、黄海嵩主编:《中国企业年鉴 2019》,企业管理出版社 2020 年版,第 80 页。
② 《中共中央印发〈意见〉深化人才发展体制机制改革》,《人民日报》2016 年 3 月 22 日,第 1 版。

众创新的文件是关于创新创业的总体规划,而关于大学生和事业单位科技人员的文件则是针对性地促进两类人员参与创新创业的设计。《国家创新驱动发展战略纲要》提出了壮大创新主体和建设高水平人才队伍的思路。①科技创新能力的主体显然是科研人员,其来源主要是科研院所和高校。因此,教育部关于大学生创新创业教育的文件和人力资源和社会保障部关于事业单位科技人员创新创业的文件是对创新驱动战略有关精神的具体化。

《国务院关于强化实施创新驱动发展战略进一步推进大众创业万众创新深入发展的意见》关于人才问题的论述有两部分:一是在基本原则部分提出人才优先、主体联动的原则。其中所说的人才包括科技人员、大中专毕业生、留学回国人员、农民工、退役士兵等所有有创新创业意愿的人;二是在第五部分提出了完善人才流动激励机制的措施。具体措施包括人才签证、外国留学生在华居留、留学归国人员回国创业、事业单位引进高层次人员和急需人才、发挥社团作用、返乡创业人员、各地在引才引智方面的自主权等。

《教育部关于大力推进高等学校创新创业教育和大学生自主创业工作的意见》是关于促进大学生创新创业的专门文件。之所以专门发文规划大学生创新创业问题,是因为大学生是最具有创新创业潜力的群体之一。关于如何促进大学生创新创业,教育部从高等学校创新创业教育工作、创业基地建设、创业支撑平台、自主创业扶持政策四个方面进行了规划。

《人力资源和社会保障部关于支持和鼓励事业单位专业技术人员创新创业的指导意见》从支持和鼓励事业单位选派专业技术人员到企业挂职或者参与项目合作、支持和鼓励事业单位专业技术人员兼职创新或者在职创办企业、支持和鼓励事业单位专业技术人员离岗创新创业、支持和鼓励事业单位设置创新型岗位四个方面对事业单位科技人员创新创业进行了规划。这四种方式充分考虑了各种情形,因此有很高的可行性。

3. 有针对性地解决重点人群的就业问题

我国的就业问题,不仅存在总量的就业压力,还存在结构性的就业问题。这些问题突出地表现在高校毕业生、农民工和其他就业困难群体身上。

---

① 《国家创新驱动发展战略纲要》,人民出版社 2016 年版,第 2 页。

为了解决这些特殊群体的就业问题,我国政府在做各种就业发展规划时,都会有涉及这些特殊群体的内容。不仅如此,我国政府还针对这些特殊群体做了专门的规划。

(1)大学生就业问题

针对大学生就业问题,我国先后出台了《关于进一步深化普通高等学校毕业生就业制度改革有关问题的意见》(2002年)、《关于进一步深化教育改革,促进高校毕业生就业工作的若干意见》(2003年)、《关于大力推进高等学校创新创业教育和大学生自主创业工作的意见》(2010年)、《关于实施"2010高校毕业生就业推进行动"大力促进高校毕业生就业的通知》(2010年)、《关于进一步引导和鼓励高校毕业生到基层工作的意见》(2017年)、《关于做好高校毕业生城乡基层就业岗位发布工作的通知》(2022年)等一系列文件。

综合上述文件,我国政府解决高校毕业生就业的主要途径有三个:一是通过提高学科专业的社会需求度来提高就业;二是通过鼓励高校毕业生到基层去解决就业问题;三是通过鼓励高校毕业生创新创业解决就业问题。

关于提高高校学科专业的社会需求度的方法,集中体现在《关于进一步深化教育改革,促进高校毕业生就业工作的若干意见》中。这一文件的主题就是如何促使学科专业的设置与社会需求相一致,从而增加高校毕业生就业。这一意见提出的措施包括五个方面的内容:一是将毕业生就业率与招生规模挂钩,即要求学校主管部门和学校在制订发展规划时充分考虑就业问题,对就业率明显偏低的地区、学校和专业要减少招生计划;二是将学校设置和专业设置与就业率联系。新增高校和新增专业都必须考虑毕业生就业率,要根据就业状况调整专业设置。高等学校要将就业指导作为思想政治课的一部分纳入日常教学;三是将毕业生就业率纳入高校评估体系,作为评价高校和学校干部政绩的主要内容;四是将学位点申报与毕业生就业率适当联系,在新增学位授予单位和授权点时,要考虑相关高校和学科的毕业生就业率;五是高校建立专门的就业指导机构。①

通过鼓励高校毕业生到基层去解决就业问题集中体现在《关于进一步

---

① 郑树山主编:《中国教育年鉴2004》,人民教育出版社2004年版,第834~835页。

引导和鼓励高校毕业生到基层工作的意见》中。该意见提出要开发七种基层岗位,促进高校毕业生到基层工作:一是基层公共管理和社会服务岗位,这种岗位通过政府购买服务的方式实现;二是围绕脱贫开发和农业现代化建设开发就业岗位;三是开发中西部地区、东北地区和艰苦边远地区工作岗位;四是基层机关事业单位工作的空闲岗位,择优或拿出一定的数量专门招聘高校毕业生;五是鼓励大学生参军入伍;六是鼓励中小微企业招收高校毕业生;七是鼓励高校毕业生到基层创新创业。除开发上述七种就业岗位之外,该意见还提出了通过实施大学生村官、农村教师特岗计划、"三支一扶"计划、志愿服务西部计划和农技特岗计划等高校毕业生基层服务项目增加就业岗位的设想。为鼓励高校毕业生到基层工作,该意见还提出了一系列保障措施,如在培训、职称晋升、工资待遇、职业发展渠道等方面给予优先保障。

通过创业实现就业的主要措施体现在《教育部关于大力推进高等学校创新创业教育和大学生自主创业工作的意见》中。这一意见提出了四类措施推进大学生创业工作。第一是加强高等学校的创新创业教育。其主要措施是:将创新创业教育作为一种教育理念贯彻到整个教育教学过程之中;建立与专业课程体系有机融合的创新创业教育体系;通过多种途径培养师资和提高师资指导创新创业水平;通过多种方式开展创业实践活动;通过建立创新创业教育教学质量监控系统和学生创业信息跟踪系统,建立创新创业质量检测跟踪体系。第二是建立创业平台。其形式主要是建设省级创业实习基地和孵化基地,在基地中对大学生进行创业指导和培训,提供创业所需的资金、场地、必要的公共设备和设施,并提供各种政策咨询和服务。第三是大学生自主创业扶持政策。这方面的政策包括放宽准入条件,提供贷款、收费、税收和投资支持,同时提供创业培训和创业信息服务。第四是组织领导措施。主要是要求省级主管部门和高校要将大学生创新创业列入议事日程,并将各种支持政策落实到位,同时加大宣传鼓励创新创业的政策措施和创新创业典型,在整个社会形成优良的支持创新创业的氛围。

（2）农民工就业问题

我国正处于工业化、城镇化和农业现代化进程中,农村出现大量富余劳动力是这一过程的必然结果。但由于我国农村居民总数庞大，加上我国工业化、城市化发展迅速，大量农村富余劳动力集中出现，农民工就业问题也随之集中出现。根据《2020年度人力资源和社会保障事业发展统计公报》的数据，2020年全国农民工总量为28 560万。显然，如何做好农民工就业工作是个重大问题，影响广泛。我国政府非常重视农民工就业问题，既有关于农民工就业问题的总体规划，也有在不同时期针对农民工就业中比较突出的问题采取的针对性措施，还出台了多个促进农民工就业的具体文件。

我国关于农民工就业的政策可以简单划分为三类，即就业权益保护类、就业技能提升类、创业类。从广泛的意义来说，这三类措施都有促进农民工就业的作用。

农民工是在改革开放以后逐渐产生的新的就业主体。传统的就业保护法规难以直接适用于农民工，因此，社会实践一开始主要集中于农民工的就业权益保护。在2014年之前，关于农民工就业的文件主要集中在权益保护上，保护制度和措施趋向完备。2014年后，关于农民工就业的政策转向就业和创业并重，开始鼓励农民工通过创业促进就业，其背景与产业结构调整、城镇化的快速发展和农业现代化有直接关系。

综合上述文件，关于农民工就业权益保护的制度和措施主要包括以下内容：劳动保障权益方面主要有规范用工管理、保障工资报酬、纳入城镇社会保险、劳动安全和职业健康保护、畅通维权渠道、提供法律援助和法律服务等。享受城镇公共服务类，主要包括基本公共服务、子女就学、医疗卫生、居住、在城镇落户、土地承包权、宅基地使用权和集体经济收益分配权等。政治、文化权益类，主要包括参政议政权利，享受公共文化服务，关爱留守妇女、儿童、老人服务等。[①] 上述内容基本上涵盖了劳动就业的所有方面，基本上实现了平等对待城乡劳动者。

2014年以后，我国经济结构转型升级加快，政府依据国内外经济形势的变化，提出了促进农民工依靠创业促进就业的策略。这一策略集中体现在《国务院办公厅关于支持农民工等人员返乡创业的意见》《国务院办公厅关

---

① 《国务院关于进一步做好为农民工服务工作的意见》，人民出版社2014年版，第6~17页。

于支持返乡下乡人员创业创新促进农村一二三产业融合发展的意见》中。综合这两个文件可以看出,我国政府促进农民工创业的措施主要有以下特点:一是重视创业的产业化。《国务院办公厅关于支持农民工等人员返乡创业的意见》非常重视产业化创业,主张发展现代产业组织。该意见提出三种产业化创业方式,即利用产业转移、产业升级、一二三产业融合进行创业。①二是重视突出特色。特色表现在经营主体新,可以是农场林场、农民合作社、农业企业、农业社会化服务组织等,形式新表现在可以利用互联网技术进行网上创业。平台新表现在主要利用返乡创业园的方式进行创业。三是突出重点农业领域,即主要集中发展农产品加工业、与农业紧密相关的生产性服务行业和具有地方和农村特色的生活性服务行业等。②

为了促进农民工等返乡创业,国务院办公厅还制定了《鼓励农民工等人员返乡创业三年行动计划纲要(2015—2017)》,该纲要针对在农村创业中的主要难点提出解决措施,对促进农民工返乡创业有极大的推动作用。③

（3）退役军人就业问题

我国政府历来重视退役军人的就业问题。除一般性的法规之外,还有专门针对退役军人的制度安排。如在机构设置上专门成立了退役军人事务部负责退役军人问题,在法规方面有《退役士兵安置条例》(2011年),另外还有《关于促进新时代退役军人就业创业工作的意见》《关于进一步加强由政府安排工作退役士兵就业安置工作的意见》等针对退役军人就业的文件。

就退役军人就业问题而言,上述文件中的措施可以简单分为两大类:就业类措施和创业类措施。就业类措施主要包括以下方面的内容:一是强化领导责任。要求将"由政府安排工作退役士兵就业安置工作纳入党委政府目标考核体系,作为党委政府年度考核内容,作为参选双拥模范城(县)、爱国拥军模范单位和个人评选的重要条件,作为文明城市、文明单位评选和社

① 国务院办公厅政府信息与政务公开办公室编:《国务院大众创业万众创新政策选编》,人民出版社2015年版,第164页。
② 王娇萍、董宽主编:《中国工会年鉴2018》,《中国工会年鉴》编辑部2018年版,第494页。
③ 彭森主编:《中国改革年鉴2016》,中国改革年鉴纂委员会2016年版,第612~613页。

会信用评价的重要依据"①；二是就业岗位有特殊的待遇。由政府安排退役士兵到国家机关、事业单位和国有企业的比例不少于80%；国有企业、国有控股企业和国有资本占主导企业新招录员工的5%用于接受退役士兵；②机关、社会团体、企业事业单位在招聘工作人员时要放宽对退役士兵的年龄和学历限制；在招录公务员时对退役军人实施优惠政策；三是就业培训有特殊的要求。对退役军人进行退役前和退役后职业技能培训，并进行终身职业技能培训，将退役军人就业创业培训纳入国家学历教育和职业教育体系。负责对退役军人进行培训的机构要负责推荐工作。③

关于退役军人创业问题，各级关于创业工作的法规和文件都包含退役军人创业的内容。《关于促进新时代退役军人就业创业工作的意见》的第三、四部分专门阐述了退役军人创业问题。第三部分是优化创业环境，提出了创业培训、创业场所、金融税收优惠、创业基金等措施。与其他群体不同的是，其中的创业场所和基金是专门针对退役军人设立的。第四部分是建立健全服务体系，其中提出的信息平台、指导队伍、实训基地都是针对退役军人建设的。这是在创业方面针对退役军人的优惠措施。④

（4）对就业困难群体的就业援助

对就业困难群体，如家庭零就业人员，因年龄、国家政策等原因导致的失业人员，身体残疾人员等，我国政府采取了以下措施，一是采取政府购买公共服务的方式给这些群体提供就业岗位。二是实行最低生活保障制度。1999年9月《城市居民生活最低保障条例》颁布实施，2007年农村最低生活保障制度在全国普及。最低生活保障制度是一项临时性、动态性的社会救济制度，符合条件的失业人员也可以申请。三是针对残疾人士，我国出台了《中华人民共和国残疾人保障法》《残疾人就业条例》《残疾人就业保障金征

---

① 《关于进一步加强由政府安排工作退役士兵就业安置工作的意见》，《中华人民共和国国务院公报》2019年第1期。

② 《关于进一步加强由政府安排工作退役士兵就业安置工作的意见》，《中华人民共和国国务院公报》2019年第1期。

③ 《关于促进新时代退役军人就业创业工作的意见》，《中华人民共和国国务院公报》2019年第1期。

④ 《关于促进新时代退役军人就业创业工作的意见》，《中华人民共和国国务院公报》2019年第1期。

收使用管理办法》等法律法规,对保障残疾人就业提供了全面的法律保障。四是开展专项行动。为了促进特定群体的就业,我国政府定期举办专项促进就业的活动,如"春风行动"就是针对农民工群体尤其是贫困地区的农民工就业问题发起的专项行动。这一行动由人力资源和社会保障部等部门发起,从2006年开始,至今已连续举办了17届。

4. 做好就业服务

市场经济体制下就业服务的作用在于促进人才流动和优化配置,促进就业创业。就业服务既有一般服务的特点,同时具有一定的公共服务性质。因此,基于社会主义市场经济的实际情况,我国在就业服务方面主要做了以下几项工作。

一是建立统一规范的人力资源市场。2007年,人力资源和社会保障部成立,劳动部门与人事部门合并,人力资源市场建设的管理从机构上获得了统一。针对城乡、地区间就业工作的差距,人力资源和社会保障部推行公共服务均等化、规范化建设,建成了覆盖城乡的五级公共服务网络,公共服务机构在服务内容上推行统一化和标准化。在人力资源公共服务方面打破了城乡、区域间的差距。

二是建成具备公益性和经营性的人力资源服务体系。基于中国特色社会主义的实际情况,人力资源服务体系的建设目标是建立以公有制为主体、多种所有制并存的人力资源服务体系。

三是建立科学高效的人力资源服务监管体系。建立高效的监管体系的基本思路是推进"放管服"改革,做好政府监管。

(二)深化收入分配改革的主要措施

我国深化收入分配改革的主要措施有四种,即完善初次分配、健全再次分配、建立促进农民长效增收机制和规范收入分配秩序四个方面。完善初次分配主要在于增加居民获得收入的来源;健全再次分配在于通过转移支付、税收和社会保障缩小收入差距;由于农民总体收入水平较低,建立农民长效增收机制有利于实现农民收入持续增长,缩小社会总体收入差距;规范收入分配秩序在于缩小收入差距、鼓励合法致富。

1. 完善初次分配机制

初次分配的内容主要是劳动、资本、知识、技术、管理等生产要素按贡献参与收入分配。关于初次分配的机制主要包括以下四个方面。

一是完善劳动参与收入分配的机制。工资性收入是普通居民收入的重要来源,因此,完善劳动参与收入分配对普通居民增加收入具有重要意义。

党的十八大以后,完善劳动参与分配的思路主要有以下几个方面。第一,强化实施就业优先战略。就业优先战略包括以下具体策略:重点做好就业服务、就业职能培训、就业援助工作。第二,完善劳动参与分配的重点是扩大就业创业规模、创造平等就业环境和提升劳动者获取收入能力等。就扩大就业创业规模问题,中共中央、国务院连续出台了一系列鼓励创业就业的文件,为通过创业带动就业作出了系统的规划。第三,创造平等就业环境。这方面的措施主要有:鼓励有利于带动就业的行业和企业发展;运用综合政策支持重点就业群体就业;运用财政金融政策支持自主创业;完善事业单位和国有企业公开招聘活动。

二是改进劳动参与分配的机制。关于这方面主要有以下几种具体措施。第一,提高劳动者职业技能。提高劳动者技能是提高劳动者收入的重要方法。主要措施有:建立健全面向全体劳动者的职业培训教育制度,加大对职业教育的支持力度,免费向农民工提供职业教育和技能培训,完善社会化职业技能培训、考核、认证界定体系。第二,建立反映劳动力市场供求关系和企业经济效益的工资决定及正常增长机制,促进中低收入职工工资合理增长。具体措施包括:建立工资指导线制度、实时调整最低工资标准、推进工资集体协商制度、规范劳动派遣用工行为等。第三,加强对国有企业高管的薪酬管理。具体措施包括:对收入过高行业的国有或国有控股企业实行工资总额和工资水平双重控制,降低行业差距;控制国有企业高管工资增幅,降低企业内部工资差距;建立与企业领导人分类管理相适应、选任方式相匹配的企业高管人员差异化薪酬分配制度;通过完善公司治理抑制非国有企业高管的畸高薪酬。第四,完善机关事业单位工资制度。具体措施包括:适当提高基层公务员工资;调整工资结构,提高基本工资占比;提高艰苦边远地区的津贴标准;建立适合事业单位特点的工资制度等。

三是改善资本参与分配的机制。这类措施包括:第一,多渠道增加居民财产性收入。具体措施包括,落实上市公司分红制度,加强监管保护中小投资者利益;推行利率市场化改革,保护存款人利益;规范银行收费;丰富基金产品;支持有条件的企业实施员工持股计划等。第二,建立健全国有资本收益分享机制。扩大国有资本收益上缴范围,提高央企国有资本上缴比例。第三,完善公共资源占用及其收益分配机制;建立健全资源有偿使用制度和生态环境补偿机制,完善公共资源出让机制。

四是完善技术参与分配的机制。这一类措施包括:建立以实际贡献为评价标准的薪酬体系,对高层次、高技能人才实施灵活的工资政策,完善对高层次、高技能人才的津贴制度;建立有利于科技成果转化的分配政策;允许品牌、创意活动等参与收入分配。

2. 健全再次分配机制

再次分配机制主要包括转移支付、税收和社会保障三种形式。党的十八大之后,完善再次分配的重点主要有三个方面。

一是完善转移支付制度、调整财政支出结构、推进公共服务均等化。这一类措施主要包括:第一,集中更多财力保障和改善民生。具体包括:加大对教育、就业、社会保障、扶贫、保障性住房、医疗等领域的支出;进一步加大对老少边穷地区的财力支持;通过严控编制、严格控制"三公"经费预算,降低行政成本;提高财政对就业和社会保障的支出比重。第二,加大促进教育公平力度。具体措施包括:重点支持农村、边远、贫困、民族地区的教育;全面落实九年义务教育免费政策;完善对普通高中、普通本科、中等职业教育和高等职业教育家庭经济困难学生的国家资助政策;资助家庭困难的儿童、孤儿、残疾儿童接受学前教育;解决农民工随迁子女接受义务教育和参加中高考问题。

二是加强税收调节。这类措施具体包括:第一,加强个人所得税调节。具体措施包括,建立综合与分类相结合的个人所得税制度;完善对高收入者个人所得税的征收、管理和处罚措施;取消对外籍人士在个人所得税上的特殊免税待遇。第二,改革完善房地产税等。具体措施包括,完善对房产的保有、交易等环节的征税制度;扩大资源税征收范围、调高征税标准;调整消费税的税目和税率;适时开征遗产税。

三是建成全面覆盖城乡的社会保障体系。关于加强社会保障的措施主要有五个方面。第一,完善基本养老保险制度。具体措施包括:城镇职工基本养老保险全国统筹;提高农民养老保险参保率;完善城镇居民和新型农村社会养老保险制度;建立兼顾各类人员的养老保险待遇确定机制和正常调整机制;发挥商业保险作用;扩大社保基金筹集渠道等。第二,健全全民医保体系。具体措施包括:建立城乡统一的居民基本医疗保险制度;建立城乡居民大病保险制度和医疗救助制度;实现医疗费用异地结算;逐步增加人均基本公共卫生服务经费,提高基本公共卫生服务水平。第三,加大保障性住房供给。具体措施是建立市场配给与政府保障相结合的住房保障制度,加强对保障性住房的建设和管理。第四,加强对困难群体的救助和帮扶。具体措施是:通过逐步提高城乡居民最低生活保障水平、提高优抚对象抚恤补助标准、建立老人补贴制度、残疾人护理补贴制度和孤儿及困难儿童保障救助制度,保障各类困难群体的正常生活。第五,大力发展社会慈善事业。具体措施包括:培育慈善组织、支持社会个人举办公益事业、鼓励社会慈善捐赠、加强对慈善组织的监督等。

3. 建立促进农民长效增收机制

党的十八大之后,促进农民增收的方针转变为工业反哺农业、城市支持农村、城乡一体化发展,工业化、信息化、城镇化和农业现代化同步发展。

在这一背景下,促进农村收入增长的措施有:一是增加农民经营性收入。具体措施包括,第一,增加农民经营性收入。内容包括健全农产品价格保护制度,发展农业产业化经营、拓展经营领域,发展高效农业和特殊旅游业。第二,健全农业补贴制度。内容包括建立健全农业综合补贴稳定增长机制,完善林业、牧业和渔业扶持政策,扩大农业保险费补贴范围和提高补贴标准。

二是增加农民财产性收入。按照城乡一体化发展要求,增加农民合理分享土地收益。具体措施包括依法保护农民的土地财产权;允许农民依法流转土地经营权和承包权;保障农民宅基地用益物权;提高农民在土地征收过程中土地增值分享比例。

三是有序推进农业转移人口城市化。具体措施包括制定公开透明的城市农业转移人口落户政策,推进符合条件的农业转移人口逐步转为城镇居民;实施全国统一的居住证制度,实现城镇基本公共服务常住人口全覆盖。

4. 规范收入分配秩序

党的十五大报告提出规范收入分配秩序的原则是:保护合法收入、整顿不合理收入、取缔非法收入。① 党的十八届三中全会的决定指出:"保护合法收入,调节过高收入,清理规范隐性收入,取缔非法收入。"②党的十九大报告提出的原则是:"鼓励勤劳守法致富,扩大中等收入群体,增加低收入者收入,调节过高收入,取缔非法收入。"③

贯彻上述原则的具体措施主要包括以下几类:第一,完善收入分配领域立法,为依法治理收入分配问题提供法律保障。第二,通过健全工资支付保障机制、完善劳动争议处理机制等措施保护劳动者权益。第三,规范清理党政机关、事业单位、国有企业及国有控股企业高管人员等的工资外收入。第四,通过全面落实《领导干部报告个人有关事项规定》和规范领导干部离职、辞职或退(离)休后的个人从业行为,加强对领导干部的收入管理。第五,建立健全政府非税收入收缴管理制度,严格规范非税收入。第六,通过加强重点领域监督管理、严厉打击经济犯罪等方式打击取缔非法收入。第七,通过建立现代支付结算体系、完善机关和国有企事业单位发票管理和财务报销制度、建立健全社会信用体系和收入信息监测系统等措施建立现代支付和收入监测体系。④

三、提高就业质量和深化收入分配改革的基本经验

从宏观视角看,我国在提高就业质量问题上的主要经验在于:采取优先战略,这是从政策制定层面重视就业问题。运用市场机制解决问题,这一措施增进了就业服务的供给。提供就业水平和质量最终要以经济发展为基

① 《十五大以来重要文献选编》上,人民出版社 2000 年版,第 24 页。
② 《十八大以来重要文献选编》上,中央文献出版社 2014 年版,第 537 页。
③ 习近平:《决胜全面建成小康社会 夺取新时代中国特色社会主义伟大胜利——在中国共产党第十九次全国代表大会上的报告》,人民出版社 2017 年版,第 46 页。
④ 《关于深化收入分配制度改革的若干意见》,人民出版社 2013 年版,第 14~15 页。

础,只有经济不断增长,才能为全社会提供更多高质量的就业机会。深化收入分配改革的主要经验在于正确处理了几种关系:财富增加与分配的关系、政府调节与市场调节的关系、效率与公平的关系、收入分配改革与社会稳定、经济发展的关系。

(一)提高就业质量的基本经验

我国提高就业质量的基本经验主要是:制定促进就业的产业政策、利用市场机制促进就业、以经济发展促进就业增长。下文从这三个方面对我国提高就业质量的经验进行总结。

1. 确立就业优先的经济发展战略和相对完善的政策体系

我国官方文献首次正式提出促进就业的是《中华人民共和国就业促进法》(2008 年颁布实施,2015 年修正)。该法第二条和第四条明确规定了政府在促进就业方面的责任和贯彻促进就业的主要形式。[①]

党的十七大报告提出:"实施扩大就业的发展战略,促进以创业带动就业。就业是民生之本。"[②]报告不但再次确认了促进就业的重要性,将就业作为民生的根本,还进一步将扩大就业作为重要的经济社会发展战略,并将创业与就业联系起来作为实现就业的一个重要途径。《中华人民共和国国民经济和社会发展第十二个五年规划纲要》(2011 年发布)进一步提高了就业在国家发展中的地位,将促进就业进一步提升为"就业优先战略",规划的第三十一章标题就是"实施就业优先战略"。[③] 至此,就业优先战略正式成为我国经济发展的主要战略之一。

在确立就业优先战略的同时,促进积极就业的政策体系随着国内外经济形势的变化不断完善。

《中华人民共和国就业促进法》的颁布为系统实施就业促进提供了法律保障。同时,《国务院关于做好促进就业工作的通知》提出了实施积极就业的一系列措施,并提出了实施促进就业的主要措施,即重点做好就业服务、

---

① 《十六大以来重要文献选编》下,中央文献出版社 2008 年版,第 1143 页。

② 胡锦涛:《高举中国特色社会主义伟大旗帜　为夺取全面建设小康社会新胜利而奋斗——在中国共产党第十七次全国代表大会上的报告》,人民出版社 2007 年版,第 38 页。

③ 《中华人民共和国国民经济和社会发展第十二个五年规划纲要》,人民出版社 2011 年版,第 90 页。

就业职能培训、就业援助工作。

2008年，国际金融危机爆发，对我国国内经济发展和就业造成了较大冲击。在这一背景下，《国务院关于做好当前经济形势下就业工作的通知》出台，提出了通过实施扩大内需促进经济增长的方式解决就业问题的重要策略。同时，又从减轻就业负担、鼓励发展劳动密集型企业和中小企业、做好公共就业服务、做好农民工和高校毕业生等重点人群的就业工作等方面作出了针对性安排。这些措施的实施不但促进了我国经济的持续增长，还有效应对了国际金融危机对就业的冲击。

随着我国经济发展进入新常态，就业总量压力和结构性矛盾更加明显，面对这一形势，2015年，《国务院关于进一步做好新形势下就业创业工作的意见》出台，提出了通过实施深化行政审批制度和商事制度改革，推动大众创业、万众创新策略，以创业带动就业的方式促进就业。

2017年，由于经济结构转型的进一步推进，部分地区、行业和群体的失业风险上升，招工难和就业难矛盾加剧，《国务院关于做好当前和今后一段时期就业创业工作的意见》出台，提出了坚持支持新经济形态发展、解决好重点群体就业工作的具体措施。

2018年，面对国际贸易争端的影响和经济结构转型带来的经济下行压力对就业问题的影响，《国务院关于做好当前和今后一个时期促进就业工作的若干意见》出台，安排部署了通过支持企业稳定岗位、促进就业创业、强化培训服务实现就业稳定的措施。

2022年，《科技部等七部门关于做好科研助理岗位开发和落实工作的通知》印发，旨在指导各地做好科研助理岗位开发，吸纳2022届高校毕业生就业工作。

通过上述政策的制定和实施，我国实施就业优先的政策体系不断完善，取得了良好的实际效果。据《人民日报》报道，我国创业环境持续优化。据世界银行《2019年营商环境报告》，2018年中国开办企业便利度排名第28位，比2017年提高了65位。社会创业热情高涨，2018年全年日均诞生市场主体5.89万户，同比上升11.7%。其中，新登记私营企业627.62万户，新增就业3 410.02万人。在数量快速增长的同时，产业结构进一步优化，2018年新登记企业中,第一、第二、第三产业分别占比 2.6%、17.3% 和 80.1%。①

2. 完善市场机制建设促进人力资源市场健康发展

我国现行的就业制度起源于 20 世纪 80 年代初,在应对知青集中返城带来的城镇就业压力时,中央提出了"三结合"的就业原则,即"在国家统筹规划和指导下,实行劳动部门介绍就业、自愿组织起来就业和自谋职业相结合"②。与这一政策相配合,政府鼓励集体经济和个体经济发展。这就打破了传统的由全民所有制企业招工和国家"统分统配"的就业政策,为就业市场的出现提供了制度基础。20 世纪 80 年代中期以后,随着农村改革的发展,农村富余劳动力开始大量向城镇转移。改革开放后大量外资、合资、私有等多种所有制形式企业的用工制度也需要进一步规范。随着国企改革的深化,国家开始在各种形式的企业中推行劳动合同制,至 1995 年《中华人民共和国劳动法》颁布实施,劳动合同制在全国范围内普遍实行。劳动合同制在所有形式的企业中的普遍推行意味着所有人都有可能失业,农村劳动力大量向城市转移意味着城镇就业压力日益增加,传统的解决就业问题的方式已不能满足现实的需要,这就要求必须建立统一的人力资源市场来解决城镇居民和农民的就业问题。

我国人力资源市场建设的一个重要特点是做好顶层设计,根据形势变化不断总结经验,用法律法规及时推动实施。

党的十四届三中全会作出了《中共中央关于建立社会主义市场经济体制若干问题的决定》,对作为市场经济重要组成部分的劳动就业问题作出了规划,提出了建设"劳动力市场"的决定。③ 该决定为我国劳动力市场的建设指明了方向。

在这之后,劳动力市场建设法治化进程加快进行。1994 年中共中央组织部和人事部联合发布《加快培育和发展我国人才市场的意见》,对人才市场建设提出了系统的规划。以这一意见为肇始,我国的劳动力市场建设走上了法治化轨道。1995 年,《就业登记规定》和《职业介绍规定》颁布实施,对劳动市场建设的两个重要问题即就业登记和职业介绍进行规范;1995 年

---

① 何昕:《营商环境好了市场主体多了》,《人民日报》2019 年 2 月 15 日,第 10 版。
② 《改革开放三十年重要文献选编》上,人民出版社 2008 年版,第 222 页。
③ 《改革开放三十年重要文献选编》上,人民出版社 2008 年版,第 737 页。

《中华人民共和国劳动法》颁布实施,对就业和职业介绍进行了法律规范;1996年,人事部发布《人才市场管理暂行规定》;2000年,劳动和社会保障部颁布了《劳动力市场管理规定》,这是关于劳动力市场建设的具体规范。2002年,劳动和社会保障部、公安部、国家工商行政管理总局联合颁布《境外就业中介管理规定》,2003年,人事部、商务部、国家工商行政管理总局联合颁布《中外合资人才中介机构管理暂行规定》,这意味着劳动力市场的管理制度已经涵盖了国内国外,对劳动力市场建设管理进行了丰富和完善。2007年劳动和社会保障部颁布《就业服务与就业管理规定》,人力资源市场由劳动部门和人事部门分别管理改为统一管理,从此开始了统一的人力资源市场建设。2013年,人力资源和社会保障部发布了《关于加快推进人力资源市场整合的意见》,全国统一规范的人力资源市场正式开始建立。2018年,国务院颁布《人力资源市场暂行条例》,标志着统一规范的人力资源市场基本建成。

从基本内容来看,我国的人力资源市场建设主要包括以下内容。

一是市场准入问题。目前的政策是降低门槛,鼓励符合条件的社会力量参与人力资源市场建设。其重要表现就是最大限度减少行政许可,目前的人力资源服务只有一项行政许可,即人力资源服务许可证。同时我国取消了最低注册资本金限额,注册资本实缴改为认缴。对外资从事人力资源服务的限制也在放宽,允许外资在自贸区设置人力资源服务机构,其准入条件也进一步放宽。

二是业务范围。按照《人力资源市场管理暂行条例》规定,公共人力资源服务机构是由县级以上政府设立的,它免费提供下列服务:"人力资源供求、市场工资指导价位、职业培训等信息发布;职业介绍、职业指导和创业开业指导;就业创业和人才政策法规咨询;对就业困难人员实施就业援助;办理就业登记、失业登记等事务;办理高等学校、中等职业学校、技工学校毕业生接收手续;流动人员人事档案管理;县级以上人民政府确定的其他服务。"①经营性人力资源服务机构的业务范围是:"人力资源供求信息的收集

① 《人力资源市场暂行条例》,《人民日报》2019年3月23日,第7版。

和发布、就业和创业指导、人力资源管理咨询、人力资源测评、人力资源培训、承接人力资源服务外包等。"①

三是市场行为规则与监管。人力资源市场规则涉及个人、用人单位和人力资源服务机构。其基本要求是个人和用人单位发布信息要实事求是，人力资源服务机构在提供各种服务时要按照法律规定进行。市场监管主要采用事中事后监管，监督检查采用"两随机一公开"。按照企业诚信进行分类监管，要求人力资源服务机构提供年度经营报告。加强人力资源服务机构标准化建设。同时对监管部门的执法行为和程序进行严格的具体规定，并规定了相应的处罚措施。

人力资源市场的顺利发展离不开社会保险制度的完善，只有具备相对完善的社会保险制度，才能保障人力资源市场的正常运行。《中共中央关于建立社会主义市场经济体制若干问题的决定》在规划劳动力市场建设的同时，对社会保障体系建设进行了规划。首先，该决定确定了社会保障体系由社会保险、社会救济、社会福利、优抚安置和社会互助、个人储蓄积累保障五部分构成。其次，该决定提出了发展社会保障的基本原则：政策统一、管理法治化、保障水平与生产力水平和社会承受能力相适应、城乡有别。再次，该决定对社会保障的资金来源和保障方式作了规划。城镇职工养老和医疗保险金由单位和个人共同负担，实行社会统筹和个人账户相结合。失业保险费用由企业按职工工资总额一定比例统一筹交。普遍建立企业工伤保险制度。农民养老以家庭保障为主，与社区扶持相结合。建立农村合作医疗制度解决农民医疗保险问题。最后，该决定对社会保障管理机构的设立和运营进行了原则性的界定，即建立统一的社会保障管理机构，社会保障行政管理和社会保险基金运营相分离。② 从现在来看，这个决定还有一些不完美的地方，但是，它标志着与中国特色社会主义市场经济相适应的社会保障体系开始建立。

2011年，《中华人民共和国社会保险法》颁布实施，标志着中国特色的社会保障体系基本建成。根据《中华人民共和国社会保险法》，我国的社会

---

① 《人力资源市场暂行条例》，《人民日报》2019年3月23日，第7版。
② 《改革开放三十年重要文献选编》上，人民出版社2008年版，第741~742页。

保险体系有这样一些特点:首先是重视广覆盖、保基本、可持续。保险种类包括养老、医疗、失业、工伤、生育五种,其中,养老和医疗都是基本保险,即保证基本生活和医疗需要。养老、医疗、失业保险都需要个人负担一定比例。其中,领取失业保险金既有缴纳的年限限制,也有领取的最长时间限制。另外,设立社会保险基金,基本养老保险基金全国统筹,其他保险基金省级统筹。2018年,国务院决定建立养老保险基金中央调剂制度,实现养老保险的省级均衡。国家设立全国社会保险基金。上述制度设计保障了我国社会保险的广覆盖和可持续。其次是监管措施严格。其监督措施主要有这样几个方面:一是各级人大常委会可以对本地社会保险情况进行执法检查;二是社会保险行政部门可以对用人单位和个人遵守社会保险法规情况进行监督检查;三是财政部门、审计机关、社会保险行政部门都有权对社保基金的收支、管理、运营进行监督检查;四是各地的社保基金监督委员会对社保基金的收支、管理、运营情况和社保基金经办机构的工作情况进行监督;五是任何组织或者个人都有权对违反社会保险法律、法规的行为进行举报、投诉。

完善的人力资源市场还需要完备的公共就业服务体系。为了使公共就业服务能够得到切实落实,人力资源和社会保障部、国家发展和改革委员会、财政部联合颁布了《关于推进全方位公共就业服务的指导意见》,对如何做好公共就业服务进行了全面系统的规划。从这一意见所提出的措施来看,公共就业服务主要围绕如何提供全面的、平等的、高效的公共就业服务展开。

提供全面的公共就业服务主要依靠以下措施:一是对个人求职进行全程指导。主要按照求职者特点进行分类指导,对重点群体或就业困难的人士实行实名制登记、建档立卡,提供针对性服务。二是对用人单位的招工、用工、工资、合同规范等行为做全程指导,加强劳资矛盾调处,确保劳资关系和谐。三是对创业者提供全程服务,做好创业培训、开业指导、融资服务和政策落实等;四是对就业援助对象提供全程服务。由专人负责、确定明确的步骤和内容、提供个性化指导,确保其实现就业。

实现平等的公共就业服务主要有以下措施:一是对所有公民提供平等

的公共就业服务,包括持有中华人民共和国港澳居民居住证和中华人民共和国台湾居民居住证、港澳居民来往内地通行证和台湾居民来往大陆通行证的人员;二是对各类用人单位提供公共就业服务。对处于初创阶段和灵活用工的用工主体按一定程序提供就业服务。

实现高效便利的公共就业服务主要有以下措施:一是服务网点全覆盖,同时利用互联网技术实现服务业务线上线下皆可办理;二是实现服务标准化和智慧化,全面发挥信息化服务的优势;三是鼓励社会力量和专业机构提供专业化的公共就业服务,提高公共就业服务的层次和水平;四是对公共就业服务机构加强支持和组织领导,提高其服务专业化水平;五是针对特殊就业形势和群体,开展专项行动和专项服务,有针对性地解决问题;六是提供灵活多样的便民措施,方便个人和用人单位办理业务。

3. 坚持以发展经济的方式从根本上解决就业问题

就业实质上是一种参与社会财富分配的方式,也是大多数人获得社会财富的方式。就整体社会财富的来源来说,除战争和暴力掠夺之外,其方式只能是发展经济,使社会财富的总量不断增加,只有这样才能向社会持续分配财富。从就业来说,就是实现就业人数的不断增长。因此,实现就业增长的最根本方式是发展经济。关于经济增长与就业增长之间的关系,无论是理论还是实践都证实了两者之间的正相关性。

但是实现经济增长和就业增长的协调一致及正向反馈中间存在众多环节和变量,需要一系列制度安排才能实现经济增长和就业增长的相互循环促进。按照西方主流经济学观点,实现就业增长有几类主要措施,如提高科学技术水平、提高劳动力教育水平、增加投资、建立完善的人力资源市场、鼓励中小企业发展、建立保障水平合适的社会保险政策,这些政策都能在促进经济增长的同时促进就业增长。

我国促进经济增长和就业增长的战略在借鉴西方经验的同时,由于与西方发展道路不同、国情不同,因此,我国的政策也有自己的特点。我们这里主要分析我国在宏观政策层面发展经济和就业的战略。我国发展经济和就业的主要宏观战略可以简单概括为以经济建设为中心、坚持改革开放。在这一发展战略中,以经济建设为中心是目标和原则,改革开放是经济建设的手段。

我国在 20 世纪 70 年代末开始从计划经济向社会主义市场经济转轨,其重要内容主要表现在以下几个方面:在所有制上,建立以公有制为主体、多种所有制共同发展的所有制结构;在经济运行机制上,建立由市场发挥资源配置决定性作用的市场经济体系。这是"改革"在经济体制上的重要内涵。由于经济全球化的发展趋势和当时我国经济相对落后,因此,迫切需要通过对外开放加快经济发展。同时,基于对科学技术在社会发展中的重要作用的深刻认识,当时党中央提出了科教兴国的战略。

"以经济建设为中心"的发展策略最早可以追溯到党的十一届三中全会将全党工作重心转移到社会主义现代化建设的决定。党的十三大报告首先明确提出中国特色社会主义初级阶段的基本路线是"一个中心、两个基本点",其中的"一个中心"就是"以经济建设为中心"。① 党的十八大报告将"以经济建设为中心"作为中国特色社会主义道路的主要内容之一。因此,可以说党的十一届三中全会以后,"以经济建设为中心"成为我国主要的国家战略之一。

就就业问题来说,"以经济建设为中心"的发展战略促进了我国经济的快速增长,也促进了我国就业人口的不断增长。1978 年,我国 GDP 总量为 3 679亿元,人均 381 元,2018 年,GDP 总量为 82 万亿元,人均 59 660 元,GDP 总量增长了 224 倍,人均 GDP 增长 155 倍。② 经济的快速增长带动了就业的不断增长,据国家统计局数据,1978 年我国城乡就业人口总数为 40 152万,2017 年末,就业人员总量达到 77 640 万,比 1978 年增加37 488万,增长了 93%,平均每年增长 961 万。③ 这意味着通过发展经济带动就业发展策略的成功。

我国实现经济的持续发展,一个重要的发展战略就是实行从计划经济向市场经济转轨,建设社会主义市场经济体制,让市场发挥资源配置的决定

① 《中国共产党第十四次全国代表大会文件汇编》,人民出版社 1992 年版,第 8 页。
② 谢珍、张楠:《一图看懂中国经济 40 年巨变 GDP 总量增长了 224 倍》,《21 世纪经济报道》2018 年 5 月 26 日,第 1 版。
③ 国家统计局:《就业总量持续增长 就业结构调整优化——改革开放 40 年经济社会发展成就系列报告之十四》,《中国信息报》2018 年 9 月 13 日,第 1 版。

性作用。党的十四大正式决定:"在坚持公有制和按劳分配为主体、其他经济成分和分配方式为补充的基础上,建立和完善社会主义市场经济体制。"①市场经济体制对就业的影响是多方面的,最根本的影响是有利于市场主体的多元化,也就是有利于多种所有制形式企业主体的发展。多种所有制共同发展之所以能够带来就业的增长,主要源于国有企业负担较多的社会公平职能,其吸收就业的水平往往趋于降低。非国有单位补充了国有单位不愿做、不能做的行业,从而带来了大量就业机会,这就是非国有单位吸收就业的能力呈上升趋势的原因。以国家统计局发布的 2017 年就业统计数据为例,国有单位在 2010—2016 年的就业人数最高为 6 839 万(2012 年),最低为 6 170 万(2016 年),就业人数基本上呈微弱减少趋势。城镇集体单位就业人数也呈减少趋势,最高 603 万(2011 年),最低 453 万(2016 年)。而非国有单位中的就业人员增加了一倍以上。② 同时,人力资源市场建设本身也会形成一个新的产业,即人力资源服务业。据《2020 年度人力资源和社会保障事业发展统计公报》的数据:截至 2020 年末,人力资源服务机构达 4.58万家,从业人员 84.33 万。

我国实现经济发展的另一个战略是科教兴国。"科教兴国,是指全面落实科学技术是第一生产力的思想,坚持教育为本,把科技和教育摆在经济社会发展的重要位置,增强国家的科技实力及向现实生产力转化的能力,提高全民族的科技文化素质,把经济建设转到依靠科技进步和提高劳动者素质的轨道上来,加速实现国家繁荣强盛。"③

从科教对就业的影响效果来看,一般认为,科技水平和劳动力素质的提高具有两面性,即短期内由于科技水平和劳动者素质提高会导致生产效率的提高,出现对劳动力的排挤效应,导致失业增加。但从长期来看,由于科技水平和劳动者素质的提高,会导致新的产业出现,同时会使原有产业内的分工更加细致,这两方面都会带来就业的增加,从而抵消由于旧产业的衰退

① 《十四大以来重要文献选编》上,人民出版社 1996 年版,第 11 页。
② 国家统计局人口和就业统计司编:《中国人口和就业统计年鉴 2017》,中国统计出版社 2017 年版,第 20 页。
③ 《江泽民文选》第 1 卷,人民出版社 2006 年版,第 428 页。

或消失所带来的就业减少。科教发展对经济发展及就业最重要的影响是科教带来的产业结构的优化和变迁。根据配第、克拉克、库兹涅茨等人的理论，科技发展带来生产效率的提高，导致农业人口过剩并向工业部门转移，从而带来工业的发展，技术的进一步发展将导致工业生产效率提高，从而出现工业劳动力过剩，工业过剩的劳动力开始向服务业转移，从而促进服务业发展。其趋势是在一定阶段之后，农业和工业对劳动力的需求保持相对稳定，服务业成为吸收劳动力最多和最主要的行业。因此，科技和教育的发展是促进产业结构优化，从而不断增加就业的根本动力，这也是发达国家普遍重视科技和教育的根本原因。

从实践效果看，我国的科教兴国战略取得了极大的成功。我国的产业结构和就业结构不断优化。目前，服务业已经成为我国第一大产业和经济增长的主要动力，据国家统计局官网数据："1978—2021年，第三产业增加值从905亿元增长到609 679.7亿元，第三产业占GDP的比重从24.6%上升至53.3%，对国民经济增长的贡献率从28.4%上升至54.9%。"同时，就业总量在不断增长的同时，就业结构也不断优化，服务业已经成为吸纳就业的主要渠道。1978—2021年，服务业就业人员由4 890万增长到35 868万。2021年，服务业已成为我国就业市场的主体，就业人员占全部就业人员的比重为48.05%，高于第二产业18.97个百分点。

在我国的发展战略中，对外开放是一个基础性的发展战略。其重要作用有这样几个方面：一是通过引进资金技术使我国跟上世界科技发展的潮流；二是通过借鉴国外经济社会发展的经验教训确立合理的现代化发展战略。对就业来说，引进资金技术的直接意义就是增加投资和提高生产力，不仅直接能促进就业增长，同时有利于产业结构优化。另外，对外开放打开了国际市场，商品销售市场扩大，有利于增加生产规模和就业。据国家统计局官网数据，2021年我国实际利用外资17 348 000万美元，比2020年增长2 911 100万美元。根据国家市场监督管理总局官网数据，2021年，我国新设外商投资企业6.1万户，同比增长23.3%。根据国家统计局官网数据，从2012年至2020年，港澳台商投资单位城镇就业人员和外商投资单位城镇就业人员从2 215万增加到2 375万。由出口贸易、对外投资和经济合作所带来的就业数量更是难以统计。总之，仅从就业效应来说，对外开放战略有极大的促进作用。

（二）深化收入分配改革的基本经验

我国深化收入分配改革的经验主要在于正确处理了以下几种关系：一是坚持在做大"蛋糕"的基础上分好"蛋糕"。二是在公平与效率的关系问题上，兼顾公平与效率。三是坚持市场调节和政府调节有机结合。四是坚持改革、发展与稳定的统一，进行渐进式的改革。

1. 收入分配要建立在发展的基础上

在整个社会生产活动中，分配只是整个生产环节即生产、交换、流通、分配四个环节中的一环。因此，分配只能是对已经生产出来的财富的分配。从整个社会生产的角度来说，要解决好分配问题，必须处理好两个关系：一是社会能够不断创造出更多的财富，即做大"蛋糕"；二是社会能够建立公平与效率相统一的分配机制，即分好"蛋糕"。因此，解决分配的根本原则就是既要做大"蛋糕"又要分好"蛋糕"。虽然两者之间存在互动关系，但就两者的逻辑关系来说，做大"蛋糕"显然是分好"蛋糕"的前提。

正是基于对生产和分配关系的正确认识，中国共产党一直重视发展问题。关于发展重要性的代表性观点，如邓小平指出："发展才是硬道理。"[①]"中国解决所有问题的关键是要靠自己的发展。"[②]不仅如此，邓小平还将发展水平与社会主义本质和社会主义优越性联系在一起。邓小平指出："社会主义的本质，是解放生产力，发展生产力，消灭剥削，消除两极分化，最终达到共同富裕。"[③]习近平指出："发展是人类社会永恒的主题……作为一个拥有13亿多人口的世界最大发展中国家，发展是解决中国所有问题的关键，也是中国共产党执政兴国的第一要务。"[④]

正是基于对发展重要性的认识，中国共产党一直在探索高质量发展的途径，经过40多年的探索，形成了科学发展观、新发展理念等发展思想。在

---

① 《邓小平文选》第3卷，人民出版社1993年版，第377页。

② 《邓小平文选》第3卷，人民出版社1993年版，第265页。

③ 《邓小平文选》第3卷，人民出版社1993年版，第373页。

④ 习近平：《致"纪念〈发展权利宣言〉通过三十周年国际研讨会"的贺信》，《人民日报》2016年12月5日，第1版。

具体的经济战略上,中国共产党先后提出了科教兴国战略、人才强国战略、可持续发展战略、区域协调发展战略、创新驱动战略、乡村振兴战略、军民融合战略等。在这些发展思想和战略的指引下,中国经济实现了高速发展,在经济高速发展的同时,居民收入水平快速增长。1978 年至 2019 年,国民总收入从 1978 年的 3 678.7 亿元增长到 2019 年的 988 528.9 亿元,增长了 268.7 倍。从 1979 年至 2019 年,国民总收入 40 年间年均增长率为 9.4%。1978 年,全国居民人均可支配收入从 1978 年的 171 元增长到 2019 年的 30 733 元,增长了 180 倍。1979 年至 2019 年,全国居民人均可支配收入年均增长率为 8.4%。①

从经济增长到居民可支配收入增长的一个重要机制是就业增长,就业是实现居民可支配收入增长的重要途径。正是基于这一判断,党的十七大报告提出了实施扩大就业的发展战略。② 这一发展战略被写入 2008 年颁布的《中华人民共和国就业促进法》,该法详细规定了实施促进就业的主体、方式和内容。③《中华人民共和国国民经济和社会发展第十二个五年规划纲要》进一步提高了就业在国家发展中的地位,将促进就业提升为"就业优先战略"。④ 党的十八大之后,针对国内经济形势的新变化,国务院又制定了一系列促进就业的措施,这些措施丰富完善了就业优先战略。

在坚持以发展为中心和坚定实施就业优先战略的影响下,中国就业人口和就业率也在增长。1978 年,全国就业人口总数为 40 152 万,2019 年全国就业人口总数为 77 471 万,就业人数增长 1.93 倍。1979 年至 2019 年,全国就业人口年均增长率为 1.6%。其中,第一产业就业人口从 28 318 万下降到 2019 年的 19 445 万。1979 年至 2019 年,第一产业就业人口年均下降率为 0.9%。第二产业就业人口从 1978 年的 6 945 万上升到 2019 年内的

① 国家统计局社会科技和文化产业统计司编:《中国社会统计年鉴 2020》,中国统计出版社 2020 年版,第 4～5 页。

② 胡锦涛:《高举中国特色社会主义伟大旗帜 为夺取全面建设小康社会新胜利而奋斗——在中国共产党第十七次全国代表大会上的报告》,人民出版社 2007 年版,第 38 页。

③《十六大以来重要文献选编》下,中央文献出版社 2008 年版,第 1143 页。

④《中华人民共和国国民经济和社会发展第十二个五年规划纲要》,人民出版社 2011 年版,第 90 页。

21 305 万。1979 年至 2019 年,第二产业就业人口年均增长率为 2.8%。第三产业就业人口从 1978 年的 905.1 万上升到 2019 年的 36 721 万。1978 年至 2019 年,第三产业就业人口年均增长 5.0%。[1]

除实施就业优先战略之外,我国还不断扩大改革开放,通过改革开放吸引了大量国外投资和民间投资。1979—2019 年,我国累计吸引外商直接投资(不含银行、证券、保险领域)20 343 亿美元。1978—2018 年,我国年进出口总额从 206 亿美元增长到 4.6 万亿美元,比 1978 年增长了 223 倍。[2] 从就业人口看,2015—2019 年,在外商投资单位、港澳台投资和私营个体单位的就业人员均保持在 4 亿左右,2019 年为 42 886 万。[3] 简言之,改革开放战略的成功实施极大地促进了我国就业和居民收入的增长。

2. 坚持公平和效率紧密结合的收入分配原则

保持经济的可持续发展给公平合理的收入分配提供了物质基础,但做好收入分配还要确立既有利于提高效率又能够增进公平的收入分配原则及相应的制度。对我国来说,建立公正合理的收入分配制度意义重大。第一,合理的分配结构有利于扩大消费需求,促进经济发展方式转变。第二,解决分配不公,防止收入差距过大,有利于维护社会公平和社会和谐稳定。第三,完善收入分配制度,需要处理好政府与市场、劳动与资本、城市与农村等重要关系,这是完善社会主义市场经济体制的重要内容。第四,解决好收入分配问题,是实现全体人民共享发展成果的要求,是社会主义本质的体现。[4] 因此,确立效率和公平相统一的收入分配原则是至关重要的一环。我国确立的公平和效率相统一的收入分配原则经历了一个逐步完善的过程。

1949 年至 1956 年,由于实行新民主主义经济政策,因此我国存在国营经济、个体经济、合作社经济、私人资本主义经济及国家资本主义经济等多

---

① 国家统计局社会科技和文化产业统计司编:《中国社会统计年鉴 2020》,中国统计出版社 2020 年版,第 4~5 页。

② 《辉煌 70 年》编写组:《辉煌 70 年:新中国经济社会发展成就(1949—2019)》,中国统计出版社 2019 年版,第 12 页。

③ 国家统计局社会科技和文化产业统计司编:《中国社会统计年鉴 2020》,中国统计出版社 2020 年版,第 105 页。

④ 《关于深化收入分配制度改革的若干意见》,人民出版社 2013 年版,第 5 页。

种经济成分,在分配方式上是多种分配方式并存。当时,我国在国有经济和合作社经济中开始实行具有按劳分配性质的工资制和工分制,在个体经济和资本主义经济中还主要是按资本分配。

1956 年社会主义改造完成之后,1957—1978 年,在所有制上只有生产资料公有制一种形式,在分配方式上也只有按劳分配一种形式。在城市实行的是工资分配制度,在农村实行的是工分制的分配制度。这一时期的分配制度有利于积累工业化所需的资金,对我国的工业化发展起到了很大促进作用。但是,由于分配形式单一,且在分配中广泛存在平均主义的倾向,导致了劳动效率较低。

1978 年我国确立了以经济建设为中心、实行改革开放的基本路线,分配方式开始转向坚持按劳分配、克服平均主义的方向发展。1978 年至 1987 年,这一时期收入分配的主要制度是:在农村实行联产承包责任制,在城市企业中实行以承包为主要形式的经济责任制,同时,允许一部分地区和一部分人先富起来。①

1987 年,党的十三大报告明确了以按劳分配为主体的多种分配方式,强调了允许一部分人先富起来,同时强调了共同富裕的重要性。② 党的十四大报告对党的十三大的主张作了进一步凝练,即"要以按劳分配为主体,其他分配方式为补充,兼顾效率与公平"③。

党的十五大报告对党的十四大报告的提法做了改进:一是在按劳分配与其他分配方式的关系上,党的十五大报告提出"坚持按劳分配为主体、多种分配方式并存的制度"④;二是明确提出了允许和鼓励资本、技术等生产要素参与收益分配;⑤三是在公平与效率问题上,提出了"坚持效率优先、兼顾公平"⑥。

党的十六大报告对收入分配制度进行了深化,主要表现在以下方面:一

---

① 《十二大以来重要文献选编》中,人民出版社 1986 年版,第 578 页。
② 《江泽民文选》第 1 卷,人民出版社 2006 年版,第 52 页。
③ 《江泽民文选》第 1 卷,人民出版社 2006 年版,第 227 页。
④ 《十五大以来重要文献选编》上,人民出版社 2000 年版,第 24 页。
⑤ 《十五大以来重要文献选编》上,人民出版社 2000 年版,第 24 页。
⑥ 《十五大以来重要文献选编》上,人民出版社 2000 年版,第 24 页。

是在其他分配方式上进一步明确了劳动、资本、技术和管理等生产要素按贡献参与分配的原则；二是在公平效率关系上，在坚持效率优先、兼顾公平的原则下，提出了"再分配注重公平"的要求；三是在分配格局上提出了"以共同富裕为目标，扩大中等收入者比重，提高低收入者收入水平"①的主张。

党的十七大报告在收入分配制度上的深化表现在以下几个方面：一是在公平与效率关系上提出"初次分配和再分配都要处理好效率和公平的关系，再分配更加注重公平"②。二是在分配格局上提出了"逐步提高居民收入在国民收入分配中的比重、提高劳动报酬在初次分配中的比重"③。三是在收入结构上提出增加居民财产性收入。四是明确提出了扭转收入分配差距过大趋势的要求。④

党的十八大报告在收入分配制度上的新变化有：一是在收入分配格局上提出了"两个同步"，即"努力实现居民收入增长和经济发展同步、劳动报酬增长和劳动生产率提高同步，提高居民收入在国民收入分配中的比重，提高劳动报酬在初次分配中的比重"⑤。二是在分配机制上提出"加快健全以税收、社会保障、转移支付为主要手段的再分配调节机制"⑥。

党的十九大报告在收入分配制度上的新变化有：一是在分配格局上提出了"两个同时"，这是对党的十八大报告提出的"两个同步"的进一步发展；二是在处理公平和效率关系上提出了"促进收入分配更合理、更有序"的要求；三是在分配调节机制上提出"完善政府再分配调节职能"的要求，这是对党的十八大提出的"健全再分配调节机制"的进一步发展。⑦

上述过程表明：从社会主义制度建立起，我国就一直坚持公平与效率相统一的收入分配原则。1956—1978 年，由于具体的体制原因，社会主义制度的优越性没有充分得到发挥，按劳分配的原则没有得到切实的贯彻执行，影

---

① 《江泽民文选》第 3 卷，人民出版社 2006 年版，第 550 页。
② 《胡锦涛文选》第 2 卷，人民出版社 2016 年版，第 643 页。
③ 《胡锦涛文选》第 2 卷，人民出版社 2016 年版，第 643 页。
④ 《胡锦涛文选》第 2 卷，人民出版社 2016 年版，第 643 页。
⑤ 《胡锦涛文选》第 3 卷，人民出版社 2016 年版，第 642 页。
⑥ 《胡锦涛文选》第 3 卷，人民出版社 2016 年版，第 642 页。
⑦ 习近平：《决胜全面建成小康社会　夺取新时代中国特色社会主义伟大胜利——在中国共产党第十九次全国代表大会上的报告》，人民出版社 2017 年版，第 46~47 页。

响了人民群众的积极性和创造性,导致人民群众的收入水平增长较慢。这一时期虽然收入分配较为公平,但是创造财富的效率较低。

从党的十三大到党的十六大,我国确立了以按劳分配为主体、多种分配方式并存的分配方式。在处理效率与公平问题上,我国开始将效率置于公平之上,在分配机制上更多侧重于发挥市场的收入分配作用。这一时期收入分配问题上的一个重要特征就是收入差距过大,共同富裕的原则没有得到有效坚持。

从党的十七大开始,我国在公平和效率问题上开始强调二者兼顾,同时,在收入分配调节机制上强调发挥政府的再分配作用。这意味着共同富裕原则得到切实重视,在理念上共同富裕原则发展为共享原则,在制度和政策上促进共享的政策制度不断出台,党和政府开始对收入差距过大问题进行系统治理。

综合中国特色社会主义的实践,从具体机制来说,我国实现效率和公平相统一分配原则的机制包括两个方面。

一是建立社会主义市场经济体制。具体来说,完善的社会主义市场经济体制包括以下几个方面的制度:第一,坚持公有制为主体,多种所有制经济共同发展。第二,建立产权、市场准入、公平竞争等制度。第三,建立要素市场化配置体制机制。第四,建立政府管理和服务机制体制,具体表现为实施经济调节、市场监管、社会管理、公共服务、生态环境保护的职能。第五,实施民生保障的制度。第六,建设开放型经济体。第七,维护社会主义市场经济的法律制度。① 社会主义市场经济体制的建立为提高资源配置效率提供了具体的实现机制,有效克服了单纯依靠计划或政府配置资源导致的效率低下等弊端,大幅增加了生产主体和资源供给,极大提高了生产者的积极性,为生产效率的提高提供了根本制度支撑,从而也为更合理有序的收入分配提供了物质保障。

二是按照社会主义市场经济的需要转变政府服务职能。从实践来看,转变政府职能的内容主要有以下几个方面:第一是建立职责明确、依法行政

---

① 《中共中央国务院关于新时代加快完善社会主义市场经济体制的意见》,人民出版社 2020 年版,第 5~25 页。

的政府治理体系。第二是持续优化、市场化、法治化、国际化营商环境。第三是提高决策科学化、民主化、法治化水平。第四是推进政务服务标准化、规范化、便利化，深化政务公开。① 政府职能设置和履行情况对完善社会主义市场经济体制、保证社会公平都有极大的影响。因此，政府职能设置既关系到社会财富生产效率问题，也关系到保障社会公平问题，是实现收入分配效率与公平相统一的重要手段。

从实践效果看，在经济持续增长的背景下，2008 年以后，全国居民收入基尼系数呈下降趋势；从 2011 年开始，城乡居民可支配收入比不断下降；2000 年以后，城镇居民人均可支配收入最高省份与最低省份收入倍差、农村居民人均可支配收入最高省份与最低省份收入倍差都呈现下降趋势；从 1978 年起，区域内差距呈现出缩小的趋势，东、中、西部各省（自治区、直辖市）人均收入最高值和人均收入最低值之比均呈现下降趋势。实践表明，我国现行的收入分配原则是正确的。

3. 不断完善市场调节与政府调节相统一的收入分配调节机制

《中共中央关于建立社会主义市场经济体制若干问题的决定》提出要使市场在国家宏观调控下对资源配置起基础性作用。② 关于收入分配问题，决定提出，建立以按劳分配为主体，效率优先、兼顾公平的收入分配制度。③ 这意味着对收入分配的调节由以往以政府调节为主转变为由政府和市场调节相结合。在市场调节与政府调节的关系问题上，党的十八届三中全会通过的《中共中央关于全面深化改革若干重大问题的决定》进一步提出"使市场在资源配置中起决定性作用和更好发挥政府作用"④。之所以强调市场调节与政府调节的结合，一是市场配置资源是市场经济的一般规律；二是市场失灵现象存在，只有依靠恰当的政府调节，市场才能发挥科学配置资源的作用。

在社会主义市场经济体制下，由于允许劳动、资本、技术、管理、土地、知识和数据等生产要素参与收入分配，意味着上述生产要素的配置由市场调

---

① 《中共中央关于制定国民经济和社会发展第十四个五年规划和二〇三五年远景目标的建议》，人民出版社 2020 年版，第 20 页。
② 《十四大以来重要文献选编》上，人民出版社 1996 年版，第 621~622 页。
③ 《十四大以来重要文献选编》上，人民出版社 1996 年版，第 520~521 页。
④ 《十八大以来重要文献选编》上，中央文献出版社 2014 年版，第 513 页。

节。例如,对于劳动,在遵守相关法律规定的条件下,用人单位具有用工自主权,可以自主决定劳动者的聘用、工作岗位和劳动报酬等;劳动者也有选择用人单位和工作性质的自主权。同样,资本、技术等生产要素的所有者有权根据市场供需状况,自主决定这些生产要素的使用领域、方式并取得相应的报酬。

在不断完善市场配置资源方式的同时,从党的十四届三中全会开始,我国也在不断探索完善政府调控的方式。具体到收入分配问题,党和政府调节收入分配的体制机制不断完善。党的十四届三中全会通过的《中共中央关于建立社会主义市场经济体制若干问题的决定》中提出的分配机制是:坚持按劳分配为主、多种分配方式并存;引入竞争机制、克服平均主义;鼓励一部分人先富起来,通过先富带后富,最终实现共同富裕。关于调节收入分配的主要方式,该决定列举了建立工资正常增长机制、个人所得税制度、打击非法收入、建立多层次的社会保障体系等方式。[1] 从党的十九大报告关于收入分配的表述看,收入分配机制发展为:"坚持按劳分配原则,完善按要素分配的体制机制,促进收入分配更合理、更有序。鼓励勤劳守法致富,扩大中等收入群体,增加低收入者收入,调节过高收入,取缔非法收入。"[2]关于调节收入分配的主要方式,按照国务院批转的《关于深化收入分配制度改革的若干意见》的表述,主要有财政转移支付、税收和社会保障体系三大类。除这些常规方式之外,实践中还有针对特定群体的具体制度。

按照扩大中等收入群体、增加低收入者收入、调节过高收入、取缔非法收入的标准进行划分,目前我国政府调节收入分配的具体制度主要有以下内容。

一是提高低收入者收入的制度。国家"十一五"规划第五章专门规划了增加农民收入的措施。"十一五"规划提出了三类增加农民收入的措施:挖农业增收潜力;增加非农收入;完善增收减负政策。具体政策如取消农业税,增加涉农补贴。国家"十二五"规划中涉及农民收入的措施是创造条件

---

① 《十四大以来重要文献选编》上,人民出版社 1996 年版,第 534~535 页。

② 习近平:《决胜全面建成小康社会 夺取新时代中国特色社会主义伟大胜利——在中国共产党第十九次全国代表大会上的报告》,人民出版社 2017 年版,第 46 页。

增加城乡财产性收入。国家"十三五"规划提出了收入分配的"双增"原则,即坚持居民收入增长和经济增长同步、劳动报酬提高和劳动生产率提高同步。国家"十四五"规划中直接关系到农民增收的措施有:提高农民土地增值收益分享比例;实施包括农民工为重点的扩大中等收入群体行动计划;实施高素质农民培育计划,提高农民运用农业农村资源和现代经营方式增加收入能力。

二是扩大中等收入群体的制度。第一,建立企业工资正常增长机制。从各地具体的实施措施看,主要有以下几方面。(1)通过实施集体工资协商制度和落实企业工资指导线实施方案备案、审核制度,改革工资形成机制。(2)通过企业合理安排工资增长幅度、建立健全企业工资支付监控制度、建立企业工资正常增长机制。(3)全面落实最低工资保障制度。(4)通过规范企业津贴、工时制度和完善劳动定额管理制度健全企业管理标准体系。(5)完善预防企业拖欠工资的长效机制。① (6)调整公务员工资标准。2015 年国办发〔2015〕3 号文件转发《人力资源社会保障部 财政部关于调整机关工作人员基本工资标准的实施方案》。这一实施方案的主要措施有以下内容:首先是提高工资标准,将部分规范津贴补贴分别纳入基本工资和技术岗位工资,规范津贴发放标准。其次是提高处于试用期的公务员工资标准。最后是建立基本工资正常调整机制。具体包括建立工资调查比较制度,通过定期调查比较公务员和企业人员的工资水平,确定公务员的工资标准;建立定期调整机关工作人员基本工资标准的制度。第二,健全国有资产收益分配制度。这一制度具有提高低收入者收入和扩大中等收入群体双重作用。关于国有资产收益分配制度,国家"十二五"规划提出的措施有:建立国有土地、海域、森林、矿产等公共资源出让收益全民共享机制,出让收益主要用于公共服务支出。扩大国有资本收益上缴范围,提高上缴比例,统一纳入公共财政。② 国家"十三五"规划提出的措施是:增加财政民生

---

① 山东省人民政府(鲁政发〔2007〕52 号)印发的《关于加强企业工资宏观调控健全职工工资正常增长机制的意见》。

② 《中华人民共和国国民经济和社会发展第十二个五年规划纲要》,人民出版社 2011 年版,第93 页。

支出,公共资源出让收益更多用于民生保障,逐步提高国有资本收益上缴公共财政比例。[①] 国家"十四五"规划提出的措施是:完善国有资本收益上缴公共财政制度,加大公共财政支出用于民生保障力度。[②] 第三,允许生产要素按贡献参与分配。生产要素按贡献参与分配是增加居民收入、形成合理分配格局的重要措施。党的十四大提出"以按劳分配为主体,其他分配方式为补充"的原则之后,党的十四届三中全会进一步提出"允许属于个人的资本等生产要素参与收益分配",至党的十九届四中全会,劳动、资本、技术、管理、土地、知识和数据等生产要素都可以参加收入分配。这些要素参与收入分配,扩大了居民增加收入的来源,同时有利于扩大中等收入群体。

三是调节过高收入的制度。第一,控制国有企业高管的薪资水平。党的十八届三中全会提出了要合理确定并严格规范国有企业管理人员薪酬水平、职务待遇、职务消费、业务消费的要求。2014 年 8 月 29 日,中共中央政治局审议通过了《中央管理企业负责人薪酬制度改革方案》《关于合理确定并严格规范中央企业负责人履职待遇、业务支出的意见》。这两个文件的主要内容是:一是对央企、国企负责人的职务行为和待遇进行明确界定,强化行政管理;二是根据企业性质设置不同的薪酬标准和考核标准;三是薪酬方式与央企负责人选任方式相匹配。其核心内容就是限定行政任命的央企高管人员及部分垄断性的高收入行业的央企负责人薪酬水平,缩小央企内部分配差距。第二,完善个人所得税制度。关于这一制度,国家"十一五"规划的措施是:实行综合与分类相结合的个人所得税制度,在涉及个税问题时,国家"十三五"规划又强调了这一制度;国家"十二五"规划提出的措施是:合理调整个人所得税税基和税率结构,提高工资薪金所得费用扣除标准,减轻中低收入者税收负担,加大对高收入者的税收调节力度,逐步建立健全财产税制度;国家"十四五"规划提出:健全直接税体系,完善综合与分类相结合的个人所得税制度,加强对高收入者的税收调节和监管。从上述措施看,

① 《中华人民共和国国民经济和社会发展第十三个五年规划纲要》,人民出版社 2016 年版,第 159 页。

② 《中华人民共和国国民经济和社会发展第十四个五年规划和二〇三五年远景目标纲要》,人民出版社 2021 年版,第 145 页。

完善个人所得税不仅涉及税基、税率结构，还涉及税制体系，如以直接税为主或者以间接税为主，对个人收入有较大影响。第三，规范收入秩序。综合运用法律、行政和技术手段，保护劳动者合法收入，规范党政机关、事业单位、国有企业及国有控股企业高管人员等的工资外收入及政府机关的非税收入，严厉打击经济犯罪等。

从实践效果看，在保持经济继续增长的情况下，我国低收入者收入增长速度快于其他群体的收入增长速度，城乡、区域和行业收入差距都呈现出减小的趋势，这表明我国调节收入分配的制度是成功的。随着直接税体系的完善，我国的收入差距问题将会进一步降低，共同富裕原则将得到全面的贯彻。

4. 坚持渐进式收入分配改革

我国的收入分配改革走的是渐进式的发展道路。之所以要采取渐进式的收入分配改革方式，是因为在社会主义改造完成至改革开放初期，由于不存在生产资料私有制，经济运行机制及相应的法律法规都是围绕生产资料公有制及计划经济体制安排的。在由计划经济向市场经济转轨的同时，法律法规、政府职能及人们的思想观念都要随之改变。这一切决定了建立完善的社会主义市场经济体制是一个长期的过程。收入分配问题作为社会主义市场经济体制的一个重要环节，是无法独立于社会主义市场经济体制建设过程而单兵突进的。因此，我国的收入分配只能走渐进式的改革之路。

在改革初期，西方人士曾对我国的渐进式改革提出异议，认为渐进式改革是不能成功的，主张施行"休克疗法"。事实证明实行"休克疗法"进行经济转轨的苏联和东欧国家都遭受了巨大挫折，而我国通过渐进式改革不但实现了顺利的经济转轨，而且在经济高速增长的同时避免了政治和社会动荡。究其原因，"休克疗法"的观点是对经济问题的狭隘理解，主张"休克疗法"的人不懂得一个社会的经济体制与社会的其他组成部分是密切相关的，没有其他方面的配套改革，单纯改变经济体制或者快速地改变经济体制都是不可行的。

我国收入分配改革走渐进式发展道路表现在以下几个方面。

一是主张逐步实现共同富裕。在改革开放初期，我国人均收入水平很低,在世界上属于贫穷国家。1978 年中国城乡居民人均可支配收入只有171 元,其中城镇居民人均可支配收入为 343 元,农村居民人均可支配收入为 134 元,在世界人均国民总收入排名中居于 179 位。[①] 由于长期受计划经济所形成的平均主义思想影响,劳动者积极性和创造性发挥不足。同时,由于各地资源禀赋不同,发展的基础也有较大差别。基于这一考虑,邓小平提出了"一部分地区、一部分人可以先富起来,带动和帮助其他地区、其他的人,逐步达到共同富裕"[②]。事实证明,在经济水平较低的状况下,不可能在短期内实现共同富裕,正确的方法只能是采取措施先增加社会财富总量,然后在此基础上逐步实现共同富裕。

二是分阶段解决收入分配中的重大问题。在社会主义市场经济建立初期,由于计划经济导致的平均主义思想影响,因此,第一阶段的任务主要是真正实现按劳分配、克服平均主义。为此,我国在农村推行了家庭联产承包责任制,在城市推行以承包制为核心的企业经营机制改革。党的十四大至党的十七大,随着社会主义市场经济体制的建立,伴随着经济高速发展,我国人均可支配收入也快速提高,但是收入差距过大问题也日益凸显。2008年全国居民收入基尼系数为 0.491,属于严重分配不公水平。因此,这一阶段要解决收入差距过大问题。为此,这一时期在分配原则上开始强调效率与公平兼顾,并陆续出台了区域协调发展战略、取消农业税、开征个人所得税、社会保障体系城乡全覆盖等政策来解决收入差距过大问题。党的十七大开始从深层体制机制层面治理收入分配不公问题。在理念上将共同富裕原则发展为共享理念,并将共享理念具体分解为全面共享、渐进共享、发展共享。具体制度包括:推进教育公平、基本公共服务均等化战略、乡村振兴、城乡一体化发展、基本养老保险全国统筹、加大扶贫力度等。

三是逐步提高工资和社会福利水平。工资和社会福利水平应该与经济发展水平相适应,过高的工资和社会福利水平难以保证经济可持续发展,也难以维持高水平的工资和社会福利。因此,从决定建立社会主义市场经济

---

① 《辉煌 70 年》编写组:《辉煌 70 年:新中国经济社会发展成就(1949—2019)》,中国统计出版社2019 年版,第 46~47 页。

② 《邓小平文选》第 3 卷,人民出版社 1993 年版,第 149 页。

体制起,《中共中央关于建立社会主义市场经济体制若干问题的决定》就提出,在工资水平上,要坚持"国有企业在职工工资总额增长率低于企业经济效益增长率,职工平均工资增长率低于本企业劳动生产率增长的前提下"自主决定工资分配水平和方式①;"社会保障水平要与我国社会生产力发展水平以及各方面的承受能力相适应。"②针对现实中劳动分配占比过低问题,党的十八大报告提出了"两同步"原则,即"努力实现居民收入增长和经济发展同步、劳动报酬增长和劳动生产率提高同步"③。在社会保障问题上,党的十八大报告提出的方针仍然是可持续原则,即"要坚持全覆盖、保基本、多层次、可持续方针,以增强公平性、适应流动性、保证可持续性为重点,全面建成覆盖城乡居民的社会保障体系"④。

总之,坚持渐进式改革,统筹发展稳定和改革是我国改革的重要经验,也是进行收入分配改革的重要经验。

---

① 《十四大以来重要文献选编》上,人民出版社,1996 年版,第 534~535 页。
② 《十四大以来重要文献选编》上,人民出版社,1996 年版,第 535 页。
③ 《胡锦涛文选》第 3 卷,人民出版社 2016 年版,第 642 页。
④ 《胡锦涛文选》第 3 卷,人民出版社 2016 年版,第 642 页。

第四章　健全多层次社会保障体系

社会保障与人民群众的幸福安康息息相关,被称为民生的安全网和社会的稳定器,是全社会应对风险和危机的坚实盾牌,更是凝聚民心和坚定信心的重要基础,甚至直接关系到社会的长治久安。有鉴于此,习近平指出:"按照兜底线、织密网、建机制的要求,全面建成覆盖全民、城乡统筹、权责清晰、保障适度、可持续的多层次社会保障体系。"①这一科学论断,为我国社会保障体系的建立和完善提供了根本遵循,并指明了正确的发展方向。诸如党的十九届五中全会通过的《中共中央关于制定国民经济和社会发展第十四个五年规划和二〇三五年远景目标的建议》(简称《建议》),就是我们党和政府经过多年不懈努力,在社会保障方面业已取得重大成就的基础之上,动员社会力量着重对以健全覆盖全民、统筹城乡、公平统一、可持续等为主要内容的多层次社会保障体系作出的战略性安排。

一、 全面实施社会参保制度

习近平指出:"全面实施全民参保计划。"②这是根据我国多年的社会保险实践、在借鉴国外关于社会保障有益经验基础上得出的科学结论。实施全民参保计划并不断地完善相关体制机制,就是要以全覆盖、保基本、有弹性和可持续为长远发展方向,建立健全统筹城乡的多层次社会保障体系,特别是要把适应流动性、增强公平性和保证可持续性作为其重点。

(一)完善城镇职工和居民基本养老保险制度

新中国成立以来,特别是党的十一届三中全会以来,我国的养老保险制度经过不断地探索和完善,目前已基本形成中国特色的覆盖城乡的多层次养老保险制度体系。参保范围不断扩大,基本养老保险覆盖近 10 亿人,待遇水平逐步提高,为城乡居民生活提供了有效的保障。但我国的养老保险制度仍存在诸多亟待解决的问题,诸如多层次的养老保障体系发展滞后、人

---

① 《十九大以来重要文献选编》上,中央文献出版社 2019 年版,第 33 页。
② 《十九大以来重要文献选编》上,中央文献出版社 2019 年版,第 33 页。

口老龄化对基本养老保险制度可持续运行冲击加大,以及社会保险管理服务能力需要提升等。因而各级党委、政府和社会保障部门要坚持覆盖广泛、水平适当、结构合理和基金平衡等原则,进一步完善城镇职工和城乡居民基本养老保险制度,采取行之有效的措施,尽快实现居民养老保险全国统筹,并要加快养老保险制度结构性改革,特别是要构建公平和可持续的养老保险制度,以有效应对我国人口老龄化发展趋势。

我国实行的社会统筹与个人账户相结合的城乡居民基本养老保险体制机制,经过多年的实践证明是行之有效的,应该继续坚持和不断完善。个人缴费、集体补助和政府补贴有机结合的资金筹措渠道还要进一步拓宽和充实,基础养老金与个人账户养老金相结合的待遇支付政策也应不断巩固和完善,采取切实有效的措施,优化长缴多得、多缴多得的激励机制。探索建立正常调整机制来有效调节基础养老金,充分运用现代信息化服务网络体系来不断提高社会保险管理水平,切实让参保居民充分享受到更方便和快捷的服务。全国力争在国家“十四五”规划时期全面实现新农保、城居保和职工基本养老保险制度的有机统一,着力推进以公平、统一和规范为主要内容的城乡居民养老保险制度体系如期建成,并在此基础上进一步加深与社会救助和社会福利等其他社会保障政策的相互融合。与此同时,继续发挥传统家庭养老等社会保障方式的积极作用,让已经参保的城乡居民的老年基本生活得到充分的保障,并随着经济社会的进一步发展而得到大幅度的提升。

因为个人缴费、集体补助和政府补贴三者构成了城乡居民基本养老保险基金,所以按规定足额缴纳养老保险费就成为业已参加城乡居民养老保险对象的应尽义务。各省(自治区、直辖市)亦可按照各自经济社会发展水平的实际情况来合理确定缴费档次,但是缴费档次的最高标准原则上不应该超过该地方业已参加职工基本养老保险的灵活就业人员的年缴费额。此外,各级各地还要将有关措施报人力资源和社会保障部登记备案,其后人力资源和社会保障部要会同财政部等有关部门对此进行详细讨论研究,特别是要根据城乡居民收入实际增长等情况适时对缴费档次标准进行合理调整,让参保对象自主选择缴费档次,并有义务向他们宣传实行多缴多得和少缴少得的政策。

有条件的诸如村集体经济组织,应当根据经济发展水平对参保人员缴费给予适当补助,其后村民委员会应根据有关精神召集村民会议进行充分讨论研究,合理确定补助标准,还要鼓励和支持条件具备的社区在筹集资金时把集体补助纳入社区公益事业范围之内,提倡和鼓励其他社会经济组织、公益慈善组织和个人等为参保人员缴费提供资助,但补助和资助的金额不应超过当地确定的最高缴费档次标准。

政府应该全额支付符合领取城乡居民养老保险待遇条件的参保对象基础养老保险金,其中我国中西部和东部地区的经济发展水平不同,因而财政部要根据实际情况给予其资金补贴。各级地方人民政府应当根据当地实际情况对参保人员缴费给予一定程度的补贴,对选择最低档次标准缴费的和选择较高档次标准缴费的应区别对待,具体标准和办法由各级人民政府自行确定,但对重度残疾人等特殊群体,地方人民政府应为其代缴部分或全部最低标准的养老保险费。

社会养老保险制度体系的一个基本特征是互助共济,因而统筹范围愈大、层次更高,养老保险基金抵抗风险的能力也就越强。更重要的是,我国目前已经进入人口老龄化加速时期,夯实应对人口老龄化的社会财富积累和储备基础,离不开健全和完善的基本养老保险制度体系。再加上我国各地区经济发展水平不同,城镇居民基本养老保险基金储备分布不均衡,这就导致不同省份应对养老保险基金支出风险的能力差别较大。有鉴于此,党和政府应加快推进养老保险全国统筹步伐,扩大基金储备风险池,更要从体制机制上进一步保证我国社会保障制度的可持续性,增加制度积极应对人口老龄化的韧性和内生平衡能力。这是一项立足当前、着眼长远的重大战略措施。我国现阶段已逐步建立起养老保险基金中央调剂制度,从而在一定程度上提高了全国范围内养老保险基金抵御风险的能力,特别是为下一阶段实现养老保险全国统筹奠定了较为坚实的基础。

城乡居民养老保险机构有关人员经办能力的强弱,直接关系到社会养老保险制度体系的巩固和完善。因此,各省(自治区、直辖市)应根据中央有关精神并结合本地实际情况,大力加强城乡居民养老保险经办机构人员的思想道德建设和素质能力提升,诸如广泛汇聚社会力量不断充实和加强基层经办队伍建设,特别是要加大整合现有社会保险经办管理资源和现有公共服务资源的力度,切实做到管理科学和服务便捷;邀请高等院校及其他有关机构社会保险领域的专家学者对城乡居民养老保险工作人员进行经常性的专业培训,并建立健全相关的培训体制机制,着力采用诸如政府购买服务方式和现代管理模式,竭尽全力降低行政费用、大力提高社会保险经办效率,使公共服务水平进一步得到提升。社会保险经办机构的工作人员要对社会参保对象的缴费和领取待遇等情况进行详细记录,特别是要对参保档案材料进行妥善保管,并形成相关的体制机制。各级地方人民政府,除了对社会保险机构必要的工作场地、设施设备和经费保障等给予有力的支持,还要在年度预算中把城乡居民养老保险工作经费纳入其中,并根据实际情况适时予以增加,特别是不能把城乡居民养老保险基金挪作他用,并且省市财政部门对确有困难的基层地区可酌情给予适当补助。

考虑到网络信息化在社会保险领域所发挥的积极作用,各级各地要以现有城居保和新农保业务管理系统为基础,大力加强社会保险网络信息化平台建设,力争形成覆盖全省(自治区、直辖市)的城乡居民养老保险信息管理系统,并与公民其他信息管理系统实现信息资源共享,还要在条件许可的地方将信息网络向基层扩展,就是要努力使联网互通涵盖省、市、县(区)、乡镇(街道)、行政村(社区),最终实现社会保障卡全国一卡通,让全网式和全流程的方便快捷服务惠及所有参保对象,切实提高社会保险公共服务水平。

城乡居民养老保险基金管理和运营是否有效,直接关系到这笔资金能否保值增值,因而各级各地相关职能部门要加强城乡居民养老保险基金运作和监管,保证充分实现其保值增值目标。各级各地在业已把城居保和新农保基金整合为城乡居民养老保险基金的基础之上,要建立健全各项业务管理规章体制机制,诸如不断完善城乡居民养老保险基金财务统计制度。各级各地政府社会保障基金财政专门款项,应把城乡居民养老保险基金纳入其中,实行专款专用,收支应有明确的规定,并且要独立核算和单独记账,严禁任何地区、部门、单位和个人等擅自挪作他用和虚报冒领等。至于实现基本养老保险经费全国统筹目标,各级各地要在把城乡居民养老保险基金进行整合的基础上,根据实际采取行之有效的办法,努力促使其早日实现。

因为对社会养老保险基金实行有效监管是十分必要的,所以各级人力资源和社会保障部门要会同财政、审计等有关部门切实担负起监督和管理职责,并使之制度化和常态化,诸如建立健全专门管理和资金核查体制机制,主要对资金的筹集、上缴、存储、发放和管理等环节进行全过程监督和核查,同时根据有关规定实行信息公开,广泛接受社会各阶层、组织和个人等的监督。财政部门和审计部门要切实履行自身的职责,对基金的收支、管理和投资运营等情况实施全过程监督,如果发现有虚报冒领、挤占挪用和贪污浪费等违纪违法行为,应向司法机关举报并按国家有关法律法规严肃处理。应积极进行资金监管试点工作,诸如探索和吸收基层居民代表对社会保险基金进行监督,使相关信息真正做到公开化,各项制度确实在监管中运行。

实施渐进式延迟法定退休年龄的问题,已在《建议》中提出。所谓渐进式,可能会是提前向社会公布延迟退休年龄方案,让在业的公众有一个心理适应期或过渡期后才会正式实施,还可能是延迟法定退休年龄不会在短期内一步调整到位,而是通过一年延迟几个月的渐进方式来逐渐调整到位。这一建议和实施办法目前正在广泛征求意见和讨论完善中,并且关于建立健全灵活就业人员社会保障制度的问题,也在《建议》中有所提及。近年来随着我国经济社会的快速发展,新兴产业和行业等不断出现,催生了诸如快递员、网约车司机和外卖配送员新兴就业形态。这些行业的从业人员服务于某个平台企业,但没有与之建立严格的劳动关系,又不能将这种劳动关系简单归结为劳务关系,如何为他们建立社会保障就成为一个急需解决的问题。因而《建议》明确指出,党和政府将在某些方面进行制度设计,制定一些新的政策和举措,诸如率先解决他们最急迫的养老、医疗和工伤保障问题,其后根据实际情况逐步扩大保障范围。退役军人服务体系和保障制度的问题也在规划《建议》中被提了出来,即党和政府将要在"十四五"时期在退役军人服务体系和保障制度方面制定更多实际措施,使得退役军人抚恤优待等保障待遇得到切实落实,真正体现军人的职业尊崇度,提升军人的职业荣耀感。

《建议》提出,我国将在已有保险种类的基础上建立一个新的社会保险险种——长期护理保险,这种长期护理保险主要解决的是老年人失去行为能力或半失去行为能力后照护费用的来源问题,是有效应对我国人口老龄化的重大举措。目前,我国老年人在失去或半失去行为能力之后,更多的是依靠家庭成员来照护,即低龄老年人照顾高龄老年人,或者成年的子女照顾他们的长辈。但是随着家庭结构日益小型化和核心化,照护压力会不断增加。因而我们必须尽快建立长期护理保险制度,专门为老年人失去或者半失去行为能力之后享受社会化和市场化的长期照护服务筹资,等到老年人实际失去行为能力后,再通过长期护理保险基金为其支付购买长期照护服务的费用。稳步建立长期护理保险制度,事关国家发展全局,事关亿万百姓福祉,党和政府要立足当前、着眼长远,加强顶层设计,完善生育、就业、养老等重大政策和制度,做到及时应对、科学应对和综合应对。有关部门目前要采取切实有效的措施,积极进行长期护理保险制度的试点工作,就是尽力使老年人拥有快乐和幸福的晚年,年轻人有可预期的未来。《建议》认真总结各地长期护理保险试点经验,进一步明确制度定位、筹资来源、保障对象、保障范围等,推动建立全国统一的长期护理保险制度。

党和政府要着力增强全社会积极应对城乡居民养老保险的思想观念,要在全社会开展养老保险国情教育和政策法规教育,引导全社会增强接纳、尊重、帮助老年人的关爱意识和老年人自尊、自立、自强的自爱意识。要着力完善养老保险政策制度,把养老保险工作作为党和国家的一项重要工作来研究,借鉴国际社会有益经验,主要是做好顶层设计,不断完善养老保险家庭赡养和扶养、社会救助、社会福利、社会优待、宜居环境和社会参与等政策,增强政策制度的针对性、协调性和系统性。"要积极发展养老服务业,推进养老服务业制度、标准、设施、人才队伍建设,构建居家为基础、社区为依托、机构为补充、医养相结合的养老服务体系,更好满足老年人养老服务需求。要培育老龄产业新的增长点,完善相关规划和扶持政策。"①要着力发挥养老保险人员的积极作用,诸如充分发挥他们的优良品行在家庭教育中的潜移默化作用和对社会成员的言传身教作用,以及在化解社会矛盾、维护社

---

① 《习近平关于社会主义社会建设论述摘编》,中央文献出版社 2017 年版,第 92 页。

会稳定中的经验优势和威望优势。要着力健全养老保险工作体制机制,就是要适应时代要求创新思路,推动养老保险工作向主动应对老年人各种需求转变,诸如日常饮食、医疗、健康、体育、娱乐和文化休闲,总的来说,就是全力提高老年人的物质和文化生活水平,"让所有老年人都能老有所养、老有所依、老有所乐、老有所安"①,有一个幸福的晚年。要完善党委统一领导、政府依法行政、部门密切配合、群团组织积极参与、上下左右协同联动的养老保险工作机制,形成养老保险工作大格局。

(二)完善医疗保险制度

完善医疗保险制度是建立社会保障体系的一项重要内容,不仅直接关系到人民的身心健康,而且对顺利实现健康中国战略目标及维护社会和谐稳定等,都具有重大影响。因而我们党和政府多年来致力于医疗保障建设,采取诸多行之有效的措施,广泛动员社会力量形成强大的社会资源合力,着力把新型农村合作医疗制度和城镇居民基本医疗保险有机整合起来,根据各地实际情况大力推动医药卫生方面的体制改革,诸如推进更加公平的医疗保障、更加规范的医疗管理服务和更加有效的医疗资源利用,不断完善全国统一的城乡居民基本医保制度体系,并在减轻群众就医负担及增进民生福祉等方面取得了显著成就,为我们进一步推动医疗保险制度改革、促进国家经济社会协调发展,并进而努力建设社会主义现代化强国奠定了重要基础。

在深化医药卫生体制改革问题上,党和政府主要是加强顶层设计和宏观统筹,制定和完善相关重大政策。各级各地和医疗保险相关职能部门贯彻落实党和政府的总体要求,根据实际情况,按照循序渐进及先易后难的原则,以全覆盖、保基本、多层次和可持续为深化医药卫生体制改革的根本指导方针,加大整合新农合制度和城镇居民医保的力度。全民医疗保障体系发展和深化医疗卫生体制改革要把整合城乡居民医保制度纳入其中,采取有效措施合理安排和统筹规划,有效推进医保、医疗和医药这三个方面实现既能有机统一又能良性互动,推动基本医保、大病保险、医疗救助、疾病应急

---

① 《习近平关于社会主义社会建设论述摘编》,中央文献出版社 2017 年版,第 83 页。

救助和商业健康保险等方面更好地相互衔接,并且要建立健全相关的体制机制,进一步强化制度的整体性、系统性和协同性。

深化医药卫生体制改革、完善医疗保险制度要充分考虑各方面因素的影响,诸如各级各地经济社会发展水平、城乡居民基金承受能力及家庭支出、负担因素,根据各地实际情况进行科学设计和精准分类施策。要实现城乡居民医保制度的可持续发展,还要充分考虑并采取诸多行之有效的措施不断缩小诸如城乡差距和区域差异,使城乡居民充分享受公平的基本医疗保障待遇,促进其身心健康发展。各级各地的实际情况不同,所采取的措施也应有所差别,因而医疗保险有关职能部门应该在科学分析研判的基础上,妥善和周密制订行动措施,特别是应加强医保整合前后的衔接工作,确保衔接工作平稳有序、医保基金安全及相关制度顺利运行等。政府主导医疗保险的责任要切实落实,运行管理体制机制应不断完善,管办分开的有效措施应真正付诸实施,支付方式的改革创新要不断推进,特别是医保资金的使用效率和相关部门的经办管理服务的水平要着力提升,在此前提下还应充分发挥市场机制在资源配置中的积极作用,以大力调动整个社会力量和动员一切资源参与基本医疗保障服务。

由于各地区经济社会发展水平不同,其参保的范围也不尽相同,这是正常现象。要根据实际采取有效措施,逐步统一和规范城乡居民医保范围,特别是农民工和灵活就业人员等,也应按照有关法律和政策规定参加职工基本医疗保险。参保方式在各级政府相关部门指导下要不断加以完善,实行应保尽保,特别是要尽量避免重复参保现象的出现。以个人缴费和政府补助相结合为主的筹资办法是我国过去多年来医疗保障的主要资金来源,各级各地医保机构应在继续完善这一资金筹措体制的基础上,进一步拓宽医保资金筹资渠道,并采取得力措施使之多样化,诸如广泛动员社会力量给予积极支持或资助。目前城乡居民的医疗保障主要包括基本医保和大病保险两方面,并且这两方面的需求应做到收支平衡,因而各地医保机构及相关部门要以此为依据进行积极筹措,具体标准应按照当地经济社会发展实际水平来合理确定。如果存在情况比较特殊的情况,诸如缴费标准差距较大的区域和群体,可在调查研判的基础上结合实际,采取不同于其他地区的差别缴费办法,但实际个人缴费和人均筹资不得低于现有水平。各地应根据经济社会发展水平和各方承受能力建立和完善筹资动态调整机制,明确政府和个人的筹资责任,当政府提高补助标准的时候,个人缴费的比重也相应提高。参保对象需要的住院和门诊医药费用主要从城乡居民医保基金中支出,其具体运作原则是保障适度和收支平衡,这样就能够使城乡居民保障待遇均衡,并且要逐步统一保障范围和支付标准,政策所规定的范围之内的支付比例与实际支付比例间的差距也应逐步缩小,其目标就是要为参保对象提供更好且公平的基本医疗保障。

各省(自治区、直辖市)及相关职能部门应严格遵守国家已经制定的基本医保用药管理和基本药物制度相关条款,诸如根据临床必需、安全有效、价格合理、技术适宜和基金可承受原则,推进城乡居民医保药品和医疗服务项目目录逐步实现统一,并且药品和医疗服务支付范围等也要明确标明,还应该根据经济社会发展实际水平对参保群体的需求变化适时进行动态调整,切实做到有控有扩和有增有减,以及药品种类基本齐全和保障结构总体合理。要采取切实有效的措施,诸如科学制定统一的城乡居民医保定点机构管理政策,建立健全区域性的管理机构,对公立医疗机构和非公立医疗机构实行同等程度的监管办法,并使这种管理制度化和常态化,与此同时,要建立健全考核评价机制和动态化的准入和退出机制。各级各地要把城乡居民医保基金作为财政资金的重要组成部分,设立专门的财政社保专户,根据国家统一制定的会计制度、基金财务制度和基金预决算管理制度等进行有效管理,并且要切实做到城乡居民医保基金独立核算、专款专用和专户管理,不允许任何单位、组织和个人挪作他用。要保障医疗保险资金的有效运转,迫切需要各级各地医疗保险管理部门尽快建立健全基金运行风险预警体制机制,随时对可能发生的基金风险进行研判和防范,充分提高医疗保险基金的使用效率。因为对医疗保险资金进行内部监督和社会监督同等重要,所以医疗管理机构要强化和完善基金内部审计制度,确保基金收支使用情况和参保群体就医结算费用信息公开,还应加强民主监督、社会监督和舆论监督等。逐步理顺医保管理体制是大势所趋,鼓励和支持条件许可的地方先行一步,主要是应加强基本医保行政管理部门职能的统一,还要定期进行绩效考核,进一步完善经办机构的内外部监督制约机制。医保管理部门服务手段和管理办法要不断改进,其运行机制也应适时完善,优化经办流程并使之更有序化,充分提高服务水平和管理效率。各级各地还可根据实际情况并借鉴其他地区的有益经验,灵活创办多种行之有效的经办服务模式,诸如引入竞争机制,实行管办分开,并且以确保基金安全和有效监管为前提,政府和相关职能部门可尝试以购买服务的方法委托具有合法资质的社会组织参与基本医保的经办服务,形成有效的社会合力。

各经办地有关部门要贯彻执行国务院颁布的相关文件精神,把医疗保障所涉及的基金管理、统一待遇政策、就医结算和完善信息系统等内容作为工作的重心,根据当地客观实际,稳步推进市级或地级城乡居民基本医疗保障制度在统筹方面取得进展,同时医保关系转移接续和异地就医结算服务工作等也应跟上。各县或区的经济发展和医疗服务水平发展不一样,各市或地区要以此为根据分类施策,进行差别化的指导,统筹兼顾并对其基金实行分级分类管理,充分调动县或区级政府及相关经办管理机构基金管理的积极性和主动性,有条件的地方可尝试进行省级统筹。要不断整合和完善现有信息管理系统,诸如切实做好城乡居民医保信息系统与参与经办服务的商业保险机构信息系统必要的信息交换和数据共享,推动城乡居民医保信息系统和定点机构信息系统、医疗救助信息系统等的业务协同和信息共享,确保城乡居民医保制度顺利发展和功能进一步拓展,同时要注重信息安全和患者信息隐私保护等。

鉴于要不断完善医保支付方式,医保经办部门与医疗机构及药品供应商等的协商谈判和风险共担体制机制要稳步建立健全,医保支付标准要透明合理,定点医疗机构的服务行为要进一步规范,不合理增长的医疗费用要加强控制和取缔。积极推动建立分级诊疗制度,诸如逐步形成基层首诊、双向转诊、急慢分治和上下联动的就医新程序,鼓励和支持城镇参保居民和基层医疗机构及全科医师开展签约服务,并制订合理且有差别的支付政策和措施。卫生计生行政部门、各级医保经办机构应在原先协议管理的基础上,充分运用信息化服务手段,制定和实施城乡居民医保服务监管办法,加强医疗服务监管、规范医疗服务行为,形成对医疗服务的监控长效机制,进而稳步推进医保智能审核和实时监控有机结合,促进合理诊疗和合理用药,最大限度地保障人民群众的身体健康。

党的十八大以来,党中央和国务院大力实施健康中国战略,坚持以人民健康为中心的医疗保险发展理念,加快建设覆盖全民、城乡统筹、权责清晰、保障适度和可持续的多层次医疗保障体系,并通过统一相关制度、完善医保政策、建立健全医保运行机制、大力提升服务质量,使医疗保障的公平性和有效性不断增强、医保基金适用性购买作用得到充分发挥、医疗保障和医药服务体系高质量快速协同发展,健康中国战略进一步深入人心,人民群众由此拥有更多的获得感、幸福感和安全感。采取行之有效的措施应保尽保和保障基本,既要尽力而为又要量力而行,努力作到基本医疗保障依法依规覆盖全民,并根据经济社会发展实际水平确定医疗保障的范围和标准。科学确定筹措医保资金的范围和水平,坚持既稳健又持续并防范风险的政策,切实落实各方缴费责任,加强统筹兼顾和适当安排,确保医保基金可持续增长。以促进公平和筑牢底线为基础,着力强化机制建设,使公平制度化,根据各地实际情况逐步缩小不同群体之间的待遇差距,加强贫困群众的基础性和兜底性保障能力。坚持创新管理和提高质量、增加效益,充分发挥市场机制的决定性作用,特别是要更好地发挥政府的作用,提高医疗保障管理的社会化、法治化、标准化和智能化水平。坚持系统高效,增强医保、医疗、医药联动改革的整体性、系统性、协同性,切实保障人民群众获得高质量、有效率和能负担的医药服务。党和政府明确提出,医疗保障制度到 2025 年要更加成熟定型,基本完成待遇保障、筹资运行、医保支付、基金监管等重要机制和医药服务供给、医保管理服务等关键领域的改革任务。到 2030 年,全面建成以基本医疗保险为主体,医疗救助为托底,补充医疗保险、商业健康保险、慈善捐赠、医疗互助共同发展的医疗保障制度体系,待遇保障公平适度,基金运行稳健持续,管理服务优化便捷,医保治理现代化水平显著提升,实现更好保障病有所医的目标。

首先,鉴于公平适度的待遇保障是增进人民健康福祉的内在要求,要推进法定医疗保障制度更加成熟定型,健全重特大疾病医疗保险和救助制度,统筹规划各类医疗保障高质量发展,根据经济发展水平和基金承受能力稳步提高医疗保障水平。诸如完善基本医疗保险制度,实行医疗保障待遇清单制度,健全统一规范的医疗救助制度,完善重大疫情医疗救治费用保障机制,促进多层次医疗保障体系发展。鉴于合理筹资和稳健运行是医疗保障制度可持续的基本保证,要健全稳健可持续的筹资运行机制,建立与社会主义初级阶段基本国情相适应、与各方承受能力相匹配、与基本健康需求相协调的筹资机制,切实加强基金运行管理,加强风险预警,坚决守住不发生系统性风险的底线。鉴于医保支付是保障群众获得优质医药服务、提高基金使用效率的关键机制,要建立管用高效的医保支付机制,聚焦临床需要、合理诊治、适宜技术,完善医保目录、协议、结算管理,实施更有效率的医保支付,更好地保障参保人员权益,增强医保对医药服务领域的激励约束作用。诸如完善医保目录动态调整机制,创新医保协议管理,持续推进医保支付方式改革。医疗保障基金是人民群众生命的根本保障,健全严密有力的基金监管机制,必须始终把维护基金安全作为首要任务。要织密扎牢医保基金监管的制度笼子,着力推进监管体制改革,建立健全医疗保障信用管理体系,以零容忍的态度严厉打击欺诈骗保行为,确保基金安全高效、合理使用。医药服务供给关系人民健康和医疗保障功能的实现,要协同推进医药服务供给侧改革,充分发挥药品、医用耗材集中带量采购在深化医药服务供给侧改革中的引领作用,加强政策和管理协同,保障群众获得优质实惠的医药服务。医疗保障公共管理服务关系亿万群众切身利益,要优化医疗保障公共管理服务,完善经办管理和公共服务体系,更好地提供精准化、精细化服务,提高信息化服务水平,推进医保治理创新,为人民群众提供便捷高效的医疗保障服务。诸如优化医疗保障公共服务,高起点推进标准化和信息化建设,加强经办能力建设,持续推进医保治理创新。

其次,加强党的领导,是医疗保险制度顺利进行的根本保证。各级党委和政府要把医疗保障制度改革作为重要工作任务,根据各地客观实际制定切实可行的政策措施,还要将落实医疗保障制度改革纳入保障和改善民生的重点任务,确保改革目标如期实现。城乡居民基本医疗保障制度健全完善和治理水平稳步提升等,关系到亿万参保群众的切身利益和健康福祉,因而各级政府和相关部门要高度重视，精心组织实施，确保整合工作平稳推进，诸如加强组织领导、明确工作进度和责任分工及做好宣传工作。整合城乡居民医疗保障制度是深化医疗改革的一项重要任务，关系到城乡居民切身利益，以及具有涉及面广和政策性强等特征，因而各级政府和各有关部门要切实按照全面深化改革的战略布局要求，充分认识做好这项工作的重要意义，加强领导和精心组织，确保整合工作平稳有序地推进，并且各省级医改领导小组要加强统筹协调，及时研究解决整合过程中出现的新问题。各省（自治区、直辖市）要根据国务院的统一规定对整合城乡居民医疗保障工作作出科学规划和部署，明确时间表和路线图，建立健全工作推进和考核评价体制机制，严格落实部门责任制，确保各项政策措施落实到位。着手综合医改试点的省（自治区、直辖市）还应出台具体实施方案，将整合城乡居民医保作为重点改革内容之一，加强与医改其他工作的统筹协调，全面有序推进。各地人力资源和社会保障部门及卫生计生部门等要完善相关政策措施，加强城乡居民医保制度整合前后的衔接工作，各职能部门也要大力协同推进，建立部门之间信息沟通和协同推进机制，以增强工作的系统性、整体性、协同性。

最后，各级各地有关部门还要加强正面宣传和舆论引导工作，及时准确地解读有关政策，着力宣传各地有益的经验和做法，妥善回应社会公众合理关切，积极引导社会预期，并提前做好重要事项风险评估，制定应对预案。如果遇到重大情况，应及时逐级报告上级有关部门，努力营造城乡居民医保制度整合的良好氛围。

（三）完善失业和工伤保险制度

失业和工伤保险制度是国家有关部门通过立法强制实施，由政府部门、企业主体和社会力量等集中建立基金，向中断就业和因工伤失去工资收入的劳动者提供一定时期的物质帮助和再就业服务的制度，是我国社会保险制度的重要组成部分，也是我国积极就业政策的有机组成部分。我国失业和工伤保险制度自建立以来，始终紧紧围绕党和国家的中心工作，服务改革发展稳定大局，着力保障失业和工伤人员的基本生活，促进其再就业，维护社会稳定，不断健全制度功能，助力各项重大改革，在我国经济社会发展的不同历史阶段,都发挥了重要积极作用。失业和工伤保险制度的好坏,直接关系到国家经济和社会发展大局,因而习近平指出,要"完善失业、工伤保险制度"①。

我国境内各类企业应依照国务院和各有关部门的规定缴纳失业保险费用,以充分保障失业人员失业期间的基本生活,促进其再就业,进而保持社会和谐稳定。人力资源和社会保障部主管全国的失业保险工作,县级以上地方各级人民政府人力资源和社会保障部门主管本行政区域内的失业保险工作,按照国务院规定设立的经办失业保险业务的社会保险经办机构依照本条例的规定,具体承办失业保险工作。

失业保险基金由城镇企事业单位和城镇企事业单位职工缴纳的失业保险费、失业保险基金的利息、财政补贴及依法纳入失业保险基金的其他资金构成。城镇企事业单位和职工缴纳的比例有所不同,城镇企事业单位招用的农民合同制工人本人不缴纳失业保险费。失业保险基金的统筹和统筹层次由省(自治区、直辖市)人民政府根据客观实际规定,并可相应建立失业保险调剂金,在本地区失业保险基金出现缺额时,由失业保险调剂金和地方财政给予补贴。各行政区域失业保险费的费率,由省(自治区、直辖市)人民政府根据本行政区域失业人员数量和失业保险基金数额,作出适当调整并报经国务院批准。

失业保险基金用于各类企事业单位人员失业保险金、领取失业保险金期间的医疗补助金、领取失业保险金期间死亡的失业人员的丧葬补助金和其供养的配偶和直系亲属的抚恤金、领取失业保险金期间接受职业培训和职业介绍的补贴及国务院规定或者批准的与失业保险相关的其他费用,其具体费用补贴办法和标准由省(自治区、直辖市)人民政府规定。失业保险基金按照国务院有关规定必须存入财政部门在国有商业银行开设的社会保障基金财政专门用户,还实行收支两条线管理,并且失业保险基金所取得的利息并入失业保险基金,由财政部门依法严格进行管理和监督。失业保险基金专款专用,不得挪作他用,也不能用于平衡各级政府财政收支。失业保

① 《十九大以来重要文献选编》上,中央文献出版社 2019 年版,第 33 页。

险基金收支的预算和决算,由省(自治区、直辖市)统筹地区的社会保险经办机构科学编制,经同级主管部门复核、同级财政部门审核,报同级人民政府审批后执行。

失业人员符合下列条件的可以按时领取失业保险金,诸如按照规定参加失业保险且所在单位和本人已按照规定履行缴费义务满一定年限的、并非因本人意愿中断就业的及已办理失业登记并有求职要求的,并且他们在领取失业保险金期间,按照有关部门的规定同时享受其他失业保险待遇。如果失业人员在领取失业保险金期间有如下情形的,则应停止领取失业保险金,并同时停止享受其他失业保险待遇,如重新就业的、应征服兵役的、移居国外的、享受基本养老保险待遇的、被判刑收监执行或者被劳动教养的、无正当理由拒不接受当地就业行政部门指定的部门或者机构介绍的工作的,以及有法律和行政法规规定的其他情形的。

城镇企事业单位应当及时为失业人员出具终止或者解除劳动聘用关系的证明,告知他们按照有关部门规定享受失业保险待遇,并把失业人员的名单自终止或者解除劳动关系之日起一周内报社会保险经办机构备案。城镇企事业单位失业人员应当持本单位为其出具的终止或者解除劳动关系的证明,及时到指定的社会保险经办机构办理失业登记,其失业保险金自办理失业登记之日起开始计算,由社会保险经办机构按月足额发放。社会保险经办机构应为失业人员开具领取失业保险金的证明,失业人员凭单据到指定银行领取失业保险金。

随着经济社会的发展和有关法律、政策的调整,现行的《失业保险条例》已不能完全适应经济社会发展的需要,因而"十四五"规划总结现行条例实施的经验和教训,落实中共中央、国务院的要求,吸收最新实践成果,借鉴国外有益经验,并遵循健全制度功能、促进公平正义及统一性与灵活性相结合等原则作出许多新的规定。一是制度功能有所健全。诸如立法条款中增加预防失业内容,制度功能从现行条例的保生活、促就业两项增加到保生活、防失业、促就业三项,明确失业保险制度三位一体的功能,符合中共中央、国务院对经济和社会发展及制度完善的要求;二是适用范围有所扩大。诸如参保范围由城镇企业、事业单位及其职工扩大到企业、事业单位、社会团体、民办非企业单位、基金会、律师事务所、会计师事务所等组织及其职工,基本覆盖与单位建立劳动关系的职业人群,符合中共中央、国务院关于兜底线、织密网、建机制,全面建成覆盖全民、城乡统筹、权责清晰、保障适度、可持续的多层次社会保障体系的要求;三是缴费费率有所降低。诸如将现行的固定费率作了一定程度的下调,既贯彻落实中共中央、国务院关于减税降费支持实体经济发展的决策部署,又赋予全国各地在此限度下,结合本地区实际状况,根据经济形势变化和基金运行状况等灵活调整费率的自主权。下调费率水平,是在总结长期实践经验,统筹考虑地区差异,反复测算基金收支的基础上决定的。费率水平下调既降低用人单位成本,又能保障广大参保主体的权益,还能应对经济波动可能造成的大规模失业风险,特别是兼顾当前平稳运行和长远可持续发展,同时为各地建立合理的费率调整机制预留空间;四是基金支出范围有所拓宽。诸如将基金支出范围扩大到预防失业领域,同时增强保生活、防失业和促就业功能,在保生活方面,仍然保留失业保险金、丧葬补助金和抚恤金,将医疗补助金调整为代缴基本医疗保险费,新增代缴基本养老保险费;在防失业方面,新增技能提升补贴、稳岗补贴;在促就业方面,保留职业培训补贴,取消职业介绍补贴,新增职业技能鉴定补贴和创业补贴;五是失业保障水平有所提高。诸如对失业人员,在现有生活保障的基础上,代缴基本养老保险费,保证领保险金期间不中断养老保险关系,保障更加全面,同时加大促就业力度,在现有培训补贴的基础上,增加职业技能鉴定补贴和创业补贴,鼓励失业人员提升技能,发挥创业主动性,尽快再就业;六是受益对象有所扩大。诸如将现行受益对象从失业人员扩大到参保职工和参保企业,既从源头上稳定就业,向参保职工发放技能提升补贴,激励其学习技能,提升就业竞争力,降低失业风险,又向参保企业发放稳岗补贴,鼓励不裁员或少裁员,尽量减少失业;七是农民工和城镇职工的参保办法有所统一。诸如取消现行条例农民合同制工人个人不缴费、失业后领取一次性生活补助的特殊规定,明确农民工和城镇职工参保缴费和待遇享受办法一致,从而在制度上实现了城乡统筹和公平;八是监督管理体系有所完善。诸如进一步明确个人、用人单位、社会保险经办机构及其工作人员、国家工作人员等主体的法律责任,为制度全面规范运行提供坚实保障,其目的是明确失业保险相关主体的法律责任,规范相关主体行为,筑牢制度的"笼子",社会各界也可以依法实施监督,确保失业保险制度依法依规平稳运行。

我国境内的各类经营实体,应当根据《工伤保险条例》,按时为本单位所有职工或者雇工缴纳工伤保险费,以充分保障职工或雇工因工作遭受事故伤害或者患职业病获得及时医疗救治和经济补偿,充分促进工伤预防和加快职业康复,努力分散用人单位的工伤风险。用人单位和职工或雇工应当高度重视并严格遵守安全生产和职业病防治的相关法律法规,切实执行安全卫生规程和标准,尽最大可能有效预防工伤事故发生,尽量避免和减少职业病危害。职工或雇工一旦发生工伤事故,用人单位应当立即采取切实有效的措施及时救治受伤者,以最大限度地减少人员伤亡。

各级各类企业的工伤保险基金主要由用人单位缴纳的工伤保险费、工伤保险基金的利息、依法纳入工伤保险基金的其他资金及社会力量的捐赠构成。负责工伤保险基金管理的部门应根据以支定收和收支平衡等原则,合理确定企业上缴基金的费率,国家和相关部门还可以根据不同行业的工伤风险程度、工伤保险费使用和工伤发生率等状况在每个行业内合理确定行业的差别费率和若干费率的档次。行业差别费率和行业内费率档次由国务院有关部门根据全国各地的实际具体确定,报国务院批准后公布施行。国务院社会保险行政部门应当定期了解全国各统筹地区工伤保险基金收支情况,及时提出调整行业差别费率及行业内费率档次的方案,报国务院批准后公布施行。对难以按照工资总额缴纳工伤保险费的行业,其缴纳工伤保险费的具体方式,由国务院社会保险行政部门规定。用人单位的职工或雇工个人不缴纳工伤保险费,而应由其所在单位或企业按时足额缴纳,具体数额为本单位、企业的职工或雇工工资总额乘以单位缴费费率之积。工伤保险基金逐步实行省级统筹,由社会保障基金财政专户管理,主要用于职工或雇工的工伤保险待遇、劳动能力鉴定、工伤预防的宣传、培训及法律法规规定的其他用于工伤保险费用的支付等,并且工伤预防费用的提取比例、使用和管理的具体办法,由国务院社会保险行政部门会同国务院财政、卫生、安全生产监督管理等部门规定。还应当留有一定比例的储备基金,用于应对统筹地区偶发的重大事故的工伤保险待遇支付,并且任何单位或者个人不得利用职权将工伤保险基金用于投资运营、发放奖金、兴建、改建、扩建办公场所等。

职工或雇工有下列情形之一的,应当认定为工伤:在工作时间和工作场所内,因工作原因受到事故伤害的、从事与工作有关的预备性或者收尾性工作受到事故伤害的、因履行工作职责受到暴力等意外伤害的;患职业病的;因工外出期间,由于工作原因受到伤害或者发生事故下落不明的;在上下班途中,受到非本人主要责任的交通事故或者城市轨道交通、客运轮渡、火车事故伤害的;以及法律行政法规规定应当认定为工伤的其他情形。职工或雇工有下列情形之一的,视同工伤:在工作时间和工作岗位,突发疾病死亡或者在 48 小时之内经抢救无效死亡的;在抢险救灾等维护国家利益、公共利益活动中受到伤害的;以及职工原在军队服役,因战、因公负伤致残,已取得革命伤残军人证,到用人单位后旧伤复发的。但职工或雇工有下列情形之一的,不得认定为工伤或者视同工伤:故意犯罪、醉酒、吸毒或者违反治安管理条例受到伤亡的、过度醉酒导致伤亡的和由于自身原因自残或者自杀的等。

职工或雇工如果发生工伤,经治疗伤情相对稳定后存在残疾而影响劳动能力的,应当依法依规进行劳动能力鉴定。劳动能力鉴定是指对劳动者劳动功能障碍程度和生活自理障碍程度的等级鉴定,并根据轻重程度分为若干不同的等级。劳动能力鉴定委员会应当由具有以下专业技术条件的人员组成,诸如具有医疗卫生高级专业技术职务任职资格、掌握劳动能力鉴定的相关知识和具有良好的职业品德等。劳动能力鉴定工作应当客观和公正。劳动能力鉴定委员会组成人员或者参加鉴定的专家与当事人有利害关系的,应该主动回避。社会保险行政部门应当自受理工伤认定申请之日起 60 日内作出工伤认定的决定,并书面通知申请工伤认定的职工或者其近亲属和该职工所在单位。社会保险行政部门对受理的事实清楚、权利义务明确的工伤认定申请,应当在 15 日内作出工伤认定的决定。作出工伤认定决定需要以司法机关或者有关行政主管部门的结论为依据的,在司法机关或者有关行政主管部门尚未作出结论期间,作出工伤认定决定的时限中止。

自劳动能力鉴定结论作出之日起一年后,工伤职工、雇工或其近亲属、所在单位或者经办机构认为伤残情况确实发生变化的,可以申请劳动能力鉴定委员会再次复查鉴定。

职工或雇工因工作遭受事故伤害或者患职业病需要进行治疗的,享受工伤医疗待遇。治疗工伤所需费用符合工伤保险诊疗项目目录、工伤保险药品目录、工伤保险住院服务标准的,诸如职工住院治疗工伤的伙食补助费,以及经医疗机构出具证明,报经办机构同意,工伤职工到统筹地区以外就医所需的交通、食宿费用,从工伤保险基金支付。基金支付的具体标准由统筹地区人民政府规定。社会保险行政部门作出认定为工伤的决定后发生行政复议、行政诉讼的,行政复议和行政诉讼期间不停止支付工伤职工治疗工伤的医疗费用。

但工伤职工或雇工治疗非工伤引发的各种疾病,不享受工伤医疗待遇,其所需费用就要按照基本医疗保险规定办理。工伤职工或雇工因日常生活或者就业等方面的需要,经劳动能力鉴定委员会确认,可以安装相关辅助器具,所需费用按照国家规定的标准从工伤保险基金中支付。职工或雇工因工作遭受事故伤害或者患职业病需要暂停工作接受工伤医疗的,在停工留薪期内,原工资福利待遇不变,由所在单位按月支付。生活不能自理的工伤职工在停工留薪期需要护理的,由所在单位负责照料。工伤职工或雇工已经评定伤残等级并经劳动能力鉴定委员会确认需要生活护理的,按照生活不能自理的等级,有差别地从工伤保险基金按月支付生活护理费。职工或雇工因工致残被各级劳动委员会鉴定为不同等级的,其所享受的待遇根据有关规定也应有所不同,但工伤职工或雇工有下列情形的,诸如丧失享受待遇条件的、拒不接受劳动能力鉴定的、拒绝治疗的及被判刑正在收监执行的,应停止享受工伤保险待遇。用人单位发生分立、合并、转让等变更行为的,承继单位应当承担原用人单位的工伤保险责任;原用人单位已经参加工伤保险的,承继单位应当到当地经办机构办理工伤保险变更登记。如果企业破产,有关部门在破产清算时,需优先拨付依法应由单位支付的工伤保险待遇费用。职工或雇工再次发生工伤,根据规定应当享受伤残津贴的,按照新认定的伤残等级享受伤残津贴待遇。工伤职工或雇工达到退休年龄并办理退休手续后,停发伤残津贴,按照国家有关规定享受基本养老保险待遇,但基本养老保险待遇低于伤残津贴的,由工伤保险基金补足差额。劳动、聘用合同期满终止,或者职工本人提出解除劳动、聘用合同的,由工伤保险基金支付一次性工伤医疗补助金,由用人单位支付一次性伤残就业补助金。一次性工伤医疗补助金和一次性伤残就业补助金的具体标准由省(自治区、直辖市)人民政府规定。有下列情形之一的,有关单位或者个人可以依法申请行政复议,也可以依法向人民法院提起行政诉讼:申请工伤认定的职工或者其近亲属、该职工所在单位对工伤认定申请不予受理的决定不服的,申请工伤认定的职工或者其近亲属、该职工所在单位对工伤认定结论不服的,用人单位对经办机构确定的单位缴费费率不服的,签订服务协议的医疗机构、辅助器具配置机构认为经办机构未履行有关协议或者规定的,工伤职工或者其近亲属对经办机构核定的工伤保险待遇有异议的。

各级工伤保险经办机构具体承办工伤保险事务,履行如下职责:根据省(自治区、直辖市)人民政府规定,征收工伤保险费;核查用人单位的工资总额和职工人数,办理工伤保险登记,并负责保存用人单位缴费和职工享受工伤保险待遇情况的记录;进行工伤保险的调查、统计;按照规定管理工伤保险基金的支出;按照规定核定工伤保险待遇;以及为工伤职工或者其近亲属免费提供咨询服务等。

经办机构应按照政府有关部门的规定,与医疗机构、辅助器具配置机构在平等协商的基础上签订服务协议,并公布签订服务协议的医疗机构、辅助器具配置机构的名单。经办机构按照协议和国家有关目录、标准对工伤职工医疗费用、康复费用、辅助器具费用的使用情况进行核查,并按时足额结算费用。经办机构应当定期公布具体工伤保险基金的收支情况,及时向社会保险行政部门提出调整费率的建议。社会保险行政部门、经办机构应当积极定期听取工伤职工、医疗机构、辅助器具配置机构及社会各界对改进工伤保险工作的意见。财政部门和审计机关依法对工伤保险基金的收支、管理情况进行监督。任何组织和个人对有关工伤保险的违法行为,有权举报。社会保险行政部门应及时对举报进行深入调查,按照规定处理,并为举报人保密。工会组织应依法维护工伤职工的合法权益,对用人单位的工伤保险工作实行监督。职工或雇工与用人单位发生工伤待遇方面的争议,应按照劳动争议的有关规定处理。

二、 统筹城乡社会救助体系建设

社会救助是一项兜底线的重要民生工程,不仅直接关系困难群众的基本生活和衣食冷暖等切身利益,而且涉及社会的公平与和谐稳定,也是我们党全心全意为人民服务根本宗旨的集中体现,对于经济社会发展具有重大意义。有鉴于此,习近平指出:"统筹推进城乡社会救助体系建设,使困难群众求助有门、受助及时。"[①]

(一) 建立健全社会救助制度体系

建立健全社会救助制度体系是统筹城乡社会救助体系建设的前提条件,因而党和政府要在社会救助水平与经济社会发展水平相适应的基础上,坚持尽力而为、量力而行,以及托底线、救急难和可持续等,既不降低标准,也不吊高胃口,并与其他社会保障制度相衔接,同时要求社会救助工作应当遵循公开、公平、公正、及时和统筹兼顾的原则。

国务院制定的有关条例规定,如果共同生活的家庭成员人均收入低于当地最低生活保障标准,且符合当地最低生活保障家庭财产状况若干规定的家庭,国家则给予他们最低生活保障,其具体标准由省(自治区、直辖市)等各级人民政府按照当地居民生活必需的费用确定和公布,并且应根据当地经济社会发展水平和物价变动等情况适时进行调整。申请最低生活保障的家庭成员应向户籍所在地的乡镇人民政府和街道办事处提出书面申请或委托村民委员会和居民委员会代为提出申请。最低生活保障家庭的人口状况、收入状况和财产状况等发生变化的,所属乡镇人民政府和街道办事处应当及时告知县级人民政府民政部门,并由县民政部门会同乡镇人民政府和街道办事处进行适时核查,决定是否增发、减发或者停发最低生活保障金。

特困人员供养的具体标准由省(自治区、直辖市)等各级人民政府确定和公布,并且应当与城乡居民基本养老保险、基本医疗保障、最低生活保障和孤

---

① 《习近平关于社会主义社会建设论述摘编》,中央文献出版社 2017 年版,第 91 页。

儿基本生活保障等制度相衔接。特困人员供养申请应由本人向户籍所在地的乡镇人民政府、街道办事处提出书面申请，或者委托村民委员会、居民委员会代为提出申请。乡镇人民政府和街道办事处应当及时了解掌握居民的生活情况，发现可能符合特困人员救助供养条件的，应当告知其救助供养政策，对因无民事行为能力或者限制民事行为能力等原因无法提出申请的，主动帮助其申请。村民委员会、居民委员会或供养服务机构，如果发现特困供养人员不再符合供养条件，应当及时告知乡镇人民政府、街道办事处，由乡镇人民政府、街道办事处调查核实并报县级人民政府民政部门核准。

国家已建立并不断完善自然灾害救助制度，为受到自然灾害严重影响人员的基本生活提供及时的救助。设区的市级以上人民政府和自然灾害多发、易发地区的县级人民政府应当根据自然灾害特点、居民人口数量和分布等情况，有效设立自然灾害救助物资储备库，切实保障自然灾害发生后救助物资的紧急供应，把自然灾害造成的损失降到最低限度。国家建立并不断完善医疗救助制度，为医疗救助对象，诸如最低生活保障家庭成员、特困供养人员和县级以上人民政府规定的其他特殊困难人员，提供基本医疗卫生服务。医疗救助主要是针对参加城镇居民基本医疗保险或者新型农村合作医疗的个人缴费部分、经过基本医疗保险和大病保险及其他补充医疗保险支付后的个人及其家庭难以承担的符合规定的基本医疗自负费用等，给予一定程度的补贴，其具体标准由县级以上人民政府民政部门根据经济社会发展水平和医疗救助资金情况等确定和公布，还应当建立健全医疗救助与基本医疗保险和大病保险等相衔接的医疗费用结算机制，以便为医疗救助对象提供更便捷的服务。

国家对不能入学接受义务教育的残疾儿童，在义务教育阶段就学的最低生活保障家庭成员和特困供养人员，在高等教育包含中等职业教育、普通高等教育阶段就学的最低生活保障家庭成员和特困供养人员等，根据经济发展水平和实际情况给予适当教育救助。教育救助应根据不同教育阶段的具体需求，采取诸如减免相关费用、发放助学金、给予生活补助和安排勤工助学多种方式实施，切实保障教育救助对象的基本学习和生活需求，救助标准由省（自治区、直辖市）人民政府根据经济社会发展水平和教育救助对象的基本学习和生活需求确定并公布。

国家对符合有关规定标准的住房困难的最低生活保障家庭和分散供养的特困人员,提供住房救助,并通过配租公共租赁住房、发放住房租赁补贴和农村危房改造等多种方式实施。至于住房困难标准和救助标准,应由县级以上地方人民政府根据本行政区域经济社会发展水平和住房价格水平等因素确定、公布。城镇家庭申请住房救助的,应当经由乡镇人民政府、街道办事处或直接向县级人民政府住房保障部门提出,经县级人民政府民政部门审核家庭收入、财产状况和县级人民政府住房保障部门审核家庭住房状况并公示后,对符合申请条件的申请人,由县级人民政府住房保障部门优先给予保障。

国家对最低生活保障家庭中有劳动能力并处于失业状态的成员,通过贷款贴息、社会保险补贴、岗位补贴、培训补贴、费用减免和公益性岗位安置等办法,不仅对其提供就业救助,而且采取针对性措施确保该家庭至少有一人就业。

居民申请就业救助的,应当向其住所所在地街道、社区公共就业服务机构提出,公共就业服务机构经过核实后予以登记,并免费提供就业岗位信息、职业介绍和职业指导等多方面的就业服务。最低生活保障家庭中有劳动能力但未就业的人员,应当接受人力资源与社会保障等有关部门介绍的工作;无正当理由且连续三次拒绝接受介绍的与其健康状况和劳动能力等相适应的工作的,县级人民政府民政部门应当决定减发或者停发本人的最低生活保障金。国家对吸纳就业救助对象的用人单位或企业给予就业扶持政策,诸如享受社会保险补贴、税收优惠和小额担保贷款。

乡镇人民政府和街道办事处对提出临时救助申请的,应进行实地调查并经审核和公示后,由县级人民政府民政部门审批;救助金额较小的,县级人民政府民政部门可以委托乡镇人民政府、街道办事处审批。国家对生活无着落的流浪和乞讨人员提供临时食宿、急病救治和协助返回等救助。公安机关和其他有关行政机关的工作人员在执行公务时若发现以上人员,应当告知其向救助管理机构求助。对其中的残疾人、未成年人、老年人和行动不便的其他人员,应当引导、护送到救助管理机构;对突发急病人员,应当立即通知急救机构进行救治。

在我国社会救助取得以上成就的基础上,党的十九届五中全会着重提出要建立健全分层分类的社会救助体系,让人民有更多获得感和幸福感,并作出重要战略安排,其主要表现如下。

以增强社会救助及时性、有效性为目标,加快构建以政府为主导、社会力量广泛参与、制度规范健全、政策相互衔接、兜底坚强有力等为主要内容的综合救助格局。以基本生活救助、专项社会救助和急难社会救助为主体,社会力量参与为补充,建立健全分层分类的救助制度体系。完善体制机制,运用现代信息技术推进救助信息会聚、救助资源统筹和救助效率提升,实现精准救助、高效救助、温暖救助和智慧救助。

建立健全社会救助制度体系,需要政府做好简政放权、放管结合和优化服务等方面的工作。政府部门和救助机构要把走访和发现需要救助的困难群众列为村或社区组织的重要工作内容,努力建立和完善主动发现机制。承担社会救助工作的国家公职人员及承担政府委托从事困难群众服务工作的企事业单位、基层群众性自治组织、社会组织等,在工作中发现困难群众基本生活面临困难的,应当及时报告有关部门。县级民政部门要开通社会救助服务热线,并逐步实现全国联通,以方便需要救助的对象能够及时得到救助。乡镇或街道社会救助经办机构应统一受理社会救助申请,根据申请人困难情况、致贫原因和救助费用等,统筹考虑家庭人口结构、健康状况、劳动技能和劳动条件、刚性支出等因素,综合评估救助需求,提出综合实施社会救助措施的意见,并按照职责分工及时办理或转请县级相关职能部门办理。鼓励有条件的地方异地受理基本生活救助申请。县或区级政府要根据客观实际,鼓励和支持有条件的地方可按程序将低保、特困群体等社会救助审核确认权限下放至乡镇或街道,充分优化审核确认程序,县级民政部门同时应加强监督指导。对没有争议的救助申请家庭,可不再进行民主评议。取消可以通过国家或地方政务服务平台查询的相关证明材料,还要充分发挥各级核查机构的作用,建立健全社会救助家庭经济状况核对机制,对弄虚作假的应予以严肃批评教育或问责,触犯刑法的应移送司法机关处理。加快服务管理转型升级对建立健全社会救助制度体系发挥着不可替代的作用,要大力加强社会救助信息化建设,扎实推进互联网、大数据、人工智能、区块链、5G等现代信息技术在社会救助方面的积极运用,为有关部门、企事业单位和社会力量等开展救助帮扶提供全方位的信息支持。除此之外,政府和有关职能部门应大力推动社会救助服务向移动端延伸,实现救助事项"掌上办""指尖办",积极为困难群众提供方便快捷的救助问题申请、办理和查询等服务。

建立健全社会救助制度体系,关键在于要加强组织领导。各级党委和政府应强化党委领导工作体制机制,依法依规成立社会救助工作领导机构或者困难群众基本生活保障工作协调机制。将社会救助政策落实情况纳入各地区各部门工作绩效评价。加快推进社会救助立法。完善社会救助统计制度。加强社会救助政策宣传和理论研究。按有关规定设立社会救助表彰奖励项目,对有突出表现的给予大力表彰。落实部门责任也有助于建立健全社会救助制度体系,诸如民政部门应该牵头承担社会救助体系建设统筹职责,负责基本生活救助;教育、人力资源社会保障、住房城乡建设、卫生健康、应急管理和医疗保障等部门应根据职责分工,分别负责相关专项社会救助;财政部门则根据困难群众基本生活保障需要和物价变动等情况,做好各项社会救助资金保障。中央财政困难群众救助补助资金应重点向救助任务重、财政困难地区倾斜。提高基层服务能力对建立健全社会救助制度体系也有重要作用,因而应实施基层社会救助能力提升工程。这就要求各省(自治区、直辖市)党委及政府统筹研究制定按照社会救助对象数量、人员结构等因素完善救助机构、合理配备相应工作人员的具体措施。诸如强化乡镇、街道社会救助责任和相关保障条件,设立村级社会救助协理员,在困难群众较多的社区或村等建立社会救助服务站点,把社会救助所需工作经费纳入地方各级财政预算,关爱基层救助工作人员。诸如为他们提供必要的工作场所、交通通信费用及薪资待遇等,保障履职需要。建立健全社会救助制度体系需要加强监督检查,这就需要对监督人员加强业务培训,着力打造政治过硬、业务素质高、对困难群众有感情的社会救助干部队伍。建立健全社会救助制度体系,还要加强资金监管,强化审计监督,对挤占、挪用、截留和滞留资金等问题,及时纠正并依法依规追究有关责任人的责任。加大对骗取社会救助行为的查处力度,依法依规追回被骗取的社会救助金并追究相应责任。建立容错纠错机制,推动各地根据实际情况创新管理,激励基层干部主动担当作为,并对秉持公心、履职尽责但因客观原因出现失误偏差且能够及时纠正的经办人员依法依规免于问责。

(二)补齐短板以建立健全单项救助制度体系

自 2014 年以来,国家逐步建立了致力于应急性和过渡性救助的临时救助制度,扩大了社会人员救助范围,并提高了救助比例,将城市非农业户籍的无劳动能力,无生活来源,且无法定赡养、抚养和扶养义务人所构成的所谓"三无"人员救助,以及农村中既无劳动能力又无经济来源的老、弱、孤、残农民,其生活由集体供养,实行保吃、保穿、保住、保医、保葬的所谓"五保"人员供养,统一为特困人员救助供养制度等,以补齐社会救助制度体系的短板,切实维护城市和农村特困人员基本生存权益。各有关部门应根据各自的职责,依法做好城市特困人员供养的相关工作。

城市非农业户籍的特困人员申请救助的,应由本人向户籍所在地乡镇人民政府或街道办事处等提出书面申请,并提交其居民身份证、户口本和残疾证等相关证明的复印件,也可委托社区居民委员会代为提出申请。乡镇人民政府或街道办事处应履行审核城市特困人员供养申请的主体责任,自受理城市特困人员供养申请之日起十个工作日内,会同社区居民委员会等相关人员对申请人的家庭收入和财产等情况进行调查核实。其后乡镇人民政府或街道办事处应组织社区居民委员会负责人、居民委员会成员、熟悉居民情况的党员代表和居民代表等,对申请人家庭经济状况进行公开透明的民主评议。申请人家庭情况经过民主评议结束以后,应在其居住地进行一定时间的公示,其后乡镇人民政府或街道办事处在公示期满无异议的情况下,根据调查结果、民主评议和公示情况等提出初审意见上报区或县民政部门。区或县民政部门应当从收到乡镇人民政府或街道办事处上报的相关材料和初审意见之日起,在法定时间内做出审批决定。诸如对符合条件的批准享受城市特困人员救助待遇,并发给城市特困人员救助证书;对不符合条件的,则通过乡镇人民政府或街道办事处书面告知申请人或代理人并说明具体理由。城市特困人员不再符合救助条件的,被救助人本人、社区居民委员会和承担城市特困人员救助服务职能的救助服务机构应当及时告知乡镇人民政府或街道办事处，并由乡镇人民政府或街道办事处审核并报区或县民政部门批准后终止其救助待遇并予以公示。

社会救助机构为城市特困人员提供基本生活条件，主要包括提供符合基本居住条件的住房、粮油、副食品、生活用燃料、服装和被褥等生活用品及零用钱，对生活不能自理的给予细心照料，提供疾病治疗和办理丧葬事宜等。城市特困人员的疾病治疗费用，应当与城镇居民基本医疗保险制度相衔接，政府资助城市特困人员参加城镇居民基本医疗保险。所需医疗费用在经过基本医疗保险报销以后，政策范围内的个人负担部分由区或县民政部门实报实销，所需资金由区或县财政部门全额负担。业已享受老年保障待遇或参加且符合领取城乡居民养老保险待遇条件的城市特困人员，可按月领取城乡居民养老保险金，发放方式根据政府保障部门有关文件执行。正在接受各类教育的城市特困人员，依照教育机构救助有关规定保障其顺利完成学业。分散救助且住房确实困难的城市特困人员，可优先享受配租公共租赁住房和住房租赁补贴等政府住房救助政策。

城市特困人员的救助可以根据其实际情况采取多种方式实施，既可在当地救助服务机构集中供养，也可在家分散救助，特困人员还可以自行选择救助方式。集中救助的城市特困人员户籍所在地的区或县的救助服务机构应当优先为他们提供救助服务，区或县民政部门、乡镇人民政府和街道办事处建立的福利机构，应当优先为集中救助的城市特困人员提供救助服务。乡镇人民政府或街道办事处委托社区居民委员会或救助服务机构，为该地户籍分散救助的城市特困人员提供日常照料服务。提供集中救助服务的救助机构应当与当地乡镇人民政府或街道办事处签订救助服务协议，确保救助人员享受符合要求的照料服务。

城市特困人员的救助标准应当与当地城镇居民的平均生活水平相一致，并应根据当地城镇居民平均生活水平的提高而作出适时调整，城市特困人员的救助最低标准应由县或区财政和统计等部门合理确定，报本级人民政府批准后执行。

城市特困人员救助资金纳入区或县财政部门的预算管理范围，其中集中救助的城市特困人员救助资金在扣除一定的医疗救助预留资金以后，由区、县民政或财政部门根据相关规定直接拨付给救助服务机构，而分散救助的城市特困人员，应由其户籍所在地区或县民政部门根据本地分类救助政策按月为他们发放生活费，日常照料经费由区或县财政部门予以保障。至于因生活必需支出突然增加而导致基本生活暂时出现严重困难的城市特困人员，应由户籍所在地区或县民政部门提供救助，所需资金由当地政府财政负担。

区或县人民政府的民政部门应当依法加强对城市特困人员救助工作的监督管理，及时将救助待遇的申请条件、审核程序、供养标准和资金使用等情况向社会公布，接受社会监督，同时城市特困人员救助服务机构应当遵守国家的有关规定，建立健全内部管理规定和服务制度，并且从事救助服务的工作人员应当经过岗前培训，具备与岗位要求相适应的知识技能。

国务院民政部门有关条例规定，县级以上地方各级人民政府民政部门要对农村中既无劳动能力又无经济来源的老、弱、孤、残农民的生活提供集体供养，实行保吃、保穿、保住、保医、保葬（简称"五保"），享受五保待遇的家庭叫五保户。

符合有关条件需要享受农村五保供养待遇的村民，应当由本人向村民委员会提出申请，若因年幼或者智力残疾等无法表达意愿的，可由村民小组或者其他村民代为提出申请。村民委员会经过民主评议，对符合享受五保规定条件的，应当在本村范围内公告，如果没有重大异议则由村民委员会将评议意见和有关材料报送乡、民族乡和镇人民政府审核。乡、民族乡和镇人民政府应当自收到评议意见之日起在规定的时间内提出审核意见，其后将审核意见和有关材料报送县级人民政府民政部门审批。县级人民政府民政部门收到材料后应当在规定的时间内作出审批决定，对批准给予农村五保供养待遇的，及时发给农村五保供养证书，而对不符合条件不予批准的，则应当书面说明理由。乡、民族乡和镇人民政府应当根据有关政策规定对申请人的家庭状况和经济条件等进行调查核实，县级人民政府民政部门在必要时可以进行复核，而申请人、有关组织或者个人应当主动配合和接受调查，如实提供相关情况。

省(自治区、直辖市)人民政府或者由设区的市级和县级人民政府制定农村五保供养标准,并在所辖区域内进行公布,但原则上农村五保供养标准不得低于当地村民的平均生活水平,并根据当地村民平均生活水平的提高进行适时调整。地方人民政府应将农村五保供养资金纳入财政预算,如果有农村集体经营等收入的地方,也可以从其中适当安排资金,用于补助和进一步增加农村五保供养对象的生活费用,国家财政部门对经济困难地区的农村五保供养,也应当在资金上给予适当支持。国家和各级行政部门划拨的农村五保供养资金,应当专门用于农村五保供养对象的生活保障,任何组织或者个人不得贪污、挪用、截留或者私分。

各级人民政府应当把农村五保供养服务机构建设纳入经济社会发展规划中,并为该供养服务机构提供必要的设备、管理资金和工作人员等,建立健全内部民主管理和服务管理制度。农村五保供养服务机构应当遵守治安、消防、卫生、财务会计等方面的法律、法规和国家有关规定,切实向农村五保供养对象提供符合要求的供养服务,并接受地方人民政府及有关部门的监督管理。

"十四五"规划在我国单项救助取得重大成就的基础上,明确提出要建立健全专项社会救助制度体系,其主要内容包括:要建立健全医疗救助制度,不断完善医疗救助对象动态认定核查机制,及时把符合条件的救助群体纳入社会救助范围,做实分类资助参保和直接救助工作,疾病应急救助也是其重要内容。要建立健全教育救助制度,明确对在学前教育、义务教育、高中阶段教育、中等职业教育和普通高等教育阶段就学的低保、特困等家庭学生及因身心健康等原因不方便入学接受义务教育的适龄残疾未成年人,可根据不同教育阶段的基本需求和实际情况等分类施策。要建立健全住房救助制度,诸如对符合规定标准的住房困难的低保家庭、分散供养的特困群体等实行住房救助,对农村住房救助人员应优先实施危房改造,而对城镇住房救助人员则优先实施公租房和廉租房保障,特别是要探索建立农村低收入群体住房安全保障的长效机制,稳定和持久保障农村低收入家庭住房安全。要建立健全就业救助制度,为社会需要救助的人员优先提供公共就业服务,根据规定落实税费减免、贷款贴息、社会保险补贴和公益性岗位补贴等政策,特别是要确保零就业家庭实现有人员就业,对已经就业的低保人员,在核算其家庭收入时扣减必要的就业成本,并在其家庭成员人均收入超过当地低保标准后给予一定时间的渐退期。要建立健全受灾人员救助制度,不断完善自然灾害应急救助体系,根据实际调整优化国家应急响应启动标准和条件,实施应对重大自然灾害程序和措施,逐步建立与经济社会发展水平相适应的自然灾害救助标准调整机制,统筹做好应急救助、过渡期生活救助、水旱灾临时生活困难救助、冬春临时生活困难救助和因灾倒损民房恢复重建等工作。要发展其他救助帮扶工作,鼓励全国各地根据城乡居民遇到的困难类型,适时给予相应救助帮扶。

社会力量的广泛参与,对于建立健全专项社会救助制度体系也是十分重要的,其主要表现包括:要大力发展慈善事业,既鼓励和支持社会各阶层人员和其他组织采取捐赠财产、设立项目和提供服务等方式,自愿开展慈善帮扶活动,又积极动员引导慈善机构加大社会救助方面的支出费用,还要根据相关规定对参与社会救助的慈善机构给予税收优惠和费用减免等,特别是对有突出表现的要大力表彰。政府救助与慈善救助应相互衔接,并不断完善相关的体制机制,着力加强对慈善机构和互联网公开募捐信息平台的严格监管,有效引导和规范互联网慈善机构顺利运行,充分推进信息公开,有效防止诈捐和骗捐现象的发生。通过购买服务、增加岗位、政策宣传、提供服务场所、设立基层站点等方式,积极引导社会工作专业力量参与社会救助工作,鼓励和支持社会工作服务组织及社会工作者协助社会救助部门开展家庭经济状况调查评估、建档立卡、服务分析等工作,并为救助人员提供心理疏导、资源会聚、能力提升和社会融入等服务,鼓励和引导以社会救助为主的服务机构按实际情况设置相应的社会工作专业岗位。大力支持和引导志愿服务组织、社会爱心人士开展扶贫济困志愿服务,促进社会救助领域志愿服务的充分发展,并完善社会救助志愿服务制度建设,积极发挥社会志愿服务在汇聚社会资源、帮扶困难群众、保护弱势群体和传递社会关爱等方面的积极作用。

(三)助力脱贫攻坚并与乡村振兴战略相衔接

国务院扶贫开发领导小组办公室、民政部和财政部等有关部门通过有关条例明确规定,坚持精准扶贫和精准脱贫的基本方略,着力应保尽保、兜底救助、统筹衔接和正确引导,进一步优化政策指导,不断完善农村低保、特困人员救助供养和临时救助等保障性扶贫措施,充分发挥社会救助在打赢脱贫攻坚战中的兜底作用,"加大重点人群救助力度,用社会保障兜住失去劳动能力人口的基本生活"[1]。

政府财政部门在制定农村低保标准时要有科学依据,不能局限于某一环节或部分,而应综合考虑维持困难或特困群众基本生活、上年度人均消费性支出增长情况、当地物价水平变动趋势、政府财政保障能力和城乡一体化统筹发展需要等诸多因素,进一步加强农村低保制度和脱贫开发政策的有效衔接。如果农村家庭人均收入水平低于当地农村低保标准且财产状况符合当地规定的未脱贫建档立卡贫困户,基层政府有关部门要及时按规定程序将他们纳入农村低保范围。农村低保家庭经济状况核查机制要进一步完善,核查力度也要加强,核算范围和计算方法等应细化和精确化,核算家庭收入时还应该把家庭成员因残疾、患重病等增加的刚性支出及必要的就业成本等计算在内,并可根据有关规定作出适当的扣减。农村低保管理应坚持动态化原则,对已纳入农村低保建档立卡贫困户要开展定期核查,如果发现不再符合低保条件的要按程序及时退出,重新符合条件的应及时纳入。要采取行之有效的措施建立健全低保动态调整退出体制机制,切实做到保障对象有序进出,特别是对通过精准扶贫等措施支持实现稳定脱贫且收入高于低保标准的,要按有关规定及时退出低保范围。

应进一步完善农村低保制度,建立健全低保对象认定办法,特别是要加强农村低保家庭经济状况核查,及时将符合条件的建档立卡贫困户全部纳入农村低保范围,切实保障其基本生活。农村还有部分未脱贫建档立卡贫困户中靠家庭供养且无法单独立户的重度残疾人、重病患者等完全丧失劳动能力和部分丧失劳动能力的贫困人口,他们需要经过个人申请,批准后可参照单人户纳入农村低保范围。以上所称重度残疾人是指未脱贫建档立卡贫困户中持有中华人民共和国残疾人证的一级和二级重度残疾人、三级智力残疾人、三级精

---

[1] 《习近平关于社会主义社会建设论述摘编》,中央文献出版社 2017 年版,第 95 页。

神残疾人等,而重病患者是指未脱贫建档立卡贫困户中获得重特大疾病医疗救助的人员。基于确保政策的连贯性,对非建档立卡贫困户中成年无业重度残疾人、重病患者申请低保的,应参照政府民政部门关于做好成年无业重度残疾人和重病患者纳入最低生活保障认定工作等条例办理。

特困人员救助供养标准要根据各地的经济发展水平合理确定,并适时进行动态调整,以确保特困人员能够获得符合要求的救助供养服务。鼓励社会组织和个人参与保障特困人员救助供养工作,拓宽资金筹措渠道,同时切实加强农村特困供养服务机构,诸如农村敬老院的建设和设施改造,逐步提高生活不能自理的特困人员集中供养数量。政府应把农村特困人员供养服务机构运转经费列入财政预算,并定期进行核查和监督,还要根据服务对象人数和照料护理的实际需求,按照一定比例配备和培训工作人员。鼓励和支持条件具备的农村特困供养服务机构,动员和配备充分的资金和设施,逐步为农村低保、低收入家庭和建档立卡贫困家庭中的老年人和残疾人等,尽力提供低偿或无偿的集中托养服务。

政府相关部门对那些遭遇突发事件、意外伤害、重大疾病及其他特殊原因导致基本生活陷入困境,已建立的其他社会救助制度无法覆盖或救助之后基本生活暂时仍有严重困难的农村建档立卡贫困家庭,要进一步加大临时救助力度。各级民政和财政部门要根据政府有关临时救助条例,进一步明确和细化急难型困难家庭及支出型困难家庭的范围和类别,并应优化和简化审核审批程序。要根据农村建档立卡贫困家庭困难状况,分层、分类和分档合理确定临时救助标准,并进行适时动态调整。乡镇或街道临时救助金审批额度要合理设定,乡镇或街道应多方筹措资金建立健全临时救助备用金制度,特别是积极和有效解决建档立卡贫困人口的突发性、紧迫性和临时性的基本生活困难。如果遇到有重大生活困难的贫困家庭,可采取特殊情况特殊处理方式,根据具体审核情况分类分档设立救助标准,并根据当地经济发展水平适当提高救助额度。

政府有关部门应切实加强基本生活救助与教育扶贫、健康扶贫和农村危房改造等政策的衔接和协同,多方考虑和综合解决未脱贫建档立卡贫困人口的"二不愁"(不愁吃和不愁穿)和"三保障"(保障其义务教育、基本医疗和住房问题）。① 进一步完善困难残疾人生活补贴及重度残疾人护理补贴制度,若有些地方条件允许可逐步扩大保障政策的覆盖面。鼓励和支持社会组织及个人参与脱贫攻坚,拓宽社会捐赠渠道,建立健全慈善机构并充分用好慈善资源,切实发挥好慈善帮扶在脱贫攻坚中的积极作用。政府有关部门要加强贫困地区从事社会工作的专业人才队伍建设,努力提高应用社会工作专业理论、知识和方法开展扶贫工作的能力和本领,积极引导专业社会工作者和志愿服务力量参与精准扶贫事业。社会救助对象在力所能及的范围内应增加脱贫的内生动力,树立信心和积极进取,不能一味片面地向政府和社会等、靠、要,防止事事兜底、时时兜底和永远兜底的现象发生。

各级民政、财政等部门要切实落实主体责任,进一步加强相互沟通协调和定期商讨交流,特别是要及时研究解决脱贫攻坚行动中社会救助兜底保障工作可能出现的新情况和新问题。有关部门应明确职责分工,以便对社会救助兜底保障工作作出周密安排部署。各区县要加强对民政、财政和扶贫等部门的工作指导,科学总结交流推广脱贫攻坚行动中社会救助兜底保障工作的成功经验和做法,及时发现并研究解决工作中出现的困难和问题。建立健全监督机制以加强督促指导,对有些地方工作推进不力和政策落实不到位的,应采取通报批评、工作约谈和专案督办等方式督促立即整改,甚至给予党纪政纪处分,若涉嫌违法应移送司法机关处理。加强扶贫工作中的腐败和作风问题治理,切实把反腐败和作风建设贯穿于脱贫攻坚行动中社会救助兜底保障工作的全过程,确保有关部门责任落实、工作到位、措施精准、作风扎实和管理规范等。

经过全党和全国人民的共同努力,截至 2020 年底,我国脱贫攻坚取得了全面胜利,现行标准下近一亿农村贫困人口全部脱贫,近千个贫困县全部摘帽,十多万个贫困村全部出列,区域性整体贫困问题得到解决,完成了消除绝对贫困的艰巨任务,创造了又一个彪炳史册的人间奇迹。中共中央、国务院又在此基础上提出了乡村振兴战略,认为乡村振兴是建设社会主义现代化强国并进而实现中华民族伟大复兴的一项重大任务,明确指出要围绕

---

① 《习近平关于社会主义社会建设论述摘编》,中央文献出版社 2017 年版,第 87 页。

立足新发展阶段、贯彻新发展理念和构建新发展格局带来的新形势提出的新要求，坚持不懈地把解决好"三农"问题作为全党工作的重中之重，坚持农业农村优先发展、走中国特色社会主义乡村振兴道路，加大力度不断缩小城乡区域发展差距，让低收入群体和欠发达地区共享发展成果，特别是在国家现代化进程中不掉队、赶上来。全面实施乡村振兴战略的深度、广度、难度与脱贫攻坚一样，是一项需要全党和全国人民长期艰苦奋斗的艰巨任务，因而要进一步完善政策体系、工作体系和制度体系等，以坚强有力的举措汇聚更强大的力量，加快农业农村现代化步伐，促进农业高质高效、乡村宜居宜业和农民富裕富足等。

为了实现以上重要目标，党的十九届五中全会明确提出全面实施乡村振兴战略，强化以工补农、以城带乡，推动形成工农互促、城乡互补、协调发展、共同繁荣的新型工农城乡关系，加快农业农村现代化建设。以实施乡村振兴战略为统领，稳步提升粮食等重要农产品生产水平，努力提高农业质量效益和竞争力，着力加强美丽宜居乡村建设，不断完善乡村治理体系，加快推进农业农村现代化。

一是建设智慧农业。所谓智慧农业，就是指农业中的智慧经济或智慧经济形态在农业中的具体表现，是智慧经济的重要组成部分。就全世界发展中国家而言，智慧农业是智慧经济的主要组成部分，是发展中国家消除贫困、实现后发优势、经济发展后来居上和实现赶超发达国家战略的主要途径。建设智慧农业，要着力提高农业质量效益和竞争力，因而应充分适应国计民生的基本要求，以确保国家粮食安全为底线，建立健全农业支持保护制度。必须根据实际情况制定法律法规，坚持最严格的耕地保护制度，切实实施藏粮于地和藏粮于技战略，加大农业农田水利设施建设力度，实施高标准和严要求的农田建设工程，强化农业科技含量和装备支撑力度，进一步提高农业良种化水平，建立健全动物防疫和农作物病虫害防治体系等。农业农村部应根据"十四五"规划关于农业农村工作的新要求，因地制宜对全国不同区域实施分类施策，科学制定适应农业农村发展的新规划和现代种业提升工程规划，诸如鼓励和支持有关地区成为区域性良种繁育基地，大力发展油菜、蔬菜、茶、梨和中药材等特色作物种业，改善基地基础设施条件，对老少边区应加快推进良种繁育基地建设和特色农产品提质增效。农业农村建设既要强化绿色导向、标准引领和质量安全监管,建设农业现代化示范区,又要推动农业供给侧结构性改革,优化农业生产结构和区域农作物布局,加强粮食生产功能区、重要农产品生产保护区和特色农产品优势区建设,推进优质农产品工程。农业农村部要组织编制和抓紧实施现代农业农村发展规划,积极谋划实施一批基础性、长远性和战略性的农业重大工程项目,着力围绕高标准农田、现代种业、仓储保鲜冷链物流设施、数字农业农村、动植物疫病防控和重大科学基础设施等方面,加大经费投入力度,强化现代农业设施装备支撑。不断完善粮食主产区利益补偿机制对发展现代农业也是十分重要的,因而各级各地要着力保障粮、棉、油、糖和肉等重要农产品供给安全,进一步提升收储调控能力,同时大力开展粮食节约行动,积极发展县域经济,努力推动农村一二三产业融合发展,丰富乡村经济业态,拓展农民增收空间。农业农村部要继续以农业供给侧结构性改革为主要内容,着力打造农村一二三产业融合式发展的平台载体,建立健全相关体制机制,瞄准重点产业,集聚资源要素,强化创新引领,延长产业链和提升价值链,加快形成农民、企业和社会等多方参与的乡村产业发展格局。

二是推进乡村振兴战略。所谓乡村振兴战略,就是坚持农业农村优先发展,其目标是根据产业兴旺、生态宜居、乡风文明、治理有效和生活富裕的总体要求,建立健全城乡融合式发展体制机制和政策体系,加快推进农业农村现代化。乡村振兴战略包含非常丰富的内容,涉及若干重点任务、重大工程、重大行动和重大计划等,如何有序推进它们的协调发展就显得至关重要。全国很多地方已开始实践探索,并取得乡村振兴示范引领工作的若干共识和成果。诸如探索形成人居环境整治、产业园区带动、美丽乡村建设和乡风文明建设等一批典型范例,为进一步推进乡村振兴战略打下了良好基础。尽管乡村振兴战略的具体实施还在进一步讨论和完善过程中,但总体蓝图已经绘制出来,其目标就是确保到2035年,乡村振兴取得决定性进展,基本实现农业农村现代化,到2050年,乡村全面振兴,农业强、农村美和农民富的目标全面实现。推进乡村振兴战略要深化农村改革,既应建立健全城乡融合式发展体制机制,推动城乡诸要素平等交换和双向流动,增强农业农村发展的活力和效率,又要加快培育农民合作社和家庭农场等新型农业经营主体,着力健全农业专业化、社会化的服务体系,根据实际发展多种形式适度规模经营,实现小农户和现代农业有机衔接,还要健全农村金融服务体系,发展农业保险。《深化农村宅基地制度改革试点方案》已经印发,新一轮农村宅基地制度改革试点开始启动。与此同时,农村集体经营性建设用地入市和农村土地征收制度改革也在全面扎实推进。我们有信心预见,通过农业的社会化和专业化服务,小农户将被逐步带动进入农业现代化的轨道。

三、 加快完善住房制度改革

加快推进住房保障体系和供应体系建设,直接关系到人民群众的获得感、幸福感和安全感。习近平指出:"坚持房子是用来住的、不是用来炒的定位,加快建立多主体供给、多渠道保障、租购并举的住房制度,让全体人民住有所居。"[①]

(一) 完善租购并举的住房制度

群众的住房问题既是民生问题又是发展问题,涉及千家万户的切身利益和人民的安居乐业,与民生、经济和金融等领域息息相关,又与防范化解重大风险联系密切,甚至关系经济社会发展大局和社会和谐稳定,因而,我们党和政府历来高度重视人民群众的住房问题。经过长期不懈的努力,我国住房建设和发展取得了巨大成就,诸如棚户区住房改造不断推进,农村危房改造扎实进行和上亿人口喜迁新居,特别是房地产市场不断发展,住房保障逐步完善,全国城镇居民人均住房面积稳步增长。作为发展中的人口大国,中国在这方面取得了了不起的成就。

但是我们也应清醒地意识到,解决全体人民群众的住房问题是一项长期任务,一些问题仍未解决,诸如住房困难家庭的基本需求尚未根本解决、保障性住房总体供应不足、住房资源配置不合理不平衡和房屋租赁市场制度体系建设尚不完善。其主要表现在三个方面:第一是一手房与二手房价

---

① 《习近平谈治国理政》第3卷,外文出版社2020年版,第37页。

格倒挂,即相同地段和楼盘内二手房的每平方米成交单价高于一手房价格,这种倒挂现象先在局部产生并进而逐步成为商品房限价城市普遍存在的现象。第二是房价与地价倒挂,即一些房地产企业拿地成本较高再加上其他成本,导致房价高于限价而不能入市交易。第三是供应与需求倒挂,即部分城市住房供应与需求关系紧张,而需求更加集中在一手房市场,导致摇号买房的现象。以上现象产生了房价收入比、房价租金比和房地产业与国民经济发展水平等方面的严重失衡,其深层次的原因是房地产市场过度金融化、地方政府对土地依赖常态化和调控手段过度行政化等。

面对人民群众对住有所居的期待,党和政府必须高度重视房地产行业业已出现的问题,下更大决心和花更大气力不断深化住房制度改革,以解决城镇新居民住房需求为主要出发点,以建立租购并举的住房制度为主要发展方向,切实解决好住房发展过程中存在的各种问题。特别是党的十九届五中全会再次强调指出,坚持房子是用来住的、不是用来炒的定位,要切实执行租购并举和因城施策的措施。

住房和城乡建设部要加快建立和完善关于住房租赁和销售管理方面的法律法规,指导全国房地产的开发和建设,加快租购并举的住房制度体系建设。地方各级政府及相关部门要按照培育和发展住房租赁市场的相关文件精神,并结合当地的实际情况,因地制宜地解决房地产方面的问题。国家和地方应发挥两个方面的积极性,扎实做好建立和完善房地产长效机制各项工作。我国住房制度改革和房地产市场发展的实践经验证明,全国用完全统一的政策管理房地产市场难度很大,统一政策往往会造成有的地方适用、有的地方不适用的问题,因而建立房地产长效机制应坚持在国家宏观政策指导的前提下,各级党委政府必须把具体主体责任落实到城市,建立因地制宜、区别对待和一城一策等调控模式和管理体制,不能搞一刀切。各级政府在强化城市主体责任的同时,要给不同的城市提供灵活变通的政策,支持指导城市做好房地产长效机制工作。

各级党委和政府要坚定不移地贯彻执行房子是用来住的、不是用来炒的科学定位,城市要对本地房地产市场平稳健康发展负主体责任,应始终坚持以人民为中心的发展思想,坚决把解决人民群众的住房问题作为出发点和落脚点,尽快建立和完善房地产市场平稳健康发展的长效机制,特别是要保持战略定力,坚决避免将住房作为短期刺激经济增长的手段和工具。各级党委和政府要运用一城一策、试点先行、分步推进和稳扎稳打的基本方法,同时有关部门要抓紧制定和完善一城一策的工作方案,针对要解决的主要问题和要实现的基本工作目标,提出具体政策措施,逐步建立和完善房地产长效机制。

各级各地党委和政府应强化本地区的主体责任和其他方面的工作责任,要把解决人民群众的住房问题和做好房地产调控工作摆上重要议事日程,进一步健全工作机制,切实落实责任分工,强化督促检查,积极主动做好工作。有关省(自治区、直辖市)要加强本地区的政策联动和统筹协调,指导、检查和督促各地做好工作。各相关职能部门要大力支持各地党委和政府的决策部署,扎实做好政策衔接和工作沟通,及时研究解决各地房地产工作遇到的困难和问题。各地党委和政府及有关职能部门要大力协同工作,切实把党中央和国务院的决策部署抓细抓实,促进本地区乃至全国房地产市场平稳健康发展。

各省(自治区、直辖市)党委和政府要根据党中央和国务院关于建立租购并举住房制度指导性相关规定,结合当地的实际情况抓紧制定加快培育和发展住房租赁市场的地方性法规和条例,建立健全培育和统筹住房租赁机构,可先行开展以公共租赁住房为重点的住房租赁业务。对城镇无力购买住房的居民特别是非户籍人口,支持其租赁住房,若其中符合条件的困难家庭可给予货币化租金补助,并把公租房扩大到非户籍人口,实现公租房货币化。根据《住房租赁和销售管理条例》的有关规定,并可借鉴国外和国内有关地区的有效做法,重点解决和出台约束出租人租房行为的租赁管理办法,诸如明确出租人和承租人在住房租赁活动中的权责,特别是在加强对承租人权益保护方面应细化到租期、租金和居住证等问题。鉴于有些地区住房库存量较大,各地应切合实际开展房地产去库存工作,把大量库存的房产改造成为出租房,诸如鼓励有条件的地区发展规模化的房地产开发企业及专业化的住房租赁企业,并可享受土地供应、税收减免、金融支持和信用等级评定等优惠政策。这些措施既可以有效促进房地产去库存,又能够从源头上解决租赁房源规模化供应,同时可以减少初创阶段房源收购需要的资金投入。各级党委和政府要积极与国有银行合作,搭建由政府主导的、有关职能部门参与的住房租赁信息服务平台,整合本地区房地产开发、交易和库存量等信息资源,及时为租赁市场供需双方提供高效、准确和便捷的信息服务。出租人可借助这个平台随时发布出租房屋信息,承租人也能够依托该平台发布租赁房屋的需求信息,逐步实现在平台上进行相互对接,打破信息不透明和不对称状况。各级党委和政府在建立租购并举住房制度的过程中,应下大力气改变居民刚性购房需求有余而租住房屋愿望不足的传统观念,既要支持有条件的购房者购买房屋,也要呼吁有购房意愿且无经济能力购房者转变住房消费观念,逐步树立先租后买、先小后大、循序渐进的理性住房消费观,使居民能够逐步意识到租房同样能够安居乐业。

国家要建立和不断完善租购并举的住房制度,必须大力发展房地产经纪服务行业,实行房地产经纪专业人员职业资格认证制度。国家对房地产经纪人员已出台若干政策,诸如房地产经纪机构应当有一定数量和专业水平较高的房地产经纪专业人员,并应在经营场地显要位置公示房地产经纪机构向有关部门备案情况、专业人员组成、服务项目细节和收费标准等。房地产经纪机构在发布住房租赁和销售信息之前,应当核对委托人身份证明、住房权属相关信息,还要与委托人正式签订书面经纪服务合同,实地查看住房情况,其后编制比较详细的住房状况说明书等,并且住房状况说明书和房地产经纪服务合同应当由房地产经纪专业人员仔细阅看后签署。房地产经纪机构的服务项目必须实行明码标价,正式收费之前应当向服务对象出具收费清单,标注住房租赁或者销售的价格、收费标准、收费金额及其他与收费相关的事项,收费清单应由当事人签字确认,但房地产经纪机构不得收取任何未予标明的有关费用。房地产经纪机构和房地产经纪人员应该严格遵守国家法律和政策有关规定,特别是不得有下列行为,诸如捏造散布不实价格信息或者与房地产开发企业相互串通、炒卖房号和操纵市场价格以误导消费者,发布虚假房源信息,刻意隐瞒影响住房租赁和销售的相关情况,诱导消费者盲目交易,出于某种原因不得出租和销售的住房提供经纪服务,强制性地提供代办服务和捆绑收费,没有经过当事人同意而以当事人名义签订虚假交易合同,帮助当事人弄虚作假并为规避住房交易税费、骗取贷款等非法目的提供方便,展示虚假的住房交易信息、低价收进高价卖或租出住房赚取差价,购买或者承租本机构内部提供经纪服务的住房,违反相关法律政策规定并为当事人提供购房融资,泄露或者不恰当使用客户信息以谋取不正当利益,法律或者法规禁止的其他行为。

政府及有关部门依法依规对住房租赁和销售机构实施有效监督管理,是完善租购并举的住房制度的重要保障。住房租赁和销售机构在住房租赁和销售等活动中应当进行实名交易,其采集的个人信息严格受到法律保护,任何组织或者个人不得违反法律法规的相关规定和双方的约定随意使用信息。各级各地人民政府要依据国家有关法律法规并根据实际制定和完善住房交易资金监管办法,诸如房地产开发企业预售住房取得的资金应当纳入交易资金监管账户之中,专款专项用于有关的工程建设,并且房地产经纪机构接受委托销售住房的,交易资金也应当纳入交易资金监管账户之中,而当事人自行交易成交的,可以约定把交易资金纳入交易资金监管账户之中,特别是纳入交易资金监管账户的所有资金,任何单位或个人不得随意侵占和挪用。住房租赁企业和房地产经纪机构应当自成立之日起 30 天内到相关部门办理注册报备手续,房产管理部门不仅应当及时将住房租赁企业和房地产经纪机构备案信息向社会公开,而且应当会同相关部门采取随机抽取被检查对象和随机选派执法检查人员的方式,对住房租赁企业和房地产经纪机构进行监督检查,更要使这种监管方式制度化和常态化。房地产管理部门要积极主动开展工作,诸如应当建立健全住房租赁和销售信息服务与监管平台,以住房实际测绘成果为基础建立楼盘表格,提供房源核验、合同网上签约、交易资金监管、信用信息查询和投诉举报等服务。房地产管理部门应当会同相关部门和行业组织等建立健全房地产行业信用管理信息服务平台,详细记录房地产开发企业、住房租赁企业、房地产经纪机构、房地产估价机构及其从业人员的信用记录,并把它们纳入全国信用信息共享平台,及时向社会公示,构建守信联合激励和失信联合惩戒体制机制。

完善租购并举的住房制度应明确政府有关部门、租购实体机构和个人的法律责任,县级以上人民政府有关部门不依法履行住房租赁和销售监督管理职责的,应对负有责任的领导人员和直接责任人员根据实际情况依法给予处分,若负有责任的领导人员和直接责任人员构成犯罪的,则应移送司法机关追究刑事责任。出租人有下列行为之一的,诸如违反国家和地方政府及相关部门制定的法规政策条例规定出租住房、调整租金、收取或者扣留押金和擅自进入出租住房,应由房产管理部门予以警告,责令其限期改正,若情节严重的,对个人或者单位处以数额不等的罚款,有违法所得的则没收违法所得,造成损害的则依法承担赔偿责任,构成犯罪的则依法追究刑事责任。出租人违反有关条例规定驱逐承租人,构成违反治安管理行为的,依法予以治安管理处罚,如果构成犯罪的,依法追究刑事责任。承租人擅自改动承租住房承重结构或者其他结构的,房产管理部门应按照建设工程质量管理条例规定,责令其限期改正,或者处以数额不等的罚款,若造成损失的则依法承担赔偿责任,构成犯罪的则依法追究刑事责任。自然人转租住房达到规定规模而没有办理工商登记的,则由工商行政管理部门依法予以处罚。住房租赁企业没有办理机构报备手续的,应由房产管理部门予以警告,并责令其限期改正,若逾期不改正的,处以数额不等的罚款,而没有查验承租人身份证件或者没有如实记载相关信息的,应由房产管理部门责令其限期改正,逾期不改正的,可处以数额不等的罚款。房地产开发企业有下列行为之一的,诸如违反有关条例规定销售住房、没有办理住房现售备案、没有把预售住房所取得的资金纳入监管账户之中或者侵占、挪用资金,应由房产管理部门责令其限期改正,并可以暂时停止合同网上签约权限。若有违法所得的则没收全部违法所得,并可处以违法所得数额不等的罚款,即使没有违法所得的也要处以一定数量的罚款,情节严重的则由原资质审批部门降低资质等级或者吊销资质证书,造成损失的则依法承担赔偿责任,构成犯罪的则依法追究刑事责任。房地产经纪机构有下列行为之一的,诸如没有达到规定的房地产经纪专业人员数量、没有按规定办理机构备案、没有按规定公示备案情况等信息、没有按规定程序发布住房租赁和销售信息、没有按规定提供经纪服务、没有将接受委托销售住房的交易资金纳入监管账户或者侵占和挪用资金,应由房产管理部门予以警告,责令其限期改正,可以暂停合同网上签约权限。如果有违法所得的则没收违法所得,并可处违法所得数额不等的罚款,没有违法所得的也可处以一定数量的罚款,造成损失的则依法承担赔偿责任,构成犯罪的则依法追究刑事责任。房地产经纪人员有下列行为之一的,诸如允许他人以本人名义从事房地产经纪活动、同时在两个及以上机构从事房地产经纪活动、在房地产经纪服务活动中谋取或者协助他人谋取不正当利益、违反有关条例规定提供经纪服务,应由房产管理部门予以警告,责令其限期改正,并可暂停其从事房地产经纪活动一年。如果有违法所得的则没收违法所得,并可处以一定数量的罚款,而没有违法所得的也可处以数额不等的罚款。如果造成损失的则依法承担赔偿责任,构成犯罪的则依法追究刑事责任。如果当事人未办理住房租赁和销售合同备案的,应由房产管理部门予以警告,责令其限期改正,若逾期不改正的,对个人处以一定数量的罚款,对单位也可处以数额不等的罚款。违反有关条例规定的其他行为,法律和行政法规有处罚规定的,按照有关规定办理。

(二) 促进房地产市场健康发展

近年来,各地深入贯彻落实党中央和国务院决策部署,实施分类调控和因城施策的措施,从而使房地产市场总体上保持平稳运行。但有个别城市房地产市场出现了过热的苗头,投机炒作现象有所抬头,如不加以有效控制就有可能产生重大风险。有鉴于此,各级党委和政府要充分发挥市场在资源配置中的决定性作用,明确住房体系与住房保障体系的定位。更为重要的是,住房市场体系建设必须坚持以市场为主导,把握适合国情的市场化方向,以居住为主、以居民消费为主、以普通商品住房为主,积极培育和发展住房租赁市场,满足不同层次群体的需求,让人民群众享有更多的获得感和幸福感。

各级党委和政府要牢固树立政治意识、大局意识、核心意识、看齐意识,切实提高政治站位,坚持住房调控目标不动摇和力度不放松,毫不动摇地坚持"房子是用来住的、不是用来炒的"科学定位,要注意尽力而为和量力而行相结合,坚持调控政策的连续性和稳定性,认真贯彻落实稳房价和控租金、降杠杆和防风险、调结构和稳预期的目标任务,大力支持居民刚性居住需求,坚决遏制各种投机炒房现象,因地制宜、精准施策,才能充分激发市场活力,确保房地产市场平稳健康发展,进而充分满足人民群众多层次住房的需求。

各级党委和政府要根据当地经济社会发展水平、住房供需状况和人口变化情况等因素,加快制定实施住房远景发展规划,科学编制住房实施细则,明确住房发展主要目标、重点任务和政策措施等,合理确定住房的用地供应规模、结构和时间顺序,努力引导相关资源合理有效配置。一线、二线城市住房发展规划应主动上报住房和城乡建设部备案后再向社会公布实施,其主要目标和指标要纳入当地经济社会发展预期指标管理。要采取切实措施统筹城镇基础设施和空间布局规划,推进大中小城市和小城镇协调发展,增强中小城市和小城镇的承载力和吸引力,积极引导产业、就业和人口的有序流动等,促进职工的数量与住户的数量大体保持平衡状态。

各地要抓紧调整住房和用地供应结构,出台相关政策有针对性地解决住房和用地有效供给的问题,诸如切实提高中低价位和中小套型普通商品住房在新建商品住房供应中的比例,同时应改进商品住房用地供应方式,努力建立房价地价联动机制,以防止地价上涨带来房价上涨。特别是热点城市要提高住房用地比例,住房用地占城市建设用地的比例应根据实际合理安排,同时要大幅度增加租赁住房和共有产权住房的用地供应,还要确保公租房用地供应。力争用较短的时间,使公租房、租赁住房和共有产权住房用地在新增住房用地供应中的比例达到一个较高的程度。热点城市还要因地制宜,积极探索推动土地供应主体多元化模式,就是在国家所有权和企业所属权不变、符合土地利用总体规划和城乡建设基本规划的前提之下,非从事房地产的企业依法取得国有土地使用权的,可把它作为租赁住房建设用地,并要将建设租赁住房的具体实施方案上报到住房和城乡建设部。开展租赁住房、利用集体建设用地建设租赁住房和共有产权住房试点城市,应切实把国家的住房调控政策和本地实际有机结合起来,加快试点工作,并将取得的有效经验进行推广,确保房地产市场健康有序发展。

房子是家庭中的大资产,根据国家目前的相关政策,既可自住也能投资。随着社会物价的上涨,房子一般来说是可以实现保值增值的,因而在房改之后住宅商品化已经形成共识。房价上涨得越快,住房的赚钱效应也越明显,投资属性被扩大,房价也不断被推高,房子被炒作的成分在加大,风险也在不断积聚。有鉴于此,各级党委、政府和房管部门要切实加强个人住房贷款资金管控规模,努力落实差别化的住房信贷政策,有效强化对借款人还款能力的审查,严格管控利用消费贷款和经营贷款等资金挪用于购买房产的行为。企业购买土地只能使用自有资金的规定要严格落实,财政、税务和审计等部门要加强住房用地购地的资金来源审查,严控巧立名目筹措资金来购买土地进行建房。各地要大力整顿规范房地产市场秩序,诸如严厉打击房地产企业和中介机构违法违规行为,严肃查处捂住楼盘、哄抬房价、炒买炒卖、规避调控政策和制造市场恐慌,并持续保持高压严查态势,若存在各类违法违规行为,发现一起、查处一起,并及时向社会曝光,以形成有效震慑。

房地产税立法近年来一直是人民群众所关注的焦点话题,房地产税的征收涉及千家万户的利益,因而要健全房地产地方税体系,在调查研究的基础上稳妥推进房地产税立法,并使之成为建立房地产长效调控机制的有效措施之一。合理而有效的房地产税收体系,能够起到增加财政收入、调节贫富差距、引导合理消费和抑制投机投资的作用,但房地产税收体系的设计和实施是一个复杂的系统工程,涉及房地产的开发、经营和消费等环节各税种的关系,也涉及如何处理与土地出让金的关系,还涉及居民合理税赋的考量。所以房地产税立法一定要稳妥推进,既要进行顶层的合理设计,又要广泛征求民意;既要借鉴国外有益经验,诸如按照评估值征税,也要符合中国国情和人民的承受能力,并且对房地产税设计税收优惠条款,也要建立较为完备的税收征管模式,使房地产税收更加公平合理,切实为各地经济和社会发展发挥应有的积极作用。

各地要加强房地产市场舆论引导和预期管理工作,加大国家房地产政策的宣传力度,建立健全房地产网络信息化平台,全面落实住房销售合同网签备案制度,适时发布权威信息,并且要加强政策解读和市场信息公开,及时澄清不实信息,积极引导正面舆论。各地公检法机关要严厉打击利用自媒体公众号等渲染房价上涨及散布虚假信息造成社会恐慌等行为,以营造良好的房地产舆论氛围,稳定市场预期目标。

各地要切实建立健全房地产地方调控体系,坚决贯彻落实新发展理念,加快转变发展方式,进一步落实地方调控主体责任。住房和城乡建设部要加快建立房地产市场评价和监测预警体系,建立健全相关体制机制,抓细抓实评价条款,科学制定对地方房地产调控工作的评价考核机制,督促其具体落实地方政府稳房价和控租金的主体责任,同时严格巡视和督查,特别是对工作不力、市场波动大、未能实现调控目标和引起严重后果的地方,坚决进行追责问责。

特别值得一提的是,党的十九届五中全会明确强调,要科学总结之前房地产市场的有益经验,采取切实有效措施促进房地产市场平稳健康发展。

党和国家应着力畅通国内国际双循环,特别是依托强大的国内市场,形成国民经济良性循环,并且关注金融风险,推动金融和房地产同实体经济均衡发展。中共中央、国务院通过研判国际国内发展形势,提出了国内国际双循环的概念,它事关国家发展的重大格局,其中涉及经济链条、产业链条、资金链条及生产、分配、流通、消费等诸多环节和层次的战略思考与再定位。房地产市场是一个比较特殊的行业,它既具有实体经济的属性,也包含较强的金融属性。国务院实行住房制度改革以来,房地产作为国民经济的支柱产业,承载着经济增长、地方财政收入和金融市场稳定等诸多功能。但是过去十多年时间,持续上涨的房价不仅大量挤占了金融资源,压缩了实体经济的发展空间,甚至导致人们生活成本上涨,严重透支了中国老百姓消费升级的需求。更为紧迫的是,不断推高的金融杠杆和逐渐积累的房地产泡沫,已经成为经济发展中的重大不可控因素,时刻威胁着我国金融系统的安全。"十四五"规划明确指出,要推动金融、房地产同实体经济均衡发展,所警示的就是这一方面的风险,其目的就是要消除国民经济对房地产的过分依赖,让它和实体经济步调一致、共同发展。国家强调均衡发展,其落脚点还是发展,不是绝对地限制发展,而是要在规模和结构上进行适度调整,以充分实现房地产与国民经济诸多环节的有效衔接。

面对新冠疫情的冲击和复杂的国际环境,中共中央提出国内国际双循环发展战略,而扩大内需和促进消费是"双循环"格局的重要内容,因而"十四五"规划提出的促进住房消费健康发展,就有着深远的战略意义。促进住房消费健康发展的目标,与之前的提法相比,具有更加积极的意义。住房消费问题，并不是单纯指买房和卖房行为，而应该是包含租赁住房、装修改造、品质改善和提升服务等更大范围和更宽领域的消费需求，上下游还链接着建材家居、家庭装修、健康养老和物业管理等诸多行业，因而其市场机遇值得进一步研究和拓展。

我们有理由相信，在今后相当长的时间，房住不炒的总基调都不会发生变化，只是细化到每个城市所实行的政策，甚至不同市场主体所实行的策略也有所不同。诸如住房和城乡建设部、中国人民银行已在北京召开了重点房地产企业座谈会，研究进一步落实房地产长效机制，并规划了房地产的三条红线：剔除预收款后的资产负债率不得大于 70%、净负债率不得大于 100%、现金短债比不得小于 1 倍。其主要目的就是不把房地产作为短期刺激经济的手段，落实房地产调控长效机制。完善住房租赁市场金融支持政策体系，加快形成租购并举住房制度。房地产市场参与各方，诸如地方政府、金融机构、房企、中介机构和购房者等都应充分认识到这一点。

鉴于之前我国城镇化进程中存在一些比较突出的问题，"十四五"规划明确指出，稳步推进房地产市场健康发展必须推进以人为核心的新型城镇化建设，着力实施城市更新行动，推进城市生态修复和功能完善工程，统筹城市规划、建设和管理等方面的工作，合理确定城市规模、人口密度、空间结构，促进大中小城市和小城镇协调发展。强化历史文化保护、塑造城市风貌，加强城镇老旧小区改造和社区建设。以上论述就意味着曾经粗放式的城市扩张发展道路已经遭到摒弃，内涵集约式和高质量发展的新思路已成为城市发展的主要方向。未来国家会出台相关的人口和人才引进政策，建立保障性人才住房体系，户籍门槛也会逐步放低，让人们能够安居乐业，实现城市之间的双向流动。毫无疑问，这才是新型城镇化发展的方向，也是房地产行业发展的诸多机遇所在。

"十四五"规划还提出，积极开发老龄人力资源，发展银发经济，大力推动养老事业和养老产业协同发展，进一步培育养老新业态，构建居家社区机构相协调、医养康养相结合的养老服务体系。有鉴于此，房地产行业可能需要打造更加适合老年人居住的住房产品线，包括建筑、户型和社区配套，以及建设养老社区等，这也为房地产业的转型发展提供了一个重要方向。

党的十九届五中全会指出了我国包括房地产业在内的各项事业发展正在重大变革中迈向新的历史机遇,因而在这样的大背景下,房地产行业的整体基调将继续维持平稳,而城市群发展的内在健康逻辑亦将延续,房地产企业只有抓住创新和高质量的主要发展方向,才能持续、稳定和顺利地迈向未来。

(三) 提高住房保障水平

住房问题不仅是人民群众的需要和期盼,也是党和政府的牵挂和责任。党的十一届三中全会以后,特别是党的十八大以来,以习近平同志为核心的党中央,在全面建成小康社会、实现中华民族伟大复兴中国梦的过程中,始终坚持以人民为中心的发展思想,把城镇居民的住房问题作为推进社会建设的一项重要内容。诸如各级党委、政府和相关部门在党中央、国务院宏观政策指导下,采取多种有效措施不断加强住房资金筹措和管理,全力推进保障性住房建设,努力改善职工住房条件和居住环境,千万个家庭的安居之梦已变为现实。但是近年来,一些地方出现了房价过高和上涨过快的现象,造成了很多居民特别是中等偏下收入家庭、新就业群体和外来务工人员等的住房困难。

以上现象不仅仅是住房领域本身的问题,而且是经济社会发展过程中诸多问题和矛盾的综合反映,涉及城乡一体化发展、收入分配格局调整、财税制度完善和消费结构升级等问题。有鉴于此,各级党委和政府要贯彻落实党中央和国务院的决策部署,切实加强组织领导,根据当地实际认真落实各项目标任务和方针政策,努力把住房保障和供应体系建设办成一项经得起实践、人民和历史检验的德政工程。

要根据我国国情健全住房供应体系,其总的发展方向是立足于保障基本需求和引导合理消费,加快构建以政府为主导提供基本保障、以市场为主体满足多层次需求的住房供应体系。具体而言,就是政府应根据城市不同群体的收入状况,进行分类指导和精准施策,诸如对城镇低收入困难家庭可实行租赁住房制度,对中等偏下收入困难家庭可实行租赁住房保障制度,对中高收入比较富裕家庭可实行租赁和购买商品房相结合的制度。"加快推进住房保障和供应体系建设,要处理好政府提供公共服务和市场化的关系、住房发展的经济功能和社会功能的关系、需要和可能的关系、住房保障和防止福利陷阱的关系。只有坚持市场化改革方向,才能充分激发市场活力,满足多层次住房需求。"①就全国而言,总有一部分群众由于劳动技能不适应、就业不充分和收入水平低等原因而面临住房困难,政府必须高度重视这一部分人群,切实为他们提供基本住房保障。

提高住房保障水平,要求各级党委和政府要牢固树立和贯彻落实创新、协调、绿色、开放、共享的发展理念,以建立租购并举的住房制度为主要方向,健全以市场配置为主、政府提供基本保障的住房租赁体系,大力支持住房租赁消费,促进住房租赁市场健康发展。要着力培育市场供应主体,发展住房租赁企业,鼓励房地产开发企业开展住房租赁业务,规范住房租赁中介机构,支持和规范个人出租住房。应充分发挥市场机制的作用,给予住房租赁企业享受生活性服务业的相关支持政策,充分调动企业的积极性,采取租赁和购买等方式多渠道广泛筹集房源,努力提高住房租赁企业规模化、集约化和专业化水平,形成大、中、小住房租赁企业统筹发展的格局,不断满足人民日益增长的住房租赁需求。积极支持房地产开发企业扩展业务范围,利用已建成或新建住房开展租赁业务,并鼓励房地产开发企业出租库存商品住房,引导它们与住房租赁企业进行有效合作,积极探索发展租赁地产行业。充分发挥市场租赁中介机构的作用,鼓励其提供规范的相关业务服务,不断提高中介服务质量,努力提升从业人员的业务和思想素质,促进中介机构依法经营、诚实守信和公平交易等。落实鼓励个人出租住房的税收优惠政策,支持个人依法出租自有住房,并规范个人出租住房行为,支持个人委托住房租赁企业和中介机构出租住房。

提高住房保障水平,要鼓励住房租赁消费,完善住房租赁支持政策,明确各方的权利义务。各级各地有关职能部门要根据实际情况制定住房租赁消费的优惠政策措施,支持和引导城镇居民通过租房解决居住问题。真正贯彻落实提取住房公积金支付房租政策,简化办理有关业务的手续,并且非本地户籍承租人可根据相关条例的规定申领居住证件,享受义务教育和医疗等国家规定的基本公共服务。房屋出租人应当按照有关法律法规和合同的约定切实履行法定义务,保证其住房和室内设施符合规定的要求,并且出

---

① 《习近平谈治国理政》,外文出版社2014年版,第193页。

租人在住房租赁合同期限内,若无正当理由不得擅自解除合同,不得随意提高租金,不得故意克扣押金,而承租人则应该依照合同约定使用住房和室内设施,并按时缴纳租金,若有损坏需要照价赔偿。

提高住房保障水平,要完善公共租赁住房,推进公租房货币化,提高公租房运营保障能力。应采用实物保障与租赁补贴并举的措施,转变公租房的保障方式,鼓励和支持公租房保障人员通过市场途径租赁住房,政府则应对符合条件的租赁家庭给予相应的补贴,并要根据实际不断完善租赁补贴政策,还要结合市场租金水平和保障人员的实际情况,合理确定租赁补贴标准。支持和鼓励地方政府采取购买服务或者政府与社会资本有效合作方式,把政府现有投资和管理的公租房交由专业化和社会化企业经营管理,不断提高管理效能和提升服务水平。在城镇稳定就业的外来务工人员、新就业大学生、青年医生和青年教师等专业技术人员,凡是符合各地城镇居民公租房准入条件的,也应纳入公租房保障范围。

提高住房保障水平,要加大政策支持力度,给予税收优惠,提供金融支持,完善供地方式。各级各地有关职能部门应对依法登记备案的住房租赁企业、机构和个人等,给予税收等方面的优惠政策支持。落实营业税改增值税等关于住房租赁的相关政策,个人出租住房的、房地产中介机构提供住房租赁经纪代理服务的,按有关规定缴纳一定比例的税。鼓励和支持金融机构按照依法合规、风险可控和商业可持续的原则,向住房租赁企业提供资金支持,并支持符合条件的住房租赁企业发行债券和不动产证券化产品,以稳步推动房地产投资信托基金试点工作。鼓励和支持各级地方政府盘活城区存量土地,采用多种行之有效的方式增加租赁住房用地的适时供应,新建租赁住房项目用地以招标、拍卖和挂牌等方式出让的,出让方案及合同或合约中应明确规定持有出租的年限。

提高住房保障水平,要加强住房租赁监管,健全法规制度,落实地方责任,加强行业管理。应结合实际不断完善住房租赁法律法规,明确相关人员的权利和义务,规范市场行为,稳定租赁程序,也可推行住房租赁合同示范文本和合同网上签约,还要有效落实住房租赁合同登记备案制度。省(自治区、直辖市)人民政府应加强对本地区住房租赁市场的监管,特别是要加强政策指导,研究解决可能出现的重点难点问题。各级各地应对其所辖行政区域内的住房租赁市场监管负总体责任,要建立健全多个相关部门联合监管体制机制,明确其职责和分工,并且要积极发挥街道和乡镇等基层组织有效作用,进一步推行住房租赁网格化管理,加快住房租赁信息服务和监管平台建设,使各部门做到信息共享。各级各地住房和城乡建设部门应负责住房租赁市场的监管和有关协调工作,着力督促和指导居民委员会、村民委员会和物业服务企业及其他监管部门对安全隐患进行严格排查,各有关职能部门则应按照职责分工充分履行社会责任,依法依规严厉查处利用出租住房从事违法经营活动。

除此之外,各级党委和政府要强化自身的责任,加大保障性住房供给体系建设,建立健全相关体制机制,努力解决保障性住房供应不足的问题。诸如要完善住房支持政策,注重发挥政策的扶持、导向和带动作用,调动各方面积极性和主动性。要完善土地政策,坚持保障民生优先,因地制宜科学编制土地供应计划,增加住房用地供应总量,优先安排保障性住房用地,充分扩大普通商品房供给。要完善财政和税收政策,建立健全稳定投入机制,适当加大财政性资金、住房公积金贷款和银行贷款对保障性住房建设的投入力度,综合运用政策措施,吸引企业、社会组织、其他机构和个人参与公共租赁住房建设和运营。特别值得一提的是,要积极探索建立非营利机构参与保障性住房建设和运营管理的体制机制,努力形成全社会各方面共同参与的局面。

城镇保障性住房建设是一项利国利民的千秋工程,要把这件事办好和办实,就必须加强管理,制定公平合理、公开透明的保障性住房配租政策和监督秩序,特别是在准入、使用和退出等方面建立规范机制,实现公共资源公平而有效率的使用。要在坚持公平分配的前提下,对低收入住房困难家庭要应保尽保,将符合条件的新就业无房职工和外来务工人员等纳入保障范围,使该保障的群众真正受益,同时要对非法占有保障性住房的行为进行有效的治理,切实从制度上堵塞漏洞。

各级党委和政府要进一步落实地方政府责任和追责问责制度,加强和完善对房地产的调控,把保障基本住房、稳定物价和加强市场监管纳入当地经济社会发展的工作目标。建立健全差别化的住房信贷和税收政策,合理引导居民自住和改善性住房需求,有效遏制社会群体和个人等投机投资性购房行为。公检法机关和房地产部门要在充分调查研究的基础上,加快制定基本住房保障法,修订和完善《中华人民共和国城市房地产管理法》等相关法律法规,并进一步完善住房公积金制度,加强管理和逐步扩大其覆盖范围。市场对房地产的监管力度也应加强,诸如规范房地产市场秩序、加快住房信息平台建设和完善信息发布制度等。

各级党委政府、职能部门和公检法机关等要密切关注本地房地产市场情况,若发现房价突然上涨或上涨幅度过大,应迅速查明其原因,及时调查研究和采取切实有效的措施加以妥善解决;对一些社会组织、中介机构和个人等用大量银行贷款和私自筹措的资金进行的住房短期炒作行为,应予以坚决制止;对一些开发企业、社会组织、中介机构和个人等通过制造和散布虚假信息哄抬和联手垄断房价等严重违纪违法的欺诈行为,要给予严厉打击。

各级党委政府和相关职能部门在住房保障体系建设过程中,必须转变思想观念,采取以立法为主和政策为辅的办法,立足于人民群众的基本生活需求,加快建立多主体供给、多渠道保障和租购并举的住房保障制度体系,让广大人民群众早日实现安居乐业,充分实现党和政府对人民作出的庄严承诺。

第五章 全面推进健康中国建设

党的二十大报告指出："人民健康是民族昌盛和国家富强的重要标志。"①《中华人民共和国国民经济和社会发展第十四个五年规划和二〇三五年远景目标纲要》明确要求："全面推进健康中国建设，把保障人民健康放在优先发展的战略位置，坚持预防为主的方针，深入实施健康中国行动，完善国民健康促进政策，织牢国家公共卫生防护网，为人民提供全方位全生命期健康服务。"②可以说，全面推进健康中国建设是我们党在社会主义现代化建设新阶段对公共卫生医疗领域提出的建设目标和具体要求。它不仅包括我国根据联合国和世界卫生组织向全世界各国推行的健康国家战略而制定的健康中国战略，还包括党和政府在中国特色社会主义事业发展的不同历史时期对医疗卫生健康事业建设的其他战略，是我们在继承和发展马克思主义人民健康观的基础上不断完善社会主义社会建设的重要组成部分。

一、健康中国建设的主要成就

世界卫生组织（WHO）在 1946 年成立时曾指出："健康不仅为疾病或羸弱之消除，而系体格、精神与社会之完全健康状态。"③也就是说，健康是一种在生理上、心理上及社会性评价功能上均处于不缺损的状态。它不仅指身体上没有疾病或虚弱，还包括人的社会功能应该完整。随着现代医学的发展，人们对健康的认识也不只局限于"人体各器官系统发育良好、功能正常、体质健壮、精力充沛并具有良好劳动效能的状态"④，它还会受到卫生服务、遗传、环境、生活方式等多种因素的共同影响，其中生活方式的影响甚至高达 60%。因此，我们在进行健康中国建设时需要在现代医学测量的基础和

---

① 习近平：《高举中国特色社会主义伟大旗帜　为全面建设社会主义现代化国家而团结奋斗——在中国共产党第二十次全国代表大会上的报告》，人民出版社 2022 年版，第 48 页。
② 《中华人民共和国国民经济和社会发展第十四个五年规划和二〇三五年远景目标纲要》，人民出版社 2021 年版，第 133 页。
③ 参见《世界卫生组织〈组织法〉序言》，纽约世界卫生组织正式记录第 2 号 1946 年版，第 100 页。
④ 辞海编辑委员会编：《辞海》，上海辞书出版社 1979 年版，第 254 页。

标准下,综合生理、心理及由此关涉的社会功能性是否完满等各个方面进行考量,科学、全面地进行卫生健康领域的社会制度设计。

(一)不同历史时期健康中国建设的主要成就

健康中国建设是一个体系,从中国共产党登上历史舞台,带领中国人民进行革命和建设活动开始,所有在卫生健康领域所做的探索和努力都是健康中国建设的组成部分,其在不同的历史时期都有自身经济基础下不同的发展侧重点,在长期的建设过程中都取得了一定的成绩。

在新民主主义革命时期,中国国贫民弱,长期的战争将社会生产力和生产关系破坏殆尽,社会百废待兴,人民流离失所,人民的健康状况整体堪忧。在这一时期,公共卫生健康领域的任务集中表现为:在战争时以军民一心保战斗、抢救生命、救死扶伤、治病救人、保生命为主,以生存换生活;在停战时以坚持群众路线,建立敌后根据地,充分依靠人民群众发展生产,恢复体力,增强体质,巩固大后方为主。也就是说,国家在这个时期的健康政策不仅体现革命战争时期保护生命的需要,还兼顾根据地工农群众发展生活的需求,具有革命性、战时性的特征。中华人民共和国成立后,进行社会主义建设一直是党和政府在不同历史时期的重要使命。相比于战争年代的动乱,我们的世情、国情都发生了巨大的变化。新中国是人民民主专政的社会主义国家,人民当家作主,党和政府一切的社会建设以人民利益为出发点,全心全意为人民服务。中国共产党作为执政党,立足世情、国情,将马克思主义健康思想与新民主主义革命时期的卫生健康工作经验紧密结合,本着全心全意为人民服务的宗旨,以人民为主体,在这一时期确立了面向工农兵、预防为主的卫生健康工作原则,通过在全国范围内展开爱国卫生运动,最终取得了决定性胜利,不仅全面提高了我国人民的健康水平,也彻底粉碎了帝国主义对社会主义的扼杀,为社会主义经济和社会的健康发展起到战略性的保护作用。

从党的十七大开始,我国步入了打造健康中国国家战略的准备阶段。党的十七大报告指出"健康是人全面发展的基础"①,将"人人享有基本医疗卫生服务"②确定为发展目标。党的十八大以来,以习近平同志为核心的党

---

① 《胡锦涛文选》第 2 卷,人民出版社 2016 年版,第 644 页。
② 《胡锦涛文选》第 3 卷,人民出版社 2016 年版,第 626 页。

中央强调把人民健康放在优先发展的战略地位"①，作出实施健康中国战略的重大部署。2015年10月，党的十八届五中全会明确提出推进健康中国建设的任务。2016年8月，21世纪第一次全国卫生与健康大会召开，习近平在大会上指出："没有全民健康，就没有全面小康"②，明确新时期党的卫生与健康工作方针是"以基层为重点，以改革创新为动力，预防为主，中西医并重"，并创造性地提出"将健康融入所有政策，人民共建共享"③，为全民健康画下蓝图。2016年10月，中共中央、国务院印发的《"健康中国2030"规划纲要》明确提出健康中国建设的目标和任务，该纲要的颁布标志着健康中国建设正式上升到国家战略层面。党的十九大报告明确提出健康中国战略，要求"为人民群众提供全方位全周期健康服务"④。2019年7月，健康中国行动推进委员会公布《健康中国行动（2019—2030年）》，该文件以"大卫生、大健康"为理念，围绕疾病预防和健康促进两大核心，从全方位干预健康影响因素、维护全生命周期健康和防控重大疾病三个方面提出开展合理膳食、全民健身等15个专项行动，分阶段设置2022年、2030年工作目标，促进"以治病为中心"向"以人民健康为中心"转变。2019年12月《中华人民共和国基本医疗卫生与健康促进法》通过，这也是我国在卫生与健康领域出台的第一部基础性法律，它强调"以人民健康为中心"，是将促进卫生健康的经验和转变后的新理念上升为国家意志的一部综合性法律，对卫生领域的健康促进起到保驾护航的作用。2020年10月，党的十九届五中全会通过《中共中央关于制定国民经济和社会发展第十四个五年规划和二〇三五年远景目标的建议》，这标志着健康中国战略进入全面推进阶段。

1. 公共卫生服务水平不断提高

公共卫生服务项目不断深化。国家在公共卫生服务领域的资金投入和技术投入不断增加，公共卫生服务项目的多元化、全面化、深层次化程度也不断加强。自2010年以来，我国的人均基本公共卫生服务经费财政补助标

① 《习近平关于社会主义社会建设论述摘编》，中央文献出版社2017年版，第101页。
② 《习近平谈治国理政》第3卷，外文出版社2017年版，第370页。
③ 《习近平谈治国理政》第2卷，外文出版社2017年版，第371页。
④ 《习近平谈治国理政》第3卷，外文出版社2017年版，第38页。

准提高了约五倍,服务项目也从单纯的疾病医疗报销转向包含生、老、病、亡在内的全生命周期的各项健康管理服务,同时充分利用现代科学技术,在挂号导医咨询、电子病历建档、检验检疫诊断、皮肤病识别等方面实现快速、准确、便捷服务。门诊分流、大手拉小手医联体远程诊疗、社区基层卫生服务中心家庭医生签约服务、互联网医院等智慧公共卫生服务方式逐渐改变着人们的生产和生活方式。

传染病疫情防控水平持续提升。国家已建成全球最大规模的法定传染病疫情和突发公共卫生事件的网络直报系统。中国疾病预防控制中心流感、脊髓灰质炎、麻疹、乙脑等实验室成为世界卫生组织参比实验室。[①] 从2020年10月28日国务院新闻办就"十三五"卫生健康改革发展举行的发布会上公布的数据可知,"十三五"期间我国的肺结核发病率每10万人下降了7.8,成功治疗率保持在90%以上,五岁以下儿童乙肝感染率降至1%以下,摘掉了乙肝大国的帽子,被世界卫生组织誉为发展中国家典范。[②] 新冠肺炎疫情突发,党和政府第一时间成立由32个部门组成的国务院联防联控机制,并在全国范围内调集最优秀的专家和最急需的资源,星夜驰援疫情最严重的地区。从中央到地方,分级分层综合统筹开展各部门各地区疫情防控工作,全力以赴救治患者,取得了抗击新冠疫情的最早的阶段性胜利。

医学教育质量不断提高。自2014年住院医师规范化培训制度全面实行以来,基本建成以"5+3"为主体、"3+2"为补充的临床医学人才培养体系。为打造临床研究转化的高地,2012年国家临床医学研究中心开始启动建设,到2017年底,32家国家临床医学研究中心联合2 100余家医疗机构打造多种疾病领域的高水平临床研究平台,自主或参与制定诊治指南规范151项,促进产生更多的"中国标准"和"中国方案"。

2. 医药卫生体制改革不断深化

分级诊疗制度不断完善。2015年,国务院办公厅印发的《关于推进

① 中华人民共和国国务院新闻办公室:《中国健康事业的发展与人权进步》,人民出版社2017年版,第16~17页。

② 中国卫生和计划生育年鉴社编:《中国卫生和计划生育年鉴2017》,中国卫生和计划生育年鉴社2017年版。

分级诊疗制度建设的指导意见》提出探索建立包括医疗联合体在内的多种分工协作模式；2016年，家庭医生签约服务已成常态，每年社区基层卫生服务中心家庭医生续签率稳定；2017年，全国启动多种形式的医疗联合体建设试点，现已推动形成基层首诊、双向转诊、急慢分治、上下联动的分级诊疗模式；2019年，国家区域医疗中心启动建设，区域医疗服务能力提升，患者跨区域看病减少，老百姓的就医体验满意度也大大提升。

全民医保制度不断完善。自2016年开始，全国不再单独区分农村基本医疗保险和城市基本医疗保险两个渠道，而是将城镇居民医保与新农合医保合并；到2018年时，全国基本医疗保险参保覆盖率稳定在95%以上；新农合筹资水平从2003年的人均30元增长到2020年的人均833元，基本医疗保险也从最初只覆盖住院治疗扩展到普通门诊服务。

国家基本药物制度不断完善。各级政府多管齐下，努力降低虚高药价，2020年新增谈判成功119种药品加入国家医保药品目录，实现平均降价50.6%的最新比例，切实解决人民群众"大病返贫"的后顾之忧，用实际优惠提高人民健康权实现的机会。2018年，国家出台了将互联网技术、互联网开发、互联网应用与医疗健康结合在一起的行业指导意见，推进医疗信息化建设，逐步实现用信息化化解"看病烦琐"，促进远程医疗健康发展；还可以在线完成挂号、候诊、缴费等环节，可以在线复诊、护理，极大提升了老百姓就医的便利性。

3. 中医药卫生事业取得关键性发展

"十三五"期间，我国在中医药发展方面取得了许多具有里程碑意义的进步。

2016年2月26日，国务院印发新时期推进中医药事业发展的纲领性文件——《中医药发展战略规划纲要（2016—2030年）》，明确了未来中医药发展的方向与工作重点，将中医药发展上升到国家战略高度。2016年8月19日至20日，在北京召开的全国卫生与健康大会提出："要着力推动中医药振兴发展，坚持中西医并重，推动中医药和西医药相互补充、协调发展，努力实现中医药健康养生文化的创造性转化、创新性发展。"①大卫生、大健康理念给中医药发展提供了根本遵循。2016 年 12 月 6 日,国务院新闻办公室发表的《中国的中医药》白皮书对中医药的历史发展、中国发展中医药的政策措施、中医药的传承与发展、中医药国际交流与合作作出明确规定,提出到 2030 年中医药服务领域实现全覆盖的目标。2016 年 12 月 25 日,《中华人民共和国中医药法》由第十二届全国人民代表大会常务委员会第二十五次会议通过,并自 2017 年 7 月 1 日起施行,它首次从法律层面对中医药的重要地位、发展方针与扶持措施作出明确规定,为继承、弘扬和促进中医药事业发展保驾护航,对完善与振兴中医药发展、切实保护人民健康具有重要意义。2021 年 1 月 22 日,国务院印发《关于加快中医药特色发展的若干政策措施》,其中提出的 28 条政策既肯定了中医药在新冠肺炎防控救治方面的重要贡献,也清醒地认识到中医药在传承、发展、创新方面存在的不足,尤其指出加快中医药人才队伍建设的重要性,为当前与今后的中医药发展指明了方向。

4. 各部门相互助益,逐步形成尊医重卫的良好社会氛围

在医药健康体制改革到构建现代健康照顾制度转变的过程中,我们一步步厘清概念,明晰权责。从理念到会议,再到制度,最后上升到法律,各部门相互配合,相互助力,在全社会逐步形成尊医重卫的良好氛围。

首先,中共中央、国务院于 2016 年印发《"健康中国 2030"规划纲要》,以人民健康、全民健康为中心,将健康纳入国家发展规划纲要中进行统筹安排,是全力推进健康中国建设制度化、规范化的重要之举,增强了全社会对健康中国建设的责任感和使命感,为实现中华民族伟大复兴和推动人类文明进步作出更大贡献。② 其次,国务院办公厅于 2017 年印发《国民营养计划(2017—2030 年)》,以普及营养健康知识、优化营养健康服务、完善营养健康制度、建设营养健康环境、发展营养健康产业为重点,为建设健康中国奠定坚实基础。再次,第十三届全国人民代表大会常务委员会第十五次会议

---

① 《习近平谈治国理政》第 2 卷,外文出版社 2017 年版,第 373 页。
② 国家卫生和计划生育委员会编写:《〈"健康中国 2030"规划纲要〉辅导读本》,人民卫生出版社 2017 年版,第 4 页。

于 2019 年 12 月 28 日审议通过了《中华人民共和国基本医疗卫生与健康促进法》，从法律层面进一步确立了健康优先发展的战略地位。国家发展和改革委员会等 21 个部门还联合印发了《促进健康产业高质量发展行动纲要（2019—2022 年）》，围绕重点领域和关键环节实施健康服务跨界融合、健康产业科技创新等十项重大工程，形成若干有较强影响力的健康产业集群，为使健康产业成为重要的国民经济支柱性产业奠定坚实基础。最后，2021 年出台的《中华人民共和国国民经济和社会发展第十四个五年规划纲要和二〇三五年远景目标纲要》明确指出，到 2035 年把我国建成文化强国、教育强国、人才强国、体育强国、健康中国，正式吹响了全面建设社会主义现代化国家的号角。还有自 2021 年 4 月 15 日起施行的《中华人民共和国生物安全法》，将人与自然和谐共生、健康共存与保障国家安全、社会安定进一步联系起来。

可以说，健康中国建设在医药卫生体制全面改革和相关领域配套制度建设中，取得了一定成就。这些成绩符合世界健康国家建设发展趋势，是我国现代国家治理体系中卫生健康领域的重要组成部分。然而，中国特色社会主义现代健康建设还有很长的路要走，这不仅需要我们转变传统体制，更重要的是要转变观念，做到从全局出发、从人民群众的切实需要出发，因地制宜、因时制宜，切实将健康与福祉联系起来，把大卫生、大健康理念真正通过政策甚至法律在全社会推行开来，彰显健康中国建设的国家责任和担当。

（二）全面推进健康中国建设的意义

20 世纪末，世界卫生组织提出全球健康发展战略，倡议世界各国致力于推进本国的"健康国家"建设，还在 1986 年至 2016 年举办了九届全球健康促进大会，并通过了一系列文件，包括 1991 年"有利于健康的支持性环境"的《松兹瓦尔宣言》，2005 年"与健康促进所有相关方的合作"的《曼谷宪章》，2013 年"将健康融入万策"的《赫尔辛基宣言》，2016 年"防控慢性非传染性疾病"的《上海宣言》。此外，2007 年，世界卫生组织、联合国环境规划署和亚洲开发银行发布《区域环境与健康论坛宪章》，共同协调保护和改善健康与环境，促进可持续发展，减少贫困。2016 年联合国发布《营养行动十年计划》,提出到 2030 年应达到 17 个可持续发展目标和 169 个具体目标。从事物普遍联系的原理出发来看,影响人民健康的因素是多方面的、综合性的,健康对个人、社会、国家和民族都具有重要的现实意义,保障人民健康也需要个人、国家和民族之间协同合作,共建共享。

1. 马克思主义人民健康观的继承和发展

作为社会主义国家,我国全面推行健康中国建设首先要立场坚定地明确为人民服务,马克思主义的人民健康观是我们全面推进健康中国建设的理论遵循和行动指南。马克思恩格斯没有写过专门论述健康和卫生的论著,但马克思主义的健康观散见于马克思恩格斯在不同时期的著作中。马克思从工人的劳动环境、生存状况及自己颠沛流离、饱受贫困和疾病折磨的大半生经历出发,以剩余价值和唯物史观为切入点,揭露资本家为节约生产成本,榨取剩余价值,致使工人在恶劣工作条件下的食、宿、安全等方面都得不到保障,最终罹患各类职业病,身心健康严重受损的事实。马克思恩格斯认为,在资本主义制度下,人的全面而健康的发展是必然受到限制的,这是由生产资料归资本家私人占有,而生产是社会化的,并由身心健康受客观生理条件限制的无产阶级个人承担之间的基本矛盾所决定的。要想保障工人身心健康,就要从制度和政策上增加付诸劳动力身上的成本,利润率就会下降,所以马克思主义健康观的核心是:只有消灭剥削阶级,改变生产关系,才能终结资本对人的异化,让生产力中的劳动者——人,实现全面而健康的发展。马克思指出:"人的本质不是单个人所固有的抽象物,在其现实性上,它是一切社会关系的总和。"[①]人同时具有生物学意义上的功能和社会学意义上的属性,这两者相互统一,缺一不可。一方面,人的生物属性决定了人们对身体上和心理上健康与否的感受会直接影响到其作为生命主体的情绪体验,所以,追求身心健康是人作为个体生存的本能。另一方面,人的社会属性表现为个体作为国家和社会的基本细胞而存在,所以,个体在社会中健康与否又是通过民生疾苦和民生诉求得到解决与顺应的程度来展现的。国家的社会保障、政策管理、法律规范在促进个体与自然、个体与社会、个体与人

---

① 《马克思恩格斯文集》第 1 卷,人民出版社 2009 年版,第 501 页。

群之间的关系上起到体现国家认同、维系社会公正的作用。

理念是行动的先导、思想的先声，马克思主义理论传播到中国以后，不仅在革命中起着指明灯的作用，还在社会主义建设中成为指导思想。作为中国革命和社会主义建设的领导者，中国共产党一直坚持以马克思主义为指导建设和发展中国。马克思主义健康观的核心是消灭剥削阶级，改变生产方式，实现人的全面健康发展。因此，围绕人民展开，依靠人民推进，通过人民评判，就成为党的人民立场在国家卫生健康事业发展中的具体表达；找出以经济建设为中心、以人民为中心和以人民健康为中心之间的深刻内在联系，促进三者相互统一于中国特色社会主义现代化进程，统一于中国共产党治国理政的理论与实践，就是符合中华民族和中国人民发展利益的最终指向。另外，为民众谋福祉，本身也不是一蹴而就的事情，而是一项长期的、系统性工程，需要层层递进、有序实施。党和政府根据不同时期社会发展的现状和需要，有计划、分步骤地实施健康中国战略，逐渐由疾病治疗向身心健康促进转变，以治疗为中心向以预防为中心发展，将健康寓于万策，正是马克思主义健康观的内涵在不同时代根据个人需求和社会供给之间矛盾进行调整后的产物。习近平关于人民健康的重要论述就是马克思主义健康观在健康中国建设领域的最新成果，它全面推进了健康中国建设的进一步发展，包括坚持中国特色基本医疗卫生制度发展道路。这条道路以中国共产党领导为本质特征，以全体中国人民为价值主体，以中国现代化建设为实践主题，以实现民族复兴为目标追求[1]，是中国卫生健康事业发展的根本遵循。"要牢固树立安全发展理念，健全公共安全体系，努力减少公共安全事件对人民生命健康的威胁。"[2]面对新冠肺炎疫情暴露出来的问题，要继续推进构建系统完备、科学规范、运行有效的疫情防控法律体系，提高依法防控依法治理能力，健全国家公共卫生应急管理体系等。[3]

2. 应对人口老龄化的需要

近年来，我国人口发展进入了一个新的局面。一方面是人口的出生比

---

① 巩克菊：《习近平关于人民健康重要论述的时代价值》，《理论视野》2020 年第 4 期。

② 《习近平谈治国理政》第 2 卷，外文出版社 2017 年版，第 372 页。

③ 巩克菊：《习近平关于人民健康重要论述的时代价值》，《理论视野》2020 年第 4 期。

不断下降，2018年我国劳动力人口总数比2017年下降0.6个百分点，人口红利越来越少。另一方面，人口老龄化的速度在不断加快，我国的老年人口占比已经较高。国家人口发展进入转折期，老龄化社会不断迫近，失能、半失能老年人口大幅度增加的同时意味着罹患高血压、糖尿病等慢性疾病的人口比例也将随之增加，人的生理属性越来越需要被提到更加重要的地位予以关注和保护。这些都严峻考验着以康养为代表的社会健康服务体系。与2017年相比，2018年我国人均卫生总费用增加了364.3元，卫生总费用占GDP的比例提高0.03%。[①] 在现代社会和家庭里，传统意义上的几世同堂大家庭越来越少，以独生子女为主的核心家庭及主干家庭将成为主要的社会细胞。核心家庭和主干家庭在养老方式上有无法回避的现实症结。无论独居老人在生活起居方面的特殊性，还是失能、半失能老人在心理上的丧失性，都使得老年群体在康养服务领域不仅需要养老机构的日常看顾，更在身心一体上对医护群体有更多的依赖。子女也会因为中华传统"孝"文化的要求与现代社会长时间、高强度的工作需求之间发生冲突，产生不孝、无能、无助等心理困扰。所以，如何完善康养服务模式，如何创新医护服务思维，以及如何从数量上和质量上大量发展养老机构，也是现阶段健康中国建设需要解决的现实问题。

健康中国建设不仅靠公民个人，还需要社会群体的广泛参与。同时，实现人人尽力还需制订一定的行事规则甚至法律规范，所以，国家要负责宏观指导和调控，最终形成政府主导、全民参与、人人享有的结果。一方面，我们要强调政府主导，积极推动各行业、各领域、各部门领导体制和工作机制完善落实，有计划有步骤地将健康中国建设各项指标细分，使之与各级政府单位的考核指标结合起来，奖惩分明。另一方面，在政府的主导下，要充分发挥人民的主体地位，积极培育和树立"大卫生、大健康"的理念，尤其要加强对健康理念、健康知识、健康技巧等方面的宣传，促使人民转变健康意识，扩充健康认知，提高自身健康素养，进而注重日常保健，并加强体育锻炼，养成良好的康养习惯，在个人达到强身健体目的的同时，促进全社会形成良好的

---

① 国家卫生健康委员会：《2018年我国卫生健康事业发展统计公报》，2019年。

健康生活氛围,最终实现全民参与,共建共享。

二、健康中国建设的基本路径

健康中国建设基本路径的政策依据主要有两个。第一个是中共中央、国务院于 2016 年印发的《"健康中国 2030"规划纲要》。其中第二章"战略主题"部分明确写道:"共建共享是建设健康中国的基本路径,从供给侧和需求侧两端发力,统筹社会、行业和个人三个层面,形成维护和促进健康的强大合力,要促进全社会广泛参与,强化跨部门协作,深化军民融合发展,调动社会力量的积极性和创造性,加强环境治理,保障食品药品安全,预防和减少伤害,有效控制影响健康的生态和社会环境危险因素,形成多层次、多元化的社会共治格局,要推动健康服务供给侧结构性改革,卫生计生、体育等行业要主动适应人民健康需求,深化体制机制改革,优化要素配置和服务供给,补齐发展短板,推动健康产业转型升级,满足人民群众不断增长的健康需求,要强化个人健康责任,提高全民健康素养,引导形成自主自律、符合自身特点的健康生活方式,有效控制影响健康的生活行为因素,形成热爱健康、追求健康、促进健康的社会氛围。"①第二个是 2021 年出台的《中华人民共和国国民经济和社会发展第十四个五年规划和二〇三五年远景目标纲要》。其中第四十四章明确指出:"全面推进健康中国建设"的要求为"把保障人民健康放在优先发展的战略位置,坚持预防为主的方针,深入实施健康中国行动,完善国民健康促进政策,织牢国家公共卫生防护网,为人民提供全方位全生命期健康服务"②。

(一)构建强大公共卫生体系

公共卫生建设事关民生福祉、经济发展、社会稳定、国家安全,是一项极其重要而紧迫的战略任务,要"健全医疗救治、科技支撑、物资保障体系,提

---

① 国家卫生和计划生育委员会编写:《〈"健康中国 2030"规划纲要〉辅导读本》,人民卫生出版社 2017 年版,第 6~7 页。

② 《中华人民共和国国民经济和社会发展第十四个五年规划和二〇三五年远景目标纲要》,人民出版社 2021 年版,第 133 页。

高应对突发公共卫生事件能力"①。

1. 引入科技力量,助力公共卫生领域改革

中华传统医学文化对疾病的诊疗态度是认为治"未病"要强于治"已病",也就是说防大于治,这与现代公共卫生领域的理念不谋而合。习近平多次强调在公共卫生领域完善重大突发事件应急响应机制及从源头把控全局的重要性。首先,要改变过去"以治疗为主"的健康管理传统模式,建立在疾病暴发之前就设置预警,在触发条件时迅速干预,待转危为安后保持定期回访的终身健康档案管理制度。这是健康中国建设的必然选择。其次,通过积极研究科技向生产力的转化,促进人工智能等技术支撑的科学技术发展成果广泛应用于公共卫生领域。这是实施健康中国战略的有效"助推器"。其中包括借助互联网和医疗资源的结合,将人工智能、信息技术应用于医疗健康资源等领域,建立起以预防为中心的智慧型健康管理体系;通过医学大数据平台的支持,既解决了医疗健康资源配置不平衡的现实问题,也能够促进医学技术问题向预后健康管理问题过度,切实满足不同年龄、不同病种的人民群众日益增加的健康保健需求。最后,通过加强医疗跨区域及国际合作,攻克对重大传染性疾病和重大疾病技术难关。如在 2020 年应对席卷全球的新型冠状病毒期间,我们就在疫情防控模式、疫苗药物研发和治疗技术交流等方面展开了国际合作,有效提升了全球在治疗和防控重大疫情及重大疾病的能力,为保障世界人民生命和财产安全、提高人类健康水平贡献了中国力量。

2. 加强人才队伍建设

"十四五"规划提出:要加强公共卫生学院和人才队伍建设。② 近年来,我国不断加大公共卫生服务投入力度,使公共卫生机构"硬件"建设水平有了较大程度的提高,但随着经济社会的快速发展和生产生活环境的日益改善,作为重要"软件"的公共卫生人才队伍建设已成为制约公共卫生事业发

---

① 《中华人民共和国国民经济和社会发展第十四个五年规划和二〇三五年远景目标纲要》,人民出版社 2021 年版,第 133 页。

② 《中华人民共和国国民经济和社会发展第十四个五年规划和二〇三五年远景目标纲要》,人民出版社 2021 年版,第 133 页。

展的关键因素。特别是在新冠肺炎疫情这一重大突发公共卫生事件中，充分暴露出我国在重大疫情防控体制、公共卫生应急管理体系、公共卫生队伍建设等方面存在明显的短板。公共卫生人才队伍建设作为公共卫生事业发展的重要保障，亟待进一步加强，预防医学人才的培养也势在必行且刻不容缓。

我国目前在公共卫生专业技术人员方面主要存在人员数量不足、结构不合理、人才引进机制不畅，以及人才培养工作滞后等问题，需要优化现行的公共卫生队伍建设政策，如通过优化公共卫生资源配置、健全人才引进机制、加大人才培养力度、完善人才评价体系等方式进行改革。包括定时定点对各级辖区的公共卫生机构进行人员编制核定，结合辖区面积和人口因地制宜地制定当年的人员指标，适当增加公益性岗位，通过制定优惠政策、配备政府购买服务等方式吸引高层次和紧缺型人才到岗到位，促进资源合理流动，公平配置；开拓事业单位公开招聘渠道，深入医学院校根据专业一对一进行专场招聘；通过降低开考比例或不设开考比例、划定成绩合格线，放宽户籍、年龄、学历、执业资格等条件，提高卫生专业技术人员招聘成功率；向下级卫生行政主管部门下放公开招聘权限，实行公开招聘方案备案制，进一步缩短公开招聘周期；加大人才培养经费的投入，提高在职培训、定岗培养、科研立项、学术奖励、重点学科建设等方面经费投入，建立区域公共卫生人才培养基地，进行全员轮训，提高业务能力和水平；完善人才评价体系，以及利益分配激励机制和绩效考核体系，不断提高公共卫生机构的活力。

（二）深化医药卫生体制改革

加强公立医院建设，加快建立现代医院管理制度，深入推进治理结构、人事薪酬、编制管理和绩效考核改革。加快优质医疗资源扩容和区域均衡布局，建设国家医学中心和区域医疗中心。加强预防、治疗、护理、康复有机衔接。推进国家组织药品和耗材集中带量采购使用改革，发展高端医疗设备。完善创新药物、疫苗、医疗器械等快速审评、审批机制，加快临床急需和罕见病治疗药品、医疗器械审评审批，促进临床急需境外已上市新药和医疗器械尽快在境内上市。提升医护人员培养质量与规模，扩大儿科、全科等短缺医师规模，每千人口拥有注册护士数提高到 3.8 人。实施医师区域注册，推动医师多机构执业。稳步扩大城乡家庭医生签约服务覆盖范围,提高签约服务质量。支持社会办医,鼓励有经验的执业医师开办诊所。[1]

深化医疗改革和优化服务是实施健康中国战略的关键点,要推进医院、医药、医保等各方作为改革主体的积极性和参与度,从基层入手寻找突破点,因地制宜创新服务项目和服务模式,落实政策的同时加强人才培养,提高服务质量。

首先,要夯实深化医疗改革和优化服务的基层基础。加强基层医疗卫生队伍建设,以城市社区和农村基层、边境口岸城市、县级医院为重点,完善城乡医疗服务网络。加快建设分级诊疗体系,积极发展医疗联合体。[2]

其次,要体现深化医疗改革和优化服务的公益性特征。完善医务人员薪酬和人事管理制度的同时,建立药品供应质量的保障制度,坚持向全民提供卫生与健康事业的公共产品,让人民群众在深化医疗改革和优化服务中享受到更多健康福利。[3] 为基层群众提供价格亲民、时间便民、服务优民的治疗和卫生保健服务,通过各项政策引导医疗卫生资源向基层倾斜,切实调动基层医护人员工作的热情,健全医疗队伍和构建科学的分级诊疗制度。

再次,要注重深化医疗改革和优化服务的公平性特征。有效衔接医疗救助、基本医保、保险制度等,建立公平的、可持续的医疗利用方略,从被动医疗向主动医疗转变,加强人民群众全方位健康服务,关注从孕育期到老年期再到死亡的整个生命过程,加强全周期健康服务,让人民群众真正享受健康服务的全过程,让健康成为人文关怀的重要组成部分,防止出现医疗机构因为市场化筹资和经济定性导致的重医疗、轻预防,重三甲医院、轻家庭医生,重医院的疾病治疗、轻家庭健康和社区健康。[4] 并且鉴于医疗服务的高度专业性,人类对疾病和病毒认知的历史局限性,人类对生命奥秘和人类身

① 《中华人民共和国国民经济和社会发展第十四个五年规划和二〇三五年远景目标纲要》,人民出版社 2021 年版,第 134 页。

② 《中华人民共和国国民经济和社会发展第十四个五年规划和二〇三五年远景目标纲要》,人民出版社 2021 年版,第 134 页。

③ 刘志峰:《健康中国建设:价值意蕴、核心理念与实践路径》,《衡阳师范学院学报》2021 年第 3 期。

④ 刘继同:《从"医疗政治学"到"健康政治学":国家健康权力治理体系现代化的制度化路径》,《湖南社会科学》2021 年第 3 期。

体生病、健康认知的局限性,尤其是现代高风险社会的高度不确定性,应强烈建议医疗健康服务部门领导和行政官员一定是具有医学专业训练基础的专业人员。

最后,医疗健康服务筹资模式与社会医疗保险基金管理体制,尤其是医院补偿与病人付费机制是现代健康照顾服务体系的核心,由基本医疗保险向社会健康保险体制转型刻不容缓。[①]

(三)健全全民医保制度

"十四五"规划指出:完善基本医疗保险各级统筹,完善门诊共济保障机制,健全重大疾病医疗保险和救助制度。将符合条件的互联网医疗服务纳入医保支付范围,落实异地就医结算。稳步建立长期护理保险制度。积极发展商业医疗保险。[②] 2021 年 9 月 29 日,国务院办公厅印发的《"十四五"全民医疗保障规划》(简称《规划》),为我国全民医保建设发展绘制出清晰的路线图,使人民群众在实惠用药、重疾保障、均衡分诊、医保便捷等方面都享受到切实的保障。

《规划》提出,要发挥医保支付、价格管理、基金监管综合功能,促进医疗保障与医疗服务体系良性互动,使人民群众享有高质量、有效率、能负担的医药服务和更加优质便捷的医疗保障;"十四五"期间要健全对定点医药机构的预算分配机制,统筹考虑住院与门诊保障、药品(医用耗材)与医疗服务支付、地区内就医与转外就医等情况,完善分项分类预算管理办法,健全预算和结算管理机制,支持有条件的地区医保经办机构按协议约定向医疗机构预付部分医保资金,提高医保基金使用绩效;持续深化医保支付方式改革,在全国范围内普遍实施以按病种付费为主的多元复合式医保支付方式,推进区域医保基金总额预算点数法改革,引导医疗机构合理诊疗,提高医保资金使用效能,完善紧密型医疗联合体医保支付政策;健全重大疫情医疗保障机制:在突发疫情等紧急情况时,确保医疗机构先救治、后收费,确保患者

---

① 刘继同:《从"医疗政治学"到"健康政治学":国家健康权力治理体系现代化的制度化路径》,《湖南社会科学》2021 年第 3 期。

② 《中华人民共和国国民经济和社会发展第十四个五年规划和二〇三五年远景目标纲要》,人民出版社 2021 年版,第 134~135 页。

不因费用问题影响就医；探索建立重大疫情特殊群体、特定疾病医药费豁免制度，有针对性免除医保目录、支付限额、用药量等限制性条款，减轻困难群众就医的后顾之忧；统筹医保基金和公共卫生服务资金使用，对基层医疗机构实施差别化支付政策，实现公共卫生服务和医疗服务有效衔接；到"十四五"末期，使集中带量采购成为公立医院采购的主导模式，惠及广大人民群众。具体措施如下：一是要完善规则，继续坚持"招采合一、量价挂钩"的价格形成机制，根据集采药品和医用耗材的特点，及时迭代优化采购规则和政策；二是要保障供应，通过压实中选企业的保供责任、指导医疗机构完善采购流程的方式，切实保障中选产品的供应；三是要平稳接续，按照"三稳定"的原则，也就是着眼于稳定市场、稳定价格水平、稳定临床使用，平稳开展采购协议期满之后的接续工作；四是要配套落实，继续落实医保基金预付、结余留用等配套措施，进一步引导社会形成长期稳定的预期，推动集中带量采购改革行稳致远。通过以上措施，争取实现公平医保、法治医保、安全医保、智慧医保、协同医保，到2025年，医疗保障制度更加成熟定型，基本完成待遇保障、筹资运行、医保支付、基金监管等重要机制和医药服务供给、医保管理服务等关键领域的改革任务，医疗保障政策规范化、管理精细化、服务便捷化、改革协同化程度明显提升。"十四五"期间，医保部门还要会同有关部门继续加强基金监管，引入信息技术服务机构、会计师事务所、商业保险机构等第三方力量参与医保基金的监管工作，不断提升基金监管的专业性、精准性和效益性；完善支持政策，厘清基本医疗保险责任边界，支持商业保险机构开发与基本医疗保险相衔接的商业健康保险产品，更好覆盖基本医保不予支付的费用；按规定探索推进医疗保障信息平台与商业健康保险信息平台信息共享；支持医疗互助有序发展。①

1. 继续推进全民医保，提高人民群众生活幸福感

众所周知，健康是最大的民生福祉。"十四五"规划指出要继续健全全民医保制度，助力健康中国建设。我国"十三五"期间全民基本医疗保险的相关数据显示：全民医保的覆盖率为95%以上，其中职工和城乡居民基本医

---

① 参见国务院办公厅：《国务院办公厅关于印发"十四五"全民医疗保障规划的通知》。

疗保险政策范围内住院费用基金支付比例分别稳定在 80% 左右和 70% 左右①。一方面,公民个人在卫生支出上占卫生总费用的比例逐年下降,2020年仅为 27.7%,而国家在全民基本医疗保险(含生育保险)费用支出上 5 年累计达 8.7 万亿元②,真正实现了对全国人民群众在健康卫生费用上的保障性投入,让老百姓既能在生病时看得起病,又能在非病时放心保健。另一方面,广大医务工作者和医疗卫生服务机构也是全民医保政策的受益者,基本医保基金可以极大地保障其获得劳动报酬的稳定性,从而也为收入分配、社会公平提供基本支持。

各级各地要依据国家全民医保政策,并结合本地区的实际情况制定细则。在对待民众看病就医的问题上,各级各地要充分发挥聪明才智,彻底改变老百姓看不上病、因病返贫的窘况,让大家切实享受到社会主义国家全民医保政策的实惠。就诊途径从以前的大病小病都挤到大医院看,到现在的分级诊疗、医联体互助、智慧医疗、互联网医院问诊,大病到医院系统诊疗,小病在社区对症治疗,慢性病实行家庭医生签约服务;治疗费用从以前的只有住院才可以按比例报销医药费发展为现在确诊的慢性病、中医的日间门诊检查也被纳入医保报销范围;医药费从以前的动辄成百上千的高价药、贵耗材,到现在的定期集中带量采购后药价的"骨折价""亲民价";报销方式从跨省异地的备案繁、认定难、比例低,发展为现在的住院可直接异地网上备案,通过手机"码上办",出院医保自动按比例结清。这些可喜变化正是全民医保制度不断创新、不断完善带给人民群众的全方位健康服务大兜底,也是健康中国建设过程中让老百姓看得见、摸得着和最直接的成效。

2. 在全民健康意识提升的基础上,积极发展商业健康保险

随着"预防为先""大卫生""大健康"理念的不断确立及健康教育的不断普及,大健康产业成为大健康理念落地的必然结果,它指社会经济发展到一定程度后,人们基于自身身心健康需要而衍生出的一系列产品与服务,医疗产品、保健品、营养品、健身服务、健康咨询、健康管理、健康保险都属于大

---

① 《全国基本医保覆盖率达 95%,已成世界最大医保网》,《中国医药导报》2011 年第 21 期。

② 国家卫生和计划生育委员会编:《〈"健康中国 2030"规划纲要〉辅导读本》,人民卫生出版社 2017 年版,第 197 页。

健康产业的范畴。长期以来,由于人们治病大于防病观念根深蒂固和保险公司良莠不齐导致公信力不足,中国的商业健康保险发展较慢。现在,全体人民的健康意识不断提升,为健康投保、未雨绸缪、让未来的生活品质更有保证的商业保险投资也越来越多地成为人们的主动选择,商业健康保险也因此迎来了发展契机。

一方面,国家通过医保行政部门直接介入,通过官方渠道发行"惠民保",即城市定制型医疗保险。复旦大学泛海国际金融学院保险创新与投资研究中心发布的《城市定制型商业医疗保险(惠民保)知识图谱》显示,截至2021年5月31日,"惠民保"产品已达140款,发行区域增至26个省份,不少地方还推出了升级版。很多地方居民不仅为自己投保,还为子女或父母选择补充性投保,有的家庭甚至全家三代均参加投保,充分表明人民群众对"惠民保"公信力的认可,也反映了人们对兼顾商业健康保险自愿成交、依约担责的保险法则与政府主导、适度干预、聚焦重特大疾病、与法定医疗保险相衔接、赔付率较高的补充式保险的渴望程度。"惠民保"避开了传统商业保险以营利为主的市场导向弊端,为多层次医保体系建设提供突破口,是具有中国特色的商业健康保险的有益尝试。

另一方面,现在的"惠民保"只是在基本医疗保险基础上简单地补偿参保患者的重特大疾病医疗费用,但在高质量的健康管理和高水平的医疗服务上没有更多的增值内容,不一定能满足所有人民群众的新健康消费需求。所以,在享受法定医疗保障权益的同时,要认识到商业健康保险的必要性与重要性,通过市场机制满足个人及家庭需求。随着中等收入群体规模持续快速扩大,政府、保险公司、个人及家庭的有效合作不断加强,医疗保险向健康保障转型,"惠民保"在定位上、险种上、后续保障上还有很多不足需要完善,不能仅靠"政府宏观"这一只手分配,还要加强"市场微观"这一只手的参与作用,充分吸收和发挥商业保险在险种上多元化、服务上多功能、理赔上高质量的定位优势。国家在保障广大人民群众全部纳入基本医疗保险、大病保险和医疗救助"三重保障"范围的前提下,应积极探索商业保险公司的引入,积极拓展健康保险与健康管理的融合,通过健康管理预防各类疾病的发生,提高居民商业健康保险的参保率,给有条件的民众提供更多可选择性的补充式健康保险服务,在健康保险与健康管理结合的基础上形成保险基金,吸纳会计师事务所等第三方机构参与到基金监管工作中来,守好用好这份健康保障。

(四)推动中医药传承创新

随着全国中医药工作会议(2017 年 1 月 9 日至 10 日)的召开和《中共中央 国务院关于促进中医药传承创新发展的意见》(简称《意见》)(2019 年 10 月 20 日)的落实,中医药发展完善的顶层设计已全部实现。《意见》指出,用 3 年左右时间,筛选 50 个中医治疗优势病种和 100 项适宜技术、100 个疗效独特的中药品种,及时向社会发布。到 2022 年,在重点人群与慢性病患者中推广 20 个中医治未病干预方案,基本实现县办中医医疗机构全覆盖,社区卫生服务中心和乡镇卫生院设置中医馆,配备中医医师,健全全科医生和乡村医生中医药知识与技能培训机制,为民众提供覆盖全民和全生命周期的中医药服务。截至 2019 年 9 月,全国已备案的中医诊所达 13 993 个。[1]

"十四五"规划提出:坚持中西医并重和优势互补,大力发展中医药事业。健全中医药服务体系,发挥中医药在疾病预防、治疗、康复中的独特优势。加强中西医结合,促进少数民族医药发展。加强古典医籍精华的梳理和挖掘,建设中医药科技支撑平台,改革完善中药审评审批机制,促进中药新药研发保护和产业发展。强化中药质量监管,促进中药质量提升。强化中医药特色人才培养,加强中医药文化传承与创新发展,推动中医药走向世界。[2] 除加强中医药发展顶层设计、构建独立完善的中医药治理体系外,还应推进中医药临床治疗效能、健康服务功能、中医药临床疗效评价与科研绩效评价机制等的完善。在中医药人才培育与建设方面,改革人才培养模式,将中医药文化自觉地贯穿国民教育始终,一方面在中小学试点中医药文化知识学科教育,另一方面开辟中医药特色高职院校教育,健全人才评价激励机制,强化中医药人才数量与质量两方面培养,最终优化人才成长的途径。

---

[1] 王君平:《书写中医药传承创新发展新篇章》,《人民日报》2019 年 10 月 24 日,第 6 版。

[2] 《中华人民共和国国民经济和社会发展第十四个五年规划和二〇三五年远景目标纲要》,人民出版社 2021 年版,第 135 页。

此外,要加大对中医药教学单位、科研机构、医疗服务机构的经费投入,促进产学研一体化;将中医药文化在养生保健方面的宣传进基层社区服务站,进医保政策法规,切实完善中医药价格和医疗服务收费细则,健全各级各类中医药管理体制。

1. 加强宣传"未病先防"的理念

新时代加强对中医药发展的研究,既关乎中医药自身发展,也关乎广大人民群众的身心健康,所以我们要充分发挥中医药预防为主、防治结合的理念,将其作为发展健康中国战略的重要抓手。《黄帝内经》中《素问·四气调神大论》有曰:"是故圣人不治已病治未病,不治已乱治未乱,此之谓也。夫病已成而后药之,乱已成而后治之,譬犹渴而穿井,斗而铸锥,不亦晚乎!"[①]在此基础上还形成了"上工治未病之病,不治已病"[②]的理论。也就是说,最高级的医生在疾病发生之前就能够根据患者的生活习惯,发现违背自然规律和人自身生物性规律以致阴阳失调,有致病的隐患,通过提醒和指导人们来提前调和自己的身体,使它顺应时节和规律,天人相应,阴阳平衡,从而将疾病消解于未发生出来的阶段,类似于我们今天所说的"养生";中等级别的医生通过"望、闻、问、切",感受到患者身体内部已经因为阴阳失调而生病的端倪,但从外在去看,还没有出现疾病的症状,如果不及时地对患者进行作息和饮食的调理,将很快显露出疾病的全部症状,所以,这个阶段是一个将患者身体从亚健康状态扭转为健康状态的阶段,类似于我们现在所讲的"保健";而最一般的医生,则在疾病已经完全发生之后,对症下药,进行治疗,这个阶段类似于现在西医所说的"医疗"。因为前两者都属于广义上的预防疾病阶段,可以最大限度减少人在生病时的身体损害及精神痛苦,给人带来更好的生活质量和生命体验,所以"治未病"被认为是更为高明的医术。"未病先防"健康观也成为中医传统文化向健康中国建设献策的来源之一,全民养生保健逐步成为科学康养的新型模式。

中医还特别讲究养生要"和于阴阳""调于四时",认为人是自然界的一部分,人也同自然界万物一样具有顺应时节、时辰,春生夏长,秋收冬藏,感

---

① 徐文兵、梁东:《黄帝内经》,江西科学技术出版社2013年版,第321页。
② 张秀琴校注:《灵枢经》,中国医药科技出版社2019年版,第114页。

受天地阴阳变化,形成自身变化的特点,所以人们应根据一年四季不同时节的自然气候的特点,对自己进行保养,从而实现人与自然的和谐统一。顺应了四季的外在规律,也就达成了人的内在衡平。《黄帝内经》还说道:"春夏养阳,秋冬养阴"[①],也是根据上述的原理推演出来的。所以健康中国建设提出推动中医传承创新,就是通过宣传中医预防为主的理念,学习中医理论,掌握中医知识,使人顺四季阴阳作息生活,生机蓬勃,反之则容易阴阳失调,有损健康,在掌握自然循环规律的基础上主动调理自己的身体,实现防病健身的效果。

2. 开启符合中医药文化发展规律的现代化道路

我国的中医药文化历史悠久,无论在养生保健还是治病救人方面都有独特且卓有成效的治疗体系,是我们中华文明灿烂的瑰宝之一。由于中医药文化的传统理论多是通过古籍和古方来记载的,所以在现代社会里想广泛普及、学习及使用它们,客观上存在一个小到文字转化、大到观念梳理的认知障碍。但我们不能因为认知方式上的局限性就否定中医药知识和文化本身的有用性和学习它们的必要性,而要有意识地用我们共同的文化底蕴去理解它,用现代文字去解读它,甚至用科学技术去发展它。并且,我们应从儿童抓起,把中医药文化贯穿国民教育,与时俱进地学习、掌握、研究、发展中医药文化,让它在新时代国家的健康事业中焕发出新的生命力量,成为促进人民健康的文化自觉,从而为健康中国建设助力。

首先,我们要保护、收集中医古籍文献,尤其是一些已经濒临失传的秘方、验方和诊疗技术,通过整理和研究其中的医学理论与临床技术,去伪存真,取其精华,找到能与现代科技结合的点,运用科技联合攻关,争取研制出一批具有原创性、引领性、前沿性的科技成果,增强我们的文化自信。其次,我们要将中医德暖人心的积极作用发扬光大,为构建和谐医患关系服务。中医文化大多将仁心置于仁术之首,强调先为人,后行医,也多有"大慈恻隐""杏林春暖""桔井生香"的传统。相比于现代西方医学靠仪器说话的"硬度",中医诊疗过程中的"望闻问切"更体现"温度"。医患之间不仅交流

---

① 王寅:《科学解读〈黄帝内经〉》,中央编译出版社 2017 年版,第 241 页。

病情，"望闻问切"这个沟通行为本身也促使双方更融洽地相互理解，更有利于患者恢复健康。再次，逐步推广中医的保健理疗方法。中医的药物治疗方法包括中草药的内服或外敷，以及针灸、推拿、牵引、拔罐、刮痧等物理疗法。相比于西医西药的研发成本而言，一方面，中药方多来源于古代的中医药典，传承千年，在实践中被反复检验，一些经典的方剂尽管成本低廉，疗效却异常显著，且可借用农业现代化技术批量种植获取中草药材，从而最大限度满足基层民众的现实需要。另一方面，中医理疗不同于西医检疫检验。西医的诊疗多依赖于医学仪器的专业检查和医生对检验结果的知识性解读，而中医理疗则可以让没有医学知识的人在自我学习和按摩自身穴位的基础上，随时随地给自己进行推、揉、按、压等无创性活动，促进血液循环，加快新陈代谢，既能达到活经通络的保健效果，还简易便捷、经济实惠地解决了基层群众"看病难、看病贵"的现状，有助于健康中国"人人享有基本医疗卫生服务""共享共建"目标的实现。最后，通过加大对中医教育与科研的投资力度，加速培养中医人才。增加中医高等教育招生数量与质量，培养更多中医大师与名师。

可以说，中医药在理论层面与华夏文化同构，在实践层面与中华儿女同生，这就决定了弘扬中医药文化关系着我国的文化安全与意识形态安全，所以，以中医药为抓手推进健康中国建设，也是加强文化自信、传承文化基因、提升中华文化软实力、增强实现中华民族伟大复兴中国梦信心的明智之举与当务之急。

（五）建设体育强国

"十四五"规划指出，广泛开展全民健身运动，增强人民体质。推动健康关口前移，深化体教融合、体卫融合、体旅融合。完善全民健身公共服务体系，推进社会体育场地设施建设和学校场馆开放共享，提高健身步道等便民健身场所覆盖面，因地制宜发展体育公园，支持在不妨碍防洪安全前提下利用河滩地等建设公共体育设施。保障学校体育课和课外锻炼时间，以青少年为重点开展国民体质监测和干预。坚持文化教育和专业训练并重，加强竞技体育后备人才培养，提升重点项目竞技水平，巩固传统项目优势，探索中国特色足球篮球排球发展路径，持续推进冰雪运动发展，发展具有世界影响力的职业体育赛事。扩大体育消费,发展健身休闲、户外运动等体育产业。①

1. 全民健身是健康中国建设体教功能的体现

全民健身作为健康中国建设的重要组成部分,其主要内容是通过制定适合不同年龄、不同阶层群体锻炼身体的标准和方式,促进人们养成活动身体、运动保健的非医疗手段干预健康的方式。在我国,"全民健身"概念最早出现在 1995 年的《全民健身计划纲要》中,该纲要一经发布,就受到人民群众的热烈欢迎与积极响应,掀起全民健身高潮。2009 年,国务院颁布《全民健身条例》,以行政法规的形式确立了"全民健身"的重要意义。2016 年,国务院印发《全民健身计划(2016—2020 年)》,"全民健身"迎来了发展的黄金时期。

健康中国战略的提出,更加突出了体育在改变人民生活方式上的作用。一方面,全民健身促进人们养成健康的生活方式,提高健康水平。全民健身的首要目标是提高人们的体育参与度,而人作为社会性动物,群体环境归属感很重要,有时这种归属感还会反作用于人的主观意识,所以要想全民参与,得先营造体育参与的氛围。② 对不同年龄、不同阶层群体面临的不同健康威胁,有针对性地给予体育教育和指导。如缺乏运动会加速老年人身体机体的退化,增加慢性疾病发作的概率。青壮年群体则可以通过体育运动释放工作压力过大出现的心理困扰,并减轻抑郁症、孤独症、行为偏差等心理问题。少年儿童也需要加强体育运动,避免肥胖给成年后发作的多种慢性疾病留下健康隐患。所以,提高不同群体的体育参与度是实现健康中国战略、促进全民健康的重要步骤。另一方面,通过研究不同社会群体、不同年龄人群进行体育锻炼的目的(如老年人通过体育锻炼来实现健康养老的目的,青少年儿童通过体育锻炼来增强身体素质)促进全民广泛参与,使不同群体在体育锻炼中磨炼意志,缓解精神压力。这不仅有助于实现体育的

---

① 《中华人民共和国国民经济和社会发展第十四个五年规划和二〇三五年远景目标纲要》,人民出版社 2021 年版,第 135 页。

② 于永慧:《"全民健身"与"健康中国"的理论阐释和政策思考》,《北京体育大学学报》2019 年第 2 期。

教育功能,也在一定程度上促进了体育资源的公平配置,最终达到促进健康中国建设、提高综合国力的效果。

2. 将体育与医学结合起来发展是健康中国建设的重要举措

在我国,体育和医学虽然分属两个不同的行业,但是自古以来,我们的传统文化就包含许多体育运动与健康养生密切相关的内容,诸如太极拳、八段锦都是中华优秀传统武术文化与中医养生理论有机结合的产物,且一直流传至今,成为许多医学院校的代表体育项目,并被世界各国广泛知晓。"体医融合"这个短语首次出现于 2015 年 3 月,由全国政协委员钱利民于全国政协十二届三次会议上作为一种文件性用语使用,但其内涵和外延并不明确。2016 年 10 月,中共中央、国务院印发《"健康中国 2030"规划纲要》,其中第六章第三节明确提出:"加强体医融合和非医疗健康干预……推动形成体医结合的疾病管理与健康服务模式"①,这是"体医融合"第二次被明确使用。2021 年 3 月,"十四五"规划使用"体卫融合",将体育与医疗卫生健康之间的关系进一步明确,"体医融合"成为健康中国建设的重要路径。"体医融合"从提出到发展,与其说是对健康中国战略的落实,不如说是在国家积极的政策导向下体育健康事业与医疗卫生健康事业的相互促进,共同发展。

体育运动对人体健康发挥着双刃剑的作用。科学的体育锻炼在促进人体肌肉和骨骼强壮健康方面有积极的效果,而不科学的体育运动反而会给人的身体造成负担甚至损害,使人健康水平下降。所以,开展"体医融合",首先,要考虑和界定体育健康产业提供的科学运动设计及体育产品,能否通过运动量化控制来促进人体健康。其次,在医疗领域,针对中国人的饮食结构和体质特征,加强运动与健康相关的理论研究。通过医学检测量化某项运动或产品给人体产生的运动负荷,或者结合某项运动前、中、后期人体机能反应的变化,给出判断其是否健康的标准,进而帮助人们合理选择运动项目和运动产品,实现通过运动助益慢性疾病康复的效果。

第一,可以把体育与医学构建成一个共同体来研究和探讨。我国一直

---

① 国家卫生和计划生育委员会编:《〈"健康中国 2030"规划纲要〉辅导读本》,人民卫生出版社 2017 年版,第 10 页。

以来实行的都是竞技体育举国体制,这使得国家在体育的投入方向上始终没有将体育与医学、健康相关联,也没有针对体育健康与医疗健康两个领域交叉研究的成果。所以,在推进体医融合的进程中,迫切需要从体育与医疗资源、医学技术、医体话语权三方面寻找共同点,形成体医融合相关领域的"学术共同体",以此增进学术合作、促进学术创新,为体医融合的学术发展提供强有力的精神支持和组织保障,也为体医融合的学术创新提供积极的运行机制和生态环境。第二,在运动干预、运动与疾病预防、运动康复等领域,进一步加强体医融合模式的探索与研究。① 比较试点医院模式、社区模式、健身中心模式的区别和差异,探索体医融合模式的运作机制、影响因素及实施成效。第三,通过加强体医双系统在信息融合、技术融合及资源融合等方面的探讨,丰富体医融合研究内容,拓宽研究内容的维度和范畴,让体医融合从学界研究热点逐渐发展演变为多学科融合、多视角聚合、多热点集合的研究领域。第四,拓宽体医融合研究对象的边界和范畴。② 抓重点、抓主流、抓关键,提高重点人群(儿童、老人)的获得感,同时要立足中华传统医学文化,挖掘具有中国特色的健身方法和手段,包括从疾病预防和康复的视角探索传统养生、保健养生与中医学之间的融合之路,通过大量的临床实践将中医理念与西医技术不断结合,形成具有中医学特色的体医融合服务模式。第五,建立数据管理系统,构建体医融合大数据平台。发挥公共卫生管理的有效性需要借助大量的数据分析。传统的抽样统计与现代大数据及云计算技术相比,精准性差、真实性低,在很大程度上限制了统计数据的效用。通过体医融合构建的大数据平台,积极应用现代网络与运算技术,采用大样本统计方法提高数据积累的速度,保证数据的真实准确,为体医融合的理论与技术创新提供助力。如果在此基础上还能够专门设立体医融合管理机构,制定符合国家相关标准和要求的体医融合行业管理规章制度,同时利用大数据技术在各地体医融合机构中建立公共卫生数据管理系统,构建体医

① 沈圳、胡孝乾、仇军:《我国体医融合的研究进展、热点聚焦与未来展望》,《体育学研究》2021 年第 1 期。

② 沈圳、胡孝乾、仇军:《我国体医融合的研究进展、热点聚焦与未来展望》,《体育学研究》2021 年第 1 期。

融合大数据平台,通过对各个体医融合机构上传到平台的业务数据进行整合分析,就可以对当地的体医融合机构开展最真实有效的针对性工作指导,不仅极大地节约公共卫生调研资源,还能准确地收集到最真实的动态研究数据,最终有效地增强工作效果。

(六)深入开展爱国卫生运动

丰富爱国卫生工作内涵,促进全民养成文明健康生活方式。加强公共卫生环境基础设施建设,推进城乡环境卫生整治,强化病媒生物防制。深入推进卫生城镇创建。加强健康教育和健康知识普及,树立良好饮食风尚,制止餐饮浪费行为,开展控烟限酒行动,坚决革除滥食野生动物等陋习,推广分餐公筷、垃圾分类投放等生活习惯。[①]

1. 发扬爱国卫生运动传统,促进文明健康生活习惯养成

爱国卫生运动是毛泽东等老一辈无产阶级革命家所倡导、动员人民群众广泛参与、与人民群众健康密切相关的社会公益事业,自 1952 年开展以来,已经走过 70 年的光辉历程。

首先,"爱国"是背景。1950 年 6 月朝鲜战争爆发后,美国越过北纬 38 度分界线进入朝鲜,同年 10 月,中国人民志愿军应邀赴朝参加"抗美援朝,保家卫国"战争。在反对美国侵略朝鲜及扼杀中国新生人民民主政权的背景下,举国上下、各行各业都掀起了"爱国"称号的声援活动,"爱国卫生运动"就是爱国运动在卫生领域的一个集中体现。它的直接起因是 1952 年初,美国为了挽救在朝鲜战场上的不利局面,公然违反国际法,在朝鲜北方及中国部分地区秘密实施了大规模的细菌战;同年 2 月 19 日,毛泽东作了"请周总理注意此事,并予处理"[②]的指示;此后,在周恩来的部署下,大规模的反细菌战通过"爱国防疫卫生运动"在全国开展,至 1952 年 6 月后其逐渐演变为"爱国卫生运动"。

其次,"卫生"是内容。1952 年 5 月,《关于四月份反细菌战防疫工作情况简要报告》强调:"不管敌人是否继续散布毒虫毒物,今年我们的防疫工作

---

① 《中华人民共和国国民经济和社会发展第十四个五年规划和二〇三五年远景目标纲要》,人民出版社 2021 年版,第 136 页。

② 《毛泽东年谱(一九四九——一九七六)》第 1 卷,中央文献出版社 2013 年版,第 499 页。

一定要坚持到秋后,争取不仅将敌人的细菌战粉碎,而且要把我们的卫生工作借此提高一步。"①6月起,防疫报告制度建立,卫生工作从打赢美国的细菌战转为促进国内常态化的卫生工作建设,具体包括建立卫生防疫机构,保持环境的清洁;大力捕灭害虫,清除污水和垃圾;注意饮食卫生,增进身体健康;重视卫生防疫,进一步种痘和打防疫针。②

最后,"运动"是形式。1952年3月23日,《人民日报》以《防御美国侵略者的细菌战,人人都来参加爱国的卫生防疫运动》为题进行了更为广泛的动员。爱国卫生运动开始向全国发展,不再局限于疫情严重的地区或公共卫生领域,而是扩展到全国各地,涉及各行各业,成为全国性的卫生防疫运动。

"爱国卫生运动"虽然是时代的产物,却也具有当代价值。它"是党的群众路线在卫生工作实践中的运用,对动员亿万人民积极投入到防病治病、改造自然、改变自己不卫生习惯的伟大行列,促进卫生事业的发展,起了巨大推动作用"③。可以说,"爱国""卫生""运动"这三个词汇的融合,既体现了时代特征,也反映了我国卫生运动的特点。这场以反对美帝国主义侵略社会主义的细菌战为开端,逐渐发展成为席卷全国的爱国卫生运动,在当时不仅起到了改变旧中国国贫民弱的现状、巩固新中国成立初期卫生防疫成果的重要作用,还极大地提高了人民群众对公共卫生的关注,为党和国家在卫生健康领域的建设打下坚实的群众基础。这场爱国卫生运动符合时代、社会及人民群众对健康的需要和追求,因而焕发出强大的生命力,在不同历史时期的社会建设实践中不断被赋予新的内容,最终成为专有名词并延续至今。它带给我们的不仅仅是一段特殊的历史回忆,还给当代健康中国建设提供诸多经验和启示。实践证明,爱国卫生运动以爱国为动力,以预防疾病为目的,通过激发广大群众参与卫生防病工作的方式推动卫生事业前行,形成了具有中国特色的卫生工作方式。因此,当代我们在公共卫生领域的工

① 《周恩来年谱(一九四九——一九七六)》上,中央文献出版社2020年版,第231页。

② 《防御美国侵略者的细菌战,人人都来参加爱国的卫生防疫运动》,《人民日报》1952年3月23日,第4版。

③ 湖南省爱国卫生运动委员会办公室、岳阳市爱国卫生运动委员会办公室编:《爱国卫生运动工作手册》,湖南人民出版社1986年版,第3页。

作必须时刻牢记人民群众是主体,在疫情防控等公共卫生管理活动中要充分尊重人民群众的风俗习惯,调动人民群众的积极性,制定符合当地环境发展特点的卫生政策,牢记人民群众既是卫生运动的参与者、服务对象,也是卫生运动的领导力量和主体力量。另外,应该将卫生工作与生产生活的内容紧密结合起来,既不影响生产,也能解决群众的切实所需,还能让群众及时检验,看到效果,更易于被群众接受。

在推行健康文明的生活方式上,我们也有很多可以参考的国际和国内经验。

一方面,自20世纪中叶以来,在联合国和世界卫生组织的倡导下,世界多个国家开始逐步实施健康战略。日本从20世纪70年代开始,美国从20世纪80年代开始,新加坡从20世纪90年代开始,先后进行了国民健康促进运动。在推进健康生活方式上,这三个国家的相同点有:重视一级预防,强调运动的重要性,宣传科学、健康的生活方式,并由国家定期自上而下推广各类健康促进活动,引导民众从认知上到行动上积极改变自己的不良生活习惯。新加坡甚至还实施了国家健康生活方式:严格的控烟政策;低热量健康饮食计划;国家奖励全民步行增加运动量活动等。这些发展经验为我国的健康中国建设提供重要的参考价值。

另一方面,我国的传统医学文化特别重视健康和养生,强调个人与自然环境相顺应以预防疾病、保养身体,久而久之形成将个人健康与环境卫生之间关系内化为重视个人健康养生与环境整洁相互促进的健康文明生活方式和社会风俗。推行健康文明的生活方式还是爱国卫生运动在当代的具体表现和全面建设健康中国的重要环节。可以通过健康教育普及健康知识,让全体人民掌握健康文明的生活方式对疾病的预防作用。可以通过宣传大健康理念,促使人们在生活环境、工作环境、生态环境方面生发出健康文明生活的意愿。再由政府加强健康保障体系建设,巩固发展全民医保,加快发展商业健康保险及补充保险,让人民群众切实享受到健康文明生活带来的安全保障。还可以创新医疗、养生、养老为一体的"医养结合"生活模式,迎接即将到来的老龄化社会,让老人平等地享受健康养护与医疗养护相结合的健康文明生活方式,实现老有所依、老有所养、老有所乐。

2. 重视全民健康教育，促进全民主体参与意识的提升

首先，加强全民健康教育，是实现全民参与、共享共建的必要条件。《健康中国行动（2019—2030 年）》一共列出了 124 个具体可量化的指标，涉及 13 个领域，包括结果性、个人和社会倡导性、政府工作等不同类型的指标，明确各方主体通过健康教育要学习的内容、承担的责任及履行的义务，切实将健康中国战略转化为健康行动，让健康行为通过妇幼保健、中小学健康教育、老年人慢性病康养、重大突发公共卫生事件防控等方方面面的知识学习来落到实处。另外，通过设置可操作可考核的指标，帮助人民群众树立健康的观念意识，改变不良的生活方式，过上健康的生活，让民众明白健康不能只靠药物来事后补救，更要靠健康行为来事前预防。

其次，充分运用网络资源加强全民健康教育，开创健康教育新模式，让互联网发展的成果惠及 14 亿中国人民。通过新媒体、融媒体搭建智慧平台，开通健康教育公众号，宣传普及健康知识，引入专家名医定期进行医学教学讲座、健康问诊，以及用互联网推动智慧医疗，这样不仅能促进医患之间的良好沟通，还能增强民众就医的获得感，极大地节约医疗成本，提高民众就医的满意度，有效促进健康服务跨地区共建共享，实现医疗资源的供需平衡。

最后，实现全民健康教育，还应该抓重点、抓主流、抓关键，今天的青年学生就是明天社会主义事业的建设者和接班人，从学生健康教育入手，也是建设健康中国的重要方面。

对于中小学教育阶段的学生，可以通过以下方式来进行健康教育。第一，宣传科普知识。针对九年制义务教育阶段学生的年龄特点，录制以战"疫"为内容的科普视频，通过学生和家长一起观看疫情知识讲座的方式，帮助社会中年龄最小的群体迅速学习公共卫生安全知识，养成科学的卫生习惯和流感礼仪（如打喷嚏时用肘弯遮挡飞沫，外出时佩戴口罩，不聚众不聚餐），树立珍惜生命、保护自己和他人健康的生命伦理意识及必要的健康常识。第二，构建公民意识。在学生树立起自身卫生安全意识的基础上，进一步通过线上教学活动，帮助学生理解在重大公共卫生事件等特殊情况下个体与他人、个体与社会、个人与国家之间的关系，认识到每个人保护好自己的生命和健康,既是对自己生命的尊重,也是对他人健康和社会安全的负责,是特殊时期"爱国卫生运动"的现实内容,构建学生的公民意识和社会责任感。第三,加强家校合作。面对高年级学生,由班主任搭建"班主任工作室"等平台,开设健康知识系列微课堂,通过定期发布校园生活中的健康科普小知识的方式,帮助学生"看见"健康与否不仅在医院中体现,它就存在于我们身边的点滴生活中,保持健康整洁卫生的校园环境,是加强主人翁意识的体现。通过家校合作,积极关注学生身心健康,促进学生全面发展。

对于高等学校教育阶段的学生,要充分发挥高校思想政治理论课作为国家意识形态宣传主渠道和主阵地的作用,结合疫情防控的特点,加强健康教育意识形态专题宣讲。结合疫情防控过程中的实际情况,各高校可以对应本学期开设的思想政治理论课"中国近现代史纲要""毛泽东思想和中国特色社会主义理论体系概论",在不同年级开展"重大疫情应对中,参与爱国卫生运动,我能做什么"等专题互动教学,由教师在网络教学平台上发布学习资料,真实呈现"疫区一方有难,全国八方驰援"、全国人民一条心的战"疫"过程,帮助学生发现"爱国卫生运动"的具体内涵和现实表现,引导学生思考自己的社会责任。无论身居海外的科学家"国家有难,有召必回"的爱国情怀,十天建造一座"火神山"抗"疫"医院的中国速度,还是3.2万名医生逆行而上,用自己的生命筑起患者安危之墙的中国医护,以及虽位于疫病暴风眼中,依然承担起大国责任,第一时间向世界公开并共享科研数据,筑牢人类命运共同体的中国精神,无一不是中国特色社会主义制度优越性的体现。在人民民主专政的社会主义国家,我们得以集中力量办大事,在为人民服务的根本宗旨指引下,党和政府时时刻刻把人民的安危作为各项政策制定的首要因素,这才有了全民战"疫"的阶段性胜利。要鼓励同学围绕国家关于健康中国建设的政策精神,结合自己的专业深入思考生命科技伦理、医患关系伦理、死亡伦理与健康中国建设的关系,定向研究"爱国卫生运动"中如何实现自己的社会价值,并将理论应用于日常学习和实习中,接受实践的检验和反馈,为将来走向工作岗位、服务社会、建设健康中国打下基础。

三、健康中国建设的基本经验

作为秉持"人民至上"健康观的社会主义国家，我国多年来积极响应并履行联合国和世界卫生组织的倡议，坚持政府主导、跨部门协作，以人民群众的发展需求为出发点，在社会各界的广泛参与下，树立"大卫生""大健康"的理念，把社会与个人联系起来，坚持主客观相统一的原则，采用社区干预与个人责任共担的方法，从不同历史时期的健康问题入手，分阶段制订重点攻破计划，循序渐进，逐步推行健康中国战略，实施全面健康中国建设，取得的成就不仅构成了现代化建设的重要组成部分，彰显了局部与主体的辩证关系，也为人民得以健康地生活、由人民组成的社会得以健康地发展贡献着力量。

（一）坚持党的领导是健康中国建设的根本保证

中国共产党是马克思主义性质的政党，它在中国革命发展的需要中诞生，是马克思主义同中国工人运动相结合的产物，它成立一百多年来始终以马克思列宁主义作为自己的行动指南。无论在革命战争时期，还是在社会主义建设时期，党的历届主要领导人都将人民群众的健康放在优先发展的战略地位，在公共卫生事业发展上不遗余力地进行探索和实践。回顾中国共产党领导下的百年健康中国建设及人民卫生事业发展历程，我们不难发现，无论在艰苦卓绝的革命战争年代，还是在新中国成立初期和改革开放后，人民卫生健康事业的每一次发展都离不开党中央的高度重视：察实情、作部署，每一次定期召开的工作会议、发表的重要讲话、作出的重大决策、制定的发展纲要……无一不凝聚着党中央的深入思考和长远谋划。它们是推动健康中国建设不断前进的基本动力。

从唯物主义历史观的角度来看，我们要坚持党在健康中国建设中的领导地位不动摇，这是由生产力决定生产关系、社会存在决定社会意识的规律所决定的。第一，生产力决定生产关系，生产关系反作用于生产力。我国作为社会主义国家，根本任务就是要解放和发展生产力，而社会主义的性质又决定了它必然以人民的根本利益为出发点，所以，健康中国建设也必须符合中国社会每个阶段的生产力发展水平，促进生产关系发展。中国共产党是代表着先进生产力发展要求的执政党,中国共产党人的初心和使命,就是为中国人民谋幸福、为中华民族谋复兴,带领中国人民进行的健康中国探索和建设也必将为推动社会生产力的发展提供可靠的保障。第二,社会存在决定社会意识,社会意识反作用于社会存在。中国共产党在中国特色社会主义事业的建设中处于领导地位,在国家治理层面制定的健康中国建设思想相关的法律和政策,作为社会意识形态也必然是社会主义公有制经济基础这一社会存在的客观反映。因此,党在不同历史时期进行的从治病救人到防治结合再到建设健康生活的理念,符合人民的根本利益,推动了不同时期的健康中国建设,从而能不断促进人民生活水平进一步提高,使人民对美好生活的向往更容易实现。

从唯物辩证法认识论的角度来看,先进阶级的政治代表人物在特定的历史条件下和符合社会潮流的情况下,不仅是革命斗争的组织者,还是通过先进理念和社会制度设计来推动社会文明发展和历史进步的实践者。

1. 以毛泽东同志为核心的党的第一代中央领导集体在健康中国建设中的经验

以毛泽东同志为核心的党的第一代中央领导集体提出,医疗卫生工作关系到革命和建设的成败,预防为主,开展群众性爱国卫生运动,继承和发扬祖国医药学,把医疗卫生工作的重点放到农村去,认真做好妇幼保健工作,加强医德医风建设,注重医学教育和医学科学发展。①

2. 以邓小平同志为核心的党的第二代中央领导集体在健康中国建设中的经验

以邓小平同志为核心的党的第二代中央领导集体认为,卫生工作关系到各民族的身心健康,搞好社会主义现代化建设与卫生事业的协调发展。卫生行业必须把社会效益放在第一位,搞好中西医结合,促进中西医事业共同进步。农村和少数民族地区卫生工作仍是我国卫生工作的重点。发展医学教育,培养医药卫生科技人才是发展卫生事业的关键。计划生育是我国

---

① 蔡孝恒:《中国特色社会主义卫生思想研究——兼论中国共产党四代领导核心发展卫生事业的思想》,华中科技大学博士学位论文,2009 年。

的一项基本国策,做好计划生育技术服务是卫生工作的一项重要内容。①

3. 以江泽民同志为核心的党的第三代中央领导集体在健康中国建设中的经验

以江泽民同志为核心的党的第三代中央领导集体重申,农村卫生工作仍是我国卫生工作的重点,强调弘扬民族优秀文化,振兴中医中药事业,重视发展医学教育科技,培养医药卫生人才,坚持预防为主的方针,加强医德医风建设,提高医务人员的素质,要切实做好少数民族卫生工作,强调加强和改善党和政府的领导是做好卫生工作的保证。②

4. 以胡锦涛同志为总书记的党中央在健康中国建设中的经验

以胡锦涛同志为总书记的党中央指出,做好卫生工作是我们党和政府义不容辞的责任,是构建社会主义和谐社会的迫切需要。深化卫生体制改革,促进卫生事业的健康发展,建设中国特色社会主义的卫生事业。采取切实可行措施,实现人人享有基本卫生保健目标。完善公共卫生服务体系,贯彻预防为主的方针,做好疾病的预防工作。加强卫生队伍建设,提高卫生队伍的素质。③

5. 以习近平同志为核心的党中央在健康中国建设中的经验

以习近平同志为核心的党中央尊医重卫,把保障人民健康放在优先发展的战略地位,作出的实施"健康中国"战略的重大部署,极大地提高了人民的主要健康指标。2013 年,全国启动县级公立医院综合改革试点,破除以药补医机制,各地通过积极推行临床路径管理、同级医疗机构检验结果互认、预约诊疗和分时段就诊等措施,控制医疗费用,方便群众就医,提高服务质量。④ 据《2020 年我国卫生健康事业发展统计公报》数据,2020 年末,全国医疗卫生机构总数达 1 022 922 个,比上年增加 15 377 个。

---

① 蔡孝恒:《中国特色社会主义卫生思想研究——兼论中国共产党四代领导核心发展卫生事业的思想》,华中科技大学博士学位论文,2009 年。

② 蔡孝恒:《中国特色社会主义卫生思想研究——兼论中国共产党四代领导核心发展卫生事业的思想》,华中科技大学博士学位论文,2009 年。

③ 蔡孝恒:《中国特色社会主义卫生思想研究——兼论中国共产党四代领导核心发展卫生事业的思想》,华中科技大学博士学位论文,2009 年。

④ 张蕾:《医疗卫生:十年探索为民生》,《光明日报》2012 年 9 月 26 日,第 10 版。

2019 年 8 月 26 日，十三届全国人大常委会第十二次会议通过了新修订的《中华人民共和国药品管理法》。12 月 28 日，十三届全国人大常委会第十五次会议通过了《中华人民共和国基本医疗卫生与健康促进法》。2020 年 10 月，党的十九届五中全会通过的《中共中央关于制定国民经济和社会发展第十四个五年规划和二〇三五年远景目标的建议》，提出了"全面推进健康中国建设"的重大任务，开始实施健康中国建设规划。

从 1921 年到 2021 年，中国医疗卫生健康事业发展的这一百年，是党为民众的生命健康权不断奋斗、艰苦求索的一百年。所有成就背后的经验与教训无一不向我们证明，没有中国共产党对人民健康事业的坚定追求、努力实践、坚强领导，就不可能有现在健康中国建设的累累硕果，所以健康中国建设的首要经验就是要坚持党的领导。

（二）坚持人民性是健康中国建设的基本前提

按照马克思主义理论，人民是社会主义国家的统治阶级，人民选举出自己的代表来行使自己参与管理国家和社会事务的权利。我们的国家性质是工人阶级领导的以工农联盟为基础的人民民主专政的社会主义国家，政权组织形式是人民代表大会制度，执政党是中国共产党。党的一切行为都以为人民服务为宗旨，以人民利益为中心，以人民至上为行动指南，党始终用联系、发展、矛盾的观点分析问题，把人民的利益放在首位，在各个历史阶段始终坚持人民的主体地位，让健康中国始终为人民服务，保障人民健康也是我们党一以贯之的执政目标。

1. 党和国家始终树立并践行着人民至上、生命至上的健康观

2016 年，习近平提出将人民健康放在优先发展的战略地位，努力全方位全周期保障人民健康。[①] 2019 年 7 月 15 日国务院印发的《关于实施健康中国行动的意见》，全面系统地强调保障人民健康，重视预防控制重大疾病。特别是在新冠肺炎疫情防控中，习近平明确要求把人民群众生命安全和身体健康放在第一位，并反复强调各级党组织和政府机关在制定工作安排时

---

① 《习近平在全国卫生与健康大会上强调 把人民健康放在优先发展战略地位 努力全方位全周期保障人民健康 李克强讲话 张德江俞正声刘云山王岐山张高丽出席》，《人民日报》2016 年 8 月 21 日，第 1 版。

要从人民群众的实际情况出发，不能放弃任何一个病患，不能遗漏任何一个感染者。党和国家的健康中国建设也始终坚持人民生命健康第一和为人民服务的原则，提出了增强人类命运共同体意识，在突发公共卫生事件中强调互助共赢，为全球公共卫生治理提供中国之智。

党领导下的人民健康观既是对马克思主义人民健康理念的总结和发展，也是新时代构建健康中国的理论遵循。我们不仅将国民的人均预期寿命从 1949 年的 35 岁提高到 2019 年的 77.3 岁，还始终以人的自由全面发展、人民的切实社会需要为出发点，时刻关注社会不同阶段人民群众的最基本需求，与时俱进地发展社会建设的丰富内涵，始终把人民群众的所想、所需、所盼作为党和国家制定法律、政策、制度的出发点和落脚点，稳步提高全民的健康水平，推进健康中国共建共享目标的最终实现。当前，中国特色社会主义进入新时代，社会主要矛盾已经转变为人民日益增长的美好生活需要和不平衡不充分的发展之间的矛盾，这意味着人民群众对美好生活产生了新期盼，对卫生与健康提出了更全方位、更多样化的要求，社会建设的内涵也应根据人民的实际需要予以适时调整。所以，要实现中华民族伟大复兴的中国梦及第二个百年奋斗目标，就要把人民健康放在优先发展的战略地位，通过实施健康中国战略，打下坚实的健康基础。全面推进健康中国建设也因此成为适应社会主要矛盾转化，促进人全面发展的题中应有之义。

2. 一切为了人民是健康中国建设的根本目的

人民是历史的创造者。习近平关于人民健康的重要论述诞生于"五位一体"总体布局"四个全面"战略布局之中，是以人民为中心、满足人民对美好生活向往的道路指南。[1] 习近平指出："坚持不忘初心、继续前进，就要坚信党的根基在人民、党的力量在人民，坚持一切为了人民、一切依靠人民，充分发挥广大人民群众积极性、主动性、创造性，不断把为人民造福事业推向前进。"[2]在关于人民健康的重要论述中，习近平强调："要坚持基本医疗卫生事业的公益性，不断完善制度、扩展服务、提高质量，让广大人民群众享有

① 周琳、秦川：《人民至上视角下习近平总书记关于人民健康重要论述的研究》，《思想政治教育研究》2021 年第 4 期。

② 《习近平谈治国理政》第 2 卷，外文出版社 2017 年版，第 40 页。

公平可及、系统连续的预防、治疗、康复、健康促进等健康服务。"①

首先，"公益性"就体现了人民性。党的十九大报告明确指出："把党的群众路线贯彻到治国理政全部活动之中，把人民对美好生活的向往作为奋斗目标。"②因此，要保障人民健康就必须要坚持医疗卫生的公益性不动摇。健康中国建设的基本路径是"人人共建、人人共享"，根本目的是全民健康。为中国人民谋幸福、为中华民族谋复兴是中国共产党始终不渝的奋斗目标，让改革发展成果惠及全体人民也是"人人共享"理念的根本追求。这里的"公益性"就涵盖了价值理念、顶层设计、制度安排、法律规范和政策支持上树立鲜明的健康公平导向等一系列内容。在贫富差距出现时，维护低收入群体和弱势群体的利益，将医疗卫生健康服务资源更多向农村和基层倾斜，促进基层公共服务在健康领域的均等化，缩小城乡之间、地区之间、人群之间在基本健康服务和健康水平上的差异，最终实现全民健康覆盖、促进社会公平。③

其次，"公平""可及"也体现了人民性。习近平以弱势群体为重点考虑对象，无论在经济上没有或收入很少的弱势群体，还是生理上不健全或体弱的弱势群体（老年人、孕期妇女、残障人士、青少年儿童），都在健康中国建设中给予他们在健康管理服务和就医诊疗服务上更多的政策倾斜和实际优惠，对特殊群体健康状况的重视和照顾更能彰显社会主义的本质是解放和发展生产力，最终实现全体人民的共同富裕。让人民群众公平可及地享受到公益医疗卫生服务就显得尤为重要。

我国在应对突发公共卫生事件中的疫情防控措施也充分显示了健康中国战略的人民性。从 20 世纪 80 年代开始，一些资本主义国家掀起"新自由主义"思潮，有的国家在公共卫生领域过度放任商业化行为，甚至将医疗机构市场化以减轻政府在公共卫生领域的资金投入，这在全球爆发突发公共

---

① 《习近平谈治国理政》第 2 卷，外文出版社 2017 年版，第 371 页。

② 习近平：《决胜全面建成小康社会 夺取新时代中国特色社会主义伟大胜利——在中国共产党第十九次全国代表大会上的报告》，人民出版社 2017 年版，第 21 页。

③ 周琳、秦川：《人民至上视角下习近平总书记关于人民健康重要论述的研究》，《思想政治教育研究》2021 年第 4 期。

卫生事件时往往会造成恶性传染病大流行、严重危害全世界的惨痛后果。①尤其是在全球肆虐的新冠肺炎疫情面前，根据世界卫生组织公布的数据，截至北京时间 2021 年 10 月 24 日，在全球范围内已报告的确诊病例超过 2.43 亿，死亡人数超过 490 万。过去一周的病例和死亡人数持续增加，有超过 290 万病例和超过 49 000 例新增死亡。美国、欧洲地区连续第四周报告新病例增加（与前一周相比增加 18%）。与之相比，我国湖北尤其是武汉地区，在出现疫情感染的情况下，党带领全国人民充分发挥体制优势和制度优势，以中国速度迅速建立起"火神山医院""雷神山医院"两座专门医院来收治病人，有效缓解医疗资源的挤兑，隔离传染源，以最快的速度扼断了疫情的传播扩散，在全球疫情不断蔓延的形势下，创造了"风景这边独好"的伟大奇迹。与此同时，我们党还迅速带领全国人民复工复产，推动经济社会以最快的速度恢复正常，在全球首先实现了 GDP 的正增长，极大地避免了西方医疗制度乃至社会制度的缺陷。这充分证明，我们的健康中国建设从人民利益出发，更能维护人民健康。

健康中国建设还需要充分发挥人民群众的积极性和创造性。党的十九大报告指出："人民是历史的创造者，是决定党和国家前途命运的根本力量。……依靠人民创造历史伟业。"②要实现健康中国建设的战略目标，除了政府在政策制定上要统筹推进，更要依靠 14 亿中国人民的力量。首先是要尊重人民的主体地位。习近平强调："在人民面前，我们永远是小学生，必须自觉拜人民为师，向能者求教，向智者问策。"③在建设健康中国的道路上，必须最大限度地激发人民的热情，将人民群众在实践中探索出来的新鲜经验进行及时的总结概括和深入研究，使其转化成为治国理政的政策，同时再次将其应用到指导人民新的实践当中，推动健康中国建设不断向前发展。其次是要提升公民个人的健康责任意识。进一步提高全民健康素养，引导形成自主自律、符合自身特点的健康生活方式，有效控制影响健康的生活行为

---

① 李玲、江宇：《一切为人民 一切为健康》，《求是》2017 年第 7 期。

② 习近平：《决胜全面建成小康社会 夺取新时代中国特色社会主义伟大胜利——在中国共产党第十九次全国代表大会上的报告》，人民出版社 2017 年版，第 21 页。

③ 习近平：《习近平谈治国理政》，外文出版社 2014 年版，第 27 页。

因素,形成热爱健康、追求健康、促进健康的社会氛围。① 最后是要把人民群众满意作为检验工作的第一标准。把人民对美好生活的向往作为奋斗目标,最终要落实到实现好、维护好、发展好最广大人民的根本利益上。"治国有常,利民为本。"健康中国战略践行得好不好,落实得到不到位,群众意见是最好的尺子。习近平深刻指出:"时代是出卷人,我们是答卷人,人民是阅卷人。"②保障人民身体健康要以人民群众的评判为准绳,第一时间解决群众呼声最高、意见最大的问题,让群众真满意,而不是"被满意",使健康中国建设事业始终体现人民意愿,经得起社会的检验,更经得起实践、人民和历史的检验。③

(三)加快健康中国建设成果与经验的道德内化和法治建设进程

在人类社会的发展过程及人类文化的范畴中,思想始终是处于核心和主导地位的,早期的思想家既是自然科学家,也是哲学家和法学家。道德与法律作为社会调控和国家治理的两个基本工具,其关系问题一直是社会建设研究的核心内容。

1. 道德与法律在健康中国建设中的作用

如果说道德是个体"在自己内部去寻求并根据自身来认识和规定什么是善的和什么是正义的"④价值评判,那么法律则是个体在自由意志(善、恶)参与下,通过立法、执法、司法、守法来表达外部社会事实的行为规范。然而,孟子云:"徒法不能以自行。"⑤法律是不能自己发生效力的,将善德外化为善法,将善法落实为法律现实的过程,是为法治。苏格拉底认为知识就是美德和善,国家的法律应当体现知识,是区分善恶是非与衡量幸福与否的标准。无论自然法还是人定法,人们都要坚决执行和遵守,守法也是一种美德。柏拉图则提出理性的命令就是法律,实行法治的国家亦属于第二等好

---

① 国家卫生和计划生育委员会编写:《〈"健康中国 2030"规划纲要〉辅导读本》,人民卫生出版社 2017 年版,第 4 页。

② 《习近平谈治国理政》第 3 卷,外文出版社 2020 年版,第 70 页。

③ 周琳、秦川:《人民至上视角下习近平总书记关于人民健康重要论述的研究》,《思想政治教育研究》2021 年第 4 期。

④ 黑格尔:《法哲学原理》,范扬、张企泰译,商务印书馆 2017 年版,第 162 页。

⑤ 万丽华、蓝旭译注:《孟子》,中华书局 2006 年版,第 145 页。

的国家。法作为公道和正义的标志,是人们的外在行为准则。被马克思赞为"西方古代社会最伟大的思想家、科学家"的亚里士多德更明确指出法治包含双重含义,第一是已经制定的法律获得普遍的服从,第二是大家所服从的法律本身又必须是制定的良好的法律,并从这个层面得出法治优于人治的命题。

马克思主义思想作为我们认识世界和改造世界的核心力量,其法律理论是在吸收了古希腊和古罗马的法律理论、中世纪的法律哲学、古典时代的自然法理论、德国的先验唯心主义及历史法学派与进化论法学的基础上,从其他学科理论中分离出来的成果,这使得马克思关于法的观点在构建之初就是置于历史唯物主义的理论体系中进行的,即认为法律作为一种阶级统治和社会管理的工具,是阶级社会产生后才有的,受社会存在、社会经济发展水平的制约,同时对社会存在和经济基础产生能动的反作用。它通过阶级斗争、善恶评判等实践和认识来表达其价值选择,最终实现对人与人之间关系的处理。所以马克思的法律理论既包含"良"法的道德价值选择,也体现善"治"的社会管理方式,它随着生产力的发展而不断调整,是科学的法学理论。以马克思主义思想为指导的中国特色社会主义法律必然蕴含道德因素,中国特色社会主义法治也更具有道德价值,它们都是社会主义国家意识形态的重要组成部分。

法律以权利和义务为主要内容,规定的是道德底线要保护的内容,道德与法律的最终目的都在于通过对人与人之间关系的处理来实现某种理想的社会状态。正如儒家伦理的自我指向性决定了其表达的内隐效果,需要通过卫生法律制度进行固定和外化,卫生行政法治的目的也从来不是惩罚,而是以惩恶扬善引导人们趋利避害,回归尊重生命权利的伦理,所以,在健康中国建设中思考道德和法律的关系、促进道德内化和法治进化是实现现代国家治理在健康领域建设的必然之义。诚如马克思所说:"人们自觉地或不自觉地,归根到底总是从他们阶级地位所依据的实际关系中——从他们进行生产和交换的经济关系中,获得自己的伦理观念。"[1]人们在永恒变化、不断发展的世界中不断丰富社会实践的内

---

① 《马克思恩格斯文集》第 9 卷,人民出版社 2009 年版,第 99 页。

容,创造新的生产方式、社会关系,促进道德和法律在具体的社会实践中不断提升。纵观近年来被世界卫生组织宣布为"国际突发公共卫生事件"的六次重大疫情,灾难在给世界带去负面影响的同时,迫使人类必须进行生命反思,提升道德认知,推动善法之治。

道德与法律两者之间的关系也是相辅相成的。道德为法律提供伦理基础。黑格尔指出:"伦理性的实体,他的法律和权力……是绝对的权威和力量……伦理性的法律所具有的权威是无限崇高的。"①在重大疫情中一切关乎生命安全和健康的社会实践都会被民众所关注及追求,但只有具备向善标准、回归并服务于人类自我认同的法律才应被设置,不是建立在对人类命运共同体的感悟和生命德行觉醒之上的内容不应被立法。"尊重人、不伤害人、有益于人、公正待人"这四大生命伦理原则是疫情防控时期各项医疗卫生改革和生物医学技术应用法治建设的前提和基础,不符合社会伦理观与道德情感接受度的技术,即使具备正面效应或达到安全标准,也不得对其进行立法保护,这就要求健康中国建设中的法治建设应符合伦理道德的要求。道德教化为法治建设提供研究方向和基础,而法治又为道德提供制度保障。健康中国建设中的伦理道德建设需要通过法律加以保障和固定。"善"是哲学的永恒命题,它通过保存生命、促进生命来实现最高价值。但"善"也不是抽象的存在,它一方面由社会主体(民众)在潜移默化的伦理实践中涵育成道德作为表达,另一方面将民众普遍认可的善德内容作为底线融入制度设计,外化为法律进行传递。所以,健康中国建设中的大量行政管理行为也需要在平衡生命伦理的基础上合理又合法地被实施,在兼顾人性尊严和科学进步的基础上,促进我国卫生健康事业的发展,推进健康法治化建设。

2. 道德与法律在突发公共卫生事件中呈现的特点

一是民众在道德层面上会更关注生命伦理,包括但不限于生命科技前沿伦理。重大疫情中的病毒基因测序与公布、患者基因查谱分析、新药和疫苗的研发与合作等,无一不将科学技术本身、使用主体、使用目的与患者本身甚至人类的生死直接关联,从而引发民众的关注。此外,还有医患关系伦

---

① 黑格尔:《法哲学原理》,范扬、张企泰译,商务印书馆 2017 年版,第 189 页。

理。在重大疫情中临床药理试验患者的"知情同意权"、有条件下放一线临床医师的"同情用药权和对应医疗事故职业豁免权""逆行者"和家属的生命权及人文关怀等都成为抗疫现实中的医患各方主体需要直接面对的问题。而且,死亡伦理也会比以往更多地进入民众的考量范围。因重大疫情迫使人类直面生死,而中华传统文化对死亡的认知也会使民众对濒死护理等死亡道德更为关注,若处置不当则易存心结。

二是国家在法律层面上将更强调依法管理。习近平指出:"各级政府全面依法履行职责,坚持运用法治思维和法治方式开展疫情防控工作,在处置重大突发事件中推进法治政府建设,提高依法执政、依法行政水平,并坚持依法治国和以德治国相结合,把社会主义核心价值观融入法治建设,努力形成良好的社会风尚和社会秩序。"[①]

首先是依法行政。从我们与新冠疫情斗争的经验来看,疫情发生后,党和政府积极强调依法行政,并按照现行卫生法律制度中有关规定进行联防联控管理。2019 年 12 月 30 日,武汉市卫健委发布《关于做好不明原因肺炎救治工作的紧急通知》;2020 年 1 月 20 日,国家卫健委发布 2020 年第 1 号公告,将新冠病毒感染纳入《中华人民共和国传染病防治法》规定的乙类传染病,并对其采取甲类传染病的预防、控制措施;根据《突发公共卫生事件应急条例》第二、第三条的规定,将疫情定位为"突发公共卫生事件",由国务院设立全国突发事件应急处理指挥部;全国各地依照《国家突发公共卫生事件应急预案》相继启动重大突发公共卫生事件一级响应;2020 年 2 月 3 日,习近平强调:"要加大对传染病防治法的宣传教育,引导全社会依法行动、依法行事。"[②]

其次是完善立法。各级政府和卫生行政部门是疫情防控的行政主体,承担着依法(法律、行政法规和其他规范性文件)防控的法定职责。党和国家充分认识到当前防疫领域法治建设的紧迫性和重要性,多次通过重要会

① 《习近平主持召开中央全面依法治国委员会第三次会议强调 全面提高依法防控依法治理能力 为疫情防控提供有力法治保障》,《人民日报》2020 年 2 月 6 日,第 1 版。

② 《中共中央政治局常务委员会召开会议 研究加强新型冠状病毒感染的肺炎疫情防控工作 中共中央总书记习近平主持会议》,《人民日报》2020 年 2 月 4 日,第 1 版。

议强调:"要加强法治建设,强化公共卫生法治保障。"①2020年2月5日习近平在中央全面依法治国委员会第三次会议上指出:"要完善疫情防控相关立法,加强配套制度建设,完善处罚程序,强化公共安全保障,构建系统完备、科学规范、运行有效的疫情防控法律体系。"②2020年2月14日习近平在中央全面深化改革委员会第十二次会议上强调:"要强化公共卫生法治保障,全面加强和完善公共卫生领域相关法律法规建设,认真评估传染病防治法、野生动物保护法等法律法规的修改完善……要尽快推动出台生物安全法,加快构建国家生物安全法律法规体系、制度保障体系。"③同年2月24日十三届全国人大常委会第十六次会议表决通过《关于全面禁止非法野生动物交易、革除滥食野生动物陋习、切实保障人民群众生命健康安全的决定》,并将全面修订野生动物保护法提上议程。所以,突发公共卫生事件应对作为健康中国建设中的特殊管理情形更需要将法律与道德相结合,充分发挥二者的优势作用。

3. 将健康中国建设的经验上升为国家意志,用法律保障建设成果

健康权是公民的一项基本人权,是公民依法享有的保持身体机能正常、维护健康利益不受非法侵害的权利。保障公民健康权需要依靠法治,在健康中国建设过程中也需要及时将经过实践检验是正确的内容及时通过法治化来进行保障,将平等、公正通过授权保障和侵权问责的方式进行规范,有助于在全社会起到示范教育的作用,也为更好保障公民生命健康权提供法律依据。由国家制定并由国家强制力保证实施的,以保护人民健康权为内容的规范总和就是健康法律,而制定、执行、适用和普及健康权及健康法律内容的过程就是健康法治,它是一个动态的过程。实现健康法治需要扩大健康法治宣传,培养健康法治思维,加强健康法治教育。

健康法治教育要从校园抓起,根据不同学龄学生身心特点运用多种教

① 《中共中央政治局常务委员会召开会议　研究加强新型冠状病毒感染的肺炎疫情防控工作中共中央总书记习近平主持会议》,《人民日报》2020年2月4日,第1版。

② 《习近平主持召开中央全面依法治国委员会第三次会议强调　全面提高依法防控依法治理能力　为疫情防控提供有力法治保障》,《人民日报》2020年2月6日,第1版。

③ 《习近平主持召开中央全面深化改革委员会第十二次会议强调　完善重大疫情防控体制机制健全国家公共卫生应急管理体系》,《人民日报》2020年2月15日,第1版。

学手段(学生社团、校园宣讲、知识竞赛、科普讲座、有奖征文等),让学生接受和应用健康法治知识,并将其与健康、疾病、安全、禁毒、预防艾滋病、环境安全、公共卫生安全等专项教育有机整合,实现健康道德教育、身体健康教育、心理健康教育、生命教育领域的综合应用,取得理解健康法治在规范健康主体行为、维护健康秩序、调整健康利益关系的教育成果。

第一步,解决是什么的问题。全国义务教育小学和初中阶段自 2016 年 9 月 1 日起统一使用《道德与法治》教材,小学六年级上册和初中八年级下册为法治教育专册,集中讲授宪法知识,其余为道德教育内容。在低年级的"道德与法治"教学中可以进行健康法律启蒙教育,使其明白健康权是每一个人作为生命个体最基本的生存权利,始于出生,终于死亡。高中阶段的"道德和法治"教学主要集中在必修二"政治生活"中进行学习。可以在其中增加健康法律权利和义务的辨别、保护健康权的维权方式等内容,让学生学以致用。尽量运用学生身边发生的真实案例作为引子,通过分析帮助学生理解什么是个人的健康权,健康权的内涵和外延是什么,健康权的实现方式是什么,健康法治领域的义务是什么等,使学生学习、理解和感受健康权利和义务在法律上的意义和后果,进而形成理性的健康法律意识,为以后的学以致用奠定基础。

第二步,解决为什么的问题。当个人的健康权受到侵犯,为什么要用法律维权? 用法律维权的优点是什么? 由于法律是国家立法机关制定,并由国家强制力保证实施,因此它最大的优点就是确定性强。法律是通过授权性、义务性、惩罚性条款明确规定哪些行为是合法的、哪些行为是违法的,以及侵害他人健康权利的法律后果是什么的方式,对社会法益进行分配,从而让人们做出行为前有所取舍,维护社会的公平和正义。而《中华人民共和国食品安全法》《中华人民共和国基本医疗卫生与健康促进法》等法律法规和规范性法律文件中规定的内容正是健康权被侵犯后进行救济的法律依据。让学生明白健康规则、法律和政策在维护健康社会生活秩序中的重要作用,从而树立健康法治观念和法律信仰。

第三步,解决怎么办的问题。在人们知道了法律在卫生健康领域的具体内容、作用及如何成为保障生命和健康强有力的规范的方法后,我们还要将"引进来"和"走出去"相结合。健康法治教育不应仅限于校内专职教师的宣教,我们在给高中年级学生讲授国家在卫生健康领域的法律规定后,还要启发学生结合自己和家人的生活经历思考当个体的健康权受到侵犯时,如何用法律途径维护个人的合法健康权益,培养他们的法治思维,引导他们进行法治实践。一方面,可以定期聘请健康法学教师给学生做健康法治教育讲座。另一方面,积极带领学生走进医院、法院等相关部门,让他们在司法实务中感受法律应用。对中专、职校和技校学生,还可以单独开设职业法律教育课程、劳动保护法律课程,或开展与专业知识相关的健康法治专题教育活动,促进学生知法、用法、守法、护法。

(四)促进中医药文化的传承与创新

我国的中医药文化源远流长,中医学理论体系形成于春秋时期,以儒家的"天人合一"、道家的"道法自然"及阴阳家的"阴阳五行"学说作为理论基础,是具有成熟范畴体系的理论医学。中医秉承"治未病"与"预防为主"的理念,注重未病先防,以体质为基础,一人一方药,从治疗"一个人"到预防"一类人",从治疗"一种病"到预防"一类病",真正在"治未病"中发挥主导作用。随着疾病谱系的变化,中医针对一些困扰人类的传染病(艾滋病、H7N9禽流感、新冠肺炎)、慢性非传染性疾病疗效显著,在治疗重大疾病中发挥协同作用。

1. 中医的"辨证论治"理论符合马克思主义世界观和方法论

从马克思主义哲学的角度来看,中医学理论具有辩证法的特点。

首先是整体与部分的观点。一方面,中医理论将人作为自然界的一部分加以对待,认为自然界是整体,个人是生活在其中的组成部分,个人的身体状况在自然界中的状况是部分和整体的关系,两者既相互区别又相互联系。自然环境作为整体,居于主导地位,包含和统率作为部分的个人,整体大于部分,自然作为整体也具有个人作为部分所没有的功能。当个人作为部分与自然作为整体和谐相处时,不仅可以预防疾病,保持健康,也会促进自然界的整体功能发挥,以更好地反馈于个人,促进整个社会形成全民健康的外在环境;当个人作为部分始终不适应外在环境和内在环境时,也会最终制约和损害整体功能的发挥。中医认为,人与自然、环境和谐相应,顺应四季更迭及昼夜交替时的阴阳变化,就会促进健康;当人在自身发展及与外界交互的过程中相悖而为,不和谐发展,阴阳失调时,人在环境中就会不适应,表现为疾病。而马克思主义也明确表示,人是自然界的一部分,主张科学地认识和利用自然界。另一方面,中医理论将疾病视为人这一生命个体在自身成长全过程中的某一个阶段,两者也是部分与整体的关系。部分不是整体,同样,人的身体出现疾病也是阶段性的和变化着的过程,积极辨证治疗,人体又会恢复到健康的状态,无须把部分当作整体,增加心理负担。所以,要重视培养个体的健康观念、提高个体的健康知识,搞好局部,才能使整体的功能得到最大限度发挥。

其次是矛盾的观点。中医理论中的阴阳变化规律实质上也是对立统一规律。中医学的理论总纲就是分辨阴阳:"阴者,藏精而起亟也;阳者,卫外而为固也。表、热、实是阳,里、寒、虚为阴。"①第一,阴阳双方均以对方作为自己存在的根据,即所谓的"阴阳互根"。第二,阴阳在特定范围内动态运动、此消彼长,即"阴阳消长"。第三,阴阳双方在一定条件下还能相互转化,又称为"阴阳转化"。当阴阳相对平衡时,人体与自然外界环境、人体与自身内在环境均处于顺应、和谐、健康状态;当阴阳失衡时,人体既与外部自然环境不适应,也与自身内环境不调和,进而表现出病症。病症外则影响生存,内则危及健康,也是人生病的根本原因,故而中医诊病要根据病理分辨阴阳,然后要根据阴阳盛衰状况制定治疗原则,最终在阴阳动态变化中调整其平衡状况达到治愈疾病之目的。

最后是中医治疗疾病的方法——"辨证论治"也体现了对立统一规律关于具体问题具体分析的方法论。"辨证"是指医生通过"望、闻、问、切"对患者的病因、发病部位及两者之间的因果关系做出整体性判断的活动,是一个需要医生综合分析以掌握患者阴阳失调程度及实质的过程。"论治"则是医生依据综合信息确定治疗方法,帮助患者扶正祛邪,重建阴阳平衡,通过积极调动患者的自愈能力,经由自我调节达到自我修复的过程。因此,中医治疗强调千人千方,对症下药,从患者的个人实际身体情况出发,辨识个体自

---

① 崔树德:《中药大全》,黑龙江科学技术出版社 1989 年版,第 17 页。

身在与内环境和外环境的适应过程中的阴阳调和情况,因人而异,因时而异,异地而已,根据主观与客观要相符合的原则,调动人的主观能动性,辨证施药。

2. 在传承中医药文化精华的基础上守正创新

一方面,要传承而不复古。从中医药文化发展的历史来看,中医药的命脉在于传承。首先,中医学理论就是对以儒家"天人合一"、道家"道法自然"、阴阳家"阴阳五行"为代表的中国哲学思想的传承,强调要把人体作为一个整体来动态地看待,疾病不仅与人的生理属性相关,还与心理、社会、环境息息相关,所以要整体、全面、联系、发展地看待人与自然的外部关系及人自身疾病与健康之间的内部关系。其次,中医药诊疗实践在经典医典、药典、理疗技法基础上代代相传下来,并沿用至今,有些配方甚至位列国家秘密级别,如果没有党和政府一直以来对中医药传统文化的尊重、保护和传承,就不可能有我们现在灿烂的民族文化中这浓墨重彩的一笔。中医药文化在理论上具有注重治未病和养生固本的理念,在实务中又体现"简、便、验、廉"的特点,十分值得推广和传承。

另一方面,要创新而不离宗。我们应该看到,传承不是继承,而是哲学上的扬弃。文化属于意识形态的范畴,必须同经济基础相适应。我们提出传承中医药传统文化,不是直接复古,而是要立足于我国现代社会的生产力发展水平和经济发展水平来研究传统中医药理论和验方药石技术,在尊重与遵循中医药发展规律的前提下去粗取精、去伪存真,吸纳综合多学科理论技术的优点,用大卫生、大健康理念为其传播插上翅膀,用卫生健康法律和政策为其发展保驾护航,真正实现中医药传统文化的传承与发展。具体措施包括:将人人健康、养生保健、科学预防的理念通过单位、企业、社区、家庭、学校等平台进行广泛宣传。在单位和企业,通过加强职业病的防治宣传及定期宣讲工作压力对心理健康的影响,引导人们积极应对自身的心理困扰和心理问题,在建立全面认知的基础上做到早诊断和早干预。在社区和家庭,积极普及医学知识和健康常识,对高糖、高盐、高油等不健康饮食,久坐不动造成的运动量不足,酗酒抽烟熬夜等不良生活习惯带来的危害,起到提醒和告知的作用,引导民众养成健康的行为习惯和生活方式。在学校,国家计划试点中医药文化进教材、进课堂，从小学五年级开始引入中医药课程，并逐渐推广到全国。这既能从小培养孩子对中医药传统文化的兴趣，感受中医"未病先防"的健康理念，学习中医药常用的治疗方法和人体知识，也能对自己和家人的生活习惯进行健康监督，实现"人人参与，共建共享"。

（五）加强突发公共卫生事件的舆论引导

"舆论是公众对于现实社会中的现象、问题形成的信念、态度、意见和情绪的总和。"[1]夹杂着理性和非理性的因素，对社会发展及有关事态的进程产生的影响是利是弊，取决于如何引导。突发事件中的舆论引导，涉及政府、媒体、公众等多利益群体的风险沟通，处置不当将会使事件压力强度相对增加，出现政府公信力下降、媒体形象受损及公众恐慌情绪和异常行为等不良后果。如果压力累积到破坏性程度，则可直接造成创伤后应激障碍，给公民身心健康带来不可逆转的损害。不良社会信息的传播会让民众对各种信息产生错误的认知，做出不合理的行为，引发突发事件的次生灾害，所以在突发事件的应对中，舆论引导和心理疏导具有非常重要的健康学价值。

在抗击新冠肺炎疫情的过程中，社会各地、各界的民众也出现过各种疑问、担心、焦虑、恐慌的情况。对此，党中央、国务院高度重视，习近平多次做出重要指示，要求"各级党委和政府及有关部门把人民群众生命安全和身体健康放在第一位"[2]，及时发布疫情信息，深化国际合作，加强舆论引导，加强有关政策措施宣传解读工作，坚决维护社会大局稳定，通过召开答记者问、新闻发布会等方式第一时间、最大限度地将与疫情有关的所有信息向国内、国际社会公开，并开通全国网络疫情专区平台与民众互动，接受反馈，为各级各地的舆论引导定了方向，也给群众吃下定心丸。然而由于突发事件本身具有突发性、群体性、阶段性、连锁反应性、变化性等特点，这就决定了对突发事件进行舆论引导也必须与时俱进，党和政府需要不断通过大众传媒、新兴媒体、社会活动，客观、真实、及时地进行新闻报道、心理疏导，以正确的社会意识形态设置议题、开展互动，才能既满足民众对事实真相的知情权，

———————————
① 陈力丹：《舆论学：舆论导向研究》，中国广播电视出版社 1999 年版，第 33 页。
② 习近平：《在统筹推进新冠肺炎疫情防控和经济社会发展工作部署会议上的讲话》，人民出版社 2020 年版，第 2 页。

又接受民众真实心声的舆情反馈,塑造出健康向上、团结奋进的共同体意识,让舆情真正从人民中来,又回到为人民服务中去,为打赢疫情阻击战提供舆论支持和精神动力。随着病毒的不断变异,各国的疫情防控措施和结果不仅影响着世界交往的方式,也在一定程度上反映了国家治理的能力和水平。党和政府始终秉持"人民至上"的健康观,不仅依靠医学攻坚克难,还积极地进行舆论引导,加强心理疏导,针对重点人群进行危机干预,做好人文关怀,在全球疫情防控早期取得了阶段性胜利,也在后疫情时代为全球健康治理提供中国之智。①

在应对突发公共卫生事件的新闻宣传和舆论引导中,要增强民众的共同体意识,以推动构建人与自然生命共同体、中华民族共同体、网络空间命运共同体及人类命运共同体为舆论导向,帮助人们正确认识人与自然之间、人与人之间、个体与社会之间及国际社会之间的关系,促进民众用辩证唯物主义和历史唯物主义的世界观和方法论,用唯物的、辩证的、联系的、发展的、矛盾的、历史的眼光看待当前疫情存在和发展中的问题,牢固树立共同体意识。同时,要通过心理疏导,最大限度帮助民众减少因应激性事件而产生的不良心理影响,以及创伤后应急障碍带来的非理性行为给自己和社会造成的伤害。②

1. 要增强中华民族命运共同体意识

个体与社会是辩证统一的整体,中华民族是一个大家庭。个人是社会的一分子,社会由个人组成,引导每一个个体做出正确的行为就会迅速带来整个社会联动向善的效果。在抗击新冠肺炎疫情这场人民战争中,医护人员是冲锋在前的先锋勇士,每一个社会成员都是战士。一方面,在防控期间,人人做好自我防护,少出门、不聚众、勤洗手、戴口罩,出现疑似症状时主动上报隔离。这既是对自己负责,也是对他人和社会负责。另一方面,社会作为整体,不是每一个个体意志和行为的简单叠加,不能因少数个体的不当

---

① 袁银传、王晨霁:《突发公共卫生事件的舆论引导与心理疏导——以新冠肺炎疫情应对为例》,《国家治理》2020 年第 1~2 期。

② 袁银传、王晨霁:《突发公共卫生事件的舆论引导与心理疏导——以新冠肺炎疫情应对为例》,《国家治理》2020 年第 1~2 期。

行为而否定整个群体的向善性质,应正确认识个人与社会的共同体关系,促进双方形成良性循环。① 在疫情发生后,医护人员冲锋在前,全国医务工作者多次分批驰援疫情地区。国家在第一时间出台对所有确诊和疑似病例患者免费治疗方案,第一时间上线科普和疫情查询平台服务,第一时间对隔离人员定期定量免费提供生活必需用品。全国各地、各族人民、各行各业自发组织捐款、捐物,大家牢牢拧成一股绳,劲往一处使,同心协力、众志成城、共克时艰。在这场战"疫"阻击战中,大家对待疫情隔病不隔心、隔城不隔情,从一方有难的恐慌到八方支援的坚定,中华民族在灾难面前又一次展现出强大的民族凝聚力,牢牢筑起了中华民族共同体意识。②

2. 要提高网络空间命运共同体意识

在抗击新冠肺炎疫情的过程中,习近平多次强调要加强舆论引导工作,加强有关政策措施宣传解读工作,维护社会大局稳定。面对新冠病毒,至今尚无特效药物对症治疗,所有的治疗对患者而言都指向效果待定,这一事实难免引发公众对疾病致死后果的担忧甚至恐慌,进而引起对各类疫情信息的过度关注,激发焦虑。在互联网时代,所有信息因公开和可被自由获得而使网络传播成为舆情的重要载体。我们通过构建网络空间信息共同体,在没有特效药物的情况下,及时传播真实信息,共享正能量,充分满足公众对知情选择权的需求,降低其精神压力,这也成为抵抗疾病的最好"药物"。相反,疫情期间故意传播虚假信息、制造谣言,是最大的病毒,一经发现,依法坚决加以清除。我们要充分认识到并利用好网络空间信息共同体的一体两面性,在舆论引导及舆论控制的流程、权限、尺度上进行把控,切实维护网络空间意识形态安全,营造一个健康的舆论环境。③

3. 要加强人类命运共同体意识

寻求国际合作,加强人类命运共同体意识。发生在一个无辜者身上的

---

① 袁银传、王晨霁:《突发公共卫生事件的舆论引导与心理疏导——以新冠肺炎疫情应对为例》,《国家治理》2020 年第 1~2 期。

② 袁银传、王晨霁:《突发公共卫生事件的舆论引导与心理疏导——以新冠肺炎疫情应对为例》,《国家治理》2020 年第 1~2 期。

③ 袁银传、王晨霁:《突发公共卫生事件的舆论引导与心理疏导——以新冠肺炎疫情应对为例》,《国家治理》2020 年第 1~2 期。

苦难,也有可能发生在所有人身上。此次新冠疫情发生后,中国本着公开、透明、负责任的态度,第一时间发布疫情信息,第一时间向世界分享检测数据、研究报告和救治成果,得到世界卫生组织和国际社会的充分肯定和高度评价。中国一直采取最全面、最严格的防控举措,部分举措的严格程度甚至远超出《国际卫生条例》的要求,被世界卫生组织赞为榜样。这充分说明了在疫病这一共同的敌人面前,人类不分种族、不论地域,早已形成生死相依的命运共同体。在中国被国际社会高度称赞的同时,我们也得到国际社会的帮助:德国科学家携带相关病毒防治疫苗飞往武汉、日本派出医疗团队飞往武汉、美国与中国共享最新治疗成果以共克病毒、巴基斯坦紧急调集医疗物资驰援中国,等等。人类命运共同体的理念再一次证明,"覆巢之下,安有完卵",只有加强国家合作,才能应对国际社会共同的敌人和灾难。①

(六)完善公共卫生领域的心理健康服务建设

一方面,自改革开放以来,我国社会生产力不断发展,从社会环境到社会结构,再到社会需要和社会生活,都发生了翻天覆地的历史变化。政治、经济、社会、文化现代化步伐显著加快,人们的生活节奏也不断加快,但在生活质量不断提高的背景下,人们的压力源也日趋多元化,容易引发人们的心理困扰,甚至导致心理问题。因此,要重视心理健康,把康复标准从只关注人们生理疾病是否治愈,转变为在研究生理疾病的预防和治疗的同时,将心理健康、精神卫生等涉及人的内外整体和全部生命周期健康的关注和重视也提到日程上来,尤其帮助人民群众辨识心理和精神的压力及变化,使其在出现心理困扰和心理问题时,能早识别、早就诊、早干预,为身心健康发展保驾护航。

另一方面,基于心理学理论中的"身心一体"原则,疾病对健康的威胁不仅仅针对身体,也影响着人的心理。当个体在社会生活中遭受应激性事件而启用已有应对方式失效时,便会产生身体功能紊乱和心理困扰与障碍。及时有效的心理疏导,不仅有助于其身心适应能力的恢复,还能促使其掌握

---

① 袁银传、王晨霁:《突发公共卫生事件的舆论引导与心理疏导——以新冠肺炎疫情应对为例》,《国家治理》2020 年第 1~2 期。

新的应对技巧,实现自我调节功能恢复与提升。① 尤其是在突发公共卫生事件中,因其具有突发性、群体性、危害性、系统性特点,所以对其应对和处置措施应既强调救助生命、恢复健康,还要关注患者在疾病发生后因整个日常生活甚至家庭体系改变而带来的心理创伤,给予患者积极的心理援助,提供心理干预,帮助个体走出应激创伤。

我国在应对新冠疫情这一突发公共卫生事件期间,党和政府始终坚持以人民为中心,强调把人民群众生命安全和身体健康放在第一位。国务院联防联控机制先后印发《新型冠状病毒感染的肺炎疫情紧急心理危机干预指导原则》《新冠肺炎疫情心理疏导工作方案》等,指导各地实时研判各类人群心理的阶段性变化,因时因势调整社会心理服务的工作着力点和应对举措,并取得了针对突发公共卫生事件进行心理干预的几点经验。②

1. 突发公共卫生事件心理疏导的内容要及时动态调整

在疫情防控的不同阶段,心理疏导内容应与时俱进。在疫情防控早期,应该重点对民众存在的否认、轻视、侥幸等心理进行干预。通过大量、及时、科学地普及医学知识和卫生管理知识,使民众加深对疫情防控的了解,防止民众轻视疫情,或因对疫情超出既有认知范畴而进行错误防护,或因自己患病传染给家人、同事而陷入无助、愧疚、自责等心理困扰。在疫情防控过程中,要重点对确诊患者、疑似患者等在隔离期产生的过度恐慌、焦虑等心理问题进行干预,防止其情绪过度低沉、焦虑而形成抑郁,而对身体健康造成危害。目前,国内疫情防控取得重要阶段性成果,应重点对相关人员的丧失情结和替代性创伤等心理问题进行干预。对疫期丧亲而无法哀悼的民众,要抚慰其内心深处的丧失感,帮助其重建生离死别后的安全依恋。对一线医护群体(包括心理援助者)的替代性创伤,要组成专业团队提供心理支持,定期进行心理干预知识讲座,并鼓励医护人员的家属加入心理援助的队伍,多方提供稳定的心理支持资源。③

---

① 袁银传、王晨霁:《突发公共卫生事件的舆论引导与心理疏导——以新冠肺炎疫情应对为例》,《国家治理》2020 年第 1~2 期。
② 袁银传、王晨霁:《突发公共卫生事件中的心理疏导》,《中国人口报》2020 年 4 月 9 日,第 3 版。
③ 袁银传、王晨霁:《突发公共卫生事件中的心理疏导》,《中国人口报》2020 年 4 月 9 日,第 3 版。

2. 突发公共卫生事件心理疏导的方法要抓住重点

在疫情防控的每个阶段,对求助者给予共情、抱持,引导其自我接纳,这些都是心理疏导实际操作中的重点方式。① 首先,从共情的角度来说,不仅要了解求助者的情绪感受,而且应理解求助者情感深处的诉求,帮助他们了解自己的现状、看见自己的需求、感受自己的力量。共情还可以通过具体讨论列出每天的行动和目的,将其潜意识意识化,做被动中的主动者,帮助求助者增加确定感、树立自信心。其次,在充分共情的基础上进行抱持,尊重求助者的表达选择权,根据求助者认知情感体验过程中的情绪接纳程度进行精准回应,给予支持的方式可以是主动分析,也可以是静待自愈。最后,通过改变不合理认知、模拟角色训练、营造社会支持,有针对性地解决其具体的情绪问题或身心反应,帮助求助者看到自身的努力及成效,实现自我接纳,帮助其走出自我限定,提高自我心理调节能力。②

3. 突发公共卫生事件心理疏导的评估要点面结合

突发公共卫生事件中的心理疏导与其他突发性灾难(地震、洪水、空难、战争等)最大的区别就是疫病可能是带有传染性的,传统的面对面咨询方式无法被采用,也不能通过仪器或量表来及时评估,需要依靠心理咨询热线的求助反馈获取相关信息,数据可以通过专家网课讲座、视频会议、微信公众号等新媒体资源进行收集,评估也更多地依赖于求助者的年龄、自我功能、既往经历等方面来综合研判。③ 首先,在年龄方面,《新冠肺炎疫情心理疏导工作方案》是从理论角度来确定疫情期间需要进行心理疏导的目标人群的,在咨询实务操作中还可以通过年龄来评估某个个体是否有足够的应对能力,是否需要进行心理疏导。认知水平有限的孩子及年龄较大、认知结构固化或性格极端的老人,是容易因疫情造成心理创伤的重点对象,需要引起高度重视。其次,在自我功能方面,不同的人在疫情应对上表现也有所不同。按照精神分析学派的观点,"自我"强大的人,会很好结合"本我"和"超我",使"自我"在整个特殊时期都能迅速调整自己的认知和言行以符合社会的规

---

① 袁银传、王晨霁:《突发公共卫生事件中的心理疏导》,《中国人口报》2020年4月9日,第3版。
② 袁银传、王晨霁:《突发公共卫生事件中的心理疏导》,《中国人口报》2020年4月9日,第3版。
③ 袁银传、王晨霁:《突发公共卫生事件中的心理疏导》,《中国人口报》2020年4月9日,第3版。

则,并一直保持"自我"的功能;而"自我"虚弱的人,在平衡"本我"与"超我"的过程中调整得较慢,也容易启用较为严重和过度的自我防御机制。当"本我"超越"超我"时就会增加言行失范的风险,如果任其发展,个体甚至会失去"自我"调节的功能,出现严重的心理问题和行为偏差。疫期防控期间的一线医护群体等是先锋战士,责任感、信念感等"超我"支撑他们压制了"本我"正常的急性应激反应,部分医护人员甚至为防止休息后出现闪回现象而坚持过度工作,从而引发焦虑等严重心理问题,对这些人需要给予特别关注。最后,在既往经历方面,根据求助者的既往经历(有无在类似事件中产生过严重的心理创伤)来评估疫情对其可能造成的心理伤害程度、预期恢复时间、可能发展的走向,有助于及时有效地选择精准应对措施和心理疏导方案。[1]

　　健康中国建设波澜壮阔的发展历史,反映了伟大的中国共产党带领中国人民在卫生健康领域百年奋斗的点点滴滴,它具有鲜明的时代特征和阶级立场,在"爱国卫生运动"或"三医"体制改革中都展现着它的坚定使命:为人民服务!全面推进健康中国建设是党和政府在新时代进行中国特色社会主义建设的重要组成部分。我们要继续把马克思主义人民健康观作为中国特色社会主义卫生健康事业建设和发展的理论基础,始终坚持党对健康事业的全面领导和指导地位,坚持以人民为中心,任何时候都把人民健康放在首要位置。在制度设计、法律执行的过程中始终如一地保护人民健康权利,在社会发展中与时俱进地提高人民健康水平,改善人民生活质量,同时发掘中华传统医学文化中的健康元素,在守正创新、辨证论治的基础上走出一条具有中国特色的人民健康之路。

---

　　① 　袁银传、王晨霁:《突发公共卫生事件中的心理疏导》,《中国人口报》2020 年 4 月 9 日,第 3 版。

第六章 加强和创新社会治理

党的十八届三中全会是新时代全面深化改革进程中一次意义重大的会议，它明确将实现国家治理体系和治理能力现代化按照全面深化改革的总目标加以定位，为构建新时代中国特色社会主义社会治理体系确立了根本遵循、明确了总体方向。而《中共中央关于制定国民经济和社会发展第十四个五年规划和二〇三五年远景目标的建议》再次把基本实现国家治理体系和治理能力现代化的目标纳入其中。不仅如此，提升国家治理效能以具体目标的形式被单独列出，涉及公平正义、民主法治、国家行政体系和效率、基层治理及防范化解重大风险体制机制建设等诸多关键领域，充分彰显推进中国特色社会主义现代化的重要意义和我国实现治理现代化的坚强决心。

从传统意义上的社会管理转为社会治理，看似一字之差，实则内蕴我国社会建设总体思路和运转机制的重大变革。这一转变的根本出发点可理解为，依据建设中国特色社会主义现代化国家的长远规划和当前我国社会转型的现实需求，重构政府、市场及社会三者间的关系，以最大限度激发各方力量，凝聚建设合力。进一步来讲，就是实现社会运转从一元主导到一主多元、从权力集中到有序有度分权、从以管理为中心到以服务为中心且重在便民利民的重大转变。

社会管理向社会治理的转变，根本上是与我国社会的整体变迁高度关联的。可以说，正是我国社会发展的快速转型内在地催生了这一转变的出现。40多年前开始的改革开放开启了中国特色社会主义建设的新篇章，中国积极融入经济全球化，市场化、城镇化全面推行，可以说无论经济体制、社会结构和利益格局，还是思想观念领域都发生了前所未有的深度变革。尽管改革开放极大激发了社会活力，使我国面貌焕然一新，但也造成传统的社会管理模式与利益多元化格局下的社会建设之间的脱节。由此，变革传统的社会管理模式，构建新型的社会治理模式自然就势在必行。可以说，随着我国社会的快速发展、人民群众自主管理能力的不断提升、各类社会组织的日益健全，社会治理必然取代传统的社会管理，成为实现中国特色社会主义社会现代化的一个关键环节。

随着中国特色社会主义进入新时代,特别是建设社会主义现代化国家这一建设目标的愈益临近,构建顺乎时代趋势又契合基本国情的中国特色社会主义社会治理体系,提高国家治理能力和效能,为建设社会主义现代化国家提供有力制度保障和治理支撑,就愈发显得紧迫和重要。因而,立足于改革开放40多年来的建设实践,探讨中国特色社会主义治理体系的构建,总结中国社会治理的基本经验,探索中国社会治理创新的基本路径,形成社会治理的中国方案和中国话语,就成为当前及今后推进中国特色社会主义社会治理的一项重要任务。

一、中国特色社会主义治理体系的构建

从广义上讲,社会治理是以全部社会生活为对象,以统筹协调各类社会主体行动为目标的一种人类社会实践活动。人类社会发展到一定程度后,社会生活日益丰富复杂,探索和实施社会治理的内在诉求由此产生。可见,社会治理体系的建构与社会发展的总体进程密切关联,这意味着以社会发展的整体视野来关照社会治理体系的构建,是一个不可或缺的基本视角。进而言之,社会治理体系的构建必须牢牢立足社会发展的实际,尽管存在一些普遍性的原则和经验,但不存在一成不变和"万用良方"式的社会治理模式。聚焦国内大局,党的十九大报告已清晰擘画出中国特色社会主义当前及今后一段时期的社会发展蓝图,即到2035年基本实现社会主义现代化,在此基础上,到本世纪中叶建成富强民主文明和谐美丽的社会主义现代化强国,实现中华民族伟大复兴。由这一顶层设计出发,可以看出,全面推进中国特色社会主义现代化构成了新时代中国社会发展的主线和核心。因此,中国特色社会主义治理体系的构建方向与任务,也自然应当是为新时代中国特色社会主义现代化的推进凝聚各方力量,提供社会支持。而努力构建新时代中国特色社会主义治理体系至少可从以下方面展开。

(一)明晰中国特色社会主义治理体系基本内涵

构建中国特色社会主义治理体系,首先需要在概念上厘清中国特色社会主义治理体系的基本内涵。众所周知,人民当家作主是社会主义的本质

特征,因而发扬社会主义民主,经由民主治理实现人民当家作主,理应是中国特色社会主义社会治理体系的基本内涵。

实际上,民主向来都是社会主义制度的内在要求,马克思晚年在评价巴黎公社的民主实践时就表达了对人民民主的高度认同。他认为,对权力加以应有的约束和制衡,是防止无产阶级国家权力异化必须时刻重视的一项工作。而要做好这项工作,就要让广大劳动群众积极广泛地参与社会管理,让他们不断熟悉各项社会事务,真正形成自治能力,唯有如此,才能防止管理实践成为少数人的特权,避免出现新的官僚集团,真正走出资产阶级国家机器始终与人民对立的怪圈。所以马克思才会深刻指出:"公社体制会把靠社会供养而又阻碍社会自由发展的国家这个寄生赘瘤迄今所夺去的一切力量,归还给社会机体。仅此一举就会把法国的复兴推动起来。"①

不仅如此,人民民主这种彻底的民主形式与当代社会治理理念也具有内在一致性。共同治理是当代社会治理的新趋势,所谓共同治理就是要求在决策过程中主动向多元主体敞开治理空间,鼓励和引导他们参与治理全过程,激发他们的活力和创造力,从而使他们的主体意识得以培育。更重要的是,借助共同治理中的权力共享较易于形成社会成员间的某种共识,从而可以有效避免或解决各类因为沟通不畅或信息不对称造成的社会矛盾。显然,凸显民主、拓展人民参与渠道是共同治理新趋势的核心,而这正是社会主义条件下人民当家作主的题中之义。实际上,从马克思主义的视角来看,也只有在社会主义制度特别是生产资料公有制条件下,真正的民主即人民当家作主才具有彻底实现的可能性。由此,在更准确的意义上,作为中国特色社会主义治理体系基本内涵的人民当家作主,其价值指向要高于一般意义上的共同治理。

综上,中国特色社会主义治理体系的基本内涵决定了这一体系的建构要以完善和发展社会主义民主为出发点和落脚点。可以预见,民主治理的全面展开和有序推进将使其成为发展社会主义民主的有效途径,并在建设中国特色社会主义现代化强国的征程中发挥日益显著的积极作用。这一观

---

① 《马克思恩格斯选集》第 3 卷,人民出版社 2012 年版,第 101 页。

点成立的主要依据在于,民主治理是现代民主政治的集中体现,贯穿着平等参与、相互尊重及互惠自治等价值理念。因为,在民主治理过程中,直接参与治理的主体不仅包括传统意义上的强势方即政府,还包括各级各类社会组织及广大人民群众,从而使得政府主导一切、围绕发号施令和强制执行来构建的管理模式,被多元主体、多方参与、共同治理的新机制取代。通过民主治理,各项社会政策从酝酿、制定到出台将更多体现清晰透明的特征,人民群众的理性精神和民主意识也会得到提升,这就为民主理念逐步上升为制度打下了坚实基础。结合我国实际来看,改革开放后相当一段时间内,我国以大力发展经济、大幅提升综合国力为着力点,通过将社会资源总量做大做强来整体上实现社会稳定。而随着改革进入深水区,特别是现代化转型中的各类社会问题逐渐浮出水面,人民群众权利意识不断提升,侧重经济发展的传统思路也相应暴露出一些局限,由此,转换社会发展思路的需求就被提上了日程,其中一个重要方面就是进一步推进和完善社会主义民主,逐步实现由上至下的管理向多元主体平等参与、共同治理的升级。总之,中国特色社会主义治理体系的基本内涵就是发展、完善和创新社会主义民主,为权力划定界限,防止其异化为人民的对立面,从根本和长远上为中国特色社会主义现代化事业提供制度保障。

（二）科学培育中国特色社会主义治理体系多元主体

在明晰中国特色社会主义治理体系本质内涵后,需探讨另一至关重要的问题,即如何确定治理体系的主体。这一问题之所以关键,不仅因为社会主体的存在是任何社会活动得以发起的不可或缺的基本前提,而且因为主体的重新厘定,往往可直接促成社会运转模式的变更。而现代社会治理模式的一个基本趋势就是,由一元主导(通常是政府)向一元为主、多元共治转型。

任何社会形态在形式上都要以某种相对稳定的社会结构维持自身存在,这种结构作为一种总体性的力量,对规范社会主体的思维和行为方式具有重要意义。但社会结构一经形成往往又倾向于长期维持自身的固定形态,呈现一定的发展惯性。在传统的前现代社会,社会生活的中心长期由政治权力主宰,国家政权无论在规则制订、资源分配,还是秩序维护等社会生活各方面,都具有无可撼动的主导地位。而在皇权或教权至高无上的某些国家和地区,名义上的"公天下"实则是皇帝或教皇的"家天下"。如此一来,单一的国家权力主体发出指令,各类各级组织和社会成员执行指令,就必然是传统社会的典型运转模式。然而进入以资本主义生产方式为核心的现代社会后,伴随社会利益前所未有的多元化,社会结构开始不断分化,整个社会生活也变得复杂起来。面对这种新情况,建基于政治权力之上并围绕国家权力这一单一主体的管理模式逐步显露出自身的局限性。因此,要想维持社会的整体良性运转,就必然需要对传统社会主体进行适应时代发展需求的深度改造,更重要的是要积极培育和创建新型社会主体,通过权力在不同社会主体间的重新分配,重构整个社会结构,最终实现社会管理到社会治理的根本性转变。

具体而言,借助多元主体,平等自主的参与加快了信息、知识及其他社会资源传播的速度,拓展了传播的渠道,从而在一定程度上消解了自上而下的传统金字塔式的社会结构,转而形成多中心、扁平化的横向权力结构。政府和社会的这种新型关系,是使市场发挥对资源配置的决定作用所必不可少的前提之一,能够有效激发市场和其他社会主体的主动性和创造性,最终实现整个社会有机体高效运转的目标。实际上,社会主体的重新界定与社会结构的重塑是紧密关联的两个方面,新型主体的形成是新型社会结构得以建立的条件,反过来新型社会结构又能巩固和强化多元主体间业已形成的平等关系,进一步塑造新型主体的思想和行为,这显然是一个良性循环的互动过程。尽管传统意义上的政府权力在转型过程中会于某些方面受到一定限制,但社会主体的多元化有助于达成政府与其他社会组织,特别是与市场的和解。故从长远看,这在总体上能有效保证整个社会稳定和长治久安。当然,这种长期受益也只有在历史性视角下能被真正发觉。总之,社会管理向社会治理的变迁某种意义上就是治理主体的生成、演化和再造的过程,其结果更多还是导向主体的多元化。

而根据现代社会治理的这一基本趋势,加之中国特色社会主义治理体系基本内涵是人民当家作主,就能进一步明确:建构中国特色社会主义治理体系在主体层面,应当形成以人民为中心,包括政府、各级各类社会组织及群众自治组织等在内,多元主体平等参与、集思广益的新局面。这也是现代社会治理与传统意义上的社会管理间的一个显著区别和优越之处,其实质还是民主理念逐步实现的结果,而在社会主义条件下,我们则十分清楚地将民主治理导向人民民主的轨道。

根据唯物史观,物质生活资料生产即社会的物质生产方式构成社会存在的基础,而作为物质资料生产主体的广大人民群众,是社会历史的主体和决定力量。而一旦抛弃剥削阶级的意识形态偏见,我们便能发现,人民群众有足够的热情和智慧解决好自己的社会事务。因此,调动人民群众的治理热情,就能汇聚成建设中国特色社会主义治理体系的不竭动力,这也可被视为群众路线在推进构建中国特色社会主义治理体系方面的功能的延续。例如大众创业、万众创新,早已经成为新时期我国推动经济可持续发展的重要抓手。它之所以可能,绝不仅仅取决于经济领域内的政策调节和创新,从更广泛的意义上,还需要社会治理模式变革的深层支持与引导。因为大众创业、万众创新,既需要有利于创新的社会资本与文化资本,也离不开有利于激发创新的社会环境和运行机制,这就必然倒逼社会治理结构的优化及政府管理体制的改革,从而为创新开掘出生长的道路。这些正属于现代新型社会体系再造的范畴。由此来看,在以人民为中心的发展思想下,不断完善和拓展人民行使主体权利的途径,持续巩固人民主体地位,以充分激发人民群众创造历史的磅礴伟力,是构建中国特色社会主义治理体系不可或缺的前提性环节,而各方的主体能动性也都将在此过程中得以激发。

(三)以人民为中心确立中国特色社会主义治理体系价值目标

尽管构建中国特色社会主义治理体系根本上是服务于建设社会主义现代化国家、实现中华民族伟大复兴的战略大局,但依据上述人民群众在中国特色社会主义治理体系中的主体属性,中国特色社会主义治理体系的建构还需明确自身的价值目标,那就是治理是为了维护和保障人民利益,治理的成果也应由人民共享。价值目标的设定直接关涉利益观,利益问题也一直是马克思主义关注的重要议题。

马克思主义利益观是以高度科学性为基础对人类历史主体性的深刻洞察,集中表现为始终在以物质生活的生产方式透视历史的前提下,牢牢坚持群众史观。马克思主义一方面公开承认人民群众是历史的主体和创造者，社会制度变革的决定力量在于人民群众，另一方面以绝大多数人的利益为社会发展前进的方向，与以少数人的利益或虚幻的神意为轴心的各类唯心史观划清了界限。可以说，马克思主义利益观是符合历史发展规律的理论表达，坚持人民利益主体地位是这一利益观的逻辑核心，中国特色社会主义治理体系的建构在价值指向上就要以此为起点。而要牢牢坚持中国特色社会主义治理体系的这一价值取向，具体而言至少要从以下几个方面着手。

第一，要时刻坚持以人民为中心的发展思想，谋划社会治理各项举措需密切围绕人民群众最关心、最直接的现实利益问题。我国革命、建设和改革的既往实践已充分证明，牢牢坚持人民主体地位，始终从人民切身利益出发科学谋划各项事务，是我们取得一个又一个成就的关键。无论从中华人民共和国成立70多年，还是从改革开放40多年的历程来看，我国的经济社会建设之所以能够取得举世瞩目的成就，一个根本原因就在于我们党始终坚持从人民的根本利益出发建设各项制度和制定各种政策，从而获得引领和推动中国社会发展的不竭动力。诚然，由于认识不足和工作经验不够，在历史上一些特殊时期，一些违背人民群众需要和客观实际的政策曾被推行。但总体上，我们党始终将一切工作的出发点和落脚点确定为维护和保障人民群众切身利益。伴随经济社会快速发展，人民群众利益多样化趋势愈发显著，对高质量发展和美好生活的向往日益成为当前人民群众的诉求和心声。这意味着，在以人民为中心的发展思想指引下，从共享发展的新理念出发，全面实现好、维护好和发展好人民群众的根本利益，就是我国社会治理各项制度的价值旨归。正如习近平所深刻指明的那样："推进任何一项重大改革，都要站在人民立场上把握和处理好涉及改革的重大问题，都要从人民利益出发谋划改革思路、制定改革举措。"[1]

第二，结合全面深化改革的大背景构建中国特色社会主义治理体系，以更广泛的改革举措为构建治理体系提供支持。尽管国家治理的价值指向必须以人民的根本利益为中心，但如果不把这种价值指向深深融入中国特色

---

[1] 《习近平谈治国理政》，外文出版社2014年版，第98页。

社会主义的伟大实践中,特别是植根于国家治理的各项制度、政策的推进和落实中,植根于广大人民群众的共同价值观中,社会治理体系的建构就会失去最稳固的着力点,由人民共享全面深化改革的成果自然也就难以成为现实。也就是说,建设中国特色社会主义社会治理体系本质上是全面深化改革的题中之义或改革进程中不可或缺的一环。从现代经济学角度来看,改革是既得利益的再分配,必然要求调整乃至重构原有的利益格局,因而只有通过坚定和持续的改革实践,才能确立起新的利益关系或利益主体。党的十八大以来,中央反复强调,改革开放是决定当代中国命运的关键一招,也是决定实现"两个一百年"奋斗目标、实现中华民族伟大复兴的关键一招,实践发展永无止境,解放思想永无止境,改革开放也永无止境,停顿和倒退没有出路,改革开放只有进行时、没有完成时。①

第三,要在人民群众的创造性劳动中落实中国特色社会主义社会治理的价值目标。按照历史唯物主义的观点,实践是人的存在方式,其中物质资料生产活动更是居于决定地位,从宏观层面而言,实践是人类社会存在和发展的基础和决定力量。无论全面建成小康社会、全面深化改革,还是推进国家治理体系和治理能力现代化,乃至实现社会主义现代化国家目标,都离不开亿万群众点点滴滴的辛勤劳动。因此,社会治理过程中的各项方针政策必须与人民群众的具体劳动相关联,才能升华为现实的动力。这也正如习近平深刻指出的:"劳动是财富的源泉,也是幸福的源泉。人世间的美好梦想,只有通过诚实劳动才能实现;发展中的各种难题,只有通过诚实劳动才能破解;生命里的一切辉煌,只有通过诚实劳动才能铸就。劳动创造了中华民族,造就了中华民族的辉煌历史,也必将创造出中华民族的光明未来。"②

第四,要确保中国特色社会主义治理体系价值目标始终不偏离以人民为中心的正确方向,还必须时刻注重完善党的领导方式,不断提升党的执政能力,党的领导是人民主体地位坚实的组织保障。马克思恩格斯在《共产党宣言》中就对无产阶级政党与人民利益的一致性做出了明确说明:"过去的

---

① 《习近平谈治国理政》,外文出版社2014年版,第71页。
② 《习近平谈治国理政》,外文出版社2014年版,第46页。

一切运动都是少数人的,或者为少数人谋利益的运动。无产阶级的运动是绝大多数人的,为绝大多数人谋利益的独立的运动。"[1]也就是说,无产阶级政党特别是共产党,自诞生之日起就是为广大人民群众谋利益的,它没有自身的特殊利益,与人民群众在根本利益上完全一致,这正构成它存在的最根本依据,也是广大人民群众拥护无产阶级政党的根本原因。马克思主义的这一基本原理也为从党的建设角度保证中国特色社会主义治理体系的价值指向,奠定了坚实理论基础和实践方向。正如习近平所指出的:"全心全意为人民服务,是我们党一切行动的根本出发点和落脚点,是我们党区别于其他一切政党的根本标志。党的一切工作,必须以最广大人民根本利益为最高标准。"[2]可见,无产阶级政党只有真正做到全心全意为人民服务,把维护和实现人民的根本利益作为一切工作的出发点和落脚点,才能真正获得人民群众的真心支持与长期拥护,从而始终立于不败之地。同样,人民群众切身利益的实现离不开党的领导。而且,在现代政治生活仍然采取政党政治为主要形式的情况下,人民群众也只有紧密团结在一个真正代表自身根本利益的政党周围,才能使自身根本利益得到保障,而无产阶级政党的性质在根本上决定了它必然要成为这一中心。也就是说,在构建中国特色社会主义治理体系的过程中切实树立人民的主体地位,保障这种建构的人民属性,一定是无法离开党的领导的。

(四) 创建多样具体的中国特色社会主义社会治理体制

中国特色社会主义治理体系建设还需要一套有效具体的社会治理体制与之相匹配。一方面,我们需要在最基本的理论层面上厘清治理的本质内涵、主体和价值取向。另一方面,理念只有借助一定的实践环节才能最终变为现实,具体的治理体制是治理体系得以建构和发挥实际作用不可或缺的载体。因此,必须以一整套具体的社会治理体制落实到构建中国特色社会主义治理体系的上述理念中,使治理体系成为现实的社会存在。可以说,社会治理机制是社会治理赖以实际展开的依托,其创建自然是整个社会治理体系建构不可或缺的组成部分。社会治理的实施离不开社会体制的构建,

① 《马克思恩格斯选集》第1卷,人民出版社2012年版,第411页。
② 《习近平谈治国理政》,外文出版社2014年版,第28页。

具体的社会治理体制是社会治理得以实际展开的中介和桥梁。由此来看，社会体制重构和完善就是新型社会治理体系建构的应有内涵。服务于社会建设的各类目标也是社会体制本身存在的意义，它在相当程度上明确划定了包括政府组织、市场组织、社会组织及公民个人在内的各类社会主体在社会建设中的地位、作用和内在联系。可以预见的是，随着中国特色社会主义进入新时代，我国经济社会发展的进一步推进，以及我们党执政能力的提升，相应的新型社会体制建构作为中国特色社会主义治理体系依托的地位，将更加凸显。

从一般意义上而言，社会治理体制建设主要还是围绕保障和改善民生来实现，把社会发展活力的增强立足于主动规范社会运行，积极协调社会利益关系及妥善解决社会问题和矛盾上，以此促进社会和谐稳定。

第一，明确治理体系中多元主体的权责分工，形成完备的主体系统。在现代社会治理体系中，每个治理主体，从权责界限到发挥的作用都不尽相同。尽管在实际运行中它们必须协调配合、共同行动，但必须明确地认识它们之间的差异性。党的十九大确立了"加强社会治理制度建设，完善党委领导、政府负责、社会协同、公众参与、法治保障的社会治理体制"[1]的治理体系目标要求，这实际上也为构建中国特色社会主义治理体系的主体系统提供了清晰思路。首先，党的领导是中国特色社会主义最本质特征，因此在多元治理体系中党的领导一定处于核心地位。党在政治引领、组织动员和思想宣传方面都具有优势，可进一步转化为引领、管理和服务优势，构成党的全面社会治理能力，从而落实党的社会治理总体规划和以人民为中心的发展思想。其次，政府作为贯彻执行党的路线、方针和政策的管理要素，在"政府负责"的具体要求中重在通过划定政府与市场及社会的边界，建立三者间的合理关系。例如，可以通过中长远规划的谋划、具体政策的制定、公共服务的保障及政策和规则的完善等，发挥好引导、组织和协调的关键作用。最后，社会公众是除党委和政府之外的社会治理体系的主体，在相当程度上，从传统管理到现代治理的转换升级，就在于能否及如何为社会公众提供参

---

① 《习近平谈治国理政》第 3 卷，外文出版社 2020 年版，第 38 页。

与社会治理的渠道。这不仅关系到市场对资源配置决定性作用的发挥，也涉及利益关系平衡、利益主体协同等作用的实现，对整个社会有机体的平稳运行具有重要影响。而法治则可被视为社会治理体系中的制度因素，因此"法制保障"就意味着要在法律的框架内，明确多元治理主体的权利与义务，运用法治思维，通过法治方式来化解各类社会风险，突破各类治理难题，维系社会运转的整体良好状态。

总而言之，要积极推进开展治理合作和治理成果共享，实现多元主体的合作共治。对此，党的十九大报告就明确指出："加强社会治理制度建设，完善党委领导、政府负责、社会协同、公众参与、法治保障的社会治理体制，提高社会治理社会化、法治化、智能化、专业化水平。"①社会是有机开放的，其问题的复杂性远远超过任何一个单一主体，因此社会治理必须以整体综合方式进行。在这一新型模式下，要充分发挥党委、政府及社会各方面的积极作用。在具体问题的引导下，积极吸纳各方主体参与治理过程，借助平等协商方式得出高效可行的实施方案。当然在具体实施过程中，还要根据具体情况适时做出方案的调整和完善。实际上，在这种合作治理过程中，政府的角色发生了明显转变，从长期以来的集领导执行管理于一体的包干型主体过渡为更多以引导方式展开治理的新角色，这种职责及功能调整的力度和深度都是巨大的。也就是说，行政机关将更多扮演标准和规则的制定者、各级各类治理主体的组织者和引导者。政府要特别明确各项社会治理事务的界限，当然划分这一界限需要政府和各级各类主体经过充分协商和讨论才能最终确立，这一举动本身也是合作治理、共同治理的体现。此外，政府需要制定政策和机制来促进社会公众的广泛参与，以此达成社会共识，形成治理合力。不仅如此，为了能使合作治理有效开展下去，政府应主动培育健全各治理主体的参与意识和治理能力。例如，提供技术支持开展相关培训教育，推动各级各类治理主体在合作治理中形成伙伴关系。当然，社会治理的最终监管者角色更多还是需要由政府来承担。只是这一监督职能必须纳入法律的框架内实施。

---

① 《习近平谈治国理政》第3卷，外文出版社2020年版，第38页。

第二,风险防控体系的建设是社会治理体系总体建构不可或缺的一环。同传统社会相比,快速多变和新生事物的不断涌现是现代社会的基本特征,由此也带来了许多预想之外的风险和挑战,风险社会在一定意义上也成了当代社会的代名词。当前我国社会正处于转型时期,社会结构、人们的利益关系和思想观念正经历深刻变革,各种矛盾问题交织叠加,形成了复杂的治理难题。面对这些新情况、新问题,我们要继续坚持一切从实际出发的基本方法,同时要增强预判性和前瞻性。具体而言,在坚持系统思维和问题导向的前提下,有机融合总体治理和局部灵活应对,构建具体多样化的风险防范体系,以人民群众最关心最直接的现实问题为着力点和突破口,清除影响人民安居乐业、社会安定有序、国家长治久安的各类障碍,为创建共建共治共享的新型社会治理格局筑牢基石。例如,在社会治理全过程各领域贯穿安全观念,形成治理体系建构的总体安全观。尝试建设加强预防和化解社会矛盾的机制,在这一方面应当更多运用大数据、云计算、人工智能等前沿信息技术,建立灵敏高效的预警应对机制,总体上提升分析矛盾隐患、化解和处置风险的能力。也就是说,在预防和处置两方面都要做到有的放矢、心中有数。当然,更深层次的解决之道还在于,从源头上防范各类隐患,防止其扩散为严重社会治理问题,这主要得依托公共决策的社会稳定风险评估机制,明确社会稳定风险的责任归属。

社会治理的各领域全过程都要牢固树立公共安全意识,形成具有灵活应变能力的社会治理安全机制。应把是否注重社会安全纳入政绩考核的有关项目中,促进各级政府管理部门抓紧安全防范建设。当然,在这一过程中,要不断提升现代安全防控体系的信息化和集成化水平,形成全区域多角度的公共安全防控网络,努力做到不留死角。与此同时,绝不能忽视法治的作用,应依法开展社会治理,特别是要充分尊重和保护人民群众的各项合法权利,坚决守住法律的底线。积极建立高效透明的信息网络,注重加强政府、社会和公众的联系,避免因为信息沟通不畅导致的误解甚至矛盾。这既是对公众知情权的尊重和保障,也有助于提升政府在人民群众中的公信力。在这一过程中,各类新闻媒体也发挥着至关重要的作用。特别是随着信息技术的突飞猛进,各种新媒体在信息传播和社会主体互联互通中发挥着不可替代的作用,因此要高度重视新媒体相较于传统媒体的独特优势,大力发挥新媒体在风险预警和防控中的积极作用。

　　既然我们一直在强调主体的多元化,特别是激发人民群众作用的重要性,是中国特色社会主义治理体系建构的一个关键点,那么,人民群众作为具有独立意识个体的集合,我们就不仅要看到他们具有能动性的一面,同时要注重对他们这种积极性的保持,也就是要建立健全配套的社会心理服务体系,在精神层面为他们构筑有效保障。在现代社会学的视域下,社会发展和社会治理水平在相当程度上可以借助社会成员的心理健康水平这一指标反映出来。社会成员的心理健康水平直接与他们的生活质量进而对社会的认同度高度相关。因此,成熟高效的社会心理服务机制的建立健全是中国特色社会主义治理体系建构不可忽视的一环。在这一点上,我们其实是有可以充分利用的思想资源,那就是作为当代中国价值评价根本尺度和标准的社会主义核心价值观。因此,在中国特色社会主义治理体系建设进程中,要善于运用社会主义核心价值观帮助人民群众树立正确科学的价值评价标准,合理看待各种利益冲突,妥善处理复杂的社会关系,形成积极向上的世界观和人生观。

　　第三,与社会治理主体多元化密切关联的一个内涵还包括权力的适当下移,这就意味着在具体的社会治理机制的创建过程中,需要有多元主体参与基层的社会治理,特别是为人民群众参与社会治理提供应有的多样化渠道。习近平指出:"社会治理的重心必须落到城乡社区,社区服务和管理能力强了,社会治理的基础就实了。"①这里不仅强调了基层治理的重要意义,还明确了基层治理的着力点,那就是广大的基层社区。在相当意义上,社区治理是社会治理体系的最基本元素,它一头联结党和国家的治理政策,一头牵涉全体人民群众参与社会治理的实践。因而,在构建中国特色社会主义治理体系的过程中,可以通过资源、服务和管理向基层的有序下移,适当把较为集中的权力有序有度地分解为更小单元的权力,从而从整体上激活基层社区的治理能力。

---

　　① 《习近平关于社会主义社会建设论述摘编》,中央文献出版社 2017 年版,第 127 页。

具体而言,必须要巩固基层党组织在社区治理中的领导核心地位。尽管我们提出要实现权力下放,但这种下放绝不是上层权力的简单分割,不是造就原子式的个人,而是要服务于社会和谐稳定,实现国家长治久安、人民幸福安康。在社会主义中国,无论国家还是人民,一切发展目标的实现都离不开党的领导。因此,在基层社会治理中,要坚持党的领导,扎实全面地以党的领导统领城乡社区治理,要充分调动和发挥基层党组织的战斗堡垒作用,通过城乡基层社区的党组织建设来推动当地治理。在此前提下,鉴于城镇化进程加速和城市管理日趋复杂多变,要做好基层治理,基层社区组织就要更加积极主动地发挥主体作用,牢牢关注与人民群众切身利益密切相关的矛盾和问题,以现代化信息技术为有力支撑和抓手,提高社区治理的人性化、智能化水平,不断为人民群众提供满意的社会公共产品和服务。当然,还需要看到的是,尽管脱贫攻坚已经顺利完成,广大农村地区的面貌焕然一新,生活在这些区域的人民整体进入了小康阶段,但绝不意味农村地区的治理任务就此完成。我们过去常说农村是一片广阔的天地,那么,今天我们一样可以说,农村是一片社会治理的广阔天地。农村潜藏的巨大发展活力有待我们进一步激活。政府、市场、社会组织和公民力量等多方资源同样需要积极调动农村地区的基层治理组织,逐步用多因素协调作用的现代治理模式代替传统的从上至下的线性垂直模式,以此提升农村地区的现代化水平。

　　第四,建立和巩固当代中国社会整合机制,以应对社会治理体系建构过程中社会利益的分化,是中国特色社会主义治理体系建设的重要环节。社会整合机制的核心要义就是在共享性原则的指引下,建立社会共享机制以培育社会价值认同,凝聚社会力量。显而易见的是,我国社会的快速现代化转型是导致当前利益分化的愈发明显的根本原因。因而,社会治理的一个主要任务就是努力完善社会主义市场经济,在平等基础上,建立政府、企业、社会和群众间合作共赢的健康关系,唯有如此才能形成合作机制,实现共享共赢。社会主义国家做好这一点的意义更是不言自明。因为社会主义的本质除了要解放和发展生产力,还要致力于消除两极分化,实现共同富裕。而当前处在两个一百年交汇期的中国,更需要通过实现共同富裕这一宏伟愿景,进一步发展和巩固社会主义的生机和活力。换句话说,借助社会治理有效地推进生产力进步和共同富裕,才能切实彰显社会主义相对于资本主义的制度优越性。实际上,包括贫富分化在内的各种不平等也是当前深化改革进程中的一大难题。因此,共享发展机会、促进机会平等,才能切实促进社会公平。还需要注意的是,任何成功的治理不仅需要健全科学的政策,更需要社会成员在思想上达到一种较高程度的社会认同。面对始于社会利益分化的价值观混乱和道德滑坡的现实,建立有助于重塑价值体系的治理体系是一个必然趋势。进一步讲,法治是良好秩序得以形成和建立不可或缺的元素,是现代社会治理的一个重要依托。但是法治的真正实现又需要一定的深层社会理念作为基础。或者说,社会成员对法治的认可和理解在一定意义上是法治得以落实的深层力量。中国传统社会长期以来借助儒家伦理维护其基本秩序,然而从本质上讲,传统儒家道德体系与现代市场经济孕育的价值体系是两种不同的体系,因此,培育新秩序,必须把建立新价值体系作为一个重要条件。由此来看,构建中国特色社会主义治理体系的一个重要方面就是通过构筑社会主义核心价值观来培育人民群众的社会认同,提升他们对社会主义市场经济的认同和参与。

第五,形成社会治理的国际和历史眼光。改革开放40多年来,中国积极融入经济全球化进程,在推动全球治理走向更有益构建人类命运共同体的健康轨道方面发挥着不可忽视的作用。因此,中国特色社会主义治理体系的构建不仅仅是一个创建国内治理生态的问题,还具有重要的国际意义,并将成为中国方案和中国智慧的代表性成果。简言之,培育国际视野和全球眼光是中国特色社会主义治理体系必须着力的基本方面。而这一问题还可以归结为,如何处理好民族性或区域性与人类性或世界性的根本问题。它的基本解决途径应遵循立足自身、借鉴外来、综合创新的基本思路。具体而言,就是要始终坚持从我国历史与现实出发,批判地借鉴和吸取国外经验,通过不断实践形成建构治理体系的中国话语,为全球社会治理贡献中国智慧。

各国都有独特的历史文化渊源,在现代化转型中也都面临独特的问题,这是社会治理体系建构的特殊性。因此,中国的社会治理必须着重关注中国自己的问题,回应中国特色社会主义现代化进程中的真实问题。如果用现代社会学的理论看,中国历史上特别是传统社会的一些乡村治理实践是比较有效的。例如,中国传统社会不仅强调天人合一,人与自然的和谐统一,也看重通过共同协商的方式解决人与人之间的矛盾,在最深层次上反映了中华传统文化对世界的独到理解和智慧。这些文化资源都是我们当前构建中国特色社会主义治理体系值得重视和继承的宝贵财富,它们与充分借鉴和吸收世界先进经验是不矛盾的。进一步说,社会治理体系的建构尽管是一个技术或政策问题,但随着治理实践的展开,它最终会反映到制度和文化层面。在这个意义上,制度和文化建设与治理体系的建构其实是一体的。借助前者的力量推进后者的实现,为后者创造条件,是处在快速转型期且社会治理体系建构起步不久的中国必须要探索和实践的。总之,中国特色社会主义治理体系的构建在借鉴世界文明有益经验的同时,一定不能忽视立足我国历史传统与社会现实,密切关注当代中国社会治理的重点难点甚至盲区,进而探索出中国特色社会主义治理的新方向,开拓中国特色社会主义治理的新格局。

二、中国社会治理创新的基本路径

明确中国特色社会主义社会治理体系建构的具体着力点只是这一建构实践的基本方面,而以解决中国特色社会主义社会建设进程中最紧迫最重要的现实问题为导向,进一步探索构建中国特色社会主义社会治理体系创新的基本路径才更为关键。实际上,建构和创新中国特色社会主义社会治理体系的内涵在党的十八大报告中已有表述。党的十八大报告指出:"加强社会建设,必须加快推进社会体制改革。"①这里的加快推进社会体制改革的表述与加快推进社会治理创新是不谋而合的。具体而论,社会治理创新的内容主要包括社会管理体制、基本公共服务体制、社会组织机制和社会保障体制等。到了党的十八届三中全会,这一改革思路在延续中获得了进一步发展。这次全会明确提出:"紧紧围绕更好保障和改善民生、促进社会公平正义深化社会体制改革,改革收入分配制度,促进共同富裕,推进社会领域

---

① 《胡锦涛文选》第3卷,人民出版社2016年版,第640页。

制度创新,推进基本公共服务均等化,加快形成科学有效的社会治理体制,确保社会既充满活力又和谐有序。"①这不仅直接指出了当前社会建设的重点是保障和改善民生,而且明确提出了推进社会领域制度创新的目标。为此,我们党按照"坚守底线、突出重点、完善制度、引导预期的思路,在收入分配、就业、教育、社会保障、医疗卫生、住房保障等方面推出一系列重大举措,注重加强普惠性、基础性、兜底性民生建设,推进基本公共服务均等化"②。可见,社会建设在被党的十八大纳入"五位一体"总体布局之后,我们党紧紧围绕保障和改善民生在理论和实践上对社会建设不断进行深化,这些理论成果构成了我们党进一步创新中国特色社会主义社会治理体系的重要指南。事实上,坚持开拓创新,不断推进理论创新、实践创新、制度创新、文化创新及其他各方面创新,也是我们党百年奋斗历程的一条重要经验。③

之所以把保障和改善民生与促进社会公平正义作为当前及今后创新社会治理的落脚点,需要联系对我国社会建设规律认识的历程来把握。我国对社会主义建设规律的认识经历了一个过程,由此决定了社会建设的重点在不同的阶段也不尽相同。

改革开放之初,经济体制改革在相当程度上影响着我国社会建设的规划和展开。这一时期重在把更多的权力交给市场,使市场在资源配置中起基础性作用。事实证明这极大地激发了市场活力,促进了经济发展。经济发展并不完全等同于社会发展,前者只是后者的物质基础和前提条件,一系列意料之外的社会问题还可能源自经济发展。随着经济发展的深入,这些社会问题愈发显现,并由此对社会建设提出了新要求,那就是切实把民生事业和落实公平正义提上议事日程。这就是经济发展赋予社会建设的新内涵,自然也构成当前和今后创新社会治理的基本方向。而且,经济体制改革的不断深入更需要围绕民生和公平正义来创新社会治理。

因此,若进一步从扎实推进共同富裕这一当前中国特色社会主义现代

① 《十八大以来重要文献选编》上,中央文献出版社 2014 年版,第 513 页。
② 《中共中央关于党的百年奋斗重大成就和历史经验的决议》,《人民日报》2021 年 11 月 17 日,第 1 版。
③ 《中共中央关于党的百年奋斗重大成就和历史经验的决议》,《人民日报》2021 年 11 月 17 日,第 1 版。

化急需开展的工作来看,我们还可以获得关于创新中国特色社会主义社会治理更为明确的界定,那就是以不断满足人民群众对美好生活的向往为前提性认识,进一步保障和改善民生,促进社会公平正义。人民群众最关心、最直接和最现实的利益问题其实更多还是落脚在民生,因而保障和改善民生也是我们全面建设中国特色社会主义的根本目的。其深层逻辑在于,马克思主义认为社会发展归根结底要服务并且实现社会主体,即人自身的发展,将其转化为当代中国马克思主义的话语就是以人民为中心。这也是今后创新中国特色社会主义治理体系的一个基本方向。总之,从更广泛的意义上来看,无论对于加强和改进党的领导,还是实现国家治理体系和治理能力现代化,都需要以创新社会治理作为依托。具体而言,创新中国特色社会主义社会治理至少可以从以下几方面入手。

(一) 创新社会事业

保障和改善民生,促进社会公平正义,直接关涉全体社会成员利益,特别是占据人口绝大多数的广大工农群众利益。因此,创新中国特色社会主义社会治理首先从创新与民生息息相关的社会事业入手,就是一个合乎理性的选择,也应是我们创新社会治理的一个总体性方向。

回顾过往,我们可以看到,历史的实际进程并不总是与人们的意愿完全吻合,生产力进步和经济快速发展也并不总与民生改善具有直接的因果关联,相反,前者更有可能成为产生民生问题的直接诱因。因此,改善民生在更多时候恰恰是在反思经济发展问题后,人们的一种有意识的补救行为,或者说是在社会问题明显阻碍了经济发展时,人们才会采取的自觉行动。这意味着改善民生和解决棘手的民生问题必须有统一有力的领导,进一步说就是,我国社会事业的不断改革与创新必须在党的全面领导下进行。

因此,党的十八届三中全会就紧紧围绕人民群众反映强烈的民生问题,抓住教育、就业创业、收入分配、社会保障、医药卫生等关键领域和环节,提出了社会事业改革创新的新举措,以满足人民群众日益增长的美好生活需要。事实上,党的十九届六中全会通过的《中共中央关于党的百年奋斗重大成就和历史经验的决议》也强调,人民群众对美好生活的向往就是我们党的奋斗目标,增进民生福祉是我们党坚持立党为公、执政为民的本质要求,让老百姓过上好日子是我们党一切工作的出发点和落脚点,补齐民生保障短板、解决好人民群众急难愁盼问题是社会建设的紧迫任务。[①]

不仅如此,党还进一步就社会事业的改革创新做出了一系列针对性部署,概括起来包括以下方面:按照均等、均衡、公平的原则,推进教育、就业创业、社会保障、医药卫生等基本公共服务向全体人民覆盖;加大政府购买服务,鼓励社会力量参与公共服务,为社会提供多样化服务,更好满足人民需求;在确保制度公平的前提下,实行民生政策向弱势群体倾斜。可以很明显地发现,针对当前基本公共服务供给不足和分配不均的现实问题,党通过一系列制度安排,表达了意在以实现发展成果更多更公平惠及全体人民的方式解决问题的决心。解决好基本公共服务的意义在于,无论从现代国家理论还是马克思主义国家理论来看,保障包括生存权、受教育权、健康权、劳动就业权等在内的公民基本权利,属于国家义务,往更高层次看,这是保障和维护人权的题中之义和必然要求。

此外,有两点需要特别强调。第一,改革创新社会事业不可能离开政府职能的科学定位和相应转变,或者说政府在基本公共服务供给中的主体责任应当是明确的。实现这一点的关键在于科学有序的简政放权,把更多自主发展的空间给予专门的社会领域。第二,必须把依法治国的原则真正落实到社会事业的改革创新中,形成一条明确的法治轨迹。政府、事业单位及其他社会组织所提供的公共服务的各方面各环节都必须纳入法治轨道,接收法律监督。诸多公民的基本权利的实现其实是保障和改善民生,因此只有具有了完备和贴近时代的法律法规,社会事业,无论建设还是改革,才能有明确的空间和轨道。特别是对广大人民群众而言,法律强大和及时的支持也是他们寻求基本公共服务时最坚强和现实的后盾。

(二)培育和规范社会组织

中国特色社会主义治理体系的创新还需要培育和规范社会组织,切实提高社会自治能力。正如前文所述,现代社会治理复杂精细,政府尽管担负着主要的治理职能,但若想使社会治理有效开展,多元治理主体的培育是必

---

① 参见《中共中央关于党的百年奋斗重大成就和历史经验的决议》,《人民日报》2021年11月17日,第1版。

不可少的一环。也就是说,在现代社会,政府既没必要也不可能担负起提供全部公共产品和公共服务的职责,因此必须要吸纳各级各类社会组织参与社会治理,或者说要发动广大人民群众来实施共同治理。社会或人民不仅有意愿,而且具备一定的能力来承载政府转移出来的部分职能,并在此过程中不同程度地发挥对政府的监督作用,从而反过来促进政府完善治理方式,改进工作方式。总之,这有利于构筑多中心的社会治理体系,从根本上推动传统的社会管理模式向现代新型的社会治理模式转变。实际上,40多年的改革开放,既是社会主义市场经济体系不断完善的过程,也是基层民主自治不断推进的过程。可以说,一个相对独立并且日益完备,并由各级各类社会组织构成的新兴领域在我国正在迅速崛起。这一新兴领域的崛起,必然要求打破传统垂直式的单纯依靠行政力量维系的社会管理模式,呼唤建立政府与社会之间互助合作共同发展的良性关系。

不过也要看到的是,虽然我们说各级各类社会组织必将在我国的社会治理体系中发挥更大的主体作用,这也是我们构建中国特色社会主义治理体系的一个初衷,但随之而来的一个问题就是如何合理有效地管理这些组织。总体而言,党和政府作为社会治理事实上的引导者和组织者,要积极承担管理和规范社会组织的职责,在管理社会组织的同时,为人民群众的自治提供制度保障和各种有利条件。具体而言,政府可以采取分类管理的办法,紧紧围绕解决各级各类社会组织的发展困境,遵循相应的具体规定,对不同类别的社会组织实施分类管理。一方面,要把更广阔的社会空间提供给更多的社会组织,使它们的积极性和创造性在合理合法的前提下获得最大限度的发挥,成为政府主体的正面辅助,进而创造更丰富的社会服务和公共产品,以满足人民群众日益增长的美好生活需要。另一方面,要做到奖惩分明、赏罚有据,及时甄别和发现对社会秩序造成不良影响、对社会构成潜在威胁的社会组织,依据实际情况作出完善、整改甚至取缔的决定。因此,对社会组织而言,应当时刻牢记自身在社会治理体系中的角色定位,时刻把社会治理体系的参与者、建设者和贡献者的身份作为努力的目标,与党和政府协调配合,共同致力于中国特色社会主义治理体系的建构。也就是说,由于社会组织往往不直接隶属于政府,更多时候要依靠完善的个体自律机制,通过强化自身内部管理,严格各项制度规范,明确责权关系,增强社会公信力。特别是要着力提高成员素质和能力,努力建设一支兼具能力和素质、具备较高治理能力和意识的新型人才队伍。当然,从长远看,各类社会组织要能够担负起共同治理的社会责任,发挥建设性作用,真正发展为成熟的治理主体,除了要合理利用政府提供的诸多有利条件和必要支持,还要积极主动地在合理合法的范围内为自身争取更多的发展资源和空间。

(三)把全面依法治国思想融入治理创新全过程

中国特色社会主义治理体系创新的一个关键环节在于,要始终坚持依法治理,明确在全面依法治国思想的指导下开展创新探索。关于法治对治国安邦的重要意义,习近平早有论述:"法治兴则国家兴,法治衰则国家乱。什么时候重视法治、法治昌明,什么时候就国泰民安;什么时候忽视法治、法治松弛,什么时候就国乱民怨。"①这段论述明确指明了法治对一国发展和社会进步的重要意义,形象地说明法治对社会治理的作用不啻"定海神针"。

具体到社会治理,法治的意义体现在以下几方面。

第一,有利于把创新的成功经验尽快制度化和法律化。对我国而言,在高质量发展条件下开展社会治理体系创新的探索,更加需要制度保障和法制支持,只有这样,探索实践才能在正确有序的轨道上运行,探索的成果才能真正积淀下来成为中国特色社会主义治理体系的一部分。反过来讲,没有法制化和制度化的保证和举措,治理创新的成果和经验就极易被当作暂时的政策性举措而在后续探索中被掩盖,要么造成重复探索,要么走入偏离之前正确轨道的误区。

第二,结合我国历史发展的实际和社会治理的现当代趋势来看,中国特色社会主义治理体系创新的一个基本内涵就是由一元治理向多元共治模式的转型,但其深层逻辑并不局限于治理主体的多元化这样一个明显事实,而可以进一步追溯到从人治向法治过渡和转换的根本性命题。从人类历史来看,率先建立起完备社会治理体系的发达国家,实际是建立在法治体系比较成熟稳定的基础上,这意味着社会的根本体制并不会受具体治理体制变更

---

① 《习近平关于全面依法治国论述摘编》,中央文献出版社 2015 年版,第 8 页。

的过多影响,反过来,这些成熟的法律可以为社会治理提供法律规制和保障。基于人类文明发展的总体进程,从人治走向法治是社会发展的总体趋势。随着法治观念日益普及,通过法治持续推进社会治理现代化、保护公民权益、增进公众福祉已成为现代社会发展的共识。法治观念是得到普遍认同的人类文明的积极成果,也是国家治理的基本理念。

我国的实际情况却有不同。我国受延续两千多年的封建制度影响,事实上已形成一种人治的社会运行模式。这一历史遗留问题,既在无形中成为当前中国特色社会主义治理体系建构的障碍,又自然地成为社会治理体系创新的突破口和应当着力破解的问题。历史上长期存在的封建制度在我国社会内部形成强大的历史惯性,受此影响的从经济和政治到文化和社会意识等的各种社会构成要素,在一开始就与现代法治相背离。因此,与法治密切相关的现代社会治理的建立,是一个与制度变迁与社会文化生活方式变革相关的更加深层次的问题,它必然是一个漫长的过程。换言之,只有经历一段较长时间的摸索,我们才有可能建立既切合中国实际又顺应人类文明发展进程的中国特色社会主义治理体系。总之,实现中国特色社会主义治理体系创新的关键是全面依法治国、建立中国特色社会主义法治体系。这与治理创新是并行不悖的过程,更是社会治理创新的应然之举。

（四）把社会心理服务和社会主义核心价值观培育贯穿始终

中国特色社会主义治理体系的创新不仅要有相应法治建设的深入推进,同时需要德治的密切跟进。如果说法治体现的是治理创新的理性因素,那么,德治反映的就是治理创新中的人文关怀。只有实现法治和德治相结合,创新治理的实践才能是完整和有效的。这里主要围绕建立和完善社会心理服务体系与大力培育和践行社会主义核心价值观两个方面展开论述。

第一,健全的社会心理服务体系是党和政府与社会及广大人民群众展开交流互通、上传下达的一个重要中介。完备高效的社会心理服务体系有助于提升人民群众的幸福指数和社会认同感。具体而言,就是要建立有效的社会心理支持系统,加强对各级各类社会组织和广大人民群众的人文关怀和专业心理疏导。譬如,可以委托专业的第三方机构制定科学的社会心态评价机制,这一机制应包含社会心态测量及预警指标体系,借助现代科学理论和手段及时评估社会意识和社会心理,防患于未然。要高度重视网络空间的舆论宣传和教育引导,提高广大人民群众甄别虚假和有害信息及发现和欣赏有益信息的能力。对此,广大新闻传播机构要切实担负起传播正能量、帮助广大人民群众答疑解惑的职责,科学合理地展开舆论宣传引导,努力增强社会凝聚力、社会成员对社会的向心力和整合力。在信息爆炸的时代,新闻媒体要持续扩大优秀精神文化产品的产能,满足人民群众日益增长的精神文化需求。换言之,就是要努力扩大优秀精神文化产品的有效供给,用积极健康的文化陶冶情操、淬炼品质,促进社会意识的健康发展。

第二,充分利用中国特色社会主义精神文明建设成果,特别是要积极培育和践行社会主义核心价值观,强化对全体社会成员的道德教育和思想引导,不断提升人民群众的思想道德素质和水平,促进社会文明进步。

社会治理不同于社会管理的一个最重要的特点就是强调治理主体的多元性,即由政府组织、市场组织、社会组织及公民个人等多元社会主体共同参与社会治理。多元社会治理主体各司其职、优势互补,既发挥各自优势,又相互协商合作,从而提升治理效能,促进社会和谐。党的十八届三中全会从改进社会治理方式出发,明确强调:"坚持系统治理,加强党委领导,发挥政府主导作用,鼓励和支持社会各方面参与,实现政府治理和社会自我调节、居民自治良性互动。"①

实际上,就从精神层面来寻求治理创新途径而言,社会主义核心价值观的积极作用值得我们重点关注。也就是说,发挥社会主义核心价值观的抓手作用,在为人民提供丰富精神食粮的同时,要不断加强对公众的精神文化引导,帮助人民群众树立正确的世界观和价值观,在坚定中国特色社会主义文化自信中凝聚社会共识。

但是,必须看到,治理主体的多元化往往容易导致价值选择的多元化。因此若要实现多元治理主体之间的良性互动,必须面对的一个问题是,如何

---

① 《十八大以来重要文献选编》上,中央文献出版社 2014 年版,第 539 页。

整合多元社会主体间的价值选择或如何凝聚社会共识。要解决好这一问题,首要的是树立对待多元价值选择的科学态度。一方面,应采取实事求是的态度承认多元价值选择的存在,牢牢坚持社会存在决定社会意识这一基本的历史唯物主义原理。有意无意地视而不见,或干脆不承认其存在,都无助于社会共识的凝聚,随着时间推移更可能给社会秩序的良性建构留下隐患。若从我国实际,特别是改革开放之后全方位、多领域地与世界接轨出发,可以说随着经济体制改革的不断深化,社会利益多元化、诉求多样化的现象已经十分明显,再加上各种外来价值观念和各类社会思潮的不断涌入,价值选择多元化不可避免。这是一个客观存在的事实,也符合历史发展的普遍规律,唯物史观对此早有揭示。因此,没有必要以完全拒斥的态度加以看待,它并非洪水猛兽般的破坏性存在。不仅如此,价值选择多元化在相当程度上还显示了整个社会的整体开放程度和发展活力,至少能够表明社会成员行为选择的自主性、多样性的增强。进一步来说,价值选择和诉求的多样化,也孕育着理论创新的可能。

另一方面,我们必须看到,不能任由价值选择多元化的趋势随意发展,一定的界限和规制是必须且必要的。也就是说,虽然我们认为价值选择多元化是利益主体多元化的必然结果,但是,对价值选择过度多元化、碎片化,甚至无所谓价值评价标准的虚无主义趋势,以及各种有害的价值取向,我们必须旗帜鲜明地予以反对和抵制。这就自然引申出构建社会主义核心价值观的必要性。随着利益主体多元化的发展,现代社会运行已经日趋复杂和精细,在思想领域更是如此。这就更加呼唤社会主义核心价值观的有效引领,如果任由价值选择多元化自由发展,那么它极有可能演化为潜在的不稳定因素,使社会治理多元主体之间在价值观上的差异,演化为矛盾和冲突,从而给社会治理构成严重挑战,对整个社会平稳运行造成威胁。如果在关涉社会发展方向等重大问题上,社会治理主体无法在价值观上达成共识,那么要长期有效地开展社会治理,甚至实现社会治理创新基本是不可能的。事实上,当前中国社会治理过程中出现的多种难题,在一定意义上都可归因为价值观上的差异。当今中国社会正处在转型时期。中国特色社会主义进入新时代,发展不平衡不充分的问题凸显,各种社会矛盾交织叠加。随着社会主义市场经济的纵深发展和改革开放的持续推进，当代中国的各种社会矛盾和问题同时出现，经济体制的转轨、社会阶层的分化、利益格局的调整、思想观念的碰撞，使得人们的价值观念日趋多样化。如何在多种利益并存和价值观念冲突的格局下凝聚社会价值共识，形成中国特色社会主义建设的强大合力，不仅是社会主义文化建设的重要课题，也是创新社会主义治理体系的题中之义。

所谓核心价值观，顾名思义就是一个社会中占据主导地位和相对成熟稳定的价值观，它是一个社会不可或缺的精神旗帜，也是人们进行思想评价和行为选择的标准和尺度，对于整合社会意识和引领社会行动具有重大作用。事实上，成熟的核心价值观的引领作用是任何一个社会实现和谐稳定、繁荣发展不可或缺的要素之一。缺乏核心价值观的有力支撑，社会有机体就很难获得内在的凝聚力和深层的生命力。核心价值观不仅有助于培育社会成员的认同感，使人与人之间、群体与群体之间、组织与组织之间更具有亲和力，而且有助于社会凝聚力的提升，使多元社会主体之间更容易达成共识，从而彼此信任、相互合作。核心价值观可以最大限度地整合社会思想，形成社会共识，从而为整个社会治理及其创新实践确立坚实的思想基础。所以，面对价值观日益多元化的复杂局面，创新社会治理迫切需要核心价值观在思想层面为之提供支撑。具体到我国，在全面推进中国特色社会主义现代化建设的大背景下，我们要培育和践行的自然是社会主义核心价值观。社会主义核心价值观反映了社会主义的本质属性，是社会主义精神文明最根本的体现，是对社会主义核心价值体系最本质、最精练的概括，是社会主义核心价值体系的内核。

从必要性上来看，在当代中国，必须将践行社会主义核心价值观作为社会治理的思想内容和精神力量，融入创新社会治理之中。只有充分发挥社会主义核心价值观在社会治理中的思想引领和整合作用，才能更好地引领社会思潮、整合日益多元化的价值观念，才能在尊重差异、包容多样的基础上形成共同的理想信念和价值追求，从而稳步推进社会治理创新，并最终为社会主义社会的和谐稳定提供重要保障。

从可能性上看，社会主义核心价值观之所以能够融入社会治理创新，实现二者的有机结合,从而推进社会治理体系创新,根本上与社会主义核心价值观的内在特征有关,其原因至少包括以下几点。

首先,社会主义核心价值观适用于中国特色社会主义的社会心理重塑,因为它本身蕴含着巨大的体现社会主义优越性的道德力量。实践表明,社会心理往往是通过润物无声和潜移默化的道德教化和有序引导形成的,并且这一过程是长期的。短暂的且带有强制性的举措很难发挥长效,也就是说,约束性的国家制度或强制性的法律规定难以直接产生稳定和深层的社会心理。就此而言,社会主义核心价值观之所以具有硬性制度所不具有的优势,就在于社会主义核心价值观本身是一种道德力量,它的作用机制是积极引导。因而,要将社会主义核心价值观的道德教化作用积极引入社会治理体系创新的过程中,并结合适当的激励机制协同推进,以提升整个社会的道德水平、促进人心向善及人心的凝聚,从而提升社会治理效能,实现社会安定有序。实际上,中共中央办公厅印发的《关于培育和践行社会主义核心价值观的意见》已明确提出社会主义核心价值观与社会治理相互统一和促进的问题,即"创新社会治理,完善激励机制,褒奖善行义举,实现治理效能与道德提升相互促进,形成好人好报、恩将德报的正向效应"①。在不断发展中国特色社会主义市场经济,全面推进中国特色社会主义以人为本的现代化事业之际,社会主义核心价值观在社会治理中凝聚人心、引领方向的积极作用更应得到全面发挥。道德水平提升有助于社会认同的产生,由此社会治理的难度就会相应下降。所以说,社会主义核心价值观在社会治理特别是在对社会心理进行正向引导方面的积极作用值得我们认真发掘。

其次,社会主义核心价值观作为一种价值观虽然隶属于道德范畴,但并不意味着它不可以与制度结合。社会主义核心价值观是对社会主义核心价值体系的高度凝练,在具体的制度建设和治理工作中,将社会主义核心价值观有机融入其中,即把抽象的理论概念科学地转化成为一项项具体的制度规范,用制度来规范指导人们的生产生活方式和思想行为方式,使合乎社会主义核心价值观的行为得到提倡和发扬,同时使违背社会主义核心价值观的思想行为受到反对和抵制。如此使社会主义核心价值观从纯粹的理论过渡到具有可操作性的行为规范，在这一过程中，社会主义核心价值观的影响和作用都可以得到有效提升。

总之，要真正将社会主义核心价值观理念和内涵融入各项制度的建设中去，充分实现社会主义核心价值观与制度规范的有机结合。除了关注社会主义核心价值观正式的制度化，非正式制度的培育也应予以重视。《关于培育和践行社会主义核心价值观的意见》明确提出："完善市民公约、村规民约、学生守则、行业规范，强化规章制度实施力度，在日常治理中鲜明彰显社会主流价值，使正确行为得到鼓励、错误行为受到谴责。"①如果社会主义核心价值观能在制度规范中得以充分体现和彰显，那么，它获得社会成员的广泛认同就会水到渠成，其行为规范和思想引领的作用就能得到充分发挥，社会治理也就可以顺利推进。

事实上，完善制度规范正是强化价值共识的制度保障。要发挥社会主义核心价值观在社会治理过程中的作用，必须有一套相应的制度举措，才能使其落到实处。毋庸置疑，教育在塑造和引导社会成员对个人利益与集体利益、局部利益与整体利益、眼前利益与长远利益、经济效益与社会效益形成正确认识，并且做出正确判断和价值选择方面发挥着不可替代的基础性作用。但教育由于自身的教化特性，至多只能算作一种"软约束"，它的作用是有限的，特别是缺乏强制性。但价值共识的塑造不能仅仅依靠教化，因此，规范社会成员的具体行为、保障社会价值共识实现的"硬控制"的制度就十分必要。习近平强调："培育和弘扬社会主义核心价值观，不仅要靠思想教育、实践养成，而且要用体制机制来保障。……要发挥政策导向作用，使经济、政治、文化、社会等方方面面政策都有利于社会主义核心价值观的培育。要把社会主义核心价值观的要求转化为具有刚性约束力的法律规定，用法律来推动核心价值观建设。"②

关于制度，学者已多有探讨。在现代经济学领域，制度经济学家认为，无论正式制度还是非正式制度，都是约束和规范个人行为的一套规则体系。

---

① 《十八大以来重要文献选编》上，中央文献出版社 2014 年版，第 582 页。
② 《习近平关于社会主义文化建设论述摘编》，中央文献出版社 2017 年版，第 111 页。

例如,美国制度经济学家诺斯就认为,制度是被制定出来的一系列规则、程序和规范的综合,旨在约束个人行为,以实现主体福利或效用的最大化。而在现代社会学领域,英国社会学家吉登斯也认为,规范是一种行为规则,它反映一定的文化价值,并能塑造这一文化环境中社会成员的举止。但是,历史唯物主义致力于在社会历史深处寻索答案,意图通过物质资料的生产来透视制度的产生、形成和发展。所以马克思恩格斯认为,制度是以生产关系为基础的各种社会关系的产物,"是各个人之间迄今为止的交往的产物"[①]。制度作为一种社会的运行规则,反映的是不同阶级、阶层和社会集团的利益关系,是一定历史时期统治者和社会成员在主流意识形态和文化价值观念的基础上所制定并且遵守的一整套社会规则体系。从制度的起源来看,无论制度的演化主义还是制度的建构主义,都认为制度的产生是为了协调、平衡和整合社会共同体内部的利益关系和基本价值的分配,分配利益冲突直接促成了社会制度的转换或发展。从制度的本质和功能来看,制度设计和制度变迁的根本目的,则是通过制度的良性运行来协调推进社会共同体成员之间的利益关系,进而促进共同体成员对主流意识形态和文化价值观念的认同,维系社会的正常运转。因此,凝聚价值共识的重要着力点应当定位于建立健全旨在保障人民群众基本权益的制度规范体系。结合社会治理而言,利益表达和民主决策就是两个基本层面的制度设计和运行机制。

确保利益主体在利益表达上的平等话语权,是形成价值共识的基础。因为利益主体只有首先可以顺畅地传达自身的利益诉求,才能引起社会关注进而推进实际行动的产生。特别是在合理利益受到侵害时,独立的利益主体就更加需要畅通的利益表达机制去反映所处困境,寻求利益的维护。而只有在社会成员合理利益诉求得到满足和利益有效维护能够及时实现时,社会主义核心价值观的基本理念才能切实得到彰显,人们才能够形成对社会制度的价值共识,社会治理的目标才能得以实现。

所谓利益表达机制,是指不同社会阶层的代表,通过合法有序的渠道与方式向政党和政府表达自身的利益诉求,从而影响政治系统公共决策的机

---

① 《马克思恩格斯选集》第 1 卷,人民出版社 2012 年版,第 202 页。

制。因此,利益表达机制有助于执政党和政府根据主体的利益诉求,对不同社会阶层和社会成员的利益进行整合和协调,把个别的、分散的、特殊的利益整合为社会整体的共同利益,使得公共决策体现全体社会成员的共同利益和愿望,从而在全社会范围内达成价值共识,形成社会成员共同认同的价值观"最大公约数"。要提供相关的利益表达和协商平台,支持、引导社会成员以理性、合法、有序的形式表达自身利益诉求;要加强立法,规范利益表达的途径、形式、方法;要保持利益表达渠道的畅通,更新表达渠道的形式和路径;等等。要充分发挥工会、共青团、妇联、行业协会等社会团体和中介组织在利益表达过程中的代表作用,集中表达、维护广大人民群众的切身利益和价值诉求。同时,要有效发挥大众媒体在利益表达过程中的窗口作用,充分利用网络、电视、报刊等大众媒体的社会性、开放性和便捷性,开设"市民心声""在投诉"等专题栏目,集中反映人民群众的心声、表达人民群众的利益关切。

而形成价值共识的关键,在于完善民主决策机制。决策的全过程只有做到民主科学,才能切实增强公共决策的透明度,使决策上升为真正的公意,而不是少数人的私意,这是避免不同利益主体间误解、预防各阶层摩擦冲突的有效方式。健全完善民主决策机制,是发展社会主义民主政治、建设社会主义政治文明的客观要求,是加强党的执政能力和执政水平的重要环节,也是充分表达民情民意、实现人民当家作主的重要体现。民主决策机制是通过预定的程序、规则和方式,广泛听取各阶层、各集团、各代表的意见和建议,集中最广大人民群众的智慧和经验,确保决策的公开性、透明性、程序性、民主性和科学性。它是包括民主决策制度、民主决策程序、民主决策机构在内的完整统一体系,其中,民主决策制度处于核心地位。民主决策制度是民主决策机制的重要内容和具体体现。民主决策机制通过民主决策制度来体现,并通过民主决策制度来规范和保障这一机制的有效、合法运行。民主决策制度主要包括民主集中制度、责任追究制度、调查研究制度、专家咨询制度、社会公示制度、听证制度、巡视制度、监督反馈制度等。民主决策程序是决策过程中的一系列相互衔接、必不可少的环节和步骤,这些环节和步骤是保障民主决策机制正常有效运行的重要关节点,如果被简化、省略或颠倒,就会造成决策过程的不完整,最终影响决策的公正性、有效性和合法性。民主决策程序主要包括发现问题、确定目标、调查研究、形成预案、咨询评估、确定方案、宣传动员、实施方案、监督反馈、修正完善等具体环节。民主决策机构是民主决策机制的载体,是决策制度、决策程序的具体依托。民主决策机构既包括各级党委、政府等决策机构,也包括咨询机构、调研机构、论证评估机构等决策辅助机构。

(五)创新社会矛盾防范和化解机制

创新中国特色社会主义治理体系还需要高度重视创新社会矛盾的防范和化解机制。从源头防范社会风险,在社会矛盾已经暴露之时启动相应机制进行化解是现代社会治理的一项重要内容。

中国特色社会主义进入新时代,意味着我们的社会主义现代化事业取得一系列新成就,经济社会发展进入更高阶段,我们应对和处置国内外各类矛盾风险的能力获得长足进步,但要看到的是,我们的现代化转型还远未完成。随着全面深化改革的持续推进,可以预见的是,新的社会矛盾还将出现,甚至在某些特定情况下还会被激化,这对推进新时代中国特色社会主义建设构成了不小挑战。可以说,快速转型,以及各类传统和新型的社会矛盾和社会风险的出现,依旧是当前及今后相当长一段时期内经济社会发展的基本特征。因而,如何处理好这些矛盾和风险,不仅是社会治理需要高度关注的问题,也是创新社会治理的着力点。事实上,纵观人类社会发展历程,这也是几乎所有国家和地区在由传统迈向现代进程中必须面对的问题。

因此,我们必须充分认识化解各类社会风险、解决各类社会矛盾的长期性、艰巨性和复杂性,在深入把握社会矛盾发展变化规律的基础上,结合时代特征,创新社会矛盾防范和化解机制,提升防控主动性和预见性,从源头着手防范和化解复杂多变的社会矛盾,做到防患于未然。首先,要创新社会风险预警侦测机制。智能时代的社会治理要充分体现时代特征,积极运用先进的技术手段,在预警环节可以多采用大数据、人工智能等先进的信息技术手段,准确、及时地了解和把握社会各阶层、群体的思想和行为动向。只有尽早尽快发现潜在风险,才能有效开展早预防和早化解的后续工作,真正实现社会风险防控的预见性和主动性,最大限度发挥社会治理的成效。其次,利益表达机制要时刻保持通畅,不断降低表达的门槛,简化表达的程序,平等便利地向广大人民群众敞开。例如,可以扩展利益表达的渠道,进一步完善社会调查机制,以及协商、信访体制机制,做好各类信息的及时公开,为利益诉求的有效表达拓展空间,使多元利益主体的诉求可以通过合理、正当的途径和手段纳入决策过程中。再次,要尽快建立完善和科学的风险评估机制。把社会风险评估置于关系群众切身利益且对社会稳定构成潜在风险的重大决策事项前列。科学研判影响社会稳定的突发问题,努力把倾听民意、了解民情、化解民忧与评估过程有机统一起来,最大限度避免因决策不当引发的误解和矛盾。最后,需要明确的是,社会治理最终要通过基层治理的开展才能落到实处,因此社会基层特别是社区委员会,就需要真正具备调解人民内部矛盾的能力,最大限度把风险和矛盾化解在基层。在这方面,要努力做好人民调解、行政调解和司法调解的联动沟通,善于运用政治、经济、行政、法律、教育等各种途径,推动各种解决方式、手段之间的统一协调、功能互补。还要积极使基层政府的主体性作用在社会矛盾纠纷调处中得以充分发挥,主要是要发挥各企事业单位、社团、行业协会等社会组织在矛盾调解中的功能,建立社会组织与政府部门有机衔接制度,形成化解矛盾纠纷的社会合力。

事实上,各类新型安全问题或者传统安全问题的新形式,是当代中国创新社会治理需要格外予以关注的问题。这些问题有的属于历史遗留问题,但在新的时代条件下具有了新的特征,有的则是随着经济社会发展和利益多元化而出现的新问题。这些问题涉及经济社会发展的方方面面,不仅关乎社会的整体利益,更直接关乎人民群众的切身利益,实际体现为一系列相互之间具有内在联系的民生问题。这些问题的存在不仅直接影响广大人民群众对美好生活的追求,更阻碍着中国特色社会主义现代化的推进。因此,社会治理体系的构建与创新必须把社会各类安全问题的研究和解决纳入其中。在一定意义上,社会安全正是我国社会治理领域的新情况、新问题,对其的具体研究和解决就具有了推进社会治理体系创新的内涵。

社会现代化中的安全问题是一个系统性的综合问题,既带有安全问题的一般特征,又能在与其他各类不同的社会问题相结合的过程中表现出一定的特殊性。从一般意义上来看,安全问题涉及主体、客体和中介三个要素。在主体层面,安全问题所指向的对象包括社会成员和社会整体,表明安全问题是针对社会成员或是社会整体而言的。在客体层面,安全问题是由社会成员的活动或者社会的整体运转而产生的,并对上述二者产生不利影响的现象或结果。由此来看,安全问题的主体和客体之间实际上存在着深刻的关联。换句话说,社会安全问题产生于社会成员自身不合理的社会活动。由此来看,联系安全问题主体和客体的中介正是社会成员自身的活动,在最广义的层面上讲,即人类实践。而在实践中产生的问题只有通过对实践目标、方式等实践构成要素的合理调整才能得以化解,这实则表明安全问题的解决最终只能依靠对威胁安全的诸种行为进行适当调试甚至予以彻底抛弃。在具体层面,当代中国特色社会主义社会现代化的安全问题渗透在社会生产生活的诸多具体领域,进而形成具有专业性和特殊性的一系列安全问题,如经济金融安全、食品安全、环境生态安全、社会公共安全等各类问题。这些问题既涉及人民最关心最直接最现实的利益问题,又涉及社会的整体和谐与稳定及国家的长治久安。尽管安全问题的产生是社会现代化进程中不可避免的,但这些问题的长期存在无疑会对社会现代化的健康发展造成阻碍。因此,在推进社会现代化的同时着力解决这些问题就成为社会治理创新的一项重要内容。对此,习近平强调指出:"当前我国国家安全内涵和外延比历史上任何时候都要丰富,时空领域比历史上任何时候都要宽广,内外因素比历史上任何时候都要复杂,必须坚持总体国家安全观,以人民安全为宗旨,以政治安全为根本,以经济安全为基础,以军事、文化、社会安全为保障,以促进国际安全为依托,走出一条中国特色国家安全道路"[1],因此"增强忧患意识,做到居安思危,是我们治党治国必须始终坚持的一个重大原则"[2]。

这里仅以当前直接危及人民群众生命的食品安全问题及人们普遍关注的生态环境安全问题和社会公共安全问题为例,在深入分析这些问题的基础上,具体探讨如何在社会治理中防范和化解社会风险及解决社会矛盾。

---

[1] 《习近平关于总体国家安全观论述摘编》,中央文献出版社 2018 年版,第 4 页。
[2] 《习近平关于总体国家安全观论述摘编》,中央文献出版社 2018 年版,第 3 页。

食品安全直接关系到人民群众的生命健康，因而在社会安全领域中具有重大意义。针对食品安全问题，习近平从维护社会稳定，特别是巩固我们党执政地位的高度强调指出："能不能在食品安全上给老百姓一个满意的交代，是对我们执政能力的重大考验。我们党在中国执政，要是连个食品安全还长期做不好的话，有人就会提出够不够格的问题。所以，食品安全问题必须引起高度关注，下最大气力抓好。"①可见，食品安全既是一个关系人民群众生命健康的重大民生问题，也是一个关乎我们党执政兴国的重大现实问题。

目前，我国的食品安全领域主要存在三个方面的问题。一是由于食品生产加工的诸多环节不卫生而导致的食品安全问题。这类食品安全问题既可能是由主观因素造成的，例如，食品生产者在食品生产和加工的诸环节，没有严格遵循操作规程而导致食品被污染；也可能是一些客观因素导致的，例如，大气污染、水污染及土地污染等造成食品的原材料在还未真正进入生产加工程序之前，就已经遭到了污染，并最终引发制成品的各类有害物质的超标。实际上，这些食品安全问题可以发生在食品生产的各个环节，需要从源头到终端进行严格把控，才能有效解决食品安全问题。二是违规过量添加具有副作用的添加剂而造成的食品安全问题。这类问题也是当下我国食品安全领域中的主要问题。在这类问题中，生产者在逐利心理的驱使下，明知添加成分中含有有毒物质及其危害性，却出于增加食品吸引力的目的，违规过量地将它们添加到食品中。一旦将这些成分添加到一些流通广泛的食品中，该行为的性质就更加恶劣，社会危害极大。三是由于新技术在食品生产加工领域内的应用而带来的新的食品安全风险，例如新开发的原材料、新研制的添加剂等的使用就很有可能增加食品安全的不确定性。这类问题具有一定的潜在性，一般较难在短时间内发现，甚至在食品研发和相关医学领域还存在争议。总之，食品安全问题看似是一个主要涉及食品生产主体的局部问题，但实际上它是一个带有多维性的综合问题。某种食品被投入市场并最终流入消费者手中，其间要经历不少环节。从最初政府有关部门的

---

① 《习近平关于社会主义社会建设论述摘编》，中央文献出版社 2017 年版，第 144～145 页。

审批备案,到食品的实际生产和流通,再到市场监管,甚至媒体的报道和宣传,每一环节都会对食品安全起到直接或间接的影响。也就是说,食品安全的维护需要全社会共同努力、齐抓共管才有可能真正实现。单纯依靠食品生产主体的自律或者单纯依靠政府的监管和法律的约束,都不可能真正解决食品安全问题。

食品安全问题的产生是多种因素共同作用的结果,其主要原因包括以下方面。首先,部分食品生产主体即食品企业,一味追求经济效益的最大化,严重缺失社会责任意识。作为市场的主体,企业的重要目标就是实现盈利,我国的社会主义市场经济也充分尊重和保障企业的合法权益,国家鼓励和支持良性竞争。企业对利润的最大化追求是符合市场经济基本运行特征的自然行为。但是市场并不等同于整个社会,市场只是社会整体的一个部分或者一个领域。因此,企业既是市场的主体,也是社会的一员,需要承担相应的义务,开展一些有益于社会发展的实践。但现实中,一些不法食品生产企业常常忽视或者干脆无视企业的社会属性,只关注企业作为市场主体的属性,把盈利作为企业存在的唯一理由和目的,并为了这一目的不断突破法律和道德的底线,不但扰乱了正常的行业秩序,更给人民群众的生命健康造成了重大损害。消费者在自身利益遭受损害后也容易对整个食品行业产生信任危机,这对食品行业的打击很大。近年来,在一些重大食品安全事故曝光后,不少有条件的国人纷纷开始海外抢购、代购。无论其中原因具体为何,不能否认的是,这在相当程度上反映了国人对国内食品行业的深切担忧和不信任。这对国内食品行业的打击可谓深远而巨大,必须引起整个社会的重视。其次,政府监管不到位是造成食品安全问题的一个不可忽视的重要原因。食品安全的构建其实是一个涉及国家多个部门,涵盖众多细节的综合性工程,单凭某一个或者某几个有关责任主体的努力是不可能真正构建起长效稳定的食品安全体系的。当前,我国食品监管面临多方面因素的制约,监管能力亟待增强。一方面,国家在食品监管方面的投入还需要进一步加强。当然,监管力量的加强也不是一朝一夕就能实现的,这取决于国家各级政府的实际能力和具体情况,也和每个地区的经济发展规划有关。除了加强监管力量的投入,还需要进一步完善监管体系。部门功能重复,就容易出现部门之间权责不清的情况,甚至造成不同部门相互推诿的现象,这会严重影响监管效力,更容易造成行政资源的浪费。另一方面,我们要看到,政府很难事无巨细地深入食品生产和加工的每一环节,而且从时间上看,外部监管更多是事后惩戒,不可能改变消费者权益已遭受侵犯的事实。这也是外部监管的局限性所在。

食品安全直接关系人民的生命健康,因此食品安全问题的解决刻不容缓,具体可从以下几个方面着手。

第一,相关立法部门应该在全过程安全理念的指导下构建和完善食品安全法律法规体系。建立统一且合理的标准是实施食品安全监管的重要前提和基本依据。因此,一定要树立从原材料生产到对原材料的加工,最后食品进入消费者手中的全过程安全理念,确保食品生产加工的每一环节或程序都有相应的法律法规对其加以规范和约束,也就是说要实现食品安全首先要做到有法可依、有规可循。由此来看,现有食品安全监管的法律法规还存在一些空白,例如,如何规范小作坊和小摊贩的食品经营,目前也仅有个别地方出台了相应的管理办法。此外,要时刻跟踪食品生产加工技术的新进展和新动向,及时根据食品生产加工领域新引入的技术或原料,对原有的法律法规做出适当合理的修订,保证法律法规时刻与实际相适应,防止出现法律法规落后于食品生产加工领域实际的情况。这也是保证监管和执法部门高效开展工作的一个重要前提。

第二,有关监管和执法部门要切实加强对食品安全隐患的排查和监督。全过程监管的实现必须依靠各相关部门的通力合作和协调统一。这就要求各级管理部门不仅要做好分内的本职工作,还要及时与其他部门做好沟通和交流。因此,要明确和细化各级有关部门的责任和权力,进而建立综合性的协调沟通机构或相应的机制体制,真正打通各个部门之间的联系,有机整合各部门工作,真正形成整体大于部分之和的良好效果。另外,还需要真正从发展的理念出发去看待食品安全的监管问题。也就是说,不能因为曾经充分掌握食品安全的各种问题就可以对当前乃至今后可能出现的各类食品安全问题掉以轻心。因为随着食品工业的不断发展,一些潜在的食品安全问题很可能在当前及今后以现实的形态表现出来。因此,监管部门还要加强对食品生产和加工的一系列新技术的学习和研究，紧跟食品工业发展的前沿，聚焦食品工业界、学术界争论的热点难点，对其中可能存在的食品安全隐患做到早论证、早发现、早解决。对由于技术条件限制在短期内尚不能明确的食品安全隐患，也要及时备案，并随时跟进最新的研究结果。

第三，食品行业自身一定要不断强化自律意识。作为食品生产的主体，食品生产者的生产行为在很大程度上直接决定着产品的质量。进一步说，任何一个食品企业要想在竞争愈发激烈的市场环境中站稳脚跟、做大做强、形成品牌，就必须时时刻刻把自律贯穿到企业自身发展的全过程和所有环节。一方面，食品企业要始终重视对食品安全问题的学习和研究，在这一过程中逐步形成和强化对安全生产、诚信经营的责任意识，牢牢守住道德和法律的底线。另一方面，食品行业协会应当切实加强行业的自我规范、自我管理、自我监督。要根据本行业实际情况，修订并组织实施食品行业的行规行约，适当提高食品行业的准入门槛。督促企业承担社会责任、积极构建食品安全诚信机制。行业协会还要建立相应的赏罚机制，做到赏罚分明。对违规经营、败坏行业信誉者，要自觉抵制，以保障食品市场能够合理有序的运行。同时，对坚持诚信经营，主动承担社会责任的企业要给予相关荣誉，并大力宣传。

不仅食品安全时刻牵动着亿万国人的心，随着对外开放步伐的加快和力度的增强，防控金融风险也日趋成为社会治理的新内容。这一问题不仅在宏观层面涉及经济政策调整和经济体制完善等方面，在微观上由于当前参与金融活动的社会主体持续扩大，金融安全问题就直接与个人利益密切相关。

物质生产实践是人类首要的和最基本的实践活动，也是整个人类社会存在和发展的基础，而在整个社会系统中物质生产实践又现实地体现为人们的经济生活。由于对社会的整体现代化进程具有深层次的决定作用，经济生活又往往会不同程度地融入现代化的其他领域，因而在探讨中国特色社会主义社会现代化安全问题之初，有必要对当前我国经济领域的安全问题进行考察。

经济安全一般表征一国经济运行的良性状态，是指一国能够自主掌控其经济发展和经济利益,同时能有效应对国内外各类经济风险的冲击。主要体现在国家的经济主权独立、经济发展所需的各种物质资源供给能得到及时有效的保障、社会经济生活运转稳定、国家和人民的根本利益能得到切实维护等方面。而在经济全球化大背景下的当代,经济安全问题的产生在相当程度上是与全球化的实际进程紧密相关的。随着全球化的深入,国与国之间的经济联系日益密切,国际分工合作、国际贸易等活动在为各国各地区创造经济快速发展机会的同时,也造成了经济运行风险。改革开放40多年来,我国已深度融入经济全球化的进程当中,我国经济社会发展受世界经济形势变化的影响愈益显著,经济安全问题也随之凸显。经济安全不仅是我国国家安全体系的一个有机组成部分,而且鉴于经济生活在社会生活中的基础地位及其在国家社会发展中的决定作用,经济安全又是事关国家发展全局和中国特色社会主义社会整体现代化的重大安全问题。党的十八大以来,习近平立足于经济全球化时代背景,紧密结合当前我国经济形势,针对经济安全问题,做出了"必须从政治上看"[1]的重要论断。这一论断不仅将经济安全问题提到了一个全新高度,也为我们正确把握和应对经济安全问题、化解经济风险提供了重要启示,指明了正确的方向。

而在当前我国经济领域,金融风险及其引发的金融问题正愈益成为影响我国经济高质量发展的一个重大问题,因此有效化解金融风险也成为全面推进中国特色社会主义社会现代化的一个重要着力点。事实上,自党的十八大以来,金融安全始终是我们党高度重视的一个关键领域。围绕这一问题,党中央也作出了一系列重大部署,开展了一系列行之有效的工作。在2014年召开的中央国家安全委员会第一次会议上,金融安全被党中央纳入总体国家安全体系当中,成为国家安全体系的重要组成部分。2017年习近平针对金融领域内暴露出来的问题,直接提出"切实把维护金融安全作为治国理政的一件大事"[2]这一重大要求。在同年召开的党的十九大上,习近平对化解金融风险做出了进一步指示,明确要求要"守住不发生系统性

---

[1] 《习近平关于总体国家安全观论述摘编》,中央文献出版社2018年版,第72页。
[2] 《习近平关于总体国家安全观论述摘编》,中央文献出版社2018年版,第96页。

金融风险的底线"①。不仅如此,在 2018 年中央经济工作会议上,金融风险被党中央列为需要防范化解的三大风险之首。综上,可以说维护经济安全,防范化解金融风险不仅是当前我国经济领域一个亟待全面深入开展的重大工作,也是更好实现我国经济由高速发展转向高质量发展和全面推进中国特色社会主义社会现代化的重要保障。

具体而言,我国当前存在的金融风险和问题具有下述两个特点。第一,金融问题迅速凸显甚至有集中爆发的趋势。鉴于金融虚拟性、灵活性和投机性的特点,金融本身就是一个风险极易聚集的行业。而随着经济全球化进程遭遇挫折,中高速增长也成为我国经济发展的一个长期趋势,各类潜在的金融风险也随之暴露,构成了影响我国金融稳定的消极因素。面对这一情况,习近平深刻指出:"今后五年,可能是我国发展面临的各方面风险不断积累甚至集中显露的时期。"②第二,我国当前的金融风险具有一定的综合性,容易和其他风险相结合。金融行业在现代经济社会发展中具有重要地位,在社会生活的诸多领域都发挥着重大作用,且与一些领域的结合也日渐紧密。随着金融市场的运作不断趋于复杂化和多样化,金融风险与其他各类社会风险也更容易相互影响、相互作用,甚至形成一个风险的综合体。实际上,上述两个特点在一定意义上是金融风险在各国金融市场的普遍特征,而就我国的情况而言,需要明确的是,当前的金融风险还是区域性、局部性的,并非全局性与系统性的,因而总体上是可控的。总之,我们既要以实事求是的科学态度看待当前我国经济领域内的安全问题,特别是金融安全问题,承认风险和问题的存在,也要相信这些风险和问题最终能够为我们所防范和化解。

我们党历来重视生态环境的保护,并将构建社会主义生态文明列为中国特色社会主义"五位一体"总体布局的重要组成部分。2018 年 5 月,习近平在全国生态环境保护大会上强调:"生态环境是关系党的使命宗旨的重大政治问题,也是关系民生的重大社会问题。"③而且,生态文明建设不仅

---

① 《习近平谈治国理政》第 3 卷,外文出版社 2020 年版,第 27 页。
② 《习近平关于总体国家安全观论述摘编》,中央文献出版社 2018 年版,第 9 页。
③ 《习近平谈治国理政》第 3 卷,外文出版社 2020 年版,第 359 页。

是顺利推进社会现代化的必要条件,而且是化解社会现代化进程中生态安全风险的必然选择。

环境安全问题可以理解为,作为人类生存与发展条件的各类自然环境资源,由于人为的或自然的原因而无法成为人类发展的条件,甚至威胁到人类的生存而产生的问题。具体而言,威胁我国社会现代化生态安全的环境问题主要有三种。第一种是由于对环境资源过度开发导致的环境问题,如水土流失、土地荒漠化、能源紧张、淡水短缺等。第二种是由于废弃物向环境的过度排放而导致的空气污染、水体污染、土壤污染、气候变化等问题。人类在改造自然、构建人类社会的过程中,不可避免地会向自然界排放各类对自然环境造成不同程度损害的物质,如果这些物质的排放规模或者总量处于自然自我净化能力的范围内,就基本不会产生环境问题。然而现实的情况是,人类在发展过程中排放的有害物质常常超过了自然所能容纳的范围和界限。这里我们以碳排放为例来具体说明这一问题。我国作为世界上最大的发展中国家,不仅发展速度快,而且人口规模庞大,加之节能减排技术还不完善,因而每年的碳排放量较大,面临不小的节能减排压力。为了实现经济社会的可持续发展,我们必须及时转换经济发展模式,尽早探索出一条低碳高效的绿色发展模式。第三种是由于科学技术的失控或滥用而导致的技术污染等问题,包括核技术、生物技术,特别是转基因技术、电子技术、空间技术等带来的环境后果。以往第一种环境问题主要发生在国家早期发展阶段或发展中国家,第二种环境问题主要发生在国家中期发展阶段或中等以上发达国家。但由于我国近几十年来的高速发展,上述问题的区分已不那么分明,而是相互叠加在一起,呈现出更加复杂的局面。

作为非传统安全的重要形态,生态安全问题对人类生产生活和社会稳定构成了严重威胁。

自然资源作为人类社会发展的物质前提,在维系社会稳定方面发挥着举足轻重的作用。对自然环境的破坏也往往意味着生态系统会遭受破坏而出现失衡,甚至是运转失效的情况。生态系统运转得顺畅与否,会直接影响包括人类在内的所有生物的生命活动。在现实中,生态系统失衡或者运转不顺畅,往往表现为各种自然灾害的发生。而这些自然灾害又会在社会经济因素的作用下进一步演化为社会问题。这些社会问题轻则影响当地居民的生产生活，重则引发或者加剧已有的社会冲突和矛盾，甚至引发社会危机。近年来，国内由环境恶化或担心环境恶化而引起的群体性事件时有发生。实际上，一些地区之所以长期难以摆脱贫困处境，与当地不合理开发造成的自然资源枯竭及生态环境破坏有一定关系。值得重视的是，一旦这些由于环境恶化而造成的贫困问题和与其他社会问题，诸如社会两极分化问题交织叠加，就会加剧原有的问题，不利于社会稳定。一旦出现环境恶化，贫困人口为了生存进一步加大对自然的开发，最终形成了一种贫困与环境恶化相交织的恶性循环。自然生态退化和自然资源短缺往往会直接或间接地对经济发展造成压力，进而不利于经济社会的长远发展。从国家安全角度看，生态安全是一个国家或民族实现生存和发展不可或缺的重要保障，同时生态安全作为整个国家安全体系的重要组成部分，与经济安全、政治安全、文化安全、社会安全有着千丝万缕的内在联系。对环境安全的思考和应对，必须与经济社会发展结合起来。

环境问题的形成是一个长期过程，从根源上看与我国经济发展方式有深刻关系。改革开放之后，我国经济飞速发展，然而与经济建设的辉煌成就相比，生态环境保护相对滞后。随着经济的快速发展，资源相对短缺、生态环境脆弱，环境容量不足，逐渐成为影响我国发展质量的重大问题。从马克思主义理论来看，人与自然一切矛盾的根源最终还在于人类自身，特别是不合理的人类实践活动方式。长期以来，我国经济以粗放型模式实现增长，高投入、高能耗、高污染是这一模式的显著特征。这也就从根本上造成了我国环境问题愈发严重的现实。就此而言，破解环境难题的关键还是要转变经济发展方式，即及早构建集约高效的发展模式，尽快实现绿色发展。

最后我们来分析社会公共安全问题。可以说，当前及今后一段时间，影响我国社会现代化的热点安全问题还包括公共安全问题。公共安全涵盖范围广、涉及领域多，对国家或者社会公共秩序、公共领域及人民群众生命财产安全构成威胁的问题都可涵盖其中。具体而言，公共安全问题一般涉及治安、生产、交通运输、公共卫生等各领域，也包括一些群体性事件、恐怖袭击、民族宗教冲突、涉外突发事件等。公共安全问题往往具有不可预测性、复杂性、群体性,甚至破坏性等特点。

随着我国社会现代化进程的持续推进,保障和维护公共安全日益具有重要意义。特别是在总体国家安全观确立之后,社会公共安全问题更是上升为国家层面的安全问题。党的十八大以来,党中央高度重视国家安全问题,在理论上进行了一系列富有创新性的探索,为新时代国家安全体系的构建确立了原则、奠定了基础。这一理论成果集中呈现为总体国家安全观的提出。党的十八届三中全会通过的《中共中央关于全面深化改革若干重大问题的决定》明确指出要健全公共安全体系,设立国家安全委员会,完善国家安全体制和国家安全战略,确保总体国家安全。2014 年 4 月,中央国家安全委员会召开了自其成立以来的第一次会议。这次会议对总体国家安全观的确立意义重大,习近平在此次会议上首次对总体国家安全观进行了系统和完整的论述,这也意味着总体国家安全观已由最初的理念和构想发展成涉及国家安全的最具权威的指导原则。同样具有重大意义的是,在此之后的 2015 年 7 月,第十二届全国人大常委会第十五次会议审议并全体通过了新的《中华人民共和国国家安全法》。这部法律的一个最突出的特点就是明确将总体国家安全观确立为整个国家安全建设的根本指导原则,至此总体国家安全观就以国家法律的形式被确定下来。总体上看,从最初由党中央提出,到中央国家安全委员会的系统论述,最后到以立法形式得到确认,可以说我国新的国家安全理念和体制也应运而生。总体国家安全观旨在构建全面系统的国家安全体系,社会公共安全作为国家安全的一个重要支柱和基础,在国家总体安全体系中占据重要地位,在推动总体国家安全体系的实际构建中发挥着重要作用。

党的十八届五中全会对我国发展环境的基本特征作出重要判断:"我国发展仍处于可以大有作为的重要战略机遇期,也面临诸多矛盾叠加、风险隐患增多的严峻挑战。"①随着我国经济发展进入新常态,社会公共安全的形势也出现了一些新变化。尽管经过党和政府及全社会的共同努力,传统意义上的社会安全事件已得到有效控制,无论爆发的频率还是事件造成的实际

---

① 《十八大以来重要文献选编》中,中央文献出版社 2016 年版,第 788 页。

影响都处于可控范围之内,而且社会的运行更加顺畅,人民的安全感进一步增强。但与此同时我们也要看到的是,近年来一些非传统意义上的社会安全事件不断出现,具体表现为以下几个方面。第一,一些传统意义上的社会安全事件以新的形式表现出来而产生的社会安全问题。在信息技术日益发达的当代社会,一些传统的违法犯罪活动往往是借助互联网发起和组织的,其传播速度更快,影响范围更广,对社会公共安全构成的威胁更大。第二,安全意义上的新型犯罪形式的出现,例如电信诈骗、非法集资、构成刑事责任的重大环境污染。这些新型的违法犯罪形式是随着经济社会发展到一定阶段而产生的,甚至与此相关的法律法规都尚未完成相应的修订与完善,这也给执法工作带来了一定的困难和挑战。第三,影响社会公共安全的负面因素愈益复杂化。在社会现代化的过程中,随着社会各领域联系的不断加强,各类社会安全的风险不仅对某一个特定领域具有影响,事实上它们还会在其他因素的作用下演变为一个多领域的社会安全问题。例如网络公共安全问题,不仅属于国内社会问题,某些时候还会因为境外不法势力的渗透而演变为涉及国防的重大安全问题。第四,暴力恐怖活动成为威胁我国社会公共安全的新因素。就我国已经出现的几次严重的暴恐活动来看,暴恐活动已经不能简单归结为一种采取极端手段发泄不满情绪的行为,在暴恐活动的背后常常会有一些宗教极端势力和民族分裂势力的影响。

从其基本内涵可以看出,社会公共安全问题是一个涉及社会发展多个不同领域的综合性、系统性问题。正是基于此,对社会公共安全构成威胁的不利因素往往同时存在于经济社会发展的各个领域,并从不同的方面对社会现代化进程造成不同程度的阻碍。首先,在经济领域,主要是经济下行压力带来的不利影响。我国经济增速从全球金融危机爆发后开始放缓,不仅如此,国际市场也由于金融危机的冲击长期处于低迷状态,这对我国也有影响,例如国际投资减少,部分国内资本外流,出口规模缩小,国内市场需求不足,等等。在国际经济形势不景气的情况下,要想解决好这些问题,就必须加快转变经济发展方式,走出一条高效集约型的经济发展之路。其次,传统城乡二元结构也是对社会公共安全构成威胁的潜在因素。由于历史原因,我国长期存在城乡发展不平衡的问题,这既阻碍了全国各地区一体化发展进程,也不利于缩小社会成员之间的贫富差距及最终实现共同富裕。再次,当前我国现代化的社会治理体系和治理能力尚未形成,因而相当程度上缺乏对社会安全问题的有效治理,这也是我们在考察社会公共安全问题时必须看到的一个方面。实际上,面对经济社会快速发展的事实,我们党和国家一直以来都十分重视社会治理能力和治理体系的建构。党的十八届三中全会更是明确提出:"全面深化改革的总目标是完善和发展中国特色社会主义制度,推进国家治理体系和治理能力现代化。"①由于我国的社会治理创新尚处于起步阶段,各级政府对社会组织和机构作用的认识尚需转变,社会组织本身的发展和能够承担社会事务的能力在一定程度上滞后于社会的实际需求。社会治理能力和体系的不完善不利于社会力量的凝聚和社会共识的形成,因而客观上也就给一些非法社会组织诱导社会成员从事一些危害社会公共安全的非法行为留下了空间。最后,在社会意识领域,某些非主流的不良社会思潮对社会公共安全问题形成起到了推波助澜的作用,甚至是诱发社会安全事件的导火索。以上这些方面都需要我们重视社会矛盾的防范和化解机制。

三、中国社会治理的基本经验

中国改革开放 40 多年的伟大实践,是经济社会发展的一次重大转型和升级。而自党的十八届三中全会确立国家治理体系和治理能力现代化这一全面深化改革总目标以来,在中国特色社会主义现代化总体框架下,传统的社会管理模式向现代新型社会治理模式的深刻变革得以有条不紊地全面展开。尽管说建构中国特色社会主义现代治理体系的历史并不长,许多实践仍具有探索性质,但是我们在构建中国特色社会主义现代治理体系过程中也积累了一些可资坚持和发扬的经验。

(一)坚持顶层设计与基层治理相结合

构建中国特色社会主义社会治理体系既属于中国特色社会主义"五位一体"总体布局中社会建设的范畴,也是一项综合性和系统性的全局工程,

---

① 《十八大以来重要文献选编》上,中央文献出版社 2014 年版,第 512 页。

涉及经济、政治、文化、生态等各个方面。这就要求对这一总体性工程有较为清晰的总体把握，它至少包括建设的总目标、指导思想、基本原则、具体机制和建设主体等，简言之就是要形成较为科学、合理和全面的顶层设计。只有这样才能在后续的实际建构环节做到有的放矢、循序渐进。

从这一视角出发，建构当代中国社会治理体系首先要在总体方向上牢牢坚持社会主义方向，服务于中国特色社会主义现代化事业，以及服务于满足人民群众对美好生活的向往，这也是我国社会治理体系取得成就的保障。

之所以牢牢坚持社会主义方向，服务于中国特色社会主义现代化事业，这与我国始终将马克思主义作为立党立国和开展社会主义现代化建设最根本的指导思想密切相关。马克思主义的世界观和方法论是已经为实践所检验的毋庸置疑的科学真理，是关于人类社会发展一般规律和资本主义社会特殊规律的科学理论，是关于实现人类解放的具有跨时代意义的科学学说。而马克思主义中国化的一系列理论成果，特别是习近平新时代中国特色社会主义思想，不仅是在新时代指引中国人民继续推进社会主义现代化和实现中华民族伟大复兴的光辉指南，而且是对中国特色社会主义治理体系建构根本任务、发展方向、具体途径等的深刻阐发，也是我国全面实现由社会管理向社会治理现代化转型的根本遵循和行动方针。特别是其中蕴含的以人民为中心的发展思想，不仅与人民是历史的创造者的观点一脉相承，更高度契合中国特色社会主义进入新时代后人民群众对美好生活的向往。以人民为中心的发展思想同样是我们创新社会治理体系的价值指向。这既体现在进一步扩大人民群众参与社会治理的渠道，形成多元主体共治共享的新格局方面，也表现在通过传统的社会管理向社会治理的转型，不断培育和塑造人民群众创造历史的意识和能力，让人民群众真正成为自己命运的主人方面。一言以蔽之，在社会治理体系现代化的顶层设计层面，我们明确坚持马克思主义及其中国化的理论成果，特别是要以习近平新时代中国特色社会主义思想为指导。

当然，在坚持顶层设计的同时，我国十分注重基层治理体系的建构。顶层设计的构想和理念，只有通过具体的基层治理，才能转化为现实。因而筑牢基层治理体系与顶层设计的密切结合就构成了我国的一条重要经验。从既往经验来看,为社会治理体系的建设和创新提供基本保障,是构筑基层治理的关键所在。在此意义上,我们也可以说改革开放 40 多年的壮阔历程,就是以基层社会问题及各类基层矛盾风险为对象,探索符合中国实际的解决之道的过程。

这反映的是以问题导向构筑现代社会治理体系的深层逻辑,因为问题既是时代的呼声,更是理论创新和实践变革的先导。而问题从何而来?历史一再表明,真正的问题往往就是来自实践,社会治理的真问题就存在于基层之中,而不是头脑和书本中。可以说,社会治理的针对性就体现在有没有明确的问题意识,即发现问题和解决问题的自觉。只有具备这一针对性,社会治理才能切实做到想人民之所想,做人民之所盼,在收获良好治理效果的同时,得到人民群众的支持和拥护。简言之,社会治理只有顺应民心,立足基层,才能为更广阔的社会治理体系建构提供深厚的根基。与人民群众联系最为紧密的是基层,基层是民之所需的汇聚所,基层治理是满足群众所需的有效途径。

我国不仅在内容上高度重视基层治理,更力求推陈出新,因地制宜探索基层治理的新形式,把基层治理的效能最大化。事实上,社会治理体系的改革创新,不仅需要顶层设计,也需要源自基层的自我探索和不断实践,改革开放 40 多年来社会治理变革历史体现的也正是这一点。改革开放之初,"社区服务"这一全新概念被引入社会治理实践,而后公共服务体系建设以城乡社区为基本单元逐步展开,在全国开启了以基层为着力点的社会建设之新探索。经过一段时间的摸索,到了 20 世纪 90 年代,在顶层设计的指引下,一些地区率先开始探索符合本地社会治理转型实际需求的社区建设路径,一批多样化的社会服务模式应运而生。这一举措的意义在于很好地丰富了基层社会治理的内涵,积累了新的经验,为之后全国的基层治理改革树立了标杆。到了 21 世纪,基层治理改革的试点先行区顺应时代步伐,继续探索,在使社区建设和治理更契合人民群众实际需求方面不断完善。特别是管理资源和治理权力有序下放的新实践,直接把人民群众对基层社区的认同感及基层社区本身的综合治理效能提高到了一个更高阶段,从而真正收获了基层治理的实际成效,为中国特色社会主义新型社会治理体系的建构打下了坚实基础。值得一提的是,就在这同一批基层治理的先行区中,有的还根据自身实际进一步尝试把对基层政府的考核权和社区建设规划权进行部分下放,从而使基层治理的热情得到进一步激发,人民群众基层治理能力得到锻炼,基层治理的智慧获得进一步发展,使当地的治理格局展现出勃勃生机。

(二)坚持立足国情与吸收世界先进经验相结合

任何社会治理体系的建构和创新一定都是以处在具体时空条件下的某个社会为对象,这意味着每种建构和创新的目标和路径都不尽相同。因而,推进中国特色社会主义社会治理体系创新必须牢牢立足基本国情,特别是中国特色社会主义进入新时代、中华民族迈向伟大复兴和百年未有之大变局的大背景。

一切从实际出发,依照对国情全面深刻的洞察,立足对不断变化的实践进程的科学评估,是40多年改革开放及构建和创新中国特色社会主义治理体系的基础和前提。在此过程中,我国进一步加深了对历史唯物主义基本原理和社会发展客观规律的认识,深刻体会到生产力的实际发展水平决定着到社会治理体系的发展。社会治理的开展和社会治理体系的建构,必须以相应的经济基础和物质条件作为支撑。反过来也一样,社会治理体系作为一种制度安排,属于上层建筑范畴,因此无论社会治理体系的存在还是重构创新,都一定要以推进生产力进步和满足广大人民群众的全面需求为最终根据。这是马克思主义特别是经济基础和上层建筑辩证关系基本原理,在社会治理这一特定问题上的具体体现。

从中国特色社会主义当前发展的实际看,虽然中国特色社会主义进入新时代意味着我国综合国力有了重大提升,但这并未改变我国仍处于社会主义初级阶段,仍然是世界最大发展中国家的客观事实、基本国情和最大的实际。因此,构建当代中国特色社会主义治理体系,探索当代中国特色社会主义治理体系的创新路径,就必须一刻也不能忽视这一最大实际。例如,在社会治理体系的属性上,一定要始终坚持社会主义方向,只有确保这一方向不偏差,社会治理的成果才能最终转化为广大人民群众的现实福祉,实现为人民谋福祉的最终价值指向。再比如,构建中国特色社会主义治理体系的一个主要工作是实现治理体系的多元化,以最大限度调动全社会的力量推进社会治理转型。但在社会主义条件下,这种多元化一定要以不削弱党的领导为前提,不但不能削弱党的领导,还要在党的领导下有序科学地实现社会治理主体的多元化。此外,在建构和创新中国特色社会主义社会治理体系的思想资源方面,要重视我国的历史文化传统内蕴的社会治理智慧和体现中华文化独特优势的治理方式。这些都是最具民族特色和最能被广大人民群众接受认可的宝贵思想资源。对它们进行适当改造,然后纳入中国特色社会主义治理体系的建构和创新中,无疑将提升社会治理的有效性和针对性。与此相对,直接照搬照抄别国模式是不可取的,即使这些模式在当地取得了明显治理成效,但由于国情不同,这些治理模式侧重解决的问题及背后的深层治理逻辑都与中国是不尽相同的。一言以蔽之,中国特色社会主义治理体系的建构和创新不能简单套用和模仿别国模式,而必须是在紧密结合中国国情和阶段特征的创造性建构。

但是,正如任何事物都是普遍性和特殊性的统一,如果说立足本国实际是由中国特色社会主义治理体系创新的特殊性所决定,那么,我们解放思想、放眼世界,以开放的心态借鉴现代社会治理一切有益经验,又是由人类社会治理现代化转型的总体历史趋势所决定的。事实上,"始终以世界眼光关注人类前途命运,从人类发展大潮流、世界变化大格局、中国发展大历史正确认识和处理同外部世界的关系"①,坚持胸怀天下,也正是我们党百年奋斗的一条重要经验。

思想解放往往源于社会意识最深层次的根本性变革,其社会影响往往更持久和广泛,思想上的解放能够产生连锁效应。改革开放40多年来中国特色社会主义社会治理变革,也是在传统的社会管理领域不断消除不合时宜的陈旧观念,引入既能契合我国经济社会发展阶段性特征,又能体现世界先进经验的新理念的过程。例如,我国逐步扭转和摒弃了"唯 GDP 论",根据各部门各地区的实际情况,采取具体多元的发展评价标准。在这种经济社会发展目标重构的过程中,突出了人与自然和谐共生的现代社会发展理

---

① 《中共中央关于党的百年奋斗重大成就和历史经验的决议》,《人民日报》2021 年 11 月 17 日,第1 版。

念,并提出要将绿色发展理念融入经济社会发展全过程,创造性地开启了建设中国特色社会主义生态文明的崭新道路,从而为中国特色社会主义社会治理体系的建设赋予了创新性的长远目标。

(三)坚持法治与德治相结合

党的十八大以来,我们高度重视法治在治国理政中的重要作用,将全面依法治国纳入建设中国特色社会主义的"四个全面"战略布局中来。可以说这一举措足以彰显党中央对法治的重视,法治也由此被提升到前所未有的高度。而法治自然也要延伸到我们创新中国特色社会主义治理体系中,一方面为这一创新实践提供法律指引,另一方面确保它始终在法治轨道上良性运行。

从理论上来看,实现传统的社会管理向构建中国特色社会主义社会治理体系的积极转变,内在地要求必须明确国家和社会之间的关系和各自的权责范围,特别是尽量避免行政力量对社会组织发展的一些不必要的干预和控制。那么,如何科学划定这一边界,又如何在边界明晰之后长期确保社会治理主体在各自界限内平稳发展,这些问题实际都难以仅凭暂时性的政策规定获得长期解决。而法律凭借其固有的相对稳定性、强制性和内容的清晰性等特征,正好能够为从社会管理向社会治理的转换升级提供指引。例如,我国推进深化改革的一个重要任务就是:"坚持依法治国、依法执政、依法行政共同推进,坚持法治国家、法治政府、法治社会一体建设,实现科学立法、严格执法、公正司法、全民守法。"①

从实践上来看,法治往往也是解决社会矛盾、化解社会风险的关键手段和重要途径,从而为社会管理向社会治理的顺利变革创造有利条件。换言之,就是要真正树立运用法治思维思考社会事务的观念,学会在法治的框架内有序依规地处理各种社会问题,把社会治理落到实处。努力做到这一点不仅是推进社会治理的应然之举,而且是社会治理向人们的思想观念提出的实际要求。尽管我国在过往的社会治理探索过程中,取得了不少运用法治手段防范和化解社会风险和问题的成果,但是由于社会治理转型对我国

---

① 《习近平谈治国理政》第2卷,外文出版社2017年版,第26页。

而言尚处于探索阶段,其涵盖面广、涉及领域多,因此向全面落实法律法规、牢固树立法治思维提出了急切需求。所以,自党的十八大以来,特别是全面依法治国纳入"四个全面"战略布局之后,我国迅速加快了法治建设的步伐,在全社会范围内深入开展实际调查,针对社会治理领域内的新情况新问题,有针对性地出台一批相关的法律法规,逐步完善社会治理的法律体系,不断使社会治理改革真正在法律的保障和指引下有序推进。

我国推进社会治理一向高度重视德治建设。例如,党的十八大以来,重视和加强对中华优秀传统文化的开掘和研究被明确提上了日程。不仅如此,我国依据时代条件的变化和社会主义现代化建设的实际对传统文化中的有关内容进行创造性转化和创新性发展,特别是提出马克思主义和中华优秀传统文化相结合的深刻命题,尝试构建新型的适应当代中国实际的中国特色社会主义先进文化,提升民族的向心力和凝聚力。由此也全面开启了培育中国特色社会主义文化自信的新征程,文化自信也上升到同道路自信、理论自信和制度自信相一致的高度,共同构成了推进新时代中国特色社会主义的"四个自信"。文化自信之所以重要,关键在于"文化是一个国家、一个民族的灵魂。历史和现实都表明,一个抛弃了或者背叛了自己历史文化的民族,不仅不可能发展起来,而且很可能上演一幕幕历史悲剧。文化自信,是更基础、更广泛、更深厚的自信,是更基本、更深沉、更持久的力量"①,"坚定中国特色社会主义道路自信、理论自信、制度自信,说到底是要坚定文化自信"②。文化自信命题的提出和一系列培育文化自信卓有成效的举措,实际是从精神层面开展社会治理的体现。社会治理从来都是包含物质和精神的系统性工程,物质和精神两方面相得益彰,不可偏废。如上文已经论及的社会主义核心价值观建设,这一举措的成效是显而易见的,不但有效抵制了各种不利于推进中国特色社会主义现代化事业的错误思潮,更为全体社会成员准确判别真善美和假丑恶,科学对待个人、集体和国家间的关系确立了合理标准,可以说是一次成功的社会治理实践。

总之,坚持法治和德治的有机统一构成创新中国特色社会主义治理体

---

① 《习近平谈治国理政》第 2 卷,外文出版社 2017 年版,第 349 页。
② 《十八大以来重要文献选编》下,中央文献出版社 2018 年版,第 323 页。

系、开创中国特色社会主义治理新格局的又一重要经验。改革开放 40 多年来的实践经验表明,法治和德治的结合是加强和创新社会治理的重要途径。法治和德治实际是针对不同的社会治理问题而言的,它们各自具有不同的适用领域,发挥着不可替代的独特作用,但它们总体上又犹如"车之双轮"和"鸟之两翼",共同保证社会治理的有效推进。当然,法治和德治的有机结合是一个需要不断探索的动态过程,没有一成不变的模式和路径。在中国特色社会主义发展的不同历史时期,面对经济社会发展的不同任务,法治和德治一定是有所侧重和变化的。由此来看,我们构建和创新中国特色社会主义社会治理体系的过往实践,也就是不断探索法治和德治有机结合,并灵活适应于中国特色社会主义现代化建设事业的动态过程。法治和德治的结合是我国推进社会治理事业需要长期坚持并不断完善的一个基本经验。

(四)坚持党的领导与发挥人民主体性相结合

从以上注重顶层设计的基本经验可以看出,我国的社会治理体系现代化转型,无论建构还是创新,都离不开中国共产党这一坚强有力的领导核心。中国共产党是领导我们事业的核心力量,这也是总结党的百年奋斗的一条基本的历史经验。因而不断加强和完善党的领导能力和执政能力,自然就是创新中国特色社会主义治理体系的一个尤为重要的环节。

实际上,纵观改革开放 40 多年来的社会治理变革,党的领导全面贯穿于社会治理的各阶段、各领域、各环节。在引领社会治理变革的过程中,党的领导核心作用得到充分彰显,社会治理变革也因为党的领导而能够始终坚持正确的方向,克服一个又一个的阻碍和困难,不断建成适合国情的中国特色社会主义现代治理体系。

第一,在开启社会治理变革这一伟大进程问题上,正是因为党坚决地实施了拨乱反正和改革开放,我国的社会治理改革与创新由此获得最基本的制度条件和社会氛围,中国特色社会主义现代治理体系的建构得以迅速在全国范围内展开。因为在深层次上,中国特色社会主义社会治理的探索必须以社会主义市场经济的确立和逐步成熟为前提。

第二,随着新型社会治理探索的深入推进,治理主体多元化必然会提上改革议程。虽然这是一个释放社会治理活力的过程。但是主体的多元化客观上也存在削弱社会凝聚力的潜在风险,这就要求治理主体多元化的进程应当是在一个主体的组织下有序逐步地推开,而不是完全由社会任意决定,这对后发国家或努力追赶现代化进程的发展中国家尤为如此。我们党凭借自身的领导能力和坚强的战斗堡垒属性,正可以承担组织社会治理改革的艰巨任务。可以说,在根本上,推动社会治理改革、凝聚统一持久的社会合力,离不开党发挥其在社会治理中总揽全局、协调各方的领导核心作用。"中国共产党是中国特色社会主义事业的领导核心,处在总揽全局、协调各方的地位。在当今中国,没有大于中国共产党的政治力量或其他什么力量。党政军民学,东西南北中,党是领导一切的,是最高的政治领导力量。中国共产党是执政党,党的领导是做好党和国家各项工作的根本保证"①,"坚持和完善党的领导,是党和国家的根本所在、命脉所在,是全国各族人民的利益所在、幸福所在"②。党的十八大以来,我们一再强调要加强和改善党对全面深化改革的领导,一定意义上也是在为推进社会治理体制创新奠定政治和组织上的基础。

具体而言,随着中国特色社会主义社会治理体系建构进程的深化,以各级党组织为核心、发挥政府主导作用、鼓励和支持各级各类社会组织广泛参与的新型治理结构得以形成。其中,处在核心层面且贯穿社会治理过程始终的是党的领导。政府在党的领导下将各项具体治理举措落到实处,各级各类社会组织和广大社会公众也参与这一治理过程并发挥相应的协助作用。党居于社会治理中的核心地位,可以充分发挥协调各级各类主体和利益多元群体间关系,进而凝聚社会共识、形成治理合力的引领作用。这可以为社会治理资源的高效整合及治理体系的革新和有序运行,提供自上而下的根本保障。当然,这种领导并不会挤压其他各类治理主体参与治理的空间及限制他们参与治理的权利。

由以上分析可以看出,对中国特色社会主义治理体系的顺利构建而言,必须加强党的建设,党的建设与社会治理不是不相关的两个领域。坚强有力、能够掌控全局的政党是后发国家推行现代治理模式的必备条件。甚至

---

① 《习近平关于社会主义政治建设论述摘编》,中央文献出版社2017年版,第30~31页。
② 《十八大以来重要文献选编》下,中央文献出版社2018年版,第355页。

可以说,我国社会治理的现代化变革是在党不断加强和完善自身建设、持续探索和掌握执政规律过程中进行的。

而党对自身建设的重视在党的十八大之后更是达到了前所未有的程度,不仅提出了一系列要求、实施了一系列新举措,更以一往无前的勇气狠抓廉政建设,惩治贪腐问题,党的风气面貌焕然一新,党的战斗力和凝聚力得到空前提升。从广义的治理角度而言,这实际是以党的自身治理进一步深入推进社会治理的有益尝试,可以说开辟了一条符合中国特色社会主义国情、将党的治理与社会治理有机结合的新的现代治理之路。例如,我们党在党内开展理想信念建设,在很大程度上带动了全社会对理想信念建设的关注和重视,使全体社会成员的精神面貌有很大改善。共产主义远大理想、中国特色社会主义共同理想及坚定的人民立场,是确保我们党永不变质的根本思想要求,也是持续推进社会主义现代化事业的关键。习近平强调:"共产党人如果没有信仰、没有理想,或信仰、理想不坚定,精神上就会'缺钙',就会得'软骨病',就必然导致政治上变质、经济上贪婪、道德上堕落、生活上腐化。"[①]我们党基于社会主义核心价值体系基本内涵,凝练出社会主义核心价值观这一当代中国社会的共同价值取向,为全体社会成员确立了引领和规范思想和行动的科学指南,并通过广泛和持续的宣传,使其在全社会传播,受到人民群众高度认同。这一举措,不仅可被视为我们党内加强理想信念建设在全社会范围内的延续,更因为有效地在人民群众中巩固和培育了社会主义核心价值体系、凝聚了社会共识,因而也是一次成功的社会治理,实现了以党内治理带动和推进社会治理的目标,是中国特色社会主义治理体系创新基本经验的生动彰显。

社会治理是一个事关全局的系统性工程,我们在创新中国特色社会主义治理体系的过程中,不仅要时刻注重加强和推进党的自身建设,而且要高度关注和激发人民群众参与治理的积极性和热情,充分发挥人民群众的主体作用。实际上,也只有人民群众的积极响应和基层实践,党的各项领导举措才能落到实处,中国特色社会主义治理体系的创新构想才能转化为现实。

---

① 《习近平关于总体国家安全观论述摘编》,中央文献出版社 2018 年版,第 33 页。

无产阶级政党没有与人民群众不同的私利,它始终代表广大人民群众的根本利益。因而,在创新中国特色社会主义体系的进程中,坚持党的领导,实际也就是培育和发挥人民群众的历史主体性作用,巩固人民群众的历史主人翁地位。而我们加强和创新中国特色社会主义社会治理的根本立场,就是始终坚持以人民为中心的发展思想,不断在社会治理层面满足人民群众对美好生活的向往。

由此,伴随改革开放逐步推进的社会治理变革,不仅贯穿一条在党的领导下自上而下展开的逻辑,与此对应的还存在一条自下而上、依靠广大人民群众磅礴伟力推进治理体系创新的逻辑。一条朴素的真理就在于,历史和现实都充分表明,人民群众是历史的创造者,他们是真正的英雄。离开了人民,社会主义的伟大事业最终将无法实现。只有坚持历史唯物主义这一基本原理,把握社会发展的基本规律,我们的事业才能无往而不胜。而我们党通过对百年奋斗历程的深刻总结,更真切地认识到,"党的根基在人民、血脉在人民、力量在人民,人民是党执政兴国的最大底气。民心是最大的政治,正义是最强的力量",要"始终坚持全心全意为人民服务的根本宗旨,坚持党的群众路线,始终牢记江山就是人民、人民就是江山,坚持一切为了人民、一切依靠人民,坚持为人民执政、靠人民执政"①。一言以蔽之,坚持人民至上是我们党领导和开展中国特色社会主义各项事业的又一历史经验。作为历史主体的人民,自然也应是社会治理的根本主体。

要充分调动和发挥人民群众参与治理的积极性和主动性,一是要切实保障人民群众的合法利益,使人民群众在参与社会治理的过程中体验到收获感和幸福感,这又需要与民生事业的推进紧密结合起来。基于此,中国特色社会主义进入新时代以来,我们党在推进社会体系创新过程中将保障和改善民生放到一个尤为关键的位置,从将"为中国人民谋幸福"明确界定为我们党的初心和使命这一点上就能明显感受出来。可以说,保障和改善民生,是建构和创新中国特色社会主义社会治理体系的一个鲜明特征。一切历史经验和教训无不深刻表明,民生事业是社会治理不可撼动的柱石和根

---

① 《中共中央关于党的百年奋斗重大成就和历史经验的决议》,《人民日报》2021 年 11 月 17 日,第 1 版。

基之一,缺少民生改善的社会治理是不可能取得长效的。当然,民生的改善又是以经济社会发展为前提的,实际上二者之间是相互影响的共生关系。正因为综合国力的增强,民生支出的比重才出现显著提升,所以,经济社会快速发展是发展民生事业不可或缺的物质依托。可以说,源自民生持续改善所释放的居民消费潜能,正不断为经济社会转型升级提供着强劲动力。而经济社会发展和民生的有机统一和相互促进,正是改革开放40多年来我国社会治理改革进程中的又一鲜明特征。

从深层次逻辑来看,努力保障和改善民生实际也是维护社会公平正义的应然之举,而公平正义正是现代社会治理体系必备的元素。长期以来,人们就对公平正义有着执着追求,是否公平正义更被视为评价社会发展的重要标准之一。在一般意义上,公平正义可理解为社会成员之间以社会利益为核心的社会关系,以及整个社会形态理性化的结果和要求。从价值论角度看,公平正义也是社会发展最终要达到的理想和目标,因而整个社会治理体系的构建必然要包括公平正义的价值理念。在具体的内涵层面,可以参考政治哲学家罗尔斯的观点进行分析。罗尔斯提出过作为公平的正义的著名命题,并认为它应该包含两个原则,第一是平等自由原则,第二是机会公正平等原则和差别原则。第一个原则优先于第二个原则,而第二个原则中机会公正平等原则又优先于差别原则,其中差别原则要求利益的分配要适合于最少受惠者的最大利益。因此,社会不平等或者不正义不应超过一定限度,否则必将影响经济社会发展的效率。对社会成员而言,不公平、不正义直接切断了不同阶层社会成员的流动渠道,特别是剥夺多数社会成员向上流动的机会,从而也就使他们失去了个人发展的机会,个人的需要也就不可能全面获得满足。由此产生一个几乎不可避免的结果,就是政府和社会的公信力和吸引力将在这部分社会成员中大为降低,这也在无形中给整个社会的和谐稳定带来了极大挑战。历史一再证明,公信力缺失和秩序动荡往往是高度关联的。可见,促进社会公平正义、增进人民福祉是社会治理必须纳入的议题。具体到社会主义上来,公平正义可以说是中国特色社会主义的本质要求,其内在依据就在于公平正义是广大人民群众的深切期盼。因而,能否维护公平正义也就成为衡量我国社会治理成效的重要标准之一。

由此,构建中国特色社会主义治理体系的重要任务之一就是努力营造公平的社会环境,特别是要用制度将公平正义规范化、固定化和程序化,逐步建立以权利公平、机会公平、规则公平为主要内容的社会公平保障体系,努力营造公平的社会环境,保证人民群众平等参与、平等发展的权利。促进社会公平正义的一个典型举措就是基本公共服务均等化建设及社会公平保障体系建设。基本公共服务的均等享受是广大人民群众民众的一项基本权利,也是维护社会公平正义至关重要的途径。而从制度建设上落实公平公正,让人人都享有人生出彩、梦想成真的机会这一美好愿望获得制度保障,是实现社会主义公平正义的必备要素。只有具备制度保障,公平正义才能持久稳固。当然,正如法治是任何当代社会实现长治久安的重要屏障一样,法律也是确保公平正义的最后防线,公平正义的维护一定要借助司法公正实现"兜底"。党的十八大以来,党和政府高度注重司法便民利民改革、诉讼制度改革、司法责任制改革,司法的权威性和公正性得到进一步提升,人民群众对司法的满意度和信赖度进一步增强,就是经由司法公正达至社会公平正义的生动体现。

除了通过发展民生事业、切实保障人民群众利益、激发全社会的治理热情和积极性,还需要进一步依靠切实可行和高效丰富的组织形式,把社会力量真正凝聚起来。在这方面,具有历史意义的家庭联产承包责任制、独具特色的乡镇企业等,都是人民群众在40多年社会治理改革中的伟大创举。社会治理体系的建构和创新只有始终与人民群众紧密关联在一起,才能获得取之不尽的动力和源泉,这是人民群众的历史创造性的充分体现。这一过程在本质上,是人民根本利益不断得到尊重和维护的过程,也是我们真正将群众路线落到实处并指导实践的过程。在此意义上,开展群众工作需要广泛和持续的社会治理作为实现的具体机制。

总而言之,人民群众的磅礴伟力在根本上构成了40多年社会治理体系重塑和创新的中流砥柱。历史由人民开创,社会治理的力量源泉从人民中来。由改革开放引出的社会治理变革之所以得到广大人民群众的积极响应和广泛参与,之所以迅速展开,一个关键原因在于这一伟大变革深深植根于中国大地,是人民群众的内心呼声的真实反映。将其凝练为一点,又可以说,这就是坚持以人为本,尊重人民主体地位,发挥群众首创精神,紧紧依靠人民群众来推动改革的各项事业。换言之,人民群众的广泛支持与参与,是一切改革事业成功的根本保障,也是我们获得克服各种挑战、化解各类风险的力量和智慧之源。由此来看,推进中国特色社会主义治理体系的构建和创新,还是要坚定贯彻党的群众路线,坚定人民立场,以此把握和处理好涉及社会治理的重大问题。紧紧围绕广大人民群众的切身利益和内心期待,去谋划社会治理的思路,制定社会治理的举措,把最广大人民群众的智慧和力量汇聚到中国特色社会主义治理体系的构建和创新上来,使人民群众真正与坚持和推进社会治理体系创新的事业产生共鸣,从而使这一事业成为人民创造历史的伟大实践。

参 考 文 献

一、重要文献

马克思恩格斯选集(第1—4卷)[M].北京:人民出版社,2012.

马克思恩格斯文集(第1—10卷)[M].北京:人民出版社,2009.

列宁选集(第1—4卷)[M].北京:人民出版社,2012.

列宁专题文集(第1—5卷)[M].北京:人民出版社,2009.

毛泽东文集(第6—8卷)[M].北京:人民出版社,1999.

毛泽东选集(第1—4卷)[M].北京:人民出版社,1991.

邓小平文选(第1—2卷)[M].北京:人民出版社,1994.

邓小平文选(第3卷)[M].北京:人民出版社,1993.

江泽民文选(第1—3卷)[M].北京:人民出版社,2006.

胡锦涛文选(第1—3卷)[M].北京:人民出版社,2016.

习近平谈治国理政[M].北京:外文出版社,2014.

习近平谈治国理政(第2卷)[M].北京:外文出版社,2017.

习近平谈治国理政(第3卷)[M].北京:外文出版社,2020.

习近平谈治国理政(第4卷)[M].北京:外文出版社,2022.

习近平著作选读(1-2卷)[M].北京:人民出版社,2023.

十三大以来重要文献选编(上中)[M].北京:人民出版社,1991.

十三大以来重要文献选编(下)[M].北京:人民出版社,1993.

十四大以来重要文献选编(上)[M].北京:人民出版社,1996.

十四大以来重要文献选编(中)[M].北京:人民出版社,1997.

十四大以来重要文献选编(下)[M].北京:人民出版社,1999.

十五大以来重要文献选编(上)[M].北京:人民出版社,2000.

十五大以来重要文献选编(中)[M].北京:人民出版社,2001.

十五大以来重要文献选编(下)[M].北京:人民出版社,2003.

十六大以来重要文献选编(上)[M].北京:中央文献出版社,2005.

十六大以来重要文献选编(中)[M].北京:中央文献出版社,2006.

十六大以来重要文献选编(下)[M].北京:中央文献出版社,2008.

十七大以来重要文献选编(上)[M].北京:中央文献出版社,2009.

十七大以来重要文献选编(中)[M].北京:中央文献出版社,2011.

十七大以来重要文献选编(下)[M].北京:中央文献出版社,2013.

十八大以来重要文献选编(上)[M].北京:中央文献出版社,2014.

十八大以来重要文献选编(中)[M].北京:中央文献出版社,2016.

十八大以来重要文献选编(下)[M].北京:中央文献出版社,2018.

十九大以来重要文献选编(上)[M].北京:中央文献出版社,2019.

十九大以来重要文献选编(中)[M].北京:中央文献出版社,2021.

中共中央关于党的百年奋斗重大成就和历史经验的决议[M].北京:人民出版社,2021.

中国共产党章程[M].北京:人民出版社,2017.

二、中文文献

《辉煌70年》编写组编.辉煌70年:新中国经济社会发展成就:1949—2019[M].北京:中国统计出版社,2019.

本书课题组.中国特色社会主义社会建设道路[M].北京:中央文献出版社,2013.

陈锦华等.中国模式与中国制度[M].北京:人民出版社,2012.

陈潭等.大数据时代的国家治理[M].北京:中国社会科学出版社,2015.

成有信编.九国普及义务教育[M].北京:人民教育出版社,1985.

崔树德主编.中药大全[M].哈尔滨:黑龙江科学技术出版社,1989.

党的十九大报告辅导读本[M].北京:人民出版社,2017.

邓大松主编.中国特色社会主义社会建设研究[M].武汉:武汉大学出版社,2008.

顾海良、王越编著.道路 制度 理论体系:中国特色社会主义基本理论[M].武汉:武汉大学出版社,2014.

黄树贤主编.改善民生和创新社会治理[M].北京:人民出版社、党建出版社,2019.

赖德胜、李长安、张琪主编.中国就业70年(1949-2019)[M].北京:中国人事出版社、中国劳动社会保障出版社,2019.

李培林.社会改革与社会治理[M].北京:社会科学文献出版社,2014.

梅荣政.中国特色社会主义基本问题研究[M].武汉:武汉大学出版社,2007.

秦宣主编.中国特色社会主义史(上下册)[M].北京:高等教育出版社,2009.

权衡等.中国收入分配改革40年:经验、理论与展望[M].上海:上海交通大学出版社,2018.

宋俭主编.中国梦之中国道路[M].武汉:武汉大学出版社,2015.

王东.中华腾飞论——毛泽东、邓小平、江泽民三代领导集体的理论创新[M].北京:中国人民大学出版社,2001.

吴树青、赵曜主编.中国特色社会主义文库(上下)[M].北京:团结出版社,1997.

吴遵民.终身教育发展的中国经验:改革开放40年终身教育的历史回顾与展望[M].上海:上海人民出版社,2018.

肖贵清等.制度自信——中国特色社会主义制度研究[M].北京:高等教育出版社,2017.

肖贵清等.中国特色社会主义制度基本问题研究[M].北京:人民出版社,2013.

谢春涛主编.中国特色社会主义史(上下)[M].福州:福建人民出版社,2013.

余谋昌.生态思维:生态文明的思维方式[M].北京:北京出版社,2020.

俞可平.走向善治[M].北京:中国文史出版社,2016.

俞可平主编.治理与善治[M].北京:社会科学文献出版社,2000.

袁银传.中国特色社会主义理论体系的基本特征研究[M]武汉:武汉大学出版社,2014.

中共中央关于制定国民经济和社会发展第十四个五年规划和二〇三五年远景目标的建议[M].北京:人民出版社,2020.

中共中央宣传部编.习近平新时代中国特色社会主义思想三十讲[M].

北京:学习出版社,2018.

中共中央宣传部编.习近平总书记系列重要讲话读本(2016年版)[M].北京:学习出版社、人民出版社,2016.

中共中央宣传部理论局编.中国特色社会主义理论体系学习读本[M].北京:学习出版社,2009.

中共中央宣传部理论局编.中国特色社会主义学习读本[M].北京:学习出版社,2013.

周永学.科学发展观与构建社会主义和谐社会[M].北京:民族出版社,2007.

周振国,田翠琴等.中国特色社会主义社会建设理论研究[M].石家庄:河北人民出版社,2007.

三、译著

[德]哈贝马斯.公共领域的结构转型[M].曹卫东译,上海:学林出版社,1999.

[美]福山.历史的终结及最后之人[M].黄胜强等译,北京:中国社会科学出版社,2003.

[美]罗尔斯.正义论[M].何怀宏,何包钢,廖申白译,北京:中国社会科学出版社,1988.

[美]乔舒亚·库珀·雷默等.中国形象:外国学者眼里的中国[M].沈晓雷等译,北京:社会科学文献出版社,2006.

索　引

（页码为该词条第一次在正文中出现时的页码）

后　　记

　　《五位一体:社会建设卷》是应高等教育出版社邀请撰写的。本书由我提出研究思路和基本框架,课题组成员集体讨论形成写作提纲并共同完成,最后由我统改完稿。

　　各章撰稿人分工如下:导论、第一章:袁银传,武汉大学马克思主义学院教授;第二、第三章:郭强,河南大学马克思主义学院副教授;第四章:饶壮,武汉大学马克思主义学院博士生;第五章:王晨霁,武汉大学马克思主义学院博士生、安徽医科大学马克思主义学院副教授;第六章:杨兴圆,湖北工业大学马克思主义学院讲师。

　　在本书的写作和出版过程中,我们得到教育部社会科学委员会副主任、北京大学博雅讲席教授顾海良先生和高等教育出版社张召的指导和帮助,在此特表感谢。

　　在本书的写作过程中,我们参考了国内外学术界的相关研究成果,并在注释和参考文献中已经注明。由于我们才疏学浅,书中的浅陋之处肯定不少,来自任何方面的批评和建议都是我们非常想听到的。我们也想在听取学术界专家意见之后,在现有初步研究的基础上,将这项研究进一步引向深入。

袁银传

2022 年 4 月 28 日于武汉东湖珞珈山